络珈思政

守正创新 推动思政课建设内涵式发展

——新时代高校思想政治理论课建设研究

（2024）

主 编 简 繁 万军杰
副主编 赵天鹭 周 迪 王 荣

WUHAN UNIVERSITY PRESS
武汉大学出版社

图书在版编目(CIP)数据

守正创新推动思政课建设内涵式发展 ：新时代高校思想政治理论课建设研究 :2024 / 简繁,万军杰主编 ；赵天鹭,周迪,王荣副主编 . 武汉 ：武汉大学出版社，2025.2. -- 珞珈思政 . -- ISBN 978-7-307-24719-2

Ⅰ. G641

中国国家版本馆 CIP 数据核字第 20247AD346 号

责任编辑:陈　帆　　　责任校对:汪欣怡　　　版式设计:马　佳

出版发行：**武汉大学出版社**　(430072　武昌　珞珈山)

(电子邮箱：cbs22@ whu.edu.cn　网址：www.wdp. com.cn)

印刷:武汉邮科印务有限公司

开本:720×1000　1/16　印张:27.5　字数:412 千字　插页:2

版次:2025 年 2 月第 1 版　　2025 年 2 月第 1 次印刷

ISBN 978-7-307-24719-2　　定价:99. 00 元

代序

以习近平文化思想为指引 全面推动大思政课高质量发展

黄泰岩

五年前，习近平总书记主持召开学校思想政治理论课教师座谈会并发表重要讲话，为推进新时代思政课建设指明了方向。五年来，习近平总书记持续关注思政课建设，围绕思政课改革创新发展和大思政课建设发表一系列重要讲话，作出一系列重要指示，进一步明确思政课作为落实立德树人根本任务关键课程的重要地位，深刻阐述思政课教学本质，提出思政课建设的新理念，思政课建设的指导思想和建设理念日益明确。

五年来，在习近平总书记的指导和关怀下，教育部等有关部门、全国高校和广大思政课教师砥砺奋进、开拓创新，推动思政课建设取得了长足进步。武汉大学坚持以习近平新时代中国特色社会主义思想为指导，深入贯彻落实习近平总书记关于思政课建设的重要论述，不断积极推进思政课改革创新，《新时代高校思政课“五融合”教学模式创新探索》荣获高等教育（本科）国家级教学成果一等奖。

为进一步深化和西藏自治区教育厅及有关高校的合作，携手建好、建强大思政课，我结合武汉大学在思政课改革创新方面的主要做法，围绕“以习近平文化思想为指引，全面推动大思政课高质量发展”谈三点体会。

第一，以习近平文化思想为指引，全面推动大思政课建设高质量发展，要牢牢把握新时代大思政课建设的主题主线，坚持守正和创新的有机统一。习近平新时代中国特色社会主义思想是当代中国马克思主义、二十一世纪马克思主义，是马克思主义中国化时代化的最新成果，是中华文化和中国精神的时代精华，是实现中华民族伟大复兴的行动指南，也是新时代大思政课建设的主题。新时代大思政课建设的主线，就是要学深悟透习近平新时代中国特色社会主义思想、扎实推动“三进”工作。

在当前高校思政课体系中，“习近平新时代中国特色社会主义思想概论”已成为第一课程。武汉大学举全校之力建设“第一课程”，充分发挥院士、杰青、资深教授、青年英才的学术影响力和思想引领力，在课程改革和建设中谱写了立德树人的珞珈篇章，“分课题多教师思政授课‘梦之队’”项目入选高校思政课改革创新典型案例。我们以“第一课程”引领思政课课程群教学发展，不断完善推广多学科优质师资共上课程机制，教学效果明显提升，多门思政课评教分高于全校平均分，深受学生欢迎和好评。

在教学过程中，我们注重及时贯彻习近平新时代中国特色社会主义思想和党的理论创新最新成果，特别是习近平文化思想。在党委领导和各部门的协同配合下，我们将“以文化人”的育人理念贯穿“大思政课”建设始终。武汉大学报送的“用好革命文物资源　传承珞珈红色基因”系列思政课程入选全国百个优质资源精品项目。2024年寒假，学校开展了“学习践行‘习近平总书记给武汉大学参加中国南北极科学考察队师生代表回信’精神”的系列专题实践活动，为同学们发扬科学家精神、立志科学报国注入强大动力。

第二，以习近平文化思想为指引，全面推动大思政课建设高质量发展，要坚持大联合大协同，建好大平台、大师资、大实践，形成大合力。武汉大学坚持开门办思政的基本理念，充分发挥学科优势辐射引领力，汇聚多方资源共同建设大思政课平台。我们与西藏自治区、宁夏回族自治区连续开展跨区域高校“手拉手”集体备课，已建设30余家“武汉大学大思政课实践教学基地”，其中辛亥革命博物院—武汉大学国家革命文物协同研究中心入选国家革命文物协同研究中心，武汉大学—西藏职业技术学院谭冠三纪念园合作项目入选教育部办公厅组织的高校与“大思政课”实践教学基地结对行动计划。在习近平“3·18”重要讲话五周年到来之际，3月16日我们又牵头成立了“长江中游城市群高校马克思主义学院建设联盟”。在这些大平台支持下，武汉大学将实质性整合全校本科5门思政课实践教学，集成打造实践育人的大思政课品牌。

第三，以习近平文化思想为指引，全面推动大思政课建设高质量发展，要着眼“大事业”，坚持“大融合”，构建“大格局”。要培养始终胸怀“国之大者”、堪当民族复兴大任的青年英才，就要从统筹中华民族伟大复兴战略全局和世界百年未有之大变局的战略高度、着眼于为建设中华民族现代文明和人类文明新形态而培育人才的高度出发，系统谋划思政课的改革创新，坚持用国家大事业磨砺青年。这次研讨会所讨论的“AI+思政课”“艺术+思政课”“大师资+思政课”以及与西藏自治区的手拉手共建，都是非常有意义的“大融合”举措。

新形势下，要实现大思政课建设的高质量发展，我们还应坚守马克思主义之正、坚守马克思主义中国化时代化之正、坚守习近平新时代中国特色社会主义思想之正、坚守中华优秀传统文化之正，不断提升思政课教学的针对性、有效性、实效性，实现教学与科研齐头并进、理论与实践交叉融合、高校与社会同向发力、思政小课堂与社会大课堂同频共振、教师和学生双向奔赴的思政育人“大格局”，真正打造学生喜爱、终身受益的好课、大课、金课。

在培育时代新人的征途上，武汉大学得到了上级部门、兄弟高校和许多机构的支持与帮助，我们所取得的成绩只不过是万里长征走完了第一步。在新征程上，我们还将继续深入贯彻习近平新时代中国特色社会主义思想和党的二十大精神，通过深化思政课改革创新，扎实抓好大思政课建设，推出更多鲜活生动的教学改革经验和创新举措，切实增强立德树人的成效，抓好党和人民事业后继有人这个根本大计，不辜负新时代党和人民的新要求和新期待。

（黄泰岩，武汉大学党委书记）

目　录

一

以习近平文化思想引领思政课改革创新

二

“大思政课”教学探索

三

大中小学思政课一体化建设

四

数智、融媒体赋能思政课创新发展

五

思政课教学理论

六

思政课教学设计

一

以习近平文化思想引领思政课改革创新

用习近平文化思想引领思政课改革创新

吴宏政

思想政治教育有一个基础性的作用，那就是塑造文化主体性。以往我们经常关注思想政治教育如何捍卫国家意识形态、如何为人们投身社会主义建设提供精神动力。而在当下，如果说文化是人的存在方式，那么思想政治教育通过塑造文化主体性为今天的个体与民族提供安身立命之本。习近平文化思想使中华民族文化以理论的形式得到高度的自觉，是确立文化主体性最典范的理论行动。

文化主体性可以从如下三个角度进行阐释。

第一，文化自我。文化自我是民族对自身文化的认知和理解，是文化自信的前提。习近平文化思想实际上是文化自我的理论形态，通过对自己民族文化的来源、本质、内涵、特征等一系列的理论思考，建构了文化自我。如果没有理论上的自觉，即便已置身于我们的文化和传统当中，也并不见得能够清晰意识到文化究竟是什么。这样，通过习近平文化思想，首先确立的就是文化自我。

第二，文化自信。自信是一种主观的确信。确信的前提是要有文化自我，若没有文化自我，自信不会太坚定，因为不清晰的话就不会有坚定的自信；确信不能没有依据，要对自己的文化有清晰的认识，否则可能会盲目地自信，所以文化自信的前提是文化自我的确立。习近平文化思想以文化自我的方式为文化自信奠定了基础。这是第二点思考，从文化自我的建立到文化自信的形成。

第三，文化主体性。文化主体性不仅是自己在自己的文化思想中确立自我和自信，更重要的是要和其他民族文化在比较中、相互交流中进一步创建自己的文化，这是文化主体性一个重要的实践维度。这样看，文化主体性，一方面是通过习近平文化思想确立文化自我、形成自信；另一方面，要和其他文化在交流互鉴中继续传承和创造民族文化，并且在今天已经把它提升到创建中华民族现代文明的高度来加强文化建设。

在这一维度上，我们能够认识到，本民族文化与其他文化相比较，有独特的内涵与性质，并且能保证在不受外来文化破坏干扰的情况下，依然能够按照我们自己的文化道路和文化性质来建设本民族文化。

纵观思想政治教育，从塑造文化主体性的意义上，我们完全可以从习近平文化思想中找到根本遵循，寻找到进一步开展思想政治教育的行动指南。

（吴宏政，吉林大学马克思主义学院院长、教授）

习近平文化思想科学体系的学理建构

吴怀友

理论体系是科学理论存在的方式和表现形式。习近平文化思想博大精深，内涵丰富，明体达用、体用贯通，是马克思主义文化理论与新时代中国特色社会主义文化建设具体实际相结合的产物，与中华优秀传统文化是“两个结合”的产物，是习近平新时代中国特色社会主义思想的文化篇，是科学的理论。

从学理层面看，科学体系的建构有一个学术标准，主要包含四个要素。第一，看是否有一条贯穿全部内容并始终起统领作用的鲜明主题。第二，看是否围绕理论主题全面提出并系统回答了所要解决的基本问题。第三，看是否围绕理论主题提出了一系列相互联系、逻辑严密，具有原创性的基本观点。第四，看是否有统一的世界观和方法论贯穿始终。从学理层面探讨习近平文化思想的科学体系建构，不仅对于深入学习理解这一思想的丰富内涵和精髓要义具有重要的学术价值，而且对于宣传阐释好、贯彻落实好、引领好思政课教学改革创新具有重要的现实意义。

首先，根据学理标准，习近平文化思想有一个贯穿全部内容并起统领作用的鲜明主题，即建设社会主义文化强国。党的十八大以来，习近平总书记许多重要讲话强调了文化建设的重要内容就是建设文化强国。2013 年 8 月，在全国宣传思想工作会议上的讲话中，习近平总书记指出，要推进文化体制改革，推动文化事业全面繁荣和文化产业快速发展，建设社会主义文化强国。在党的十九大报告中也提出坚定文化自信，推动社会主义文化繁荣兴盛，其中“兴文化”的落脚点就是建设社会主义文化强国。党的二十大对新时代的文化强国建设工作作了重点部署，明确将新形势下宣传思想文化工作的五项使命任务归结为一，即“建设社会主义文化强国”。

其次，习近平文化思想围绕主题系统地回答了所要解决的三大基本问题，即为什么要建设文化强国？建设什么样的文化强国？怎样建设文化强国？关于为什么要建设文化强国，习近平总书记有许多论述，包括文化关乎国本、国运，中国特色社会主义是物质文明和精神文明的全面发展等。习近平总书记在 2023 年 6 月 2 日文化传承发展座谈会上提出，“要努力创造属于我们这个时代的新文化，建设中华民族现代文明”，就是要开创人类文明新形态。这是其对建设什么样的文化强国这个重大问题的最新思考。

关于怎样建设文化强国，习近平总书记也有许多重要论述，包括坚持党的全面领导，坚持走中国特色社会主义文化发展道路，坚持“两个结合”的根本要求等。“两个结合”，特别是“第二个结合”，实现了马克思主义的魂脉同中华优秀传统文化的根脉的有机结合、相互贯通，破除了长期以来古今之争、体用之辩的迷思，拓展了中国特色社会主义道路的文化根基，巩固了新时代中国特色社会主义文化的主体性，是推进理论创新和文化繁荣的必由之路。

再次，习近平文化思想围绕主题主线，形成了一系列有机统一的原创性观点。具体来看，包括习近平总书记在 2018 年全国宣传思想工作会议上总结的“九个坚持”的基本要求、七一讲话提出的“两个结合”，2023 年文化传承发展座谈会明确的“十四个强调”的根本要求和对宣传思想文化工作重要指示强调的“七个着力点”，以及党的十九大、二十大关于文化建设工作的重点部署，等等。这些观点不是简单的罗列拼盘，而是形成了一个以宣传思想文化工作极端重要地位为认识论前提、以党的领导为根本保证、以建设文化强国和中华民族现代文明为新的文化使命、以“两个结合”为必由之路、以建设具有强大凝聚力和引导力的社会主义意识形态为核心要义、以培育和践行社会主义核心价值观为基础工程、以文化事业和文化产业繁荣发展为重要保障、以提高国际传播能力和促进文明交流互鉴为战略任务的具有严密逻辑结构、不断丰富发展的科学体系。

最后，习近平文化思想始终贯穿着统一的世界观和方法论。世界观和方法论，也即立场、观点、方法，是这一思想的精髓要义。从世界观、方法论的角度来看，习近平文化思想始终贯穿坚守人民立场、坚定文化自信、坚持守正创新、坚持问题导向、坚持系统思维、秉持开放包容六条。这六条是辩证唯物主义和历史唯物主义立场、观点、方法在习近平文化思想中的集中体现，是习近平新时代中国特色社会主义思想世界观和方法论在习近平文化思想中的具体体现。它们贯穿习近平文化思想始终，是习近平文化思想科学体系的精髓。

概言之，习近平文化思想围绕建设社会主义文化强国这一鲜明主题，着力回答了新时代为什么要建设文化强国、建设什么样的文化强国、怎样建设文化强国三大基本问题，形成了涵盖文化建设战略地位、指导思想、基本原则、目标任务、主要内容、方法路径、条件保障等一系列具有原创性、体现规律性且逻辑自洽的基本观点，始终贯穿坚守人民立场、坚定文化自信、坚持守正创新、坚持问题导向、坚持系统思维、秉持开放包容的立场、观点、方法，是一个科学的理论体系。

（吴怀友，江西师范大学马克思主义学院院长、教授）

习近平文化思想引领思政课改革创新的理与路[①]

胡　沫　冷子逸

在新时代背景下，思政课不仅要传递知识，更要发挥其引领社会思潮、维护意识形态安全的重要作用。这一使命要求我们深入思考如何改革创新思政课，以适应新时代背景下的新需求和新挑战。习近平文化思想为我们提供了重要的指导方向，我们需要积极探索将习近平文化思想融入学校思政课的理与路，推动思政课建设高质量发展。这不仅是推进新时代学校思政课建设改革创新的重要理路，也是学校思政课贯彻落实习近平文化思想的重要举措。

一、立足党的领导权之理，着力加强党对思政课的全面领导之路

党的领导是我国社会主义制度的最大优势，也是确保我国教育事业正确发展方向的根本保证。思政课承担着培养社会主义事业建设者和接班人的重要任务，加强党对思政课的全面领导，不仅是提升教育质量、培养合格人才的必然要求，也是坚持和发展中国特色社会主义的应有之义。在这个意义上，我们可以从认识论、价值论、方法论的维度来探讨立足党的领导权之理，着力加强党对思政课的全面领导之路，为推进教育强国建设贡献智慧和力量。

① 基金项目：湖北省教育厅哲学社会科学研究专项“新时代高校思政课教学规律及其运用研究”（22Z038）。

(一)从认识论维度回答思政课何以坚持党的领导权之理

习近平文化思想博大精深，其文化思想理论观点独树一帜，不仅在文化理论上展现出独到的创新精神和前瞻性视野，而且在文化工作的宏观布局上，它也为我们提供了明确而有力的指导方针。党的文化领导权是习近平文化思想的重要组成部分，是习近平总书记在深入研究党的历史经验、敏锐把握时代发展潮流的基础上得出的重要理论成果。它不仅凸显了新时代文化强国建设的战略价值，也展现了党对意识形态工作的精准把控和科学领导。只有坚守党的文化领导权，我们才能更加有效地引领文化发展潮流，推动文化事业和文化产业的繁荣发展。习近平文化思想回答思政课坚持党的领导之理集中体现为：其一，它明确了意识形态工作是党的一项极端重要的工作。习近平总书记指出：“一刻也不能放松和削弱意识形态工作，必须把意识形态工作的领导权、管理权、话语权牢牢掌握在手中，任何时候都不能旁落，否则就要犯无可挽回的历史性错误。”①思政课作为一种意识形态工作，我们党要牢牢抓住这项意识形态工作的领导权、管理权和话语权，确保意识形态工作的正确方向，为全面建设社会主义现代化国家提供坚强保障。其二，它明确了党对学校思政课的全面领导。习近平总书记指出：“加强党对思想政治理论课建设的领导。”②这意味着党要发挥总揽全局、协调各方的核心作用，确保思政课建设的正确方向，推动思政课建设的内涵式发展。习近平总书记关于思政课的重要论述和重要指示，深刻阐明了加强党对学校思政课领导的极端重要性，明确了党抓牢意识形态工作是思政课建设所必须坚持的政治保证。

思政课在我们党的思想文化工作中占有举足轻重的地位，它不仅是学校工作的重要生命线，更是落实立德树人根本任务的关键课程。自党的十八大以来，以习近平同志为核心的党中央对教育工作和思想政治工作给予了高度的重视。党中央全面加强了党对教育领域的领导，明确要求各级党委、教育主管部门以及学校

---

① 习近平：《关于全面依法治国论述摘编》，中央文献出版社2015年版，第156页。

② 习近平：《论党的宣传思想工作》，中央文献出版社2020年版，第375页。

党组织要牢牢把握思想政治工作的主导权，确保其在各项工作中发挥引领作用。要使思政课持续守正创新并发挥更大的作用，必须加强党对思政课建设的全面领导，真正解决“培养什么人、如何培养人、为谁培养人”这一根本问题。因此，学校思政课应当站在党和国家事业发展全局的高度，深刻认识到党的领导在教育工作和思想政治工作中的决定性作用，坚定不移地践行党对思政课建设的领导和指导要求，确保思政课建设始终朝着正确的方向前进。

（二）从价值论维度回答为什么要加强党对思政课的全面领导之理

思政课是传授知识的课堂，也是塑造社会主义意识形态的重要阵地。思政课作为用习近平新时代中国特色社会主义思想铸魂育人的关键课程，在巩固马克思主义指导地位、实现立德树人根本任务方面有着不可替代的作用。

从思政课的核心价值来看，作为推动社会主义意识形态建设的核心环节，思政课在学校思想政治工作大格局中具有重要作用。一方面，思政课作为坚定信仰和培根铸魂的关键课程，对于师生深入学习、理解和掌握习近平新时代中国特色社会主义思想至关重要。通过思政课，可以引导师生深入领会习近平新时代中国特色社会主义思想的核心理念、基本精神和基本要求，明确中国式现代化开创的人类文明新形态、新方向，为师生提供坚实的思想基础和行动指南。另一方面，思政课也是坚持马克思主义思想、巩固其在意识形态领域主导地位的关键课程，对于落实立德树人根本任务具有不可替代的作用。通过思政课，我们能引导青年学生坚定对中国特色社会主义的自信，为推进“四个伟大”事业凝聚共识、汇聚力量。

从意识形态工作来看，学校思政课承载着意识形态建设功能。习近平总书记指出：“我们要建设具有强大凝聚力和引领力的社会主义意识形态，牢牢掌握党对意识形态工作领导权。”①在当前全球化和信息化快速发展的时代背景下，西方

① 习近平：《高举中国特色社会主义伟大旗帜　为全面建设社会主义现代化国家而团结奋斗——在中国共产党第二十次全国代表大会上的报告》，人民出版社2022年版，第33页。

国家不断加强对我国意识形态领域的渗透和影响，这对我国主流文化意识的凝聚和传播带来了挑战。面对这些挑战，我们必须清醒地认识到意识形态领域问题的长期性和复杂性。我们不能只加强宣传教育，而是要从更深层次上加强党的领导，完善意识形态工作体系，提高舆论引导能力，推动形成全社会共同参与的意识形态工作格局。只有这样，我们才能更好地巩固和发展主流意识形态，增强我国文化软实力和国际影响力，为实现中华民族伟大复兴的中国梦提供坚强思想保证和强大精神力量。①

（三）从方法论维度回答如何加强党对思政课的全面领导之路

根据思政课建设的内涵要素，在方法论维度上加强党对思政课的全面领导，可以从政治建设、教师培养和课堂内容三个方面出发。这三个方面相互关联、相互促进，共同构成新时代加强党对思政课全面领导的方法论体系。

首先，以党的政治建设为统领，健全高校思想政治教育领导体制。坚持党的领导是高校思想政治教育的根本保障。学校党组织在办学治校中具有重要的责任与作用，习近平总书记强调："各级党委要把高校思想政治工作摆在重要位置，加强领导和指导，形成党委统一领导、各部门各方面齐抓共管的工作格局。"②在思政课改革创新过程中，必须坚决加强党的政治领导，学校党委应优化学校思想政治工作的管理制度，确保党的方针政策在学校日常工作中得到全面贯彻和落实。在思想上，我们需要进一步巩固和强化党的领导地位，全面落实学校党委对意识形态工作的责任。在实践中，我们应强化党的组织领导，为思政课改革提供坚实的组织保障。

其次，加大思政课教师培养力度，发挥党员思政课教师的模范带头作用。思政课教师是巩固意识形态领导权的中坚力量，在党和社会大众之间承担着宣传、

① 侯勇、张腾飞：《新时代高校思想政治教育理论的创新发展——学习习近平总书记关于高校思想政治工作的重要论述》，《河海大学学报（哲学社会科学版）》2019年第6期。

② 习近平：《把思想政治工作贯穿教育教学全过程　开创我国高等教育事业发展新局面》，《人民日报》2016年12月9日。

教育“桥梁”的关键角色。思政课教师是党的意识形态宣传与教育的主体，是促进青年学生产生社会认同感的最主要、最关键的力量。我们要深入推进文化强国建设，担当新的文化使命，就必须要拥有一批我们自己的坚定可靠的思政课教师队伍。目前，学校思政课教师的整体队伍还不够坚实，理论水平和教学方法还仍有提升空间。所以，我们应该加大思政课教师的培养力度，以达成长期稳定推进文化强国建设、培养堪当重任的时代新人的目的。同时，思政课教师作为党务工作者，要坚定共产主义信念，不忘初心、牢记使命，要善于、勇于和敢于与错误思潮作斗争，避免被错误的思想所腐蚀，让有信仰的人讲信仰，从而提高青年学生的“五个认同”，铸牢中华民族共同体意识。

最后，思政课要树立阵地意识，以阵地为依托讲好中国故事。习近平总书记指出：“宣传思想阵地，我们不去占领，人家就会去占领。”①思政课是落实立德树人根本任务的关键课程和意识形态工作的前沿主阵地。所以，我们要采取持久的“阵地战”策略，坚守习近平文化思想武装的意识形态主阵地，用好思政课这一关键课程，以抵御外来错误思潮的入侵。同时，也要通过这一关键课程讲好中国故事，充分利用党的十八大以来取得的非凡变革和历史性成就来影响人、说服人。理论只要彻底，就能说服人，新时代坚持以习近平新时代中国特色社会主义思想为指引的新征程之所以能够取得一个又一个胜利，其根本就在于习近平新时代中国特色社会主义思想作为当代中国马克思主义的理论彻底性。

二、立足文化主体性之理，着力推进习近平文化思想有机融入思政课之路

文化，作为一个国家文明形态独特生命力和创造力的重要源泉，承载着深厚的历史积淀和独特的民族气质。当我们深入探究文化的内核时，文化主体性的概

① 习近平：《在全国宣传思想工作会议上的讲话》，中央文献出版社2021年版，第53页。

念便显得尤为重要，因为文化主体性是文化自信、文化自觉得以确立的根本因素，是文化内核的存在形式。习近平文化思想作为党的最新创新理论，确立了新时代中华民族现代文明的文化主体性，具有重大的文化革新意义和文化引领意义。我们要深刻理解习近平文化思想的文化主体性内涵和价值，将其作为推动文化繁荣及建设文化强国的重要前提。同时，我们也要用好“两个结合”这一重要法宝，将习近平文化思想融入思政课教学，在思政课教学中讲好文化主体性之路。

（一）习近平文化思想的文化主体性之理

文化主体性是国家发展过程中自主性、能动性和独特价值理念的体现，是一个国家区别于其他国家的鲜明文化特质及价值标识。文化主体性是在历史中逐渐建构起来的文化实体，与文化基因、文化自觉等紧密联系在一起。一方面，文化主体性与文化基因相互依存。文化基因蕴藏在中华民族文化主体性的精神底蕴之中，它不断塑造和强化着中华民族特有的价值体系、思维方式和精神风貌。同时，文化主体性也是一个持续建构的动态过程，其根据时代环境的变化而不断演进和发展，积极吸纳外来文化的优秀元素，不断丰富和拓展自身的文化内涵。另一方面，文化主体性与文化自觉息息相关。一个民族的自我意识是文化意识的重要组成部分，而文化自觉则是民族自我意识的核心所在。它既包括对本民族文化起源和发展的了解和反思，也包含对其他文化的深刻认识和借鉴，是民族文化自我觉醒和自我提升的重要体现。①

文化主体性是文化自信的根本依托，文化自信源自深厚的文化主体性，这种主体性不仅构成了一个民族最本质的精神底蕴，也是国家面对外界挑战时最可信赖的精神支柱。因此，坚守文化自信和强化文化主体性，不仅是我们维护自身文化传统的思想基石，更是推动文化繁荣、建设中华民族现代文明不可或缺的前提条件。在这一进程中，习近平文化思想不仅为我们确立了中华民族的文化主体

① 朱汉民：《文化主体性与“第二个结合”》，《哲学动态》2023 年第 11 期。

性，因为习近平文化思想坚持“两个结合”，以清醒的认知和高度的认同为基础，形成了中华民族的主体意识，正引领着建设中华民族现代文明的文化强国新征程，而且还为我们提供了宝贵的思想资源和指导方向，它强调在继承传统文化的基础上实现创新性发展，使中华优秀传统文化在新时代焕发出更加绚丽的光彩。这样，我们就能在坚定文化自信的同时，不断开辟马克思主义中国化时代化的新境界，为新时代文化强国建设的伟大事业注入新的活力。①

建设中华民族现代文明是文化主体性和文化自信在新时代的共同追求和最终目标。中华民族现代文明既是对中华优秀传统文化的继承与发展，也是对人类文明成果的积极吸纳与融合。它体现了中华民族在现代化进程中的文化自觉和文化创新。中华民族现代文明的建设，旨在实现文化的现代化转型与升华，为中华民族伟大复兴提供强大的精神支撑和文化保障。习近平文化思想源于中国大地，坚守中华文化立场，是应对全球百年未有之大变局的智慧结晶和理论精华。建设中华民族现代文明是习近平文化思想的使命所在、目标指向。建设中华民族现代文明作为新时代的文化使命，是立足在中国式现代化的实践过程中的。中国式现代化深深植根于中华文明的土壤之中，同时积极吸收和借鉴人类文明的一切先进成果。它遵循了人类文明走向现代化的普遍规律，实现了普遍性与特殊性的有机统一。这种新文明形态具有鲜明的人民性、协调性和包容性等特点，它代表了人类文明发展的新高度，为人类文明的未来发展描绘了全新图景。②

（二）习近平文化思想主体性的“两个结合”之理

习近平文化思想所蕴含的重要方法能够推动中华优秀传统文化实现创造性转化、创新性发展，从而不断开辟马克思主义中国化时代化新境界。习近平总书记指出：“我们的社会主义为什么不一样？为什么能够生机勃勃、充满活力？关键

① 齐卫平、郑天骄：《习近平文化思想的形成逻辑、内在理路和鲜明特征》，《统一战线学研究》2023 年第 6 期。

② 韩喜平、杨羽川：《新时代宣传思想文化工作的科学指南——学习贯彻习近平文化思想》，《思想理论教育》2023 年第 11 期。

就在于中国特色。中国特色的关键就在于‘两个结合’。”①“两个结合”作为展现中国特色的核心要素，不仅是习近平文化思想的重要组成部分，也是其主体性确立的基石。习近平文化思想是在坚持马克思主义的指导下形成的，同时也是在中华优秀传统文化的熏陶和滋养中得以发展和丰富。通过这种双重融合，习近平文化思想得以展现出独特的理论魅力和实践价值，为推动中国特色社会主义文化的发展繁荣提供了重要的思想指引。“‘两个结合’让马克思主义成为中国的，中华优秀传统文化成为现代的，经过‘结合’实现马克思主义基本原理与中国具体实际、中华优秀传统文化的有机融合，形成新的文化形态。”②这个新的文化形态就是习近平文化思想所引领的中国式现代化人类文明新道路，标志着中华民族现代文明的文化主体性。

习近平总书记创造性地提出了文化主体性这一概念，阐明“这一主体性是中国共产党带领中国人民在中国大地上建立起来的”③。中国共产党带领中国人民在马克思主义指导下，转化与创新中华优秀传统文化，创造与弘扬革命文化，建立与发展社会主义先进文化，充分吸收人类优秀文明成果，创立了习近平文化思想，重构了中华文化体系，确立了中华文化主体性。④ 习近平总书记强调，要“以海纳百川的宽阔胸襟借鉴吸收人类一切优秀文明成果”⑤，这就要求我们要在吸收中转化，在转化中创新，为中华文化发展注入活力。也就是说，“两个结合”不仅是马克思主义基本原理与中国具体实际和中华优秀传统文化相结合的过程，而且也是充分吸收人类优秀文明成果的过程。从这个意义上看，党带领人民建设中华民族现代文明，是“马魂、中体、西用”的有机构成和有机过程。其中，“马魂”就是以马克思主义为魂脉，“中体”就是以中华优秀传统文化为根脉，“西

① 习近平：《在文化传承发展座谈会上的讲话》，《求是》2023 年第 17 期。

② 陈金龙、何希贤：《习近平文化思想的原创性贡献》，《光明日报》2023 年 10 月 17 日。

③ 习近平：《在文化传承发展座谈会上的讲话》，《求是》2023 年第 17 期。

④ 顾海良：《“第二个结合”：马克思主义中国化时代化的理论精粹和学理挈要》，《社会科学文摘》2024 年第 2 期。

⑤ 习近平：《高举中国特色社会主义伟大旗帜　为全面建设社会主义现代化国家而团结奋斗》，《求是》2022 年第 21 期。

用”就是以人类优秀文明成果为养料，由此形成中华文化主体性。①

（三）思政课在“两个结合”中讲清文化主体性之路

“两个结合”作为文化主体性的重要资源宝库，在丰富思政课教学资源方面发挥着巨大作用。从提供坚实的理论基石，到增强教学的政治性、理论性和实践性，“两个结合”对思政课教学的价值和意义不言而喻。如何将“两个结合”这一重要法宝转化为思政课教学实践中的具体路径，从而实现文化主体性在新时代思政课教学中的全面落地，不仅是对文化主体性理论融入实践的进一步深化，更是对新时代思政课建设内涵式发展的有力推动。

“两个结合”作为中国特色社会主义取得成功的重要法宝，不仅为思政课建设内涵式发展指明方向，而且也为思政课改革创新的具体实践路径提供思想启示。将这一创新理念深入思政课教学的核心环节，可以推动思政课教学内容和教学形式的全面革新。一方面，“两个结合”对思政课教学内容提出新的要求。在思政课教学中，思政课教师不能仅仅局限于对文化主体性的抽象讲述，而是要讲清楚为什么中华优秀传统文化与马克思主义基本原理可以相结合，习近平文化思想又是如何将中华优秀传统文化与马克思主义基本原理相结合。这就要求思政课教师在教学中要深度剖析结合的契合性。例如，思政课教师可以通过对比马克思主义关于人类解放的论述与儒家“大同社会”的理想，展现两者在追求社会公正、人民幸福上的高度契合；分析道家“无为而治”与马克思主义关于社会自我管理、人民主体性的思想，让学生理解不同文化背景下对理想社会形态的共同向往。同时，“两个结合”也要求思政课教师在教学中充分阐释和展现中华优秀传统文化与马克思主义基本原理二者之间的差异性及如何在差异中的互动融合。例如，思政课教师在分析马克思主义唯物史观与古代中国“天人合一”的宇宙观在认识论上差异的基础上，指出两者在关注人与自然和谐共生方面的共同追求。通过这样

① 韩振峰、王宣珂：《习近平文化思想“六论”》，《贵州师范大学学报（社会科学版）》2024 年第 1 期。

的对比，让学生认识到不同文化体系虽各有特色，却能相互启发、相互促进。另一方面，“两个结合”显著提升了思政课在教学形式上的理论亲和力和话语亲和力。以“两个结合”作为思政课教学方式，思政课建设可以通过增设更多承载中华优秀传统文化元素的教学媒介，采取提问、小组讨论、社会实践等教学方法，增强学生在课堂上的主体地位，使教育过程成为师生平等对话、交流的过程。例如，思政课教师在讲解“文化主体性”时可以设置“文化主体性体现在我们生活中的哪些方面”“我们如何应用文化主体性解释如今日益繁荣的精神文化活动”等与学生生活息息相关且可以通过调研、思考切实解答的问题。在此过程中，思政课教师也需要引导学生对经典书籍进行研读，对身边日常生活的现象进行观察，对所知、所获、所悟进行分享讨论，以增强学生对课堂的参与感和对理论知识的亲切感，确保文化主体性这一创新理论能够生动、深入地植根于学生心中，并转化为推动文化强国的实际行动。①

三、立足宣传思想文化工作的凝聚力、引领力之理，着力提升思政课的感染力之路

习近平文化思想的根本目的在于加强主流意识形态的凝聚力和引领力，习近平文化思想本身作为一种主流意识形态，是这种凝聚力和引领力的集中体现。学校思政课要把习近平文化思想作为主流意识形态的凝聚力和引领力讲深讲透讲活，进而增强思政课的感染力。意识形态的凝聚力和引领力，既是其社会功能的直接体现，又是对其建设所要达到理想状态的目标设定。社会主义意识形态的凝聚力和引领力，源于其思想理论的先进性和科学性，这些特质赋予了它独特的说服力、指导力和感召力。这种力量不仅是理论上的阐述和解释，更重要的是它能够深入人心，引导人们的思想和行为。目前，多元化的社会思潮正对社会主义意

① 孟珍伟、吴倩：《习近平文化思想融入高校思政课教学的四重逻辑》，《中南民族大学学报(人文社会科学版)》2024 年第 7 期。

识形态的理论解释力构成挑战，宣传思想工作存在的滞后问题降低了社会主义意识形态话语表达的引领力，这些因素共同影响了社会主义意识形态凝聚力和影响力的提升。习近平总书记强调，要“建设具有强大凝聚力和引领力的社会主义意识形态”①。这一重要论述，为发展新时代中国特色社会主义教育事业和加强高校意识形态的凝聚力和引领力指明了前进方向。增强主流意识形态认同，不仅是社会主义意识形态建设的关键环节，也是新时代思政课建设内涵式发展的重要内容。思政课作为传播社会主义意识形态的主阵地，应该加强凝聚社会主流意识形态和引领社会共识。不断加强思政课的凝聚力和引领力，对培养学生的社会主义核心价值观、提高学生思想政治素质、促进学生全面发展、增强国家文化软实力以及推动社会和谐稳定发展等方面都具有重要作用。② 新时代学校思政课把习近平文化思想作为主流意识形态的凝聚力和引领力之理有机融入教学体系，可以从如下三个方面打开融入之路。

（一）用“主流声音”占领“主阵地”，用新方法开拓教育空间

在新时代背景下，思政课承载着特殊的使命和责任。面对复杂多变的社会思潮和时代变迁，思政课必须坚决抵制错误社会思潮，永葆马克思主义的本色，“保证高校始终成为培养社会主义事业建设者和接班人的坚强阵地”③。这要求思政课在守正创新改革过程中要发挥好“阵地”的作用，在守牢“阵地”的同时，开拓新的教育空间。

首先，学校思政课要及时回应社会思潮演变带来的机遇与挑战。随着全球化的深入和信息技术的飞速发展，各种社会思潮在全球范围内传播，其中不乏一些与马克思主义相悖的观点。因此，思政课必须保持高度的敏感性和前瞻性，深入

① 习近平：《高举中国特色社会主义伟大旗帜　为全面建设社会主义现代化国家而团结奋斗——在中国共产党第二十次全国代表大会上的报告》，人民出版社 2022 年版，第 33 页。

② 江家城、寇清杰：《论社会主义意识形态凝聚力和引领力的提升》，《理论导刊》2019 年第 3 期。

③ 习近平：《习近平谈治国理政》第二卷，外文出版社 2017 年版，第 379 页。

分析这些社会思潮的本质和影响，引导学生正确看待和应对。思政课要旗帜鲜明地用习近平文化思想这一“主流声音”占领“主阵地”。这意味着思政课要坚定不移地宣传习近平文化思想，传播马克思主义理论和社会主义核心价值观，确保意识形态领域的正确方向。同时，对于意识形态领域出现的各种“杂音噪声”，思政课要立场坚定地予以清除，维护社会主义意识形态的纯洁性。

其次，学校思政课要充分结合时代发展和课程发展的需求，不断创新社会思潮引领方式。随着网络技术的普及和发展，网络空间已经成为意识形态斗争的重要阵地。思政课要充分利用网络阵地，创新网络宣传形式，开拓思政课教育空间。这要求思政课老师要用好网络资源，结合习近平文化思想强调的“互联网+”思维，利用微信、微博、短视频等学生喜闻乐见的新媒体平台，开展微课、直播课、互动问答等形式多样的教学活动。通过将习近平文化思想同本校文化、本地文化相结合，制作贴近学生生活的短视频、图文内容，讲述中国故事，传播中国声音，使思政课堂更加生动有趣，易于接受。这不仅可以拓宽思政课的教学渠道，而且还可以增强教学的吸引力和感染力。①

(二)用好“两个结合”重要法宝，推进思政课守正创新

在新时代，宣传思想文化工作的核心在于着力赓续中华文脉，推动中华优秀传统文化创造性转化和创新性发展。中华优秀传统文化作为中华民族的“根”与“魂”，是构建中华民族现代文明不可或缺的元素。这就要求我们在思政课建设中不仅需要保持中华传统文化的深厚底蕴，还要不断赋予其新的时代内涵，使传统文化与新时代精神相互融合，焕发出新的生机与活力。思政课既是“两个结合”这一重要法宝的使用者，在教学实践过程中从中华优秀传统文化这一资源宝库中汲取丰富的教学资源；同时也是中华优秀传统文化“双创”过程中的重要参与者，在新时代思政课建设过程中推动中华优秀传统文化的创造性转化和创新性发展。新时代思政课建设需兼顾国内与国际、传统与现代四个维度，既要立足国

---

① 陈姚：《大学生社会主义意识形态凝聚力提升研究》，西南大学硕士学位论文，2020年。

内视角，讲述中国故事、展现中国特色、传递中国精神，又要具有国际视野，培养学生的人类命运共同体意识和时代意识。

从国内视角来看，思政课在当代中国特色社会主义教育事业中占据着核心地位，是宣传文化工作的重要参与者。思政课肩负着叙述中国故事、展现中国特色、传递中国精神的重大使命，同时积极引导学生关注国家的前途与命运，胸怀“国之大者”，助其明确自身的社会责任与历史使命。为了推动思政课建设持续守正创新，我们应强化理论武装，组织师生系统性学习习近平文化思想，深入理解其核心要义、精神实质和实践要求。思政课教师应紧密联系社会实践，通过讲述中国故事、展现中国特色、传递中国精神，增强课程的吸引力和感染力。在教学过程中采用案例式、讨论式、体验式等教学方法深入阐释中国共产党为什么能、马克思主义为什么行、中国特色社会主义为什么好的时代命题，从而激发青年学生的志气、底气和骨气。同时，新时代思政课还要开拓国际视野，具有全球意识。当前世界正处于百年未有之大变局这一复杂背景下，思政课教师应在实际教学中引入国际比较的内容，帮助学生理解中国智慧、中国方案、中国模式的全球意义，彰显中国特色社会主义的“四个自信”。

思政课的本源在于传播马克思主义理论，引导学生树立正确的世界观、人生观和价值观。思政课要坚守这一初心，确保教学的正确方向。不断改革创新思政课的同时也要求我们守住“根脉”，中国传统文化是中华民族的宝贵遗产，蕴含着丰富的思政教育资源。思政课教师通过挖掘传统文化中承载着优秀价值观念的古代先贤故事、传统经典著作，将其与课程内容相结合，引导学生感受传统文化的魅力。在坚守优秀传统文化的同时，思政课也需要积极融入现代元素，使之更加贴近时代和学生生活。紧密结合国内外时事热点，将最新的热点事件引入课堂讨论，引导学生运用所学理论知识分析现实问题，提高思政课的时效性和针对性。通过融合传统文化与现代元素，思政课可以在坚守本源和初心的同时，不断创新教学理念和方法，提高教学效果和质量。①

① 张晓：《习近平文化思想对建设中华民族现代文明的哲学意义》，《西华师范大学学报（哲学社会科学版）》，DOI：10.16246/j.cnki.51-1674/c.20240705.003.

(三)把握习近平文化思想的核心要义，培育和践行社会主义核心价值观

习近平文化思想的核心即“明体达用、体用贯通”。“体”与“用”是中国哲学特有的一对范畴。“体”即物质之本体或本质，“用”即物质本体的表现及其作用。“体用贯通”深刻体现了中国哲学中“体”与“用”的辩证关系，即物质本体与其表现及作用的统一。在新时代的宣传思想文化工作中，这一思想精髓尤为凸显，特别是社会主义核心价值观的培育与践行，不仅是作为“体”即文化理论观点的核心内容所在，更是作为“用”即文化强国建设实践举措的关键所在。把培育和践行社会主义核心价值观融入思政课教学全过程本身也是习近平文化思想的内在要求。①

因此，新时代思政课改革必须紧扣这一核心要义，我们应将“体用贯通”的哲学理念深度融合于教学内容、教学方法及实践环节中。首先，在教学内容上，我们需紧密围绕社会主义核心价值观，遵循“体用贯通”的原则，既深入剖析其理论体系，又紧密联系社会实际，展现其在现实生活中的具体运用。例如在“思想道德与法治”的教学中，可以将集体记忆资源融入其中。通过将集体记忆中的历史文化、红色文化和新时代记忆等元素融入思政课，能够帮助学生更好地理解“爱国”“敬业”这些价值观。其次，教学方法的创新也要体现“体用贯通”。我们倡导采用互动式、启发式等现代教学方法，鼓励学生从被动接受转为主动探索。在小组讨论、角色扮演等活动中，不仅要引导学生深入思考社会主义核心价值观的理论意义，更要让他们模拟实践场景，体验这些价值观在实际应用中的力量和效果，实现理论与实践的有机结合。再次，实践环节的设置是“体用贯通”的重要体现。通过组织丰富的社会实践活动，如志愿服务、社会调研、红色教育等，让学生走出课堂，亲身体验社会主义核心价值观在现实生活中的生动实践。这些实践活动能让他们在实践中深化对“体”的认识，提升“用”的能力，真正实现“体

① 施郑理：《浅谈习近平文化思想的体用逻辑》，《思想政治工作研究》2024 年第 2 期。

用贯通”。概言之，新时代思政课建设应以“体用贯通”为指引，将社会主义核心价值观的培育与践行贯穿于教学内容、教学方法和实践环节的始终。通过这种全方位的改革和创新，为中华民族伟大复兴提供强大的精神动力和人才支撑。

（胡沫，武汉轻工大学马克思主义学院教授；冷子逸，武汉轻工大学马克思主义学院硕士研究生）

价值、内容与路径：习近平文化思想融入高校思政课教学的多维阐释①

李银艳　杨小军

文化作为一种精神力量，具有引领风尚、教育人民、服务社会、推动发展的重要功能。2023 年 10 月 7—8 日，在全国宣传思想文化工作会议上，习近平文化思想作为独立的思想体系被正式提出和阐释，标志着习近平新时代中国特色社会主义思想从此有了文化篇。习近平文化思想的提出，是以习近平同志为核心的党中央对"马克思主义文化理论的丰富和发展，也是对中华优秀传统文化的继承和发展"②，是党又一理论创新的重大成果。"习近平文化思想"这一重大理论成果提出后，理论界从其生成逻辑、丰富内涵、内在特质、价值贡献、世界意义等多方面进行了深入阐释，但对于如何将习近平文化思想融入思政课教学，尚未进行有益探讨。习近平文化思想为中国式现代化提供强大精神支撑，为党领导全国各族人民共同团结奋斗奠定共同思想基础，为深化新时代高校思想政治理论课（以下简称"思政课"）改革创新、培育担当民族复兴大任的时代新人提供丰厚滋养和重要指导。将习近平文化思想融入高校思政课教学，既契合思政课立德树人根本任务，又有助于大学生树立正确的文化观，形成文化自觉、坚定文化自信，肩负起文化强国建设的新使命。有鉴于此，系统阐释习近平文化思想融入高校思政课

① 基金项目：湖南省普通高等学校教学改革研究重点项目"新时代高校思政课大学生奋斗精神培育路径研究"（HNJG—20230287）。

② 方世南：《习近平文化思想的理论创新和实践创新》，《学术探索》2023 年第 11 期。

教学的价值意涵、核心内容、有效路径，不仅十分必要，而且正当其时。

一、深刻认识习近平文化思想融入高校思政课教学的价值意蕴，回答融入“何以必要”的关键问题

将习近平文化思想融入高校思政课教学，首先要解决的是融入“何以必要”的问题。思政课作为高校铸魂育人的主阵地、主渠道，其在高校教育中的作用不言而喻。积极探索将习近平文化思想融入高校思政课教学，是落实思政课“立德树人”根本任务的时代要求，也是贯彻党的宣传思想工作会议精神、加强习近平文化思想宣传教育的应有之举，更是增强新时代大学生主流意识形态认同、巩固我国文化安全的现实需要。

（一）落实思政课立德树人根本任务的时代要求

党的十八大以来，以习近平同志为核心的党中央将立德树人作为教育的新理念与根本任务，提升到极其重要的位置。而“思政课是落实立德树人根本任务的关键课程”①，必须坚持正确的政治方向和科学的理论遵循。习近平文化思想作为习近平新时代中国特色社会主义思想的重要组成部分，是马克思主义文化理论中国化的最新成果，是引领我国文化事业发展的理论指导和根本遵循，更是高校思政课的思想旗帜和重要内容。文化也是立德树人的智慧宝库，以文化人是立德树人的重要途径和有效方法。习近平总书记深刻洞见文化的力量，以其高瞻远瞩的战略眼光深刻阐述了文化力量转化为发展能量的可能和构想，指出“推动高质量发展，文化是重要支点；满足人民日益增长的美好生活需要，文化是重要因素；战胜前进道路上各种风险挑战，文化是重要力量源泉”②，阐明了文化对于经济发展、社会稳定和人的全面发展的重要作用。及时科学地将习近平文化思想

① 《习近平谈治国理政》第三卷，外文出版社 2020 年版，第 329 页。

② 《习近平谈治国理政》第四卷，外文出版社 2022 年版，第 309~310 页。

融入高校思政课教学，通过课程创新等方式，帮助大学生树立正确的文化观，提升文化自觉、坚定文化自信，是实现立德树人教育目标的内在要求，也是贯彻落实党的教育方针的现实需要。将习近平文化思想融入高校思政课教学，就是要把马克思主义中国化的文化理论成果，融入大学生学习教育全过程，这必将有助于淬炼学生的思想品格，提升学生的文化素养，构建学生的文化思维，从而实现立德树人的教育目标，使高校思政课切实担负起立“本”铸魂的历史重任和时代使命。

（二）加强习近平文化思想宣传教育的应有之举

任何思想“如果没有客观存在的需要，如果不为人民群众所掌握，即使是最好的东西，即使是马克思列宁主义，也是不起作用的”。① 习近平文化思想植根于人民的伟大实践，坚持人民至上，归根结底要为人民所掌握，服务于新时代社会主义文化建设。加强面向全社会、各领域的习近平文化思想宣传教育，把握这一思想蕴含的科学世界观和方法论，并有效运用贯穿其中的科学立场、观点、方法，是一项重大而迫切的政治任务。在此过程中，高校作为文化传承发展的重镇，不能缺席也不应缺席。这就要求高校积极推进习近平文化思想融入思政课教学，使之进教材、进课堂、进头脑，发挥高校的科学研究优势、人才培养优势，让高校成为开展习近平文化思想宣传教育的重要力量和稳定载体。一是以融入促学习宣传。党的二十大报告强调，要“用党的科学理论武装青年”②，青年的成长成才离不开科学理论的指导。习近平文化思想是马克思主义中国化时代化在文化领域的集中体现，是新时代推进社会主义文化建设的科学理论指南，具有科学性、时代性、先进性和实践性的鲜明特征。将习近平文化思想融入高校思政课教学，发挥好思政课这一育人的“主渠道”“主阵地”作用，有利于提升大学生理论水平和思想道德修养，引导青年学生树立正确的文化观、掌握科学的文化建设方法论，引领青年学生成长为新的文化使命的建设者和接班人，为建设社会主义文

① 《毛泽东选集》第4卷，人民出版社1991年版，第1515页。

② 习近平：《高举中国特色社会主义伟大旗帜　为全面建设社会主义现代化国家而团结奋斗——在中国共产党第二十次全国代表大会上的报告》，《人民日报》2022年10月26日。

化强国注入澎湃动能。二是以融入促研究阐释。教师教学的过程也是理论阐释的过程。将习近平文化思想融入思政课教学，要求思政课教师在教学中要讲清楚习近平文化思想“是什么”的基本问题，更要着重讲透习近平文化思想“为什么”重要的关键问题，而要讲透“为什么”就要求思政课教师进行深入的理论研究。教师对习近平文化思想在教学中的传导传递，包括语言的裁剪、情感的处理、理论的概括和逻辑的演绎，都是理论研究在课堂教学中的技术表达。发挥广大师生的积极性、创造性，以其独特视角、鲜活话语和创新观点对习近平文化思想进行多样化阐释，也有利于这一思想的涵养发展。总之，将习近平文化思想融入高校思政课教学，寓研于教、以教促研，有利于在教学和研究中真正落实习近平文化思想的宣传教育。

（三）增强主流意识形态认同、巩固文化安全的现实需要

在多元思想文化相互激荡、各类文化交流交融交锋愈加频繁的今天，如何增强主流意识形态认同、维护我国文化安全是我们必须直面和解决的重大时代课题。意识形态工作是为国家立心、为民族立魂的一项极端重要的工作。马克思曾对意识形态工作地位作过精辟阐释，“如果从观念上来考察，那么一定的意识形态的解体足以使整个时代覆灭”①。从中不难看出，意识形态安全之于国家安全的极端重要性。毛泽东同志也曾指出：“凡是要推翻一个政权，总要先造成舆论，总要先做意识形态方面的工作”②，道出了意识形态与人心聚散、政权稳固的关系。新时代以来，党中央高度重视意识形态领域建设，我国意识形态领域发生根本性、全局性改变，青年的文化自觉和自信有了极大程度的提高，但不可否认的是，部分青年学生仍然存在“以洋为美”“以洋为尊”的文化心理。究其原因在于，以美国为首的西方国家将青年作为意识形态渗透的重要对象，利用青年接受能力强而辨别能力弱的特点，长期通过其文化产品如电影、电视剧、书籍、广告等推

① 《马克思恩格斯文集》第8卷，人民出版社2009年版，第171页。

② 中共中央文献研究室：《建国以来毛泽东文稿》第10册，中央文献出版社1996年版，第194页。

销西方“普世价值”，营造西方“高等文明”的幻象，以此迷惑青年以至于形成对主流意识形态价值的偏见。更有甚者，在我国香港特区诱导部分教育工作者在教材和课堂中灌输西方意识形态内容，宣扬亲近西方、疏离中国，意图强化香港的“本土认同”，消解青年的国家认同。西方敌对势力的意识形态渗透对于青年“四个自信”的养成产生了系统性的负面影响，对此，我们必须坚决予以回应。而习近平文化思想是青年学生抵御西方文化领域意识形态渗透的有力思想武器，其对文化领域的意识形态问题作出了正本清源、举旗定向的透彻解答，明确提出了坚持中华文化立场，反对“唯洋是从”的“西方文化中心论立场”，倡导社会主义核心价值观，抵制拜金主义、个人主义、享乐主义等各种错误思潮。将习近平文化思想融入高校思政课教学，能够帮助青年学生走出文化领域是与非、对与错、优与劣的辨识困境，树立对中华文化的自觉和自信，以文化自信支撑道路自信、理论自信、制度自信，进一步增强青年学生对主流意识形态的认同，有效巩固我国文化安全。

二、科学把握习近平文化思想融入高校思政课教学的核心要点，回答融入“以何为主”的关键问题

习近平文化思想融入高校思政课教学的目的在于立德树人、铸魂育人，要把握融入的核心要点，从而使融入能够协调有序、顺利推进，确保育人目标的最终达成。而廓清习近平文化思想的融入内容是有效实现融入目标的关键环节。习近平文化思想内涵丰富，包容甚广，涉及文化理论和文化建设的方方面面，而将习近平文化思想融入高校思政课教学，则要从与大学生密切相关的文化立场观、文化安全观、文化使命观三个维度，界定融入的主要内容。

（一）开展以“坚定文化自信”“坚守中华文化立场”为基础的文化立场观教育

立场问题是根本问题，决定着观点和方法。毛泽东同志在延安文艺工作座谈

会上的讲话中对立场问题作过重要论述，强调“我们是站在无产阶级的和人民大众的立场”①，指出了所谓立场，就是站在哪个地方，为谁说话，说谁的话。具体到文化立场观，则关系到坚持什么样的文化、为谁发展文化等深层次问题。党的十八大以来，习近平总书记反复强调“坚守中华文化立场”“坚定文化自信”。有了文化立场，文化才有自己的主体性，有了文化主体性，“文化自信就有了根本依托”。将习近平文化思想融入高校思政课教学，要将文化立场原则教育放在突出位置。坚守中华文化立场就是要毫不动摇地坚持中华文化作为民族文化的主体，具言之，就是要坚守对中华优秀传统文化、革命文化和社会主义先进文化的自信，以文化自信巩固文化主体性。一是以中华优秀传统文化滋养青年学生。中华优秀传统文化是民族根魂，是文化自信的根基所在。习近平总书记对守护好中华优秀传统文化念兹在兹，强调“优秀传统文化是一个国家、一个民族传承和发展的根本，如果丢掉了，就割断了精神命脉”②。中华优秀传统文化是经历漫长历史淘洗出来的智慧结晶，蕴含着丰富的人文精神、教化思想和道德理念，对大学生成长发展具有重要的塑造作用。要引导青年学生将中华优秀传统文化扎根心灵深处，主动学习中华优秀传统文化，积极传播中华优秀传统文化，并将中华优秀传统文化中蕴含的精神伟力转化为改造世界的现实动力。二是以革命文化淬炼青年学生。“革命文化是文化自信的精神支柱”③，革命文化诞生于革命战争年代，积淀于党领导人民的革命实践和伟大斗争，是中国革命胜利的精神标识，也是党领导人民走向未来的文化支撑，理应成为高校思政课教学的鲜活素材。高校要发挥革命文化对青年学生的教育作用，以革命理论指引青年学生，以革命历史感召青年学生，以革命精神鼓舞青年学生，“既注重知识灌输，又加强情感培育，使红色基因渗进血液、浸入心扉”④。三是以社会主义先进文化引领青年学生。

① 《毛泽东选集》第3卷，人民出版社1991年版，第848页。

② 习近平：《在纪念孔子诞辰2565周年国际学术研讨会暨国际儒家联合会第五届会员大会开幕会上的讲话》，人民出版社2014年版，第11页。

③ 刘松：《革命文化是文化自信的精神支柱》，《山东社会科学》2018年第2期。

④ 习近平：《用好红色资源，传承好红色基因　把红色江山世世代代传下去》，《求是》2021年第10期。

社会主义先进文化是文化自信的动力源泉，它以马克思主义为指导，立足我国社会主义伟大实践，既有对中华优秀传统文化和革命文化的继承和弘扬，又有对世界优秀文化成果的吸收和借鉴，集中体现了党领导人民在新的历史条件下的精神追求。要发挥社会主义先进文化对青年的引领作用，从中西比较的视域出发，对社会主义先进文化进行解读，激发学生对社会主义先进文化的礼敬和肯定，树牢中华文化立场，破除仰人鼻息、追捧他者、“唯洋是从”的错误文化立场观。

（二）开展以“树牢社会主义核心价值观”“维护意识形态安全”为要义的文化安全观教育

青年大学生文化立场观的正确与否直接关系到我国文化安全，而文化安全的核心在于价值观、意识形态安全，文化变质主要体现在价值观、意识形态变质。青年大学生是维护国家文化安全不可或缺的中坚力量，将习近平文化思想融入高校思政课教学，是强化大学生文化安全观教育的重要之举。习近平高度重视文化安全在国家安全中的重要作用，围绕维护国家文化安全问题发表了一系列重要论述，极具站位高度、思想深度、视野广度，为高校将习近平文化思想融入思政课教学提供了丰厚的理论支撑。将习近平文化思想融入青年学生的文化安全观教育，也有利于铸牢青年大学生的文化安全意识。一是要引导青年学生认识党对宣传思想文化工作领导的极端重要性。宣传思想文化工作关乎举旗定向、关乎战略定力、关乎政治安全和长期稳定，是一项极端重要的工作。进入新时代，习近平总书记反复强调党的文化领导权，指出文化的守正创新“守的是中国共产党的文化领导权和中华民族的文化主体性”①。全国宣传思想文化工作会议上，“七个着力”的要求之首就是“着力加强党对宣传思想文化工作的领导”②。党的文化领导

① 习近平：《在文化传承发展座谈会上的讲话》，人民出版社2023年版，第11页。

② 《习近平对宣传思想文化工作作出重要指示强调 坚定文化自信秉持开放包容坚持守正创新 为全面建设社会主义现代化国家 全面推进中华民族伟大复兴提供坚强思想保证强大精神力量有利文化条件》，《人民日报》2023年10月9日。

权旁落或者被削弱，对中国特色社会主义发展道路的思想认同就会被削弱，中华民族伟大复兴事业最终也会“地动山摇”。将习近平文化思想融入高校思政课教学，就是要让青年学生深刻认识到党的文化领导权的极端重要性，进而加强对党的文化领导的认同，厚植对党的文化领导的信赖。二是要引导青年学生认识马克思主义在意识形态领域指导地位的极端重要性。马克思主义是旗帜、灵魂，是立党立国的根本指导思想，文化工作的本质就是意识形态工作，而意识形态工作的根本任务就是要巩固马克思主义在意识形态领域的指导地位。当代中国社会思潮多元、文化形态多样，当代中国青年的“文化视野更加开阔”，“国际视野不断拓展”。① 历史和现实表明，社会思潮越多元，在根本问题上统一思想、凝聚共识的任务就越艰巨。将习近平文化思想融入高校思政课教学，要引导青年学生牢固树立马克思主义在意识形态领域指导地位的思想，增强对马克思主义的信仰和对共产主义的信念，从而提升政治鉴别力，保持政治坚定、头脑清醒。三是要引导青年学生认识树牢社会主义核心价值观的极端重要性。价值观是文化的核心和灵魂，培育和弘扬社会主义核心价值观，是“凝魂聚气、强基固本的基础工程”，没有社会主义核心价值观的引领，我们就会魂无定所、行无依归。大学生正处于价值观形塑的关键时期，将习近平文化思想融入高校思政课教学，要引导青年大学生树牢和践行社会主义核心价值观，把社会主义核心价值观融入学习生活全过程，将其内化为基本精神追求、外化为个人行为准则，并引领带动社会成员广泛践行。

（三）开展以“推动文化繁荣”“建设文化强国”“建设中华民族现代文明”为目标的文化使命观教育

党的十九大报告中，习近平总书记首次提出“新的文化使命”这一重大命题。2023 年全国宣传思想工作会议上，习近平总书记明确将其表述为“在新的历史起

① 中华人民共和国国务院新闻办公室：《新时代的中国青年》白皮书（全文），http://www.scio.gov.cn/ztk/dtzt/47678/48169/48177/Document/1723487/1723487.html.

点上继续推动文化繁荣、建设文化强国、建设中华民族现代文明”①，对“新的文化使命”的内容作出了内在规定。而中国共产党无产阶级政党的属性则决定了其文化使命的主体即包括无产阶级在内的广大人民群众。一个国家的未来在青年，文化强国建设的关键主体在青年大学生。将习近平文化思想融入高校思政课教学，理应引导青年树立清晰的文化使命观，以文化建设的使命激发文化创新的斗志、释放中华文化的活力。一是在传承坚守中赓续中华传统文化根脉。中华文化的源远流长、绵延不断滋养了中华民族的生生不息、发展壮大，“是我们在世界文化激荡中站稳脚跟的根基”②。高校思政课教学要以“富有中国心、饱含中国情、充满中国味”的方式，引导青年大学生继承和发扬中华优秀传统文化和民族精神。通过对历史的回顾、对传统的解读、对中华民族现代文明的展望，使青年学生认识到自我发展与文化强国建设的关联，催生青年学生的主体意识、担当意识，培养青年学生的责任感、使命感。二是在创新创造中激发中华文化活力。中华文化不仅需要传承，更需要创造性发展，使中华文化焕发新的生机活力和强大动力。这就要求青年大学生在传承的基础上主动参与文化创新，探索中华文化新的时代内涵、运用新的表现形式、拓展新的传播手段，为中华文化注入时代活力，用传承提升文化影响力、用发展提升文化生命力。三是在交流互鉴中展现中华文化魅力。青年大学生应弘扬平等、互鉴、对话、包容的文明观，讲好中国故事，以更加博大的胸怀广泛开展同各国的文化交流，以更加自信的姿态推动中华文化走出去，展现中华文明的历史底蕴和人文底蕴。

三、深入探索习近平文化思想融入高校思政课教学的有效路径，回答融入“如何落地”的关键问题

“融入”并不是将习近平文化思想与高校思政课进行简单嫁接，而是将习近平

① 《习近平对宣传思想文化工作作出重要指示强调 坚定文化自信秉持开放包容坚持守正创新 为全面建设社会主义现代化国家 全面推进中华民族伟大复兴提供坚强思想保证强大精神力量有利文化条件》，《人民日报》2023 年 10 月 9 日。

② 习近平：《把中国文明历史研究引向深入 增强历史自觉坚定文化自信》，《求是》2022 年第 14 期。

文化思想贯通高校思政课育人体系全过程，从教材维度、表达维度、载体维度、教法维度构建起多维互动、互为呼应的具体路径，提升融入的针对性和实效性。

（一）教材内化：提炼动态内容“讲清”习近平文化思想

教材是教学的主要载体和依据，将习近平文化思想融入高校思政课教学的首要环节就是要融入教材。但是，融入教材并非概念化、公式化的简单教材内容扩充，而是具有指导性、针对性的深层思想理论浸润。在融入内容上，思政课教师要把握教材的科学性和权威性，紧扣教材已有关于文化建设的内容，结合习近平文化思想这一开放式思想体系的最新解读、权威阐释，提炼动态内容，找准融入教材的有力支点。在融入逻辑上，既要观照融入内容本身的逻辑性、系统性，又要把握融入内容与原有教材知识点之间的内在联系，做到整体协调、相得益彰。以当前本科阶段开设的6门思政必修课为例，“习近平新时代中国特色社会主义思想概论”课是融入的关键课程，应结合教材“建设社会主义文化强国”章节，讲清习近平文化思想的丰富内涵、重大意义和实践要求，重点是引导学生树立文化自信，承担文化建设使命，在守正创新中传承中华文化、弘扬中华文化、发展中华文化；融入“马克思主义基本原理”课应着重结合原理讲清习近平文化思想的思想基础和理论根基，使大学生认识到习近平文化思想是马克思主义文化理论的丰富和发展，进而以习近平文化思想武装头脑、指导实践；融入“毛泽东思想和中国特色社会主义理论体系概论”课，则是要重点讲清习近平文化思想形成发展的历史脉络，进而引导青年学生深化对中国特色社会主义文化建设规律的认识；融入“中国近现代史纲要”课要结合中国特色社会主义道路的百年探索来阐释习近平文化思想的历史依据，从而引导学生坚定对中国特色社会主义道路的文化自信；融入“思想道德与法治”课应对应教材“明确价值要求　践行价值准则”章节找准连接点、契合点，引导学生树立正确的世界观、人生观、价值观，践行社会主义核心价值观。融入“形势与政策”课应从教材“建设中国特色社会主义文化”章节融入，重点是引导学生深化对意识形态领域斗争复杂性的认识，树立文化安全观，理性对待各种观点和信息，在意识形态斗争中站稳政治立场。各门思政课教师要强化协同理念，遵循不同课程之间界限的清晰性、方向的异质性，进而把握融入重点的差异性，使融入内容与原有内容同向同行，形成协同效应。此外，思想政治教育还应坚持阶段性和连续性相统一的原则，要以“教育一体化”思维循序渐进、螺旋上升地推进习近平文化思想融入大中小学思政课。在小学阶段注重“故事链”，重在启蒙对中华文化的情感基础；在中学阶段注重“逻辑链”，重在打牢对中华文化认同的思想基础；在大学阶段注重“问题链”，重在增强建设文化强国的使命担当。

（二）表达创新：讲求语言艺术“讲透”习近平文化思想

教学是师生之间的“双向奔赴”，而连通双方的重要中介则是艺术化的语言表达，只有老师讲得有趣，学生才能听得认真，因此，教师应不断创新表达方式，从而实现习近平文化思想的生动性融入。需要特别指出的是，思政课教材和关于习近平文化思想的研究阐释论著，表述多以文件性话语、政策性话语和学理性话语为主，此类教材话语和论著话语逻辑严谨、语言周密，但缺乏趣味性、吸引力。对此，高校思政课教师不能照本宣科，而应在通俗易懂、切中要害上下功夫，把“教师想讲的”变成“学生想听的”，把“学生想听的”融进“教师想讲的”。习近平总书记是用生动话语讲好深刻道理的专家，他善用比喻说理，将中华优秀传统文化比喻为中华民族的“根”和“魂”；善用俗文俚语，以“萝卜青菜，各有所爱”阐述包容精神，强调摒弃文明冲突、增进文明和谐；善用典故、善引诗文，用“以古人之规矩，开自己之生面”强调中华文化的创造性转化和创新性发展。他深入浅出、生动形象、极富魅力的语言风格值得思政课教师学习。将习近平文化思想深度融入高校思政课教学，教师要在提炼动态教学内容的同时讲求语言表达的艺术。一是要与时俱进，兼采新词汇、兼用新表述。在讲述习近平文化思想的基本观点、基本理论时，使用规范语言表达，在对理论进行阐释时，灵活运用青年喜闻乐见的“网言网语”进行互动引导，以减轻理论教育的生硬、改善课堂气氛的沉闷。二是要讲好故事，融入热门话题，破解理论难题，激活理论灌输“一池春水”。教师要结合当代大学生偏好，将思政课的宏大主题与个体化、微观化的生活叙事相融合，实现青年情感的共鸣与思想的升华。如在讲解文化自信时，可运用杭州亚运会背景音乐“火出圈”被亚组委官方点赞“年轻人更懂年轻人”的故事，阐述新时代青年的文化自信，提振文化自信心和民族自豪感。当然，高校思政课程首先是价值的引领课程，讲求语言艺术的同时需把握政治性与教育性相统一、学理性与通俗性相统一的原则，防止出现娱乐化倾向。概言之，高校思政课教师要用趣味生动的语言表达打造符合青年人旨趣的思政课，实现习近平文化思想宣传教育的内涵力与感召力并举。

（三）数智赋能：依托载体平台“活化”习近平文化思想

习近平文化思想融入高校思政课教学需要数智技术赋能。“推进教育数字化”是党的二十大对教育部署的战略要求。习近平总书记也曾强调，“推动思想政治工作传统优势同信息技术高度融合，增强时代感和吸引力”①。要通过传播载体和场景的创新，以鲜活的形式进行习近平文化思想的学习宣传，教师在发挥传统课堂教学优势的同时，应充分运用智能化、信息化方法，实现习近平文化思想的现代性融入。一是多样化表征习近平文化思想的学习内容，使习近平文化思想“活”起来。以具象化图片、视频、音频、知识图谱等多种表征形式，交叉式、多样化地呈现习近平文化思想的学习内容，尤其是习近平总书记关于文化理论观点的突破创新、关于文化工作布局的部署要求，利用虚拟现实、交互式、可视化等数智手段，再现和传播博大精深的中华优秀传统文化，重温和体悟昂扬向上的革命文化，宣传和展示生机勃勃的社会主义先进文化。通过人工智能技术将习近平文化思想的教学内容进行数智化转化，赋能习近平文化思想立体叙事的升级，引导大学生切身感受新时代文化建设的伟大成就，以增强习近平文化思想融入高校思政课教学的感染力、吸引力，进而增进大学生对中国特色社会主义的沉浸式深度认同。二是多维度创新习近平文化思想的传播方式，使习近平文化思想

① 习近平：《把思想政治工作贯穿教育教学全过程 开创我国高等教育事业发展新局面》，《人民日报》2018 年 12 月 19 日。

“融”进来。录制学习宣传习近平文化思想的慕课、微课、微电影、短视频，运用智慧课堂、虚拟仿真教学系统、网络直播公开课等方式，通过人机协同构建虚实结合、内容协同的线上学习资源。将中华优秀传统文化场景、红色文化场景等符合习近平文化思想内容的网络资源嵌入线上线下思政课堂。同时，还可以通过人工智能技术对习近平文化思想的学习情况进行动态化监测，及时发现问题并适时调整。通过在线课程资源建设和动态化监测，赋能大学生自主学习习近平文化思想、自主生成知识图谱、自主明晰价值排序、自主坚定价值立场，以数智技术的高链接性、强渗透性、泛时空性营造在场感和参与感，提升习近平文化思想融入思政课教学的育人实效。

（四）教法革新：围绕学生主体“反刍”习近平文化思想

将习近平文化思想融入高校思政课教学，要以学生为中心优选教学方法，“加大对学生的认知规律和接受特点的研究，发挥学生主体性作用”①，提升融入的质量和效果。一是围绕学生主体，设计翻转课堂。打破传统课堂教师“一讲到底”的做法，创新课堂教学模式，实现课堂教学从单向灌输转向双向互动，教师角色从理论讲授的权威者转向学生价值观的引导者，学生角色从教学的旁观者转向教学的探究者。思政课教师可根据班级人数对学生进行分组，各组选取习近平文化思想中的某一主题，经由教师指导，学生分工合作，利用课余时间进行资料搜集或实地考察，制作课件并分组汇报展示，教师对汇报内容进行点评、回应和补充。教师主导、学生主体、探讨式、交流式为主要特点的翻转课堂模式，不仅有利于青年大学生直观体悟和“反刍”习近平文化思想，更有利于青年内生性价值观的生成。二是注重实践教学，强化实践体认。“社会是个大课堂”，“社会实践、社会活动以及校内各类学生社团活动是学生的第二课堂，对拓展学生眼界和能力、充实学生社会体验和丰富学生生活十分有益”。② 社会实践是思想政治教

① 习近平：《思政课是落实立德树人根本任务的关键课程》，人民出版社 2020 年版，第 21 页。

② 中共中央文献研究室：《习近平关于青少年和共青团工作论述摘编》，中央文献出版社 2017 年版，第 55 页。

育的重要组成部分，在育人格局中具有重要作用。推进习近平文化思想融入思政课教学，必须充分利用新时代文化建设伟大实践的育人作用开展实践教学和体验式教学，鼓励师生根据教学需求，结合重大活动、重要事件等时间节点和当地资源，走进红色场馆、博物馆、艺术馆、文化宫等，开展现场教学。高校应积极构建“大思政课”工作格局，与文化场馆之间建立协同联动机制，通过开展研修研学、实习实训、志愿服务、专业比赛等方式，促进资源的共建共享，实现“校馆”协同育人，破解场馆文化资源闲置而高校育人资源不足的矛盾，将文化资源优势转化为“大思政课”的协同育人优势。总的来说，通过实践体认内化融通习近平文化思想的精神意旨，使学生深度认同中华文化，坚定对中华文化的自信，进而坚定对中国特色社会主义道路、理论、制度的自信，担当起新时代文化强国建设的新使命。

（李银艳，湘潭大学马克思主义学院博士研究生；杨小军，湘潭大学马克思主义学院教授）

以习近平文化思想夯实新时代思想政治理论课的马克思主义立课之基①

杨　波

习近平文化思想是马克思主义与中华优秀传统文化相契相通的奠基性成果，它以马克思主义为魂；思政课是开展马克思主义理论教育的关键课程，它以马克思主义为立课之基，两者之间具有高度的契合性、一致性。习近平文化思想不仅内蕴着对思想道德、意识形态、价值观念、舆论宣传、文学艺术、历史传承、社会科学等文化诸领域之“体”的透彻见解，而且遵循了马克思主义观察和分析文化问题的根本原则和基本方法之“用”。正是习近平文化思想“明体达用、体用贯通”的理论品格，为夯实新时代思政课的马克思主义立课之基提供了有力的文化支撑。

一、习近平文化思想为丰富思政课的内容体系注入了马克思主义中国化时代化的理论新篇

恩格斯认为：“每一个时代的理论思维，包括我们这个时代的理论思维，都是一种历史的产物，它在不同的时代具有完全不同的形式，同时具有完全不同的

---

① 基金项目：国家社科基金高校思想政治理论课研究专项“思政课话语有效性的增值评价研究”（22VSZ070）。

内容。”①从中华人民共和国成立之初到中国特色社会主义进入新时代，纵览我国思政课的起步与曲折探索、恢复与重建、持续发展与不断完善这条不同寻常的建设历程，马克思主义始终是思政课内容体系的内核，但思政课的内容体系并非对马克思主义的教条与固化，而是在与时俱进中将马克思主义中国化时代化的理论新篇纳入课程的内容体系建设，这是我国思政课建设的基本经验之一，也是习近平总书记强调的要不断“构建以新时代中国特色社会主义思想为核心内容的课程教材体系”②的题中之义。习近平文化思想是马克思主义文化理论中国化时代化的新篇章，为丰富思政课的内容体系注入了新的思想能量。

（一）习近平文化思想是思政课教学的崭新亮点

习近平文化思想是习近平新时代中国特色社会主义思想在文化领域的创新成果。当前，学校开好、教师讲好、学生学好习近平新时代中国特色社会主义思想概论课的首要任务和着力点，就是要坚持思政课建设与党的创新理论武装同步推进，将习近平文化思想融入思政课，不断推动习近平文化思想进课堂、进教材、进头脑，这也是习近平文化思想的首要政治任务“坚持用党的创新理论武装全党、教育人民、指导实践”③的重要要求。

推动习近平文化思想成为思政课教学的崭新亮点，必须秉持问题导向、知行合一、学思用贯通的教学理念。秉持问题导向，以“思政课在勇担新时代新的文化使命中有何为，如何为”为问题核心，深刻理解并重点探讨习近平文化思想的文化本源、发展传承、价值意蕴、丰富内涵、理论品格、核心要义和深远意义，讲准讲深讲透讲活思政课关于习近平文化思想的道理、学理、哲理，坚持不懈地用党的创新理论最新成果武装师生头脑；秉持知信行合一，将习近平文化思想中

① 《马克思恩格斯文集》第1卷，人民出版社2009年版，第436页。

② 《不断开创新时代思政教育新局面　努力培养更多让党放心爱国奉献担当民族复兴重任的时代新人》，《人民日报》2024年5月12日。

③ 《习近平对宣传思想文化工作作出重要指示强调：坚定文化自信秉持开放包容坚持守正创新　为全面建设社会主义现代化国家全面推进中华民族伟大复兴提供坚强思想保证和强大精神力量有利文化条件》，《人民日报》2023年10月9日。

所包含的丰富的原理性理论成果转化为思政课铸魂育人的重要动力，不断坚定对中华民族创新创造的中华优秀传统文化、革命文化和社会主义先进文化的自信，树立起对马克思主义的信仰、对中国特色社会主义的信念、对实现中华民族伟大复兴中国梦的信心，为培育和践行社会主义核心价值观凝魂聚气、强基固本，讲好中国故事、传播好中国声音，切实落实好立德树人根本任务；秉持学思用贯通，以习近平文化思想为指导，坚持思政课社会主义的办学底色与党的领导的中国特色的有机统一，广泛开展中国特色社会主义和中国梦宣传教育，守好思政课的意识形态阵地，守正创新不断推动思政课高质量内涵式发展。

（二）习近平文化思想是思政课育人的重要抓手

习近平文化思想是新时代思政课发挥文化引领前进方向、凝聚奋斗力量的重要抓手。习近平文化思想的主要内容至少包括“文化价值论、文化使命论、文化道路论、文化领域论、文化精神论、文化领导论等几个方面”①，具有极强的科学性、逻辑性和整体性，要在规定的课时内讲准讲深讲透讲活习近平文化思想的系统体系、思想脉络、精神实质，使之成为思政课育人的重要抓手必须以讲好习近平文化思想的主要内容为侧重点。讲好习近平文化思想的文化价值论，它揭示了文化在民族复兴和强国建设中的重要作用，这为新时代思政课不断厚植课程的文化底蕴、树立课程的文化自觉、勇担课程文化的育人使命指明了方向；讲好习近平文化思想的文化使命论，特别是它所提出的新时代新的文化使命，这是对思政课落实立德树人根本任务，以党的创新理论最新成果为文化繁荣、建设文化强国、建设中华民族现代文明铸魂育人的进一步明确；讲好习近平文化思想的文化道路论，它强调了“两个结合”是发展中国特色社会主义的必由之路，这为新时代思政课坚持以中华优秀传统文化涵养社会主义核心价值观、坚持在五千多年中华文明基础上开辟和发展中国特色社会主义提供了根本遵循；讲好习近平文化思

① 沈壮海：《深入系统地把握习近平文化思想的主要内容》，《思想理论教育导刊》2023年第11期。

想的文化领域论，它包含着对思想道德、意识形态、价值观念、舆论宣传、文学艺术、历史传承、社会科学等文化诸领域的透彻见解，这有利于进一步明确新时代思政课课程文化育人的着力点，即要不断加强世界观、人生观、价值观、历史观、道德观、法治观、审美观、文化观等教育，使学生在理想信念、价值理念、道德观念上团结一致，进而激发出他们的文化创新创造活力和文化主体性；讲好习近平文化思想的文化精神论，它强调了要坚定文化自信并将社会主义核心价值观纳入工作布局，这是对思政课培育和践行社会主义核心价值观落细落小落实，特别是要抓好青少年等重点人群工作的进一步明确；最后是要重点讲好习近平文化思想的领导论，它旗帜鲜明地强调了要牢牢掌握党的文化领导权，这与思政课作为党的教育工作的重要一环必须始终坚持党的领导高度一致。

（三）习近平文化思想是思政课改革创新的推动力量

思政课的本质是讲道理，但要注重方式方法。学校多措并举大力推进习近平文化思想融入思政课，通过创设“思政小课堂+社会大课堂+网络云课堂”的大课堂体系，以思政金课抓牢习近平文化思想育人主阵地，利用社会大课堂形成习近平文化思想实践教学矩阵，拓展网络云课堂，高位推进习近平文化思想的数智教学；通过组建“1+N+X”的大师资队伍，坚持“1”即以专职思政课教师为主体，调动“N”即吸纳全校党政干部全面参与，聘请“X”即邀请校外专家学者来校作习近平文化思想的专题辅导和指导，统筹了专兼职思政课教师资源；通过搭建大平台，统筹了校内校外、线上线下各类资源平台，积极尝试进行校地共同整合习近平文化思想育人资源，共建思政教学基地，同时，运用好新媒体新技术，用好“全国高校思政课教师网络集体备课平台”网络支持系统、高校思政课教学创新中心资源开发系统等全国高校思政课教研系统，实现了习近平文化思想融入思政课的网上网下、线上线下同频共振；通过推进习近平文化思想融入大中小学思政课一体化教学，注重分学段衔接，做到课程目标的贯通、教学内容的融通、教师队伍的联通等，这些举措不仅提升了习近平文化思想融入思政课的效果，同时也推动了思政课的改革创新发展。

二、习近平文化思想为守好思政课的意识形态阵地提供了马克思主义的固本之举

思政课是学校意识形态阵地的重要组成部分，也是学校意识形态工作的重点领域和意识形态治理的重点区域。习近平文化思想重申了坚持马克思主义在意识形态领域指导地位的根本制度，为思政课始终坚持马克思主义指导地位不动摇提供了固本之举。

(一)习近平文化思想强调马克思主义的指导力，为守好思政课的意识形态阵地提供根本保证

思政课必须始终坚持马克思主义指导地位，背离马克思主义，思政课就会迷失方向。思政课的核心内容是马克思主义及其中国化时代化的马克思主义，用于解决问题、化解矛盾的方法是马克思主义的立场观点方法，铸魂目标是要坚定学生对马克思主义、共产主义的信仰。正是马克思主义的真理性、科学性、系统性、价值性，使其成为守好新时代思政课意识形态阵地的灵魂和旗帜。

新时代思政课要始终坚持马克思主义指导地位，必须把好“两关”、杜绝“两偏差”、处理好“两关系”。把好课堂教学的政治关，以马克思主义和党的经典文献、中央文件、领导人重要讲话等为依据，把马克思主义和党的思想理论、中央精神原汁原味、完整准确地传授给学生，做到既不任意取舍，也不随意附加；把好课堂教学的学术关，找准分析问题的学理框架，选准用好马克思主义文献资料，使引用的文献资料既权威又贴切，不断彰显马克思主义真理的科学魅力。杜绝讲思政课就是讲马克思主义经典作家和党的领导人的重要论述的偏差，不能对马克思主义以及党的创新理论的系统体系、思想脉络、精神实质把握不准，更不能因人设专题，思政课教师擅长什么就讲什么专题，破坏了思政课的规范性、科学性、逻辑性、整体性；杜绝讲思政课就是讲故事的偏差，不能为了迎合学生，吸引眼球，以故事替代学理，而是要运用学理框架把问题蕴含的理论逻辑讲深讲

透讲活，不断彰显马克思主义真理的治学定力。要处理好“已知”与“新知”的关系，既要讲好马克思主义的有形文本，也要讲好马克思主义有形文本中潜隐的无形的立场观点方法，还要与时俱进地讲好真正能够启发学生的马克思主义中国化时代化的理论新知；要处理好“知其然”与“所以然”的关系，深入开展马克思主义理论以及党的创新理论的研究工作，以理论的深度和新意让学生们常听常新，不断彰显马克思主义真理的时代活力。

（二）习近平文化思想强调党对文化事业的领导力，为守好思政课的意识形态阵地提供了政治保障

思政课是事关为党育人、为国育才的战略工程、固本工程、铸魂工程，是党的教育工作的重要一环，必须始终坚持党的全面领导。习近平文化思想强调党对文化事业的领导力，强调党管意识形态，强调守土有责、守土尽责，这为新时代守好思政课的意识形态阵地锚定了政治方向，明确了政治任务，落实了政治责任。从锚定政治方向上看，思政课是一门事关党的事业后继有人的关键课程，必须始终坚持社会主义的办学方向，全面贯彻党的教育方针，牢牢把握中国特色社会主义的底色，切实推进中国特色社会主义理论体系进教材进课堂进头脑。从明确政治任务上看，思政课是一门落实立德树人根本任务的关键课程，必须要自觉担当起培养德智体美劳全面发展的社会主义建设者和接班人的重任，担当起马克思主义及其中国化时代化理论教育的重任，担当起宣传贯彻党的路线方针政策的重任，担当起爱国主义、国际主义和革命传统教育的重任，进而实现知识体系向信仰体系的转变。从落实政治责任上看，思政课是一门关乎民族复兴、国家富强和社会稳定的政治课程，必须严格落实党委主体责任。当前，学校党委书记、校长带头抓思政课建设机制已经建立并纳入了学校当年思政课建设工作考核、办学质量和学科建设评估标准体系。学校党委书记、校长作为思政课建设第一责任人能够带头推动思政课建设，定期到马克思主义学院调研思政课建设并召开现场办公会；带头联系思政课教师，与思政课教师“结对子”“手拉手”；带头听课讲课并参加思政课的集体备课会。但是，部分学校仍存在尚未成立马克思主义学院的

现象、思政课师生比不达标的情况，还有极少部分学校存在重主体学科建设轻马克思主义理论学科建设的情况，因此，需要不断促进学校党委积极主动抓好思政课建设，特别是要重视马克思主义学院建设、重视马克思主义理论学科建设、重视思政课的教育教学、配齐建强思政课教师队伍、深入开展马克思主义及其中国化时代化的理论研究阐释工作。同时，也要加大对学校思政课建设履职尽责情况的巡查力度，把思政课建设的领导权牢牢掌握在党的手中。

（三）习近平文化思想强调主流意识形态的引领力，为守好思政课的意识形态阵地提供方向指引

思政课具有培养什么人、怎么培养人、为谁培养人的鲜明意识形态属性，思政课堂是直面多样化、网状化、现实化、斗争化特征凸显的多元社会思潮"抢夺年轻人"价值预设的重要领域。学校作为容纳了众多科研人员和学术成果的人才高地、思想孵化地、文化聚集地，始终是意识形态问题易发高发频发骤发的重点领域，也是西方意识形态渗透的重点区域和意识形态治理的重点领域。特别是随着互联网技术的发展，学生更加容易通过 Twitter、Facebook、微博、微信、网络社区等自媒体工具和网络社交平台获取海量信息，这些信息中夹杂着各类噪音与杂音，其中不仅有被巧加包装并迷惑了不少年轻人的所谓的"普世价值"，也有以否定中国共产党领导、否定中国走社会主义道路的历史必然性为目的"历史虚无主义"，还有给马克思主义贴上"外来户"的标签而否定马克思主义的普遍指导意义进而否定马克思主义在中国的指导地位的论调，更有唱衰中国特色社会主义事业的"历史终结论""中国崩溃论""社会主义失败论"等，这些噪音、杂音对思政课进行宣传阐释、维护壮大主流意识形态带来了极大的挑战。因此，新时代强化思政课堂阵地管理必须以习近平文化思想为指导，建设具有强大凝聚力和引领力的社会主义意识形态，发扬敢于斗争的精神，增强善于斗争的能力，不仅要全面剖析多元社会思潮的生成根源、作用机理、本质特征、利益诉求，还要透彻反思学生受多元社会思潮影响的思想因素和心理特质等原因，更要积极引导学生勇于拿起马克思主义科学的理论武器，对"污名言论"发声亮剑，不做旁观者，进

而牢牢掌握思政课意识形态工作主动权。

三、习近平文化思想为思政课勇担文化育人使命提供了文化支撑

文化育人是思政课立德树人使命任务的重要方面，它不仅承担了马克思主义宣传教育和信仰培塑的重要任务，也承担着用马克思主义的立场观点方法引领弘扬和彰显激发中华优秀传统文化生命力的重要之责。习近平文化思想坚守着马克思主义这个魂脉，坚持将马克思主义基本原理同中国的具体实际相结合，秉承着中华优秀传统文化这个根脉，将马克思主义基本原理同中华优秀传统文化相结合，让经由“两个结合”而形成的新文化成为中国式现代化的新的文化生命体和文化新形态，为新时代思政课勇担文化育人使命提供了文化支撑。

（一）习近平文化思想强调社会主义核心价值观的引领，为思政课加强文化软实力建设凝魂聚气

社会主义核心价值观是文化软实力的灵魂，它作为人民群众日用而不觉的价值观念的高度概括，同社会主义意识形态建设的内核要求相一致，是思政课文化软实力建设的重点。社会主义核心价值观不仅与马克思主义的内在精神具有共同的阶级属性，即无产阶级价值观；也与马克思主义的内在精神具有共同的价值目标，即向着共产主义的最高理想奋进；还与马克思主义的内在精神具有共同的理论基础，即揭示人类社会发展一般规律的马克思主义。社会主义核心价值观作为一种理论体系，需要通过宣传教育，以易于学生理解、易于学生掌握的方式转化为他们乐于接受、乐于践行的价值观念。思政课是培育和践行社会主义核心价值观的主阵地和主渠道。把培育和践行社会主义核心价值观融入思政课全过程也是习近平文化思想的内在要求。习近平文化思想对培育和践行社会主义核心价值观的内在要求指导着思政课培育和践行社会主义核心价值观的生动实践，即在马克思主义科学理论指导下，以中国特色社会主义实践为基石，以历久弥新的中华优

秀传统文化为滋养，以海纳百川的胸襟气度为遵循，以全心全意为人民服务为宗旨，以真实可信的道义力量为指引，用坚定的社会主义核心价值观自信托举起跨越百年的光辉梦想——实现中华民族伟大复兴。

(二)习近平文化思想强调弘扬中华优秀传统文化，为思政课做好文化传承创新夯实了文化底气

中华优秀传统文化是涵养社会主义核心价值观的重要源泉，也是新时代思政课建设的力量根基。作为习近平文化思想的重要内容，弘扬中华优秀传统文化也是习近平文化思想的工作布局，这一工作布局为新时代思政课坚持以中华优秀传统文化涵养社会主义核心价值观、坚持在五千多年中华文明基础上开辟和发展中国特色社会主义，进而为思政课做好文化传承创新夯实了文化底气。思政课勇担文化传承创新使命必须要将马克思主义的真理力量融入中华优秀传统文化的研究，以时代精神激活中华优秀传统文化的生命力，使中华优秀传统文化成为中国特色社会主义植根的文化沃土，让中华优秀传统文化讲好“时代话”，进而提升学生对中国特色社会主义先进文化的认知、理解和认同。当然，中华优秀传统文化并不是单纯被结合、被改造的对象，① 中华优秀传统文化增添了马克思主义的文化底蕴，赋予了马克思主义深厚滋养，为马克思主义扎根中华大地提供了文化土壤。思政课勇担文化传承创新使命必须要讲清楚中华优秀传统文化之于马克思主义中国化的“源流”作用，让马克思主义讲好“中国话”，进而破解学生们对于“拥有5000多年文明的东方大国是否需要马克思主义这个西方思想来指导”这一问题的疑惑。总之，用马克思主义的立场观点方法引领和弘扬中华优秀传统文化，用马克思主义真理的力量彰显和激发中华优秀传统文化的生命力是思政课的应尽之责。中华优秀传统文化具有鲜明的民族特色和永不褪色的时代价值，但由于传统文化发源于漫长的农耕文明时期，其中既有精华成分，又有糟粕内容，对此，要按照马克思主义科学方法论，在历史文明的演进与现实文明的传承中审视

① 于文博：《价值·要义·传承：习近平文化思想对中华优秀传统文化的阐发》，《思想教育研究》2024年第1期。

传统文化的价值并做到“去伪存真”。

（三）习近平文化思想高度重视文化自信，为思政课勇担文化育人使命奠定了坚实的基础

习近平文化思想重申了“文化自信”的重大命题。它阐明了中华文明的连续性、创新性、统一性、包容性、和平性五个突出特性，充分彰显了中华文明赓续不断、生生不息的文化自信，这为新时代思政课引导广大学生把文化自觉、文化自信、文化自强融入成长成才全过程，融入精神气质与文化品格，进而实现新时代新的文化使命提供了志气骨气底气。习近平文化思想本身就是文化自信的有力实证和充分彰显，它承继马克思主义的文化理论，主张“让13亿人的每一分子都成为传播中华美德、中华文化的主体”①，强调了人在文化实践过程中的能动状态，这为新时代思政课激发广大师生不断增强文化自信创造了契机，也为文化自信能够深刻融入师生的血脉与基因提供了条件，更为加快建设中华民族现代文明夯实了群众基础。在漫长的历史文明演进中，中华优秀传统文化并没有随时间流逝而被淹没，反而滋养了生生不息、前后相继的中华民族，成为“我们在世界文化激荡中站稳脚跟的根基”②，这一毋庸置疑的事实为新时代思政课引导广大学生持续弘扬讲仁爱、重民本、守诚信、崇正义、尚和合、求大同的价值理念，既提供了自信的理由，也提供了自信的底气。

概而言之，习近平文化思想是我们党在实践中“不断深化对文化建设的规律性认识”③而总结出的新思想新观点新论断，是夯实新时代思政课马克思主义立课之基的根本遵循，必须旗帜鲜明地一以贯之。

（杨波，东北财经大学马克思主义学院副教授，武汉大学访问学者）

---

① 《习近平谈治国理政》第一卷，外文出版社2018年版，第161页。

② 《习近平在中共中央政治局第三十九次集体学习时强调把中国文明历史研究引向深入推动增强历史自觉坚定文化自信》，《人民日报》2022年5月29日。

③ 习近平：《在文化传承发展座谈会上的讲话》，《求是》2023年第17期。

习近平文化思想融入高校思政课教学的逻辑理路与实践进路①

于　芳

2023 年 10 月召开的全国宣传思想文化工作会议正式提出和系统阐述了习近平文化思想。习近平文化思想内涵丰富、理论逻辑严密、系统完整、论述深刻、持续开放、明体达用、体用贯通、立意深远。它是新时代党领导文化建设实践经验的深刻总结与高度凝练，丰富和发展了马克思主义文化理论，构成了习近平新时代中国特色社会主义思想的文化篇，是我们党的最新理论成果。这标志着我们党对中国特色社会主义文化建设规律的认识达到了新高度，在党的宣传思想文化事业发展史上具有里程碑的意义。思想政治理论课(以下简称“思政课”)是落实立德树人根本任务的关键课程。2024 年 5 月，习近平总书记对学校思政课建设作出重要指示，他强调，新时代新征程上，坚持思政课建设与党的创新理论武装同步推进。将习近平文化思想有机融入高校思政课教学势在必行，具有重要的时代价值。

---

① 基金项目：山东省本科教改重点项目“医学院校全环境立德树人体系建设研究与实践”(Z2022299)；山东高校思政课教学青年名师工作室项目成果；四川省哲学社会科学基金马克思主义理论研究和建设工程一般项目“新时代党的文艺育德理论与实践研究”(SCJJ23MGC38)；山东第二医科大学教育教学改革与研究课题“习近平文化思想融入高校思政课的教学模式研究”(2024SZZX006)；2024 年度潍坊市社会科学规划重点研究课题专项课题“习近平文化思想融入高等医学院校‘大思政课’建设研究”；潍坊医学院 2022 年度研究生科研创新基金项目“以习近平青年观引领医学研究生医学人文素养提升的路径研究”。

一、习近平文化思想融入高校思政课教学的逻辑起点

习近平文化思想有机融入高校思政课教学的逻辑起点，即是回答“为什么融入”的首要前提问题。将习近平文化思想有机融入高校思政课教学具有重要的时代价值。

（一）有利于在高校中全面推进习近平新时代中国特色社会主义思想进教材、进课堂、进头脑

习近平文化思想作为习近平新时代中国特色社会主义思想的文化篇，是习近平新时代中国特色社会主义思想的重要组成部分。因此，将习近平文化思想融入高校思政课教学必然有利于在高校全面推进习近平新时代中国特色社会主义思想进教材、进课堂、进头脑，让大学生全面系统深刻地把握习近平文化思想，进而丰富对习近平新时代中国特色社会主义思想的理论体系把握，从而让大学生更加坚定正确的政治立场、成为堪当民族复兴大任的时代新人，为中国式现代化建设提供强有力的人才支撑。

（二）有利于筑牢高校社会主义意识形态主阵地

习近平文化思想为文化领域中的意识形态工作提供了思想伟力。意识形态工作是党的一项极端重要的工作。习近平总书记强调：“意识形态工作是为国家立心、为民族立魂的工作。”①当前，世界之变、时代之变、历史之变正以前所未有的方式展开。世界发展正经历百年未有之大变局，主流文化与多元文化、精英文化与大众文化、虚拟文化与现实文化等多重矛盾时刻威胁着文化安全，② 这就要求我们经济建设和意识形态工作两手抓、两手都要硬，在经济大发展的同时，维

---

① 《习近平著作选读》第1卷，人民出版社2023年版，第36页。

② 姜秀敏、陈麒：《习近平文化思想的生成逻辑及世界贡献》，《中共天津市委党校学报》2023年第6期。

护我国文化安全，建设社会主义文化强国。建设社会主义文化强国，重点在于坚持马克思主义在意识形态领域的指导地位，建设具有强大凝聚力和引领力的社会主义意识形态。习近平文化思想是对世界百年未有之大变局和人类文明新形态的文化回应，总结了中国式现代化的文化成就，明确了迈进新时代新征程的意识形态领域新任务，有效应对了我国意识形态领域面临的风险挑战，宣告了"西方文明中心论""西方价值观普适性"的破产，实证了"现代化=西方化""全球化=西方化"的虚妄。① 高校担负着培育人才、传播文化、赓续文明的重要使命，是我国社会主义意识形态的主阵地，是学习和宣传习近平文化思想的前沿阵地，思政课是高校落实立德树人根本任务的关键课程。因此，当前及时有效地将习近平文化思想融入高校思政课教学必然能够筑牢高校社会主义意识形态主阵地，全面落实立德树人根本任务。

(三)有利于推进新时代高校思政课改革创新和高质量发展

习近平总书记在全国高校思想政治工作会议讲话中指出，做好高校思想政治工作，要因事而化、因时而进、因势而新。② 思政课要适应新形势新要求，提升思想政治教育亲和力和针对性。习近平文化思想作为新时代征程中的重大标志性思想成果，为新时代高校思政课改革创新和高质量发展提供了新的契机和切入点，当前可以以习近平文化思想为突破口，进行相应的教学设计和开展相应的实践教学活动，提升思想政治教育的亲和力和针对性。因此，将习近平文化思想融入高校思政课教学必然会丰富高校思政课的教学内容和教学资源、增加高校思政课教学的理论厚度、推动思政课教师进一步更新教学理念、优化整合教学内容、创新教学方法，最终实现新时代高校思政课的高质量发展。

---

① 金民卿、古晓兰：《习近平文化思想的重大原理性理论成果》，《新疆师范大学学报(哲学社会科学版)》2024年第1期。

② 习近平：《习近平在全国高校思想政治工作会议上强调：把思想政治工作贯穿教育教学全过程 开创我国高等教育事业发展新局面》，《人民日报》2016年12月9日。

（四）有利于新时代大学生坚定文化自信自强

习近平文化思想深刻揭示和科学回答了中华民族伟大复兴进入关键时期的文化诉求，始终坚持以“两个结合”激活中华文明基因，推动中华文明的现代转型。习近平文化思想的明确提出，是我们党对中国特色社会主义文化建设规律和文化自信发展到新高度的重要体现，是我们党不断坚定文化自信从而迈向文化自强的逻辑使然。它凸显了文化建设在中华民族伟大复兴大局中的重要地位，解答了“中国以什么样的精神面貌走近世界舞台中央”和“世界怎么了、我们怎么办”的时代之问，让文明中国的旗帜在当今世界舞台上高高飘扬，为徘徊于历史十字路口的人类文明提供了中国智慧和中国方案。① 将习近平文化思想融入高校思政课教学，也必然能让大学生全面了解我国社会主义文化建设的伟大成就，了解习近平文化思想所具有的理论魅力、时代价值以及对世界文明的贡献，进而在融入的过程中潜移默化地推进新时代大学生坚定文化自信自强，增强实现中华民族伟大复兴的精神力量，建设社会主义文化强国，铸就社会主义文化新辉煌。

（五）有利于新时代大学生践行社会主义核心价值观

文化的内核是价值观念。核心价值观是决定文化性质和方向的最深层次要素。2023 年 10 月，习近平总书记对宣传思想文化工作作出重要指示，提出“七个着力”。其中，第三个着力就是“着力培育和践行社会主义核心价值观”。它在整个体系中发挥着主心骨和压舱石的作用，是凝魂聚气、强基固本的基础工程。深入学习领会习近平文化思想，必须要充分发挥社会主义核心价值观的引领作用，强化教育引导、舆论宣传、文化熏陶、实践养成、制度保障，把社会主义核心价值观融入法治建设、融入社会发展、融入日常生活。② 将社会主义核心价值观落细落小落实就是贯彻落实习近平文化思想的题中应有之义。因此，将习近平

① 范玉刚：《习近平文化思想的原创性贡献》，《人民论坛》2023 年第 23 期。

② 中共中央党校（国家行政学院）校（院）务委员会：《深刻领会习近平文化思想的丰富内涵（深入学习贯彻习近平新时代中国特色社会主义思想）》，《人民日报》2024 年 11 月 9 日。

文化思想融入高校思政课教学，必然有利于新时代大学生在日常生活中践行社会主义核心价值观。

二、习近平文化思想融入高校思政课教学的逻辑原则

习近平文化思想有机融入高校思政课教学的逻辑原则，即是回答“怎样融入”的原则问题。从宏观上看，将习近平文化思想有机融入高校思政课教学应遵循习近平总书记在学校思想政治理论课教师座谈会上提出的关于推动思政课改革创新的“八个统一”。从微观上看，可从以下五个方面来理解。

（一）知识传授与价值引导相结合

塑造学生正确的价值观是思政课的重要目标指向，但强调思政课的价值性不等同于排斥知识性，而是在知识学习的过程中加强价值观教育，即要寓价值观引导于知识传授中。在将习近平文化思想融入思政课教学过程，需要遵循知识传授与价值引导相结合的原则。一方面，让大学生全面系统来学习习近平文化思想提出的时代背景、时代价值、理论内容和理论特质等知识，增加知识涵养储备，做到“知其然”，“知其所以然”。另一方面，更要在学习相关理论知识的同时对大学生进行价值观引导。要注重引导大学生坚定文化自信自强，增强民族自豪感和自信心，自觉抵制错误社会思潮，自觉践行社会主义核心价值观。

（二）教师主导与学生主体相结合

习近平总书记明确指出，办好思想政治理论课关键在教师，关键在发挥教师的积极性、主动性、创造性。① 同时，他也指出，思想政治工作从根本上说是做

① 习近平：《习近平主持召开学校思想政治理论课教师座谈会强调 用新时代中国特色社会主义思想铸魂育人 贯彻党的教育方针落实立德树人根本任务》，《人民日报》2019 年 3 月 19 日。

人的工作，必须围绕学生、观照学生、服务学生。① 以学生为中心和以教师为主导两者同等重要，缺一不可。将习近平文化思想融入高校思政课教学的全过程，要将教师主导与学生主体相结合。思政课教师要针对习近平文化思想的相关理论知识加强引导和总结提炼，同时也要以学生为中心、注重启发式教育，根据学生实际情况，通过不同的教学方法激发学生自主学习的主动性，实现从“要我学”到“我要学”的转变。

(三)理论认知与实践体悟相结合

用真理说服人，是马克思主义传播的根本要求。“理论只要说服人，就能掌握群众；而理论只要彻底，就能说服人。”②正确的理论认知对我们认识世界至关重要。习近平总书记在中国人民大学考察时指出：“思政课的本质是讲道理，要注重方式方法，把道理讲深、讲透、讲活。”③思政课要用科学理论培养人，把理论问题讲清楚、讲透彻。但把理论知识讲清楚并不是最终目的。批判的武器当然不能代替武器的批判。④ 怎样把头脑中的知识转化为改变世界的实际行动，落脚于立德树人才是终点。思政课的实践性必然要求把思政小课堂同社会大课堂结合起来。将习近平文化思想融入高校思政课教学过程，要发挥两者各自的优势，不仅要将习近平文化思想的相关理论讲透，还要教育引导大学生在实践中贯彻、落实、体悟习近平文化思想，最终达到知行合一的教学效果。

(四)传统线下与数字线上相结合

传统线下和数字线上在思政课教学中各有优势，缺一不可。我们要打破这样

① 习近平：《习近平在全国高校思想政治工作会议上强调：把思想政治工作贯穿教育教学全过程 开创我国高等教育事业发展新局面》，《人民日报》2016 年 12 月 9 日。

② 《马克思恩格斯选集》第 1 卷，人民出版社 2012 年版，第 9~10 页。

③ 习近平：《习近平在中国人民大学考察时强调：坚持党的领导传承红色基因扎根中国大地 走出一条建设中国特色世界一流大学新路》，《人民日报》2022 年 4 月 26 日。

④ 《马克思恩格斯选集》第 1 卷，人民出版社 2012 年版，第 9 页。

的逻辑谬论——“传统线下就等于传统落后，数字线上就等于现代进步”。传统线下有着数字线上不具备的优势，能够实现教师与学生之间高效的面对面交流，教师根据学生的不同特点进行差别化、有针对性的教育活动。当然，它也有局限性，如局限于特定的时间和场域。而数字线上恰恰可以弥补传统线下的不足。数字线上赋能思政课教学势在必行。习近平总书记明确指出：“要运用新媒体新技术使工作活起来，推动思想政治工作传统优势同信息技术高度融合，增强时代感和吸引力。”①当前，数字线上赋能思政课教学已取得了积极成效。它能够实现不同空间和不同时间上的教学互动。数字线上虽然能够突破特定时间和场域的限定，但往往欠缺人与人直接面对面的高效情感交流和互动反馈。在将习近平文化思想融入高校思政课教学过程中，应充分利用两者的优势，取长补短，不仅要讲好，还要讲活，不断增强思政课的思想性、理论性和亲和力、针对性，共同推进习近平文化思想在高校的“三进”工作。

(五)正面引导与负面批判相结合

建设性是思政课的根本，传导主流意识形态、进行正面引导是其主要任务。但同时，思政课也要运用马克思主义的基本立场、观点、方法，旗帜鲜明地反对、剖析和批判各种错误思潮和观点。这就意味着习近平文化思想融入高校思政课教学要坚持正面引导与负面批判相结合的原则。高校思政课教师要有比较强的政治敏锐性和强烈的问题意识，这样才能更好地将习近平文化思想融入高校思政课教学。一方面，高校思政课教师要善于把握大学生的思维特点和思想动向，依托各种载体将习近平文化思想的真理魅力和时代价值讲深、讲透、讲活，增强社会主义意识形态对大学生的吸引力、凝聚力。另一方面，思政课教师敢于并善于回应大学生的思想困惑，练就不怕问、怕不问、见问则喜的真本领。真理从来都是在诘问和辩难中发展起来的。在将习近平文化思想融入高校思政课教学的过程中，要有理有据有节地批判和破除各种对大学生产生不良影响的错误社会思潮，

① 《习近平谈治国理政》第二卷，外文出版社2017年版，第378页。

如历史虚无主义、文化虚无主义、极端个人主义等错误思潮。虽然当前大学生的文化自信前所未有，但这些错误思潮会导致一部分大学生文化自信缺失，尤其是传统文化自信不足。迷茫需要指引，困惑应当解答。高校思政课教师要解答大学生感到困惑和迷茫的形形色色的现实问题，引导他们在对社会假恶丑现象的批判中辨明大是大非。只有将正面引导与负面批判相结合，才能从多个角度深刻领会习近平文化思想的理论魅力，增强习近平文化思想融入高校思政课教学的实效性。

三、习近平文化思想融入高校思政课教学的实践进路

习近平文化思想融入高校思政课教学的实践进路是解决“怎样融入”的具体路径问题。它是习近平文化思想融入高校思政课教学的落脚点，能够切实将习近平文化思想所蕴含的思想伟力转化为实践动力。

（一）扩“融课”

当前，高校针对博士、硕士、本科、专科不同学段开设了不同的思政课。这些课程是向大学生讲授我们党最新理论成果的重要平台。怎样将习近平文化思想更好地融入高校思政课教学，应充分运用这些课程平台。另外也要拓展新课程和升级原有课程，最终打造以思政必修课程为核心、以其他必修课和选修课为辅的新课程体系，为习近平文化思想的融入扩展课程广度。一方面，深挖各门思政必修课程的基本特征、教学内容的内在逻辑体系等，找到习近平文化思想与高校思政必修课程的内在关联。另一方面，结合不同学校的特点，重点围绕国情社情民情校情、中华优秀传统文化等开设具有相关特色的选修课程，帮助大学生深化对习近平文化思想的学习和把握。①

① 刘力波、张子崟：《“中国式现代化”融入高校思政课教学的理论审思与实践探索》，《马克思主义与现实》2023 年第 5 期。

(二)精“融点”

“融入什么”是习近平文化思想融入高校思政课教学的核心问题，解决的是精准定位“融点”的问题。在将习近平文化思想融入高校思政课教学的过程中，要依据课程目标，找到课程教材内容与“习近平文化思想”的内在逻辑关联。既要考虑融入内容与教材已有理论的关系，也要考虑融入内容本身的逻辑性，寻找二者内在的契合点。下面就以本科阶段开设的部分必修思政课程为例来进行阐释。

“习近平新时代中国特色社会主义思想概论”课程作为核心、领航课程，在2023版教材中的第十章中，着重阐述了习近平关于文化的一些重要论述，但这些论述相对零散，缺少对习近平文化思想的整体把握。而当前明确提出的习近平文化思想，理论体系更完整，将习近平文化思想融入其中，更能全面引导学生深刻感悟理论的科学性，形成在“学”中“信”与在“信”中“学”的良性互动循环。在《马克思主义基本原理》课程中，两者的契合点在于通过对马克思主义基本原理的学习来体悟习近平文化思想所蕴含的世界观和方法论。如在2023版教材的第一章第二节中，运用矛盾的普遍性与特殊性辩证关系原理，深刻说明习近平文化思想中“两个结合”的内涵和重大意义。在第三章第一节“文明及其多样性”中，可从世界观的意义上，引导学生正确认识不同文明形态及其相互关系，了解习近平文化思想特有的生成逻辑。在第三章第二节“文化在社会发展中的作用”中，帮助学生正确认识发展社会主义先进文化对社会主义现代化强国建设的重要作用。在第三章第三节“人民群众是历史的创造者”中，让学生全面理解习近平文化思想的人民性。在《思想道德与法治》课程中，两者的契合点也比较丰富。如2023版教材第三章中的“中国共产党是中国精神的忠实继承者和坚定弘扬者”，第四章中的“社会主义核心价值观的显著特征”，第五章中的“习近平总书记关于社会主义道德建设、中华传统美德等方面的重要论述”。①

① 沈壮海、邢国忠、谢玉进：《〈思想道德与法治(2023年版)〉修订说明和教学建议》，《思想理论教育导刊》2023年第3期。

（三）优“融法”

方法对头是关键。“融入的方法”在一定程度上决定了习近平文化思想融入思政课教学的效果。习近平总书记指出：“讲好思政课不容易，因为这个课要求高”，“讲好思政课不仅有‘术’，也有‘学’，更有‘道’”。① 因此，围绕教学目标和教学内容，结合大学生成长需要和主观需求，改革创新教学方法，是思政课改革创新的必然遵循，也是习近平文化思想融入高校思政课教学的重要举措。

在将习近平文化思想融入高校思政课教学的过程中，必须要改变“以教师为中心”的教学理念，树立“以学生为中心”的教学理念，做到教师主导与学生主体相统一。具体可以运用以下几种方法：其一，情景融入法。思政课教师创设中国特色社会主义文化建设成就的教学情景，增加学生的沉浸式情感体验，做到以情达意、以意促行、以行践知。其二，数字化赋能融入法。思政课也应准确把握时代发展和技术变革对思政课提出的新要求，用数字化赋能思政课改革创新，以全新的互动模式打造思政课新样态，为大学生提供更好的学习体验和精神满足。思政课教师可以通过语音、视频，借助 VR、AR 等新兴技术呈现习近平文化思想的知识，让大学生更加直观地理解和掌握习近平文化思想，为大学生提供更多自主学习的机会，在虚实结合交互中让教学内容“动起来”“活起来”，增强大学生在思政课中的互动体验感，使其真正地入脑入心。② 其三，问题融入法。党的二十大报告指出：“问题是时代的声音，回答并指导解决问题是理论的根本任务。”③ 坚持问题导向是习近平文化思想融入高校思政课教学的切入点，根据学生的认知能力，紧扣习近平文化思想的融入内容，搭建“回应学生关心、解答学生困惑”的问题链，丰富叙事角度，创新叙事范式，进行启发式教学，让学生深刻体会到

① 习近平：《思政课是落实立德树人根本任务的关键课程》，人民出版社 2020 年版，第 25 页。

② 张燕妹、林贤明：《党的二十大精神融入高校思政课刍议》，《学校党建与思想教育》2024 年第 2 期。

③ 习近平：《高举中国特色社会主义伟大旗帜　为全面建设社会主义现代化国家而团结奋斗——在中国共产党第二十次全国代表大会上的报告》，人民出版社 2022 年版，第 20 页。

习近平文化思想的融入内容是“接地气”“终身受益”的。①

（四）增“融效”

从本质上来说，思政课教学是一种认识活动，遵循着与认识活动一样的基本规律。马克思指出：“人应该在实践中证明自己思维的真理性，即自己思维的现实性和力量，自己思维的此岸性。”②习近平总书记指出：“一种价值观要真正发挥作用，必须融入社会生活，让人们在实践中感知它、领悟它。”③坚持理论与实践的良性互动是思政课教学的内在要求，也是“大思政课”的本质特征。将习近平文化思想融入高校思政课教学，要充分将思政小课堂和社会大课堂结合起来，构建实践体系，扩大实践场域。通过思政课实践教学基地、暑期三下乡、志愿服务等活动进乡村、进社区、进企业，引导大学生亲身体验新时代中国特色社会主义文化建设的伟大实践，认同中国特色社会主义文化建设的伟大成就，使大学生在亲身体验中深化对习近平文化思想的心理和价值认同，提升和巩固融入效果。

（五）塑“融资”

思政课作用不可替代，思政课教师队伍责任重大。打造一支“可信、可敬、可靠、可爱”的思政课教师队伍至关重要。强大的思政课师资队伍是习近平文化思想融入思政课教学的重要保证。高校思政课教师是高校思政课教学的重要主导力量。教学理念的更新、教学方法的改进、教学内容的优化、教学活动的组织，都离不开一支“政治强、情怀深、思维新、视野广、自律严、人格正”的思政课师资队伍。打造强大的思政课师资队伍是关键一环。习近平总书记指出，传道者自己首先要明道、信道。高校教师要坚持教育者先受教育，努力成为先进思想文

① 刘力波、张子崟：《“中国式现代化”融入高校思政课教学的理论审思与实践探索》，《马克思主义与现实》2023年第5期。

② 《马克思恩格斯选集》第1卷，人民出版社2012年版，第134页。

③ 习近平：《习近平在中共中央政治局第十三次集体学习时强调：把培育和弘扬社会主义核心价值观作为凝魂聚气强基固本的基础工程》，《人民日报》2014年2月26日。

化的传播者、党执政的坚定支持者，更好地担起学生健康成长指导者和引路人的责任。[①] 因此，高校思政课教师首先要系统深入把握习近平文化思想。一方面，强化高校思政课教师的教育培训，加强理论学习，从学理上深入认识习近平文化思想，深入开展习近平文化思想的学术研究，增强理论底气。另一方面，鼓励高校思政课教师开展习近平文化思想融入高校思政课教学模式的相关教学研究，将学术体系转化为教学体系，将学术话语体系转化为教学话语体系。

（于芳，山东第二医科大学马克思主义学院副教授，武汉大学马克思主义学院博士研究生）

① 习近平：《习近平在全国高校思想政治工作会议上强调：把思想政治工作贯穿教育教学全过程 开创我国高等教育事业发展新局面》，《人民日报》2016 年 12 月 9 日。

二

“大思政课”教学探索

“大思政课”的推进与思考

赵正桥

一、“大思政课”提出的背景

习近平总书记在“3·18”思政课讲话中强调，要把思政小课堂与社会大课堂紧密结合，在理论与实践的结合中教育引导学生把人生抱负落实到脚踏实地的实际工作当中来，把学习奋斗的具体目标同民族复兴的伟大目标结合起来，立鸿鹄志，做奋斗者。2021 年 3 月，习近平总书记在“两会”中又强调，针对“大思政课”我们要善用之，思政课不仅应该在课堂上讲，还应该在社会生活中来讲。

二、华东师范大学推进“大思政课”的举措

“大思政课”要让学生有一种身临其境的场景感、真实感和历史感，使思政课与社会现实紧密结合，增强学生在思政课学习过程中的投入度和专注度，不断提升学生对思政课的好奇心、求知欲、认同感和获得感。2022 年，教育部开展了全国 32 个大中小学思政课一体化共同体建设(以下简称“大中小一体化”)，华东师范大学是牵头高校。与此同时，上海市还推出了“大思政课”的整体实验

区、重点实验区和重点实验高校。2022年虽然有疫情，但老师们依然努力写各种各样的申请报告，最后成功将这两个项目拿下，此后还需要更进一步的合作。

首先，简单解释下整体实验区的含义。上海有四个整体实验区：华东师范大学、上海交通大学、上海师范大学、上海海洋大学，分别对接一个行政区或者一个功能区。华东师范大学对接的是普陀区，与普陀区共建了“大思政课”的整体实验区。整体实验区强调大学要和区党委、区委签订共建协议，形成大中小一体化、校内外一体化和执行型一体化，这就是三个“一体化”概念。

其次，介绍下推进情况。华东师范大学从2019年以来也在探讨大中小一体化的实践教学，建立了一批课程群，丰富了内容体系，创新了一些研究方法，善用社会大课堂，强调实践教学的重要性，强化校地协同平台建设，拓展了信息内容，建设了一个教学数据库——关于中共百年的大中小学思政课的教材资源库，在此基础上打造了一个教学案例库、教学问题库和教材数据库。在收集材料的过程中，我校也加强大师资队伍建设，聘请了一些党代表、两会代表、党政机关的代表，以及红色场馆的宣讲员走进课堂。特别是学校的党务管理硕士开题之后，学校还聘请一批党务管理的行业导师，他们已经走进课堂和华东师范大学的老师共同上课，形成了实践教育的共同体，也拓展了一批社会实践项目，建立了健全“大思政课”建设的长效机制，形成了系统化设计、项目化推进和轻量化管理的长效保障。

三、华东师范大学推进“大思政课”的成效

这五年来，华东师范大学也取得了一些成效，探索出了一套工作机制——集体备课、集体打磨课程、定期开展教学沙龙等。建设了一批教学实践基地——党史教学实践基地、伟大建党精神育人联盟以及国新调研实践基地等。打造了一批品牌活动，例如连续举办了五场教学观摩，引起了较大的反响。华东师范大学与中共一大会址两个纪念馆合作打造了一个习近平文化思想的最佳实践地。中共中央党校副校长李君如先生在华东师范大学领衔组织了一批专家，拟撰写一本马克

思主义经典著作领读，之后还要推进撰写一本马克思主义中国化经典著作导读的工作，以及关于习近平重要思想的领读活动。

华东师范大学推出了社区治理师，打造了一个名为“15 分钟幸福圈”的社会实践品牌项目，让学生人人有实践，时时能参与，产生了一批课程资源，每一次教学展示活动都做了一个音像制品，也推出了一批“大思政课”精课资源，建立了一批教学实践基地。在大中小一体化探索的过程当中，华东师范大学也获得了相关部门的肯定。除此之外，华东师范大学还连续出版了 2022 年和 2023 年的大中小一体化建设的年度报告，2024 年第三本也已经推出。华东师范大学大中小一体化教学成果获得了上海市的特等奖和全国的二等奖。华东师范大学所属的期刊《思想政治课研究》也开设了一个大中小一体化的专栏。

华东师范大学还培养了一批优秀的师资队伍，二十大宣讲团、打造“00 后”主讲人活动，都在着力培养年轻师资。党政干部、行业导师代表也会走进课堂，与大家一起磨课、备课，一起打造实践教学课程资源。

四、几点思考

目前，仍存在一些关于大中小、“大思政课”的困惑，高校教师经常会与中学联动，但大学和中小学依然各自为政，这该如何发展？这是要解决的问题。

现在很多思政课教学活动就是一种表演式的活动。怎样让思政课入脑入心，成为一名学生的自觉行动，成为一位老师的自觉行动，这也是需要探讨的问题。

（赵正桥，华东师范大学马克思主义学院党委书记、教授）

“大思政课”视域下高校思政课理论教学与实践教学协同发展探析

余永跃　徐海辰

党的十八大以来，党中央始终坚持把学校思政课建设放在教育工作的重要位置，不断推进思政课理论与实践教学协同发展。2019 年 3 月 18 日，习近平总书记在学校思想政治理论课教师座谈会上发表重要讲话，强调“思想政治理论课是落实立德树人根本任务的关键课程”①，明确指出既要用科学理论培养人，也要高度重视思政课的实践性。2020 年 9 月，习近平总书记在湖南考察时强调，思政课教学“要把课堂教学和实践教学有机结合起来”②。2021 年 3 月，习近平总书记在看望参加全国政协会议的医药卫生界、教育界委员时指出：“‘大思政课’我们要善用之，一定要跟现实结合起来”③，提出了“大思政课”这一命题，并进一步强调“大思政课”建设必须坚持将理论性与实践性相统一。2022 年 7 月，教育部等十部门制定并印发《全面推进“大思政课”建设的工作方案》，提出了改革创新主渠道教学、善用社会大课堂等一系列具体内容。2023 年 5 月，习近平总书记在二十届中央政治局第五次集体学习时强调，“我们建设教育强国的目的，就是培养一代又一代德智体美劳全面发展的社会主义建设者和接班人，培养一代又一

① 习近平：《思政课是落实立德树人根本任务的关键课程》，《求是》2020 年第 17 期。

② 《习近平在湖南考察时强调 在推动高质量发展上闯出新路子 谱写新时代中国特色社会主义湖南新篇章》，《人民日报》2020 年 9 月 19 日。

③ 《“‘大思政课’我们要善用之”（微镜头·习近平总书记两会“下团组”·两会现场观察）》，《人民日报》2021 年 3 月 7 日。

代在社会主义现代化建设中可堪大用、能担重任的栋梁之才”①。2024 年 5 月，新时代学校思政课建设推进会在北京召开，习近平总书记再度对思政课建设作出重要指示，会议强调要以“大思政课”拓展全面育人新格局，把思政小课堂和社会大课堂结合起来，推动学生更好地了解国情民情，坚定理想信念。② 理论教学与实践教学作为高校思政课教学不可或缺的两大重要组成部分，在全面推进“大思政课”建设的背景下厘清二者关系、明晰二者协同发展的必要性、探索二者协同发展的路径具有重要意义。

一、高校思政课理论教学与实践教学协同发展何以成为可能

高校思政课是“大思政课”建设的主阵地和主渠道，而理论教学与实践教学是高校思政课教学不可分割的两个重要方面，二者虽然相对独立，但同时表现出相互融合、互为补充的强关联性，能够在二者的紧密结合中实现提升高校思政课教学的整体效果的本质目标，从而最大化发挥高校思政课的各种功能。

（一）理论教学是实践教学的前提与引领

高校思政课理论教学是以马克思主义基本原理、毛泽东思想、中国特色社会主义理论体系、习近平新时代中国特色社会主义思想、中国近代史纲要等理论知识为主要内容，依靠教师通过解读、阐释等进行课堂讲授为主要形式的教学活动。习近平总书记指出：“讲好思政课不容易，因为这个课要求高。”③

思政课的高要求，一方面体现在思政课涉及的理论知识广泛深入，不仅涉及

① 《培养一代又一代德智体美劳全面发展的社会主义建设者和接班人》，《求是》2023 年第 18 期。

② 《习近平对学校思政课建设作出重要指示强调 不断开创新时代思政教育新局面 努力培养更多让党放心爱国奉献担当民族复兴重任的时代新人 丁薛祥出席新时代学校思政课建设推进会并讲话》，《人民日报》2024 年 5 月 12 日。

③ 习近平：《思政课是落实立德树人根本任务的关键课程》，《求是》2020 年第 17 期。

马克思主义哲学、政治经济学、科学社会主义，还涉及经济、政治、文化、社会、生态文明和党的建设，改革发展稳定、内政外交国防、治党治国治军，党史、新中国史、改革开放史、社会主义发展史，世界史、国际共运史，世情、国情、党情、民情等方方面面，并且这些理论会随着时代变化和国家发展而不断有新的补充和变化。

另一方面体现在思政课不同于一般课程的特殊属性，即丰富的政治性与思想性。思政课理论教学并非通过简单的理论堆砌进行政治宣传，而是要通过教师的理论讲解与学理分析，使学生掌握理论的基本内容、生成逻辑、发展规律等，为学生的价值观教育提供科学的理论支撑，以科学的理论视野、厚重的历史视野和广袤的国际视野消除学生思想认识和价值观念等方面的误解与偏差，引导学生培养正确的思维方式、提升明辨是非的能力、树立崇高的理想信念，从而实现“以透彻的学理分析回应学生，以彻底的思想理论说服学生，用真理的强大力量引导学生”①，充分发挥出政治引导、价值塑造、主流意识形态传播等功能，使学生能用善用马克思主义的立场、观点和方法指导实践，将理论知识运用到脚踏实地的实践中。

因此，只有以有效的理论教学为前提，实践教学才能有理论指导从而得以开展，理论教学必须在高校思政课教学中占据主导和先导地位，为实践教学的开展提供理论支撑和方向引领。

(二)实践教学是理论教学的延伸与补充

习近平总书记强调：“要高度重视思政课的实践性，把思政小课堂同社会大课堂结合起来。”②作为高校思政课教学中不可缺少的重要环节，一方面来说，实践教学是在理论教学基础上的一种延伸和深化，其目的在于对理论教学所教授的内容进行更高层面的把握与运用。高校思政课实践教学通过课堂情景展示、课题

① 习近平：《思政课是落实立德树人根本任务的关键课程》，《求是》2020 年第 17 期。

② 习近平：《思政课是落实立德树人根本任务的关键课程》，《求是》2020 年第 17 期。

研讨、课堂辩论等课堂实践，社会调研、志愿活动、基层体验等社会实践，以及借助互联网平台开展在线课堂、情景模拟等虚拟实践，将教学场景由思政小课堂延伸至社会大课堂，使学生从书本理论深入实际生活，在实践中进一步体悟、掌握、吸收和巩固理论教学所习得的理论知识，引导学生运用理论知识来观察、分析和解决当前社会中存在的问题，使理论知识内化为学生的自身素养，从而深刻掌握马克思主义的世界观与方法论，提升其认识世界、改造世界的能力。

另一方面，实践教学是高校思政课理论教学的完善与补充。马克思主义认识论指出，实践是认识的来源与基础，也是检验认识真理性的唯一标准。高校思政课实践教学不仅为学生提供一个场域，使学生运用和巩固所学的理论知识，在亲身体悟中真正明白、接受和信服马克思主义，进而形成坚定崇高的理想信念；也能够使学生在具体实践中感受到理论教学无法涉及的领域，在现实情境中激发起学生的情感共鸣，发挥学生的主观能动性，并且在实践过程中根据客观情境的变化和实际效果的表征反向总结出理论知识的缺漏和理论教学中存在的问题，从而对理论教学的课程内容设置等方面进行补充与完善。

（三）理论教学与实践教学既相对独立又相互融合

习近平总书记强调：“在理论和实践的结合中，教育引导学生把人生抱负落实到脚踏实地的实际行动中来，把学习奋斗的具体目标同民族复兴的伟大目标结合起来。”①从二者的关系来看，高校思政课的理论教学是基础和前提，侧重于为学生搭建起系统的理论架构，为实践教学提供必要准备和根本依据；实践教学是延伸与补充，侧重于在具体实践中加深对理论知识的把握运用，将抽象化的理论转变为具体化、形象化的工具用于分析和解决现实问题。二者虽然各有侧重、相对独立，但作为高校思政课教学不可或缺的两个必要环节，二者在充分发挥自身优势和功能的基础上相辅相成、相互融合，有效弥合单一教学方式所带来的缺陷与不足，共同着力于提升高校思政课教学的整体效果，促进大学生理想信念的培

① 习近平：《思政课是落实立德树人根本任务的关键课程》，《求是》2020年第17期。

养和综合能力的提升，实现“培养担当民族复兴大任的时代新人、培养德智体美劳全面发展的社会主义建设者和接班人”的长远目标。

二、高校思政课理论教学与实际教学协同发展何以成为必然

高校思政课理论教学与实践教学的内在关系为二者协同发展提供了可能性，而当前时代背景下对落实立德树人根本任务提出的新要求、全面推进“大思政课”建设的重要任务以及解决当前高校思政课教学困境的现实需要回答了二者协同发展何以必然的问题。

（一）新时代落实立德树人根本任务的必然要求

教育是国之大计、党之大计，立德树人是我国教育的根本任务。习近平总书记强调：“要把立德树人融入思想道德教育、文化知识教育、社会实践教育各环节。”①思政课作为立德树人的关键课程，具有不可替代的作用，思政课建设是我国教育事业中的重要内容，也是党中央高度重视和多次强调的重要工作。党的十八大以来，党中央全面加强对教育工作的领导，坚持立德树人根本任务，加强学校思想政治工作，以一系列改革措施加快补齐我国教育短板，办好人民满意的教育，有效促进了教育领域现代化进程。

当前，我国进入新发展阶段，开启了全面建成社会主义现代化强国的新征程。新时代新征程上的新任务对教育和学习提出了新的更高要求，也对高校思想政治理论课发挥育人主渠道作用提出了新的更高要求。具体而言，就是要拥有鲜明的政治站位和广阔的教学视野，让学生充分认识世界百年未有之大变局与世纪疫情叠加下党和国家事业发展面临的复杂环境，通过理论学习掌握原理、把握规律、淬炼思想，在亲身实践中增长见识、锻炼本领、锤炼品格；在理论与实践的

① 《习近平在全国教育大会上强调：坚持中国特色社会主义教育发展道路 培养德智体美劳全面发展的社会主义建设者和接班人》，《人民日报》2018年9月11日。

结合中了解国情、感受时代，正确理解个人命运与国家发展、民族复兴的联系，增强中国特色社会主义道路自信、理论自信、制度自信、文化自信，厚植爱国主义情怀，加强品德修养，弘扬奋斗精神，立志肩负起民族复兴的时代重任，成为德智体美劳全面发展的时代新人。因此，高校思政课教学不能仅仅坐论其道、空谈其德，唯有以理论教学夯实大学生的理论武装，以实践教学增强大学生的“四个认同”，在理论教学与实践教学的协同发展中不断发现和解答高校学生对于重大时代问题的疑难困惑，全面系统地满足其不断增长的理论需求和实践需要，才能全面贯彻新时代党的教育方针，真正做到“立”社会主义需要的“德”，“树”为中国特色社会主义现代化建设奋斗终身的“人”，推进落实新时代立德树人根本任务。

（二）全面推进“大思政课”建设的重要途径

“大思政课”是新时代思政课建设的重要理念创新，这一命题的提出为当前阶段开展高校思政课教学、深化思政课改革创新提供了根本遵循和科学路径。具体而言，“大”体现了“大思政课”的鲜明特点，体现在建设“大课堂”、搭建“大平台”、培养“大先生”、拓展“大格局”等多个方面。

“大课堂”，是相对于传统的“思政小课堂”而言的“社会大课堂”，将思政课课堂的空间场域由学校延伸至社会全域，改变单一的将“社会”融入课本、请进课堂的教学方式，强调增加将作为学习主体的学生带到“社会”中的这一向度。早在2020年，习近平总书记就曾强调：“要把课堂教学和实践教学有机结合起来。”①强调教育与生产劳动相结合，是马克思主义教育观的基本原理之一，也是党和国家在教育领域始终贯彻的基本方针。建设“大课堂”，就是要通过实践让思政课与社会现实紧密结合，让学生在具体的实践中感悟时代、对比历史、看到现实，做到理论联系实际，从而将理论学习成果转化为思想行动自觉。

① 《习近平在湖南考察时强调：在推动高质量发展上闯出新路子 谱写新时代中国特色社会主义湖南新篇章》，《人民日报》2020年9月19日。

“大平台”，是充分利用大数据时代信息化、网络化的先进技术搭建思政课教学资源大平台，打破时空壁垒，将社会大课堂与网络云课堂有效连接，充分挖掘古今中外各类思政课教学资源，打造数字化、一体化、精细化的优质资源供给平台体系，满足思政课理论教学与实践教学、大学生理论学习与实践演练的需要。

“大先生”，是相对于传统的思政课专职教师而言，将党政领导、科学家、老同志、先进模范、其他专业课骨干教师、红色基地讲解员乃至全党全社会一切有利于立德树人的积极力量都纳入其中，从而形成的一支思政课教师的“大队伍”。这支队伍从具体实践中来，具备宽广的知识视野、国际视野、历史视野，能够用各行各业、社会百态的生动现实增强理论的说服力，让思政课吸引人、打动人、感染人，更能够成为学生与社会连接的桥梁，指导学生深入开展实践。

“大格局”，强调以整体观念、系统思维全面推进思政课建设，既包括“大中小学思政课一体化建设”的纵向衔接，也包括“全党全社会努力办好思政课”的横向协同，既包括课程教材体系、师资队伍建设、教学方法探索等思政课教学诸领域的统筹推进，也包括全员育人、全程育人、全方位育人的综合改革。

“大思政课”虽然以“大”为鲜明特征，但并非大无边际、虚浮于空，而是最终要回归其“课”的本质。高校思政课只有通过理论教学与实践教学的协同发展，才能将有限的“小课堂”与广袤天地间的“大课堂”相连接；才能将纷繁复杂的社会生活素材在“大平台”中分层分类，转化为针对性强、效果突出的思政课教学资源；才能最大限度地发扬“大先生”的力量，让他们在言传中为学生讲好道理，在身教中指导学生实践，以“大情怀”感染和带动学生；才能不断发现问题、解决问题，完善和拓展思政课建设的“大格局”，从而全面推进“大思政课”建设。

（三）应对当前高校思政课教学困境的现实需要

近年来，随着思政课在党中央治国理政战略全局中的地位日益凸显，高校思政课发展环境发生根本性转变，教师队伍建设实现历史性突破，教学效果大幅度提升。在成就不断累积、要求不断深化的同时，高校思政课教学也面临着一系列急需破解的重点问题，如部分地方和高校重视程度还不够，调动各种社会资源的意识和能力还不够强，师资队伍建设依然存在数量与质量上的缺陷，实践教学短板尤为明显，大中小学思政课一体化建设急需深化，课程思政存在“硬融入”“表面化”等现象。而在这些问题当中，最突出和关键的是当前高校思政课教学中理论教学与实践教学不能有效整合、发挥最大合力的困境。

具体而言，一方面重理论轻实践的沉疴旧疾依然存在，实践教学无法有效推进。高校充分认识到理论学习在思政课中的首要和主导地位，并且经过多年发展已经形成了内容明确、计划完备、过程清晰的思政课理论教学体系，能够按照相关要求顺利开展教学工作，同时在长期的教学过程中形成了更加注重理论灌输的教学观念和习惯。虽然随着时代发展，各高校对思政课实践教学的重视程度日益提升，但对其重要性的认识还不到位，且由于实践教学的具体要求、考核方式、效果评估等机制体制尚未完全建立，开展起来具有一定难度，因而造成理论教学侵占大部分教学时间，实践教学受到忽视、流于形式。

另一方面，对理论教学与实践教学相互关系的认识不足，将理论教学与实践教学割裂看待，从而影响了思政课教学整体效果的发挥。课堂教学作为高校思政课教学的主要形式，是对大学生进行马克思主义教育和主流意识形态传播的主渠道，具有固定的理论体系和话语体系，但仅以这种固定话语进行教学缺乏生动性和吸引力，最终落入抽象化、空泛化。同时，长期以来人们对思政课的实践教学也存在认识上的误区，认为组织学生参观红色场馆、进行社会调研就是实践教学，不论什么专业、什么课程皆开展相同形式、相同内容的实践活动，将重点和精力放在“实践”的形式上，而忽略了“育人”的根本目的，在实践教学中缺乏理论的核心引领，甚至出现活动组织很成功但学生毫无思想体悟的无效实践，陷入理论教学与实践教学“两张皮”的现象。

正是这种对理论教学与实践教学的割裂分离，使二者无法形成一个紧密结合、运行有效的系统，继而导致无法充分调动各种社会资源参与其中、无法探寻大中小学思政课一体化建设的连接环节、无法找到课程思政与思政课程相互搭配的契合点、无法针对性地提升高校教师队伍的专业能力，从而引发一系列的连锁问题，形成思政课教学的恶性循环。因此，打造合理机制，充分发挥理论教学与实践教学的协同效能，是解决当前高校思政课教学困境的现实需要。

三、高校思政课理论教学与实际教学协同发展何以可为

必须牢牢立足全面推进“大思政课”建设的宏观视域，从顶层设计、课程设置、资源整合、队伍建设等方面探索高校思政课理论教学与实际教学协同发展的具体路径，推动高校思政课教学不断取得新成效、开创新境界。

(一)统筹规划，加强协同发展的顶层设计

“大思政课”视域下，高校思政课成为集课内课外、校内校外、线上线下全时空领域合力的思政课，推进高校思政课理论教学与实践教学的协同发展涉及多方面的因素，必须加强顶层设计，坚持系统推进。

一方面，要坚持党的领导，把握协同发展的正确方向。坚持党的领导，是开展高校思政课教学的政治保证和根本方向。2021 年 4 月 29 日全国人大常委会通过的《中华人民共和国教育法》明确规定新时代党的教育方针是：“教育必须为社会主义现代化建设服务、为人民服务，必须与生产劳动和社会实践相结合，培养德智体美劳全面发展的社会主义建设者和接班人。”这一方针对“培养什么人、怎样培养人、为谁培养人”的根本问题作出了充分回答，也明确揭示了高校思政课的根本目标和具体方向，贯穿其中的就是理论与实践相统一的内在要求。这一要求不仅体现在高校思政课要使大学生成为理论与实际结合、学用一致、全面发展的新人的教学目标上面，更体现在高校思政课要通过课堂教学与实践教学相结合的途径方法使学生在获得理论的同时掌握应用理论的能力。在此基础上，党和国家先后印发《关于新时代加强和改进思想政治工作的意见》《关于深化新时代学校思想政治理论课改革创新的若干意见》《关于加强新时代马克思主义学院建设的意见》《关于加快构建高校思想政治工作体系的意见》《全面推进“大思政课”建设的工作方案》等文件，并在其中对高校思政课理论教学与实践教学的发展方向、

具体措施进行了明确论述。必须牢牢坚持党中央对高校思政课建设的领导，贯彻落实相关文件的精神与内容，在教学过程中深入推进理论教学与实践教学的有机统一和协同发展。

另一方面，要坚持系统思维，打造协同发展的制度保障体系。要根据“大思政课”的鲜明特征，在党中央统一领导下，以教育部为主导做好总体谋划，加强各领导部门的统筹协调，积极出台支持高校思政课理论教学与实践教学协同发展的具体政策，将理论与实践相结合的要求贯彻到高校思政课课程改革、教材设置、师资建设、效果评估等全部过程中，明确教学内容、教学要求、主体责任，推进二者协同发展的制度化、规范化和程序化；建立明确的高校思政课资金投入制度、队伍建设机制、资源配置体制，对高校思政课理论教学与实践教学的经费投入、人员配置、条件保障作出明确要求，为二者的有效衔接和协同发展提供充足的人力、物力、财力保障；建立完善包含多维度分析的教学效果评价制度、公正严格的督导督查制度和客观合理的奖惩制度，充分激发各类主体协同推进高校思政课理论教学与实践教学的积极性、主动性、创造性，从而建立二者协同发展的长效机制。

（二）立足现实，打造协同发展的课程体系

课程体系直接关系着高校思政课教学的具体内容。“大思政课”视域下，需要紧扣社会现实，把握学生需求，以“掌握理论、运用理论”为主线，将生动鲜活的实践引入理论课堂，同时将学生带入波澜壮阔的实践课堂，科学打造理论教学与实践教学协同发展的课程体系。

一方面，要将生动鲜活的实践引入理论课堂，建强思政课理论课程体系。必须立足现实，加强建构党的创新理论研究阐释和教育教学的自主知识体系，以习近平新时代中国特色社会主义思想为统领，加强对其进行学理化分析和专题专项研究，同时加强对马克思主义基本原理、毛泽东思想和中国特色社会主义理论体系的当代研究，将党的创新理论最新成果融入思政课教学工作。在此基础上，加强以习近平新时代中国特色社会主义思想为核心内容的课程群建设，形成“必修

课+选修课”的课程体系，重点围绕习近平经济思想、习近平法治思想、习近平生态文明思想、习近平强军思想、习近平外交思想以及“四史”、宪法法律、中华优秀传统文化等内容设定课程模块，开设选择性必修课程。同时根据课程内容和具体实际，通过具体课程、专题模块等形式，充分讲述社会主义革命、建设、改革、发展的历史事实，深刻解读新时代党和国家的伟大实践，充分引入伟大建党精神和抗疫精神、科学家精神、载人航天精神等精神，生动鲜活的实践成就以及英雄模范的先进事迹，让实践成为学生提炼规律、感悟理论的重要素材，成为高校思政课理论课程中不可缺失的重要元素。除此之外，要充分发挥多学科优势，统筹课程思政与思政课程建设，通过充分引入其他学科的具体实践，加深大学生对理论的理解，强化铸魂育人效果。如：通过历史学专业课程与思政课结合帮助学生从历史与现实的维度深刻理解习近平新时代中国特色社会主义思想；通过理学、工学类专业课程与思政课结合培养学生探索未知、追求真理、勇攀科学高峰的责任感和使命感，培养学生精益求精的大国工匠精神；通过农学类专业课程与思政课结合带领学生感受“三农”情怀，引导学生“懂农业、爱农村、爱农民”等，从而构建出覆盖面广、形式多样、层次齐全、协调度高的高校思政课理论课程体系。

另一方面，要将学生带入波澜壮阔的实践，完善思政课实践课程设置。高校思政课理论课程中所教授的理论知识只有与广阔的现实社会结合，才能产生波澜壮阔的实践，才能让学生在实践中深化理论认知、陶冶道德情操、夯实理想信念。2018 年教育部印发了《新时代高校思想政治理论课教学工作基本要求》，明确规定：要制定实践教学大纲，整合实践教学资源，拓展实践教学形式，注重实践教学效果。在此基础上，要着力构建高校思政课实践教学体系，按照“同对象、同目标、同重点、同问题、同考核”的原则完善高校思政课实践课程的设置，强调全员参与、全过程考核，并且根据不同理论课程、不同高校的具体实际量身定制具有指向性的实践教学方案，完善对专门性实践课程、理论课程实践环节、课内外实践活动的一体化架构，着重加强学生对理论学习中重、难、热、疑四类问题的认识与吸收，充分发挥实践教学对理论教学的补充和延伸作用，实现高校思政课理论教学与实践教学在课程内容上的有效衔接和课程体系中的高度统一。

(三)优化整合，融汇协同发展的多方资源

“大思政课”视域下，“鲜活的思政课素材，正是亿万中国人已经书写和正在书写的时代篇章”①。必须合理搭建大平台，充分利用多方资源，为促进高校思政课理论教学与实践教学协同发展提供重要支撑。

一方面，善用社会大课堂，开拓丰富多样的大资源。高校思政课在教学目标、课程设置、教材使用、教学管理等方面有统一要求，需要遵循其规范性和权威性，但同时也不能照本宣科，必须以开放的、多种多样的、与现实贴合的教学资源来充实和丰富教学内容，才能在理论教学与实践教学相结合中有效提高思政课的理论性与亲和力，充分发挥育人成效。既要不断充实理论教学资源，在基于教材内容的基础上，不断将党中央的最新理论成果、马克思主义理论学科的最新研究成果融入教学，在中华民族五千年的历史发展和伟大复兴的百年征程中挖掘教学资源，将蕴藏其中的核心思想理念、传统道德规范、生动实践案例、中华人文精神作为思政课教学内容的重要滋养，同时立足全球视野，从世界发展的历史进程中探寻可用资源，在中西方文明的对比中引发学生思考，激发学生内心的共情共鸣，大大提高学生的理论认同、政治认同、情感认同；也要积极拓宽实践教学资源，有效联合高校、家庭、社会协同开发实践育人的环境资源，利用乡村、社区、企业、纪念场馆等开展实践活动，因地制宜深入挖掘当地的自然风光、乡情民俗、工艺文艺、先进模范等资源，打造富有特色的实践教学内容，避免实践课教学陷入千篇一律、流于形式的困境。

另一方面，突破时空场域限制，构建融会贯通的大平台。在开拓高校思政课理论教学与实践教学丰富资源的基础上，要进一步打造线上线下相结合的大平台，实现教学资源的优化整合与合理配置，提高资源的利用效率，避免各类资源

① 《“‘大思政课’我们要善用之”(微镜头·习近平总书记两会“下团组”·两会现场观察)》，《人民日报》2021年3月7日。

的滥用和浪费。既要着力推动高校思政课教学信息化，以“应用为王、服务至上、示范引领、安全运行”为要求，打造集教师备课、资源开发、审核评估、研修培训等为一体的全国高校思政课教研系统，开发包含教学案例、重难点问题、素材资源、示范课程等多项内容的教学资源库，建设资源共享、在线互动、网络宣传等一体的“云上大思政课”平台，推进线上教学资源的共享与教学合作的开展。同时，也要积极构建线下的实践教学共建平台，多部门联合加强“大思政课”实践教学基地建设，建立教育部门主导、高校与实践基地对接的有效工作机制，完善科教融合、校企联合等协同育人模式，建立健全国家机关、企事业单位等接收大学生实习实训制度，有效利用社会大课堂的实践资源，不断拓展高校思政课实践教学的形式与途径。

（四）专兼结合，扩大协同发展的师资队伍

习近平总书记强调：“办好思想政治理论课关键在教师，关键在发挥教师的积极性、主动性、创造性。”①必须集全党全社会的一切资源提高高校思政课的师资力量，不断扩大协同发展的师资队伍，提升师资队伍的综合能力，在推进“大思政课”建设中形成专兼结合、质量兼顾的思政课师资架构。

一方面，要以专职教师队伍建设为核心，全面提升高校思政课教师队伍的综合能力。由于高校思政课的特殊性质，教师队伍的专业程度直接影响着理论教学与实践教学的成效，直接关系着大学生群体理想信念的塑造和价值观的形成，因此必须以加强思政课专职教师队伍的建设，打造一支专业强、素质硬、本领高的专职教师队伍。首先，要促进思政课教师的理念更新。思政课教师要树立“大思政”理念，充分认识自身的角色定位和使命担当，形成理论与实践一体化发展的思维，将提升专业理论素养与关注社会现实统一起来，着力解决思政课教学中理论与实践脱离的问题，以正确的思想意识保证在实际教学过程中思政课理论教学与实践教学协同发展的正确方向，带动自身能力的提升。其次，要加强思政课教

① 习近平：《思政课是落实立德树人根本任务的关键课程》，《求是》2020年第17期。

师的本领锻造。具体而言，要夯实国家、地方、学校三级培训体系，提升思政课教师的理论素养和根据课程内容设计组织实践教学环节的能力；通过“手拉手”集体备课等机制，定期组织开展跨地区、跨学段、跨学校的教学研讨活动等形式，加强思政课教师之间的沟通协作、互学互鉴；高校通过建立完善相关机制，加大对思政课骨干教师前往党政机关、各类基层挂职锻炼、实践调研的支持力度和保障举措，促进思政课教师在深入实际、考察实际的过程中增强理论联系实际、指导实践的教学能力；要通过搭建专业成长平台，开展“高校思政课教师在职攻读马克思主义理论博士学位专项支持计划”“高校思政课教师队伍后备人才培养专项支持计划”，在不断增强高校思政课教师能力的同时，丰富高质量的思政教师队伍储备。

另一方面，要扩展师资队伍的建设视野，建强专兼结合、高效衔接的“大师资”。要充分利用社会资源，在发挥思政课专职教师队伍主导作用的同时，打造一支结构多元、能力突出的思政课教师兼职队伍，通过专兼结合推动高校思政课理论教学与实践教学协同发展的实效。高校既要建立健全思政课特聘教授制度，选聘优秀党政领导干部、社科理论界专家、各行业先进模范、名师大家等在思想政治工作方面理论功底深厚、实践经验丰富的资深工作者加入思政课教师队伍，也要建立健全兼职教师制度，促进英雄人物、劳动模范等先进代表以及革命博物馆、纪念馆等红色基地讲解员、志愿者等对思政课开展具有重要意义的非专业人群常态化参与高校思政课的教学；在此基础上，还要通过合理打造思政课专兼职教师交流平台、创建专兼职教师共同参与的教研团队等途径，针对具体的教学内容，在专职教师的引导带领下，充分发挥出专兼职教师的优势与特点，将扎实的理论积累、多样的学科背景、深厚的实践经验与丰富的表现形式有效结合起来，弥合单一的专职教师队伍存在的不足，形成多元主体共同参与的协同育人新格局，全面推动高校思政课理论教学与实践教学的协同发展。

（余永跃，武汉大学马克思主义学院教授，马克思主义理论与中国实践湖北省协同创新中心研究员；徐海辰，武汉大学马克思主义学院博士研究生）

高职院校思政课实践教学的创新探索：以“红色匠心”为例

李洁琳　刘　雯　刘　钒

党的十八大以来，在以习近平同志为核心的党中央坚强领导下，高校思政课建设取得了长足进步，教学方法改革全面展开。案例教学、情景教学、实践教学、网络教学、专题教学等形式多样的教学模式以及参与式、互动式、启发式、研究式等教学方法，对提高思政课教学质量的作用越来越突出。经过多年实践积累，各类高校遴选并培育出一批形式新颖、效果良好且广受师生欢迎的优秀思政课实践教学案例。

高等职业教育(简称高职)是我国教育的重要组成部分，包括高等职业专科教育、高等职业本科教育、研究生层次职业教育，是以培养高素质技术技能人才为己任的一种教育类型。根据教育部的数据统计，从1999年到2006年，我国高职教育规模迅速扩大，已经占据我国高等教育的半壁江山。2019年2月，国务院印发《国家职业教育改革实施方案》(以下简称“职教20条”)，标志着我国进入推进新时代职业教育大改革大发展的新阶段。2021年10月，党中央印发《关于推动现代职业教育高质量发展的意见》，指出：“职业教育是国民教育体系和人力资源开发的重要组成部分，肩负着培养多样化人才、传承技术技能、促进就业创业的重要职责。在全面建设社会主义现代化国家新征程中，职业教育前途广阔、大有可为。”①再次强调高职教育在强国建设、民族复兴伟业中的重大意义，为新

① 中共中央办公厅、国务院办公厅印发《关于推动现代职业教育高质量发展的意见》，https://www.gov.cn/gongbao/content/2021/content_5647348.htm，访问日期：2023年6月1日。

征程建设中国特色现代职业教育体系指明了方向。

高职院校思政课是高职院校传播马克思主义科学理论和进行思想政治教育的主渠道和主阵地，是打好中国高职教育鲜亮的底色、落实立德树人根本任务的关键课程。由于高职院校学生群体的特殊性和复杂性、与社会需求的紧密度更高，因而高职院校思政课授课难度较普通本科高校更大，对思政课实践教学的要求更高，对思政课实践教学改革创新的愿望也更迫切。习近平总书记在全国高校思想政治工作会议上指出：“要运用新媒体新技术使工作活起来，推动思想政治工作传统优势同信息技术高度融合，增强时代感和吸引力。”①数智技术与高校思政课改革，尤其是教学模式与教学方法创新紧密融合，已是大势所趋。高职院校肩负着培养面向生产、建设、服务和管理第一线需要的技术技能型人才的重要使命，必须深入贯彻习近平总书记重要论述精神，围绕“培养什么人、怎样培养人、为谁培养人”②这一核心问题，聚焦立德树人根本任务，面向坚持“大思政课”的理念，面向新环境、适应新要求进行更大范围的思政课实践教学改革探索。

一、高职院校思政课实践教学对象分析

职业教育不是“终结教育”，也不是“低层次教育”，更不是“淘汰教育”，而是特色鲜明的一种教育类型。接受职业教育的学生，既可以升学，也可以就业，还可以先就业再升学，拥有多样化、多途径的成长成才通道，也是中国特色社会主义事业的建设者和接班人，在强国建设和民族复兴伟业中承担着极其重要的角色。因此，在高职院校学生思想政治教育重要性不断增强的同时，高职院校思政课教学对象也呈现出生源类型的复杂性、智能类型的特殊性和数智新时代的挑战性。

① 习近平：《把思想政治工作贯穿教育教学全过程　开创我国高等教育事业发展新局面》，《人民日报》2016年12月9日。

② 习近平：《思政课是落实立德树人根本任务的关键课程》，《求是》2020年第17期。

(一)“Z世代”高职生源类型的复杂性

“Z世代”是指在1995年至2009年出生的人群，这一代人群伴随互联网的成长而成长。① 在他们的成长轨迹中，受到了互联网、电脑、智能手机等现代科技产物的重要影响，因此也被称为“网络世代”“互联网世代”。由于成长环境和时代背景的变化，“Z世代”群体特征明显，他们大多踌躇满志、注重体验、个性鲜明、自尊心强烈、渴望被认同，是有个性同时也容易受外部因素影响的群体。

进入新时代，高职院校的生源结构日趋复杂，“Z世代”学生群体的特征在高职院校更加凸显。高职院校的生源结构按照学生构成有普通高中毕业生、职业高中、职业中专、技校、退役军人、下岗失业人员、农民工、新型职业农民等各类群体；按照培养方式有普通班、现代学徒制、新型企业学徒制、现代职教体系项目、订单班、职工在职培训等多个办学层次。总体上看，高职院校学生在自主学习能力方面相对较弱，可能更加依赖于教师的指导和规章制度的约束，对自我规划、自我评价等方面缺乏足够的认识。由于学生生源素质参差不齐，普通高考生和技能高考生同年级高考录取分数甚至能相差上百分。这给加快推进职业教育的内涵式发展和高职院校教育教学坚持“以学生发展为中心”②的教育理念带来了巨大的挑战。

(二)高职学生智能类型的特殊性

美国当代著名心理学家和教育学家加德纳(Howard Gardner)教授提出的多元智能理论认为，人类思维和认识的方式是多元的。③ 社会的发展需要多样化、层次化和结构化的人才群体。每个学生都拥有一种或数种优势智能，不同的智能倾向对知识的掌握也具有不同的指向性。通过恰当的教育方式和自身的学习，每个学生都能成为某方面的人才，都有可能获得某方面的专长。研究表明：从智能类

---

① 王曦影：《Z世代的成长与发展》，《中国青年社会科学》2024年第1期。

② 陈丽：《高职院校教育教学坚持“以学生发展为中心”的原则》，《学园》2014年第31期。

③ [美]霍华德·加德纳：《多元智能》，沈致隆译，新华出版社1999年版，第14页。

型上看，高职院校学生有较强的形象思维能力，抽象思维能力相对较弱。他们对涉及经验、策略方面的过程性知识具有较强的掌握能力，但是排斥概念、原理方面的陈述性知识。易言之，高职学生对专业实践更感兴趣，对理论类课程的内容兴趣不高。因此，高职院校应该更注重实践技能的培养，以学生为主体，以能力为本位，以培养技能型人才为主，充分发挥学生的学习主动精神和主体意识。

（三）数智时代高职学生的新特性

根据第52次《中国互联网络发展状况统计报告》显示，截至2023年6月，我国网民规模达10.79亿人，“Z世代”人群约占2.6亿人。“Z世代”群体在移动互联网设备活跃数近3.25亿，是移动互联网网民中的新势力。“Z世代”的学生群体从出生到进入大学都伴随各类智能产品，属于网络“浸泡”下成长起来的新一代。他们普遍较少通过书刊、报纸和信件来获取信息，而是习惯从影音、图像等带有较大视觉刺激的载体中获取。这种偏想象的画面感，虽然更丰富和有趣，但信息的真实性有待商榷，同时条理性和深刻性也极大减弱。“快餐式”的信息摄取极易造成思想上的“营养不良”，产生思想“戏谑化”危机，个人价值观念极易被网络传递出的价值观腐化和侵蚀。结合这些信息时代“原住民”的职业兴趣和职业能力倾向调查显示，高职学生是高等教育对象中的一个特殊群体。他们不喜欢常规的学习方式，而是更喜欢动态的学习方式；实践性智力突出，而分析性智力不足，不擅长抽象的概念、原理、范畴等符号化的理论学习，逻辑思维能力较弱；他们乐于在情境化的教学环境中学习和掌握程序性知识。

综上所述，由于高职院校学生的特点，使得利用实践教学创新，提高学生思想道德素养、职业道德素养以及综合素质，弘扬职业精神、劳模精神、工匠精神，发掘学生潜能，成为值得探索的重要内容。

二、高职院校思政课实践教学改革的成效与不足

实践教学是增强高校思政课教学实效性不可或缺的重要环节，同时也是思政

课教学改革面临的一大难点。在教育部高校示范马克思主义学院建设重点项目研究任务的驱动下，全国各行业高职院校聚焦思政课实践教学创新，推动实践教学改革探索取得了新的成效。

（一）高职院校实践教学改革成效

习近平总书记指出，推动思政课改革创新要坚持理论性与实践性相统一的原则。① 2016 年 7 月，全国高职高专院校思政课实践教学推进会暨首届高职高专思政课创新高峰论坛召开，全国高职高专院校思政课建设联盟通过了《全国高职高专思想政治理论课实践教学实施方案》，高职思政课实践教学多维度探索、观点碰撞，闪烁出创新的火花。实践教学作为课堂教学的延伸拓展，重在帮助学生巩固课堂学习效果，深化对教学重点难点问题的理解和掌握。制定实践教学大纲、整合实践教学资源、拓展实践教学形式、注重实践教学效果是实践教学途径创新的基本要求。如何贯彻落实习近平总书记“‘大思政课’我们要善用之”②的指示精神，在推进高职思政课问题式专题化教学模式的改革创新中拓展思政课教育时空，整合日常思政教育资源、实践教学资源，优化体验式教学路径，增强学生思政课获得感，创新实践教学方式，运用新媒体让思政课活起来，提高问题式专题化教学效果，深化高职思政课改革创新，是目前的一个重要课题。

第一，实践教学资源得到广泛挖掘。让高职丰富的实践教学资源与思政课教学同向同行的教育理念成为基本共识，协同育人思想得到广泛认同。近年来，高职院校思政课教师勇于改革创新，探索了多种多样的思政课教学方式方法，有效地增强了思政课的吸引力、感染力和针对性、实效性。其中，实践教学作为课堂教学的延伸拓展，被证明是一种适合高职院校特点的教学方式。

第二，实践教学信息化建设提速。高职院校加大实践教学基础设施投入，不

---

① 习近平：《用新时代中国特色社会主义思想铸魂育人 贯彻党的教育方针落实立德树人根本任务》，《人民日报》2019 年 3 月 19 日。

② 《“大思政课”我们要善用之（微镜头·习近平总书记两会“下团组”·两会现场观察）》，《人民日报》2021 年 3 月 7 日。

断拓展实践教学渠道，创新实践教学模式的探索出现新气象。通过虚拟现实技术（VR）、增强现实技术（AR）、混合现实技术（MR）、激光投影显示技术（LDT）使受教育者获得充分的沉浸感和参与感，从而无限延伸实践活动的内容和范围，达成实践教学的全覆盖以及实践教学充分进课堂，让爱国主义教育传播形式更加多元和立体化。

第三，实践教学理念创新呈现新局面。山东商业职业技术学院通过设立服务学习中心，思政课教师和辅导员两支队伍共同参与指导，以劳动服务学习、社团志愿类服务学习和专业服务三种形式为载体，通过准备、实施、反思、评价四个环节建立服务学习型思政课实践教学模式。成都职业技术学院遵循“价值引领、能力本位”教学设计理念，创新设计了“基于问题”的探究型、“基于网络”的虚拟型、“基于情感”的体验型和“基于社群”的服务型四种实践教学模式，创建了高职学生思政课实践教学体系。西安铁路职业技术学院“一体两翼”的实践教学模式，以激活教学内容为主体、以拓宽教学载体和改革教学方法为两翼，将校园文化、行业企业文化、优秀校友文化、地方文化、红色文化等教育资源融入思政课教学内容，使其更加丰富、生动和具体。截至目前，各高职院校形成了以学生为中心，价值引领、能力本位的实践教学理念和多元化实践教学模式。①

第四，实践教学考核评价体系改革实现新突破。江西环境工程职业学院秉承井冈山精神、苏区精神的红色基因，依托当地丰富的红色文化资源，构建立体考核体系，打造“线上线下双课堂”；将“读、思、辩、学、做”五环节、“模拟长征智勇冲关和红色主题汇报展演”双品牌的“5+2”实践贯穿教学全过程；整合校园文化资源和平台，将课程教育延伸到日常教育，构建大思政格局；依托企业基地实地教学融入行业，通过革命遗址参观体验融入社会；形成教学实践育人、校园文化育人、社会实践育人的“三位一体”的思政实践教育体系。

第五，实践教学研究形成新自觉。思政课教学于学生而言是一次认识过程。

---

① 王学利：《高职思政课问题式专题化教学模式研究》，高等教育出版社2023年版，第122~125页。

“实践的观点是辩证唯物论的认识论之第一的和基本的观点。”一个完整的认识过程，应该包括感性认识到理性认识、认识到实践两次飞跃。① 课堂教学是间接经验的学习，需要通过实践教学补上“感性认识”这一课，从反方向实现第一次飞跃，进而通过分析、解决问题实现第二次飞跃。因此，思政课实践教学必须严格按照理论教学的需要，与理论教学密切配合，以此确定实践教学的主题，制定实践教学大纲和教学计划，使之具备“教学”的必备元素。

(二)高职院校思政课实践教学的不足

一是目前各高职院校思政课实践教学还缺乏系统性、体系化，实践教学设计与思政课的内容之间缺少衔接。二是高职思政课实践教学在理论提炼和总结提升上有待加强。三是高职不同途径的实践教学资源，不能围绕思政课教学目标同向同行的问题。四是高职多头管理，学校实践教学综合评价没有抓手的问题。五是受原有实践教学的拘泥，缺乏大胆创新精神。六是高职院校对思政课实践教学的重视程度远不如对专业实训的重视，主要体现在资金投入、实践基地建设和教师激励机制上。

随着社会对技能型人才需求的增加，高职院校的地位在逐渐提升，影响力在逐渐扩大。如何加强高职院校思政课实践教学是高职思政课教师队伍面临的一个常谈常新的重要课题。新时代、新征程，需要高职院校勠力同心、不懈探索，破除原有理论认识藩篱，大胆创新，加强实践教学的目标、内容、路径、方法、评价体系的整体构建与创新研究，构建“大思政课”育人体系。

三、高职院校思政课实践教学创新的原则

全面贯彻党的教育方针，践行习近平总书记关于思想政治理论课建设的重要论述，以坚定高职学生对中国特色社会主义的道路自信、理论自信、制度自信、

① 刘书林：《毛泽东〈实践论〉的新时代解读》，《党建》2020 年第 10 期。

文化自信为根本出发点，切实推进高职院校思政课实践教学的建设和发展。坚持理论与实践相结合的原则，注重发挥实践教学的育人功能，创新推动思想政治理论课实践教学发展。坚持系统性原则，把思政课实践教学与思政课理论教学、日常思想政治教育以及学生的专业课教学和实习结合，多渠道拓展和整合思政课实践教学资源，把握思政课实践教学的规律。坚持教学与科研相结合的原则，鼓励教师在实践的基础上开展研究并攻克思政课实践教学的难题，积极探索出利于长效推广的思政课实践教学模式。

高职院校在思政课实践教学中，应该更多地关注教学对象的个性化需求，培养他们的创新能力和实践能力，为他们提供更加丰富多样的教育资源和学习机会，使他们在适合自己的教育环境中更好地发展，成为对社会有用的人才。要注重教学对象的个体差异，打破传统的思政课教学方式，通过探索新的实践教学方式，激发其学习的兴趣和热情，提高参与度和互动性，使思政课更加生动有趣，更具时代感，充分体现“‘大思政课’中重要的内容就是鲜活的实践和生动的现实”这一论述。① 高职院校思政课实践教学创新，既要坚持立德树人是学校的根本任务、中心环节和高校的立身之本，又要充分发扬攻坚克难精神，勇于突破传统思维模式，让立德树人贯穿职业院校丰富的社会实践教育活动，发挥协同育人作用，还需要根据社会需求的变化，调整教育策略，改革教学方法，创新实践途径，使高等职业教育更好地服务社会。

四、高职院校思政课实践教学的案例分析

湖北生物科技职业学院是全国职业教育先进单位、全国乡村振兴人才培养优质学校和农业农村部现代农业技术培训基地，肩负着为区域农业、渔业、水产业发展培养大批职业技能人才的重要使命。

① 沈壮海：《“大思政课”我们要善用之：思考与探索》，《思想政治教育研究》2021 年第 3 期。

在长期的教学实践中，湖北生物科技职业学院立足学校农业渔业优势专业，充分挖掘地方红色文化，在思政课实践教学中设计实施了“1+4+2+3”四堂联动（校外、课堂、融媒、校内）的“红色匠心”实践教学品牌，成为全省高职院校思政课实践教学的样板之一，受到学生的普遍欢迎（见图1）。

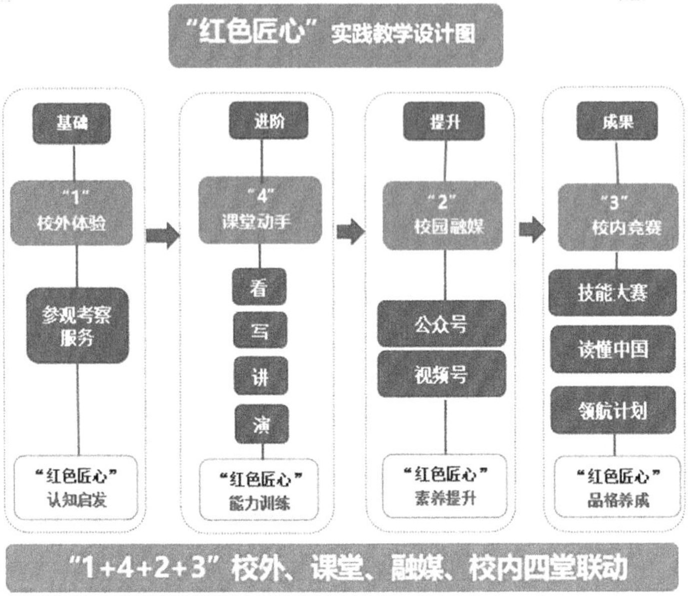

图1 “红色匠心”实践教学创新的总体框架图

（一）“红色匠心”实践教学创新的总体框架

1.“1”——校外体验

该环节属于实践教学的初级版，主要以外出参观体验为主，覆盖全体学生，分为教师带队、小组参观、个人打卡“百校百馆”——湖北省“大思政课”实践教学平台以及参加青年志愿者社团活动四种形式。参与形式根据学生的性格特点自主选择。目的是促使学生将课堂理论与现实结合起来，在实践中感受真理的力量，从而启发认识，为“红色匠心”的培育奠定基础。

2. “4”——课堂动手

该环节是学生动手操作的核心环节，根据不同课程的理论教学内容，设计不同的课内实践项目，覆盖全体学生。“毛泽东思想和中国特色社会主义理论体系概论”课的课内实践项目主要是讲一个红色故事，看一部红色电视剧，写一篇心得体会，演一场红色舞台剧；“习近平新时代中国特色社会主义思想概论”课的课内实践项目主要是写一篇心得体会，看一部新时代电视剧，讲一次公开课，做一次社会调查。学生在参与实践活动的过程中，从最初的“体验”变为“参与”，从“旁观者”成为事件的“亲历者”，从“局外人”变为“剧中人”，这种“沉浸式”爱国主义教育实践的开展让学生身体感知的无限延伸需求得到了最大限度的满足，从而促进他们的表达能力、写作能力、思维能力、团队合作能力的全面提升。①在这个过程中，学生可能会经历很多困难，但就是在这种磨炼中，“红色匠心”才能淬火成钢。

3. “2”——校园融媒

该环节依托“生科青马社”和学校各类平台的力量，将校园融媒设计进来，覆盖全体学生，让学生走出教室，走进更大范围的网络空间。视频号、公众号、VR 等信息技术的融入，不仅增强了高校思政课的时代感和吸引力，也符合新时代高校思政教育的发展变化和大学生的心理诉求。主要利用视频号发布实践教学的成果和花絮、过程，学生感受等，运用公众号开辟“习声朗朗”经典诵读等专栏。将这些手段引入高校思政课教学，有利于拓展课程内容的广度和深度，拓宽高校教师和青年学生的理论与实践视野，满足新时代高校思政课改革创新发展的需要。让学生在思想政治教育的点滴浸润下增强中国特色社会主义道路自信、理论自信、制度自信、文化自信，树立正确的世界观、人生观和价值观，培养使命担当，提升专业精神、职业精神、工匠精神。

① 沈壮海、罗永宽：《新时代高校思想政治理论课建设研究》，武汉大学出版社 2023 年版，第 225~232 页。

4.“3”——校内竞赛

该环节的校园实践属于实践教学进阶版，主要受益面是班级优秀学生代表，通过选拔学生参与“技能大赛+读懂中国+领航计划”三个赛事来得到更高品质的实践锻炼。“技能大赛”主要是指校级艺术节、校级学生素养大赛，“读懂中国”主要是指省级教育厅关工委的征文、微视频比赛，“领航计划”主要是指教育部习近平新时代中国特色社会主义思想领航计划，主要包括“我心中的思政课”微电影大赛、大学生讲思政课比赛。通过系列实践活动，打造了校级、省级、国家级素养大赛的成长链条，有力推动地方红色基因的传承，巧妙融合了职业教育特色(见图2)。实践教学推进到这个步骤，学生的“红色匠心”初步锤炼成功，学生成长为“职业道德高尚、充满青春活力、满怀报国之心”的新时代高职大学生。

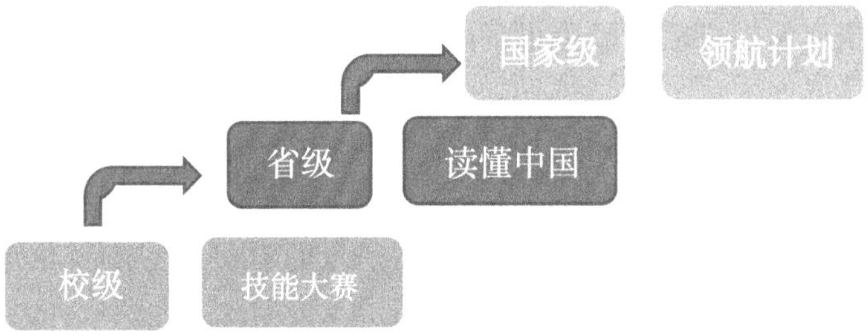

图2 三级素养大赛学生成长链条图

(二)“红色匠心”实践教学创新的保障措施

1. 经费保障

落实实践教学经费，是加强思政课实践教学的根本保障和基本前提。在确保生均15元思政课专项经费的基础上，安排专项经费支持思政课实践教学，在学校教学经费中，要有专门用于思政课实践教学的经费。加大对思政课实践教学的投入。

2. 制度保障

每学期组织思政课实践教学教师参加社会实践、挂职锻炼、学习考察等活动不少于3次。按照专业实训课的标准，核定思政课教师实践工作量和发放课时津贴，并纳入年度考核内容。

3. 激励机制

突出课堂学生激励，每学期末进行成果汇报和表彰，对实践教学表现特别突出的学生授予思政课“实践之星”证书并给予加分激励。激励社团学生，给予优先参与各级比赛的资格，给予校级优秀学生干部表彰。兑现教师年度激励，部门年终分配要有专门的实践教学绩效，学校给予奖金激励，并给予晋级、评职称加分。

（三）“红色匠心”实践教学创新的成效

“红色匠心”实践教学启动以来，广大高职生对伟人情怀、红色基因有了更深刻的认识，对党的创新理论也有了深刻理解。它极大地满足了高职学生的学习习惯、思维方式、心理意识和互动模式，吸引学生自觉地在课余时间主动研究，满足了部分学生自主学习的需求，将获取知识的方式从定格式“被动接受”转化为能动式“主动探索”，在选择、获取、使用和互动中，其求知欲和自主性得到了释放，成为独立自主的学习角色。

实践活动开展至今，越来越多的学生加入武汉革命博物馆志愿者“红巷青马”的行列，参与“校园文化艺术节”红色故事的演出，成为“习声朗朗”经典诵读系列活动的领读者，无论是“领航计划——大学生讲思政课”，还是中国大学生微电影大赛，以及教育部“读懂中国”活动，多项赛事捷报频传。“红色匠心”实践教学增进了学生对党的创新理论的政治认同、思想认同、理论认同、情感认同，做到了坚定“四个自信”。

五、结语

随着信息技术的深入发展，虚拟现实、增强现实等智能技术的发展，高职院校思政课实践教学创新要借力数字化、智能化科学技术的集成优势，打破时空局限，实现过去、现在和未来的有效融合，将课程教育和实践教学更好地贯通，打造让学生集中精力、浑然忘我从而投入其中的实践情景。不可否认，湖北生物科技职业学院“红色匠心”思政课实践教学创新尚在探索阶段，还需要进一步完善方案，明确制度体系，落实考核细则等，并及时进行理论总结。

面向未来，高职院校思政课实践教学创新要紧紧围绕立德树人根本任务，深入贯彻《关于深化新时代学校思想政治理论课改革创新的若干意见》《全面推进“大思政课”建设的工作方案》等文件精神，① 更加注重依托学生社团助力实践教学，更加注重开展教学交流形成经验互鉴，更加注重理论研究支撑品牌项目，更加注重部门联合形成改革合力，更加注重建好校外实践教学基地，使思政课实践教学更加符合新时代高职院校学生的思想政治引导需求，通过实践教学让高职院校思政课真正成为新时代立德树人的源头活水。

（李洁琳，湖北生物科技职业学院思政课部讲师；刘雯，湖北生物科技职业学院思政课部讲师；刘钒，武汉大学马克思主义学院教授）

① 教育部等十部门关于印发《全面推进“大思政课”建设的工作方案》的通知，http://www.moe.goe.cn/A13/moe_772/202208/t20220818_653672.html，访问日期：2023 年 6 月 1 日。

“大思政课”视域下高职院校思政课“四堂”实践教学模式探究

——以湖北轻工职业技术学院为例

周菲菲　杨雪晴　张莹莹

2021 年全国两会期间，习近平总书记强调：“思政课不仅应该在课堂上讲，也应该在社会生活中来讲”①，首次谈到“大思政课”命题；2022 年 7 月，教育部等十部门印发《全面推进“大思政课”建设的工作方案》，强调要“坚持开门办思政课，强化问题意识、突出实践导向”。实践教学作为“大思政课”建设的重要内容，是“大思政课”育人效果达成的关键环节。习近平总书记关于“大思政课”建设的系列重要讲话，为新时代思政课实践教学提供了方法论指导和根本遵循。在“大思政课”视域下，探索创新思政课实践教学模式是新时代高校实践育人的应有之义。

一、“大思政课”视域下实践教学的理念导向

一直以来，开展实践教学的目的是解决思政课上理论学习与实践验证之间二者脱节的问题，而实践则可将二者有机连接起来。青年大学生在各类具体实践活动中求证、核实、考察课堂所学，从而将理论知识升华为理性认识和情感价值认同，在实践过程中通过各种锻炼亦能不断提高自身的综合能力，更好地达到思政

① 习近平：《“大思政课”我们要善用之(微镜头 · 习近平总书记两会“下团组”· 两会现场观察)》，《人民日报》2021 年 3 月 7 日。

课实践教学的育人目标。可以说，实践教学是一种与理论教学相对的教学方式，同时，二者互为补充，缺一不可。但在这里我们需要厘清的一个问题是：在“大思政课”视域下的实践教学具有何种创新理念和实践特性？

(一)实践内容源于生活，把握时代大势，彰显“大思政课”之“大”

“大思政课”作为一种全新的教育理念，其强调思政课“应该在社会生活中讲”，“一定要跟现实结合起来”，核心思想就是要推动思政小课堂与社会大课堂相结合。因而，“大思政课”实践教学要走出课堂，秉持“从生活中来，到生活中去”的思路与原则，着力寻找社会上、生活中的教育资源，将其有机融入实践内容，在内容处理上连接好理论与社会生活之维。当前我们正处于中华民族伟大复兴的战略全局和世界百年未有之大变局，实践教学亟须立足“两个大局”，积极引导学生洞察时代，将中国大地上正在进行的社会变革有机汇入实践内容中。比如指导学生对社会热点问题进行课题研究、将社会问题引入课堂进行辩论、设置相应的时代情境进行教学等，助力于将实践背后的“大道理”讲深讲透，潜移默化地引导学生关注日常生活、了解自身所处的社会、能用理论学习对社会热点与国际时事进行分析等，实践内容要观照中国之问、世界之问、人民之问、时代之问，彰显“大思政课”之“大”。

(二)实践活动以生为本，实现价值引领，彰显“大思政课”之“实”

“培养什么人”是思政课实践教学要解决的核心问题。在“大思政课”理念的指导下，思政课实践教学要立足人才强国战略，结合高职院校人才培养模式转型，以培养堪当民族复兴大任的时代新人为根本目标。因而，在实践活动中，要充分发挥学生的主观能动性，以生为本。“大思政课”实践教学要结合学生成长求学过程中产生的疑惑、心理发展规律，设计丰富多样的实践项目，搭建多样化的实践平台满足学生需求，有意识地引导学生在实践活动中提升自身协作和社会交往能力，培养责任担当意识，力求不浮于表面。实践教学的成效在很大程度上取决于学生的参与度，要巧妙地融入与学生日常生活密切相关的交往问题、学业难题、职业发展、毕业去向等内容，激发学生参与兴趣，以丰富多彩的实践选题、灵活新颖的活动方式，辅之以必要的奖励措施，吸引大学生主动参与实践教学，引导学生通过社会调研、志愿服务深入社会基层、深入人民群众，深化青年学生的人民群众观点和情感共鸣，增强对社会主流意识形态的政治认同，从而实现对青年学生的价值引领。

（三）实践主体共同参与，学校、家庭与社会通力合作，彰显“大思政课”之“合”

与以往相比，“大思政课”实践教学的不同之处还在于“合”，是需要充分调动全社会力量和资源的实践。“思政课之‘大’在于多维时空协同育人，即在学校、家庭、社会等多元实践场所打通学段、打破隔阂、打穿内容、打透过程，使‘大思政课’具备‘实践的宽度’。”①“大思政课”实践教学要统筹规划好课内课外、校内校外、线上线下一切可以利用的资源，打破高校与学生家庭、社会的藩篱，将学生家长、社会成员等都纳入实践育人，形成全员、全社会都关心学生成长成才的“大环境”。当前，国家高度重视“大思政课”建设，各所高校也在积极响应政府号召，思政课实践教学应抓住契机，坚持系统观念，推动思政小课堂与社会大课堂的有效衔接，打造出一支以“政策为导向、学校主导、思政课教师与专业课教师协同发力、家庭和社会成员参与”的实践育人团队，不断丰富实践教学基地，吸纳更多的人参与“社会大课堂”，彰显“大思政课”之“合力”。

二、“大思政课”视域下“四堂”实践教学模式的构建

近年来，湖北轻工职业技术学院坚持以习近平新时代中国特色社会主义思想

---

① 杨增岽、赵月：《善用“大思政课”：深刻内涵、时代价值与建设理路》，《学校党建与思想教育》2022 年第 5 期。

为指导，全面贯彻习近平总书记关于“大思政课”的论述，遵循“大思政课”实践教学理念导向，从实践教学主渠道入手，大力开发利用思想政治教育实践教学资源，积极探索“大思政课”实践教学创新模式，逐步形成了在时间维度上推进“课前—课中—课后”接续传递，在空间维度上覆盖“校园—社会—网络”的“四堂”实践教学模式。

（一）创新生活化“小课堂”

“小课堂”主要是指以课堂为主阵地开展的实践教学活动，其基本模式是师生双向互动，即“教师主导—学生主体”。思政课教师以学生生活为原点，充分利用国内国际热点时事新闻等，采用丰富多样、活泼有趣的活动方式推动教学内容与实践教学主题有机结合，不断探索创新生活化“小课堂”，以期提升教学效果。以《思想道德与法治》为例，思政课教师结合学生特点，依据教材内容，收集生活素材，积极创设各种教学情境，开展了一系列卓有成效的课堂实践活动。在讲授伟大建党精神时，组织学生对中国共产党不同时期的入党誓词进行表演展示，使学生身临其境感悟中国共产党的发展历程；通过“角色扮演：晚舟归航”、“技能点亮生活”校园电脑义诊活动、“周末休闲方式的多元选择”记者采访、社会主义核心价值观宣传海报制作、职业规划定制等活动，有效促进了理论知识与日常生活的有机结合，深化了学生对教材内容的理解与认知，在“小课堂”中学生的自主学习、语言表达、道德践行、实践动手等综合能力得以提升，生活化“小课堂”得到广大师生的广泛认可。

（二）拓展社会化“大课堂”

“大课堂”主要是指依据人才培养方案和思政课教学目标，有计划、有组织地指导学生走出校园、迈入社会的实践教学活动，具体形式有社会调研、社区服务、企业实习、志愿服务、参观学习等，是大学生将理论知识付诸实践的重要过程。在对湖北轻工职业技术学院学生进行问卷调查时，问及愿意参加哪些形式的思政课实践教学，64%以上的学生更希望参加思政课校外实践，即社会化“大课堂”。大部分学生参与社会化实践教学的热情和积极性都比较高，结合学生发展需求，湖北轻工职业技术学院依托湖北区域资源，积极联系校外企业、政府部门、基层单位等，搭建社会实践平台。贯彻“开门办思政课”的理念，湖北轻工职业技术学院推出“行走的思政课”精品项目，围绕“走访群众，感受发展成果”“农村常见安全风险研究”“乡村振兴”“电商助农”4 个调研课题，奔赴黄冈市罗田县大河岸镇闵家河探索开展以社会调研实践为载体的实践思政，带领学生走进田间地头，在农耕土特产和直播基地进行调研，帮助学生通过实践印证、运用所学知识，激发学习兴趣。在实践过程中指导学生撰写了一批有实地调研、真实数据、内心思考的调研报告，使学生真切感受到中国特色社会主义带来的中国奇迹和中国智慧，在社会化“大课堂”中切实增强了学生的获得感。

（三）搭建网络化“云课堂”

“云课堂”主要是指通过系统整合、利用学习通 App、学院官网、慕课、网络精品课程、网上展厅、VR 等资源，打造集“线上+线下”“虚拟+现实”于一体的网络思政云平台。网络化“云课堂”极大限度地突破了传统课堂的空间限制，缓解了以往社会实践教学场所紧缺、资金不足以及学生人身安全隐患等问题。一方面，湖北轻工职业技术学院思政课教师充分运用学习通 App，在平台上呈现优质微课视频、精品课程、理论前沿等，开辟思想困惑、互动讨论、网络问卷专栏，方便随时掌握学生的思想动态、理论困惑等，为后续线下释疑解惑打好基础。同时学生可以随时进行线上学习，形成“线上+线下”有效互动格局。另一方面，湖北轻工职业技术学院积极推动 VR 技术与课堂教学的融合，目前湖北轻工职业技术学院思政课虚拟仿真实践教学中心建设已取得重大进展。通过借助信息传感设备将视听效果作用于学生，创设虚拟仿真情境。在引导学生了解改革开放相关内容时，思政课教师充分利用网络基地资源，举办“云展馆解说”活动，推荐学生代表作为讲解员，带领同学们浏览“伟大变革——庆祝改革开放四十周年网上云展馆”，让学生在讲解和云游中感悟中国巨变，实现“虚拟+现实”的有机结合。

（四）开设系列化“微课堂”

首先，依托微时代，湖北轻工职业技术学院以构建系统化的主题内容和学生主观能动性的发挥为发展依据，引导学生以参与者和体验者的身份融入实践教学，开发了系列化“微课堂”。“微课堂”是一种以“合作小组”为中心的互动学习模式，不同学生基于相同的学习需求和兴趣爱好组成合作小组，在教师的引导下，借助微运用输出自身观点，形成系列“微作品”，进而提升学习的针对性和精细化。进入微时代，个体既是信息的接收者，又是信息的传播者、参与者。基于此，湖北轻工职业技术学院开发了“党史故事”微课堂，各个小组立足所学知识，就百年党史中某一个感兴趣的小故事设计教案、制作PPT并录制5~10分钟的微课视频，在整理材料、完成作品的过程中领会“中国共产党为什么能”，从而实现自我教育。其次，还组织开展了以“我心中的思政课”为主题的微拍活动，广大师生用微电影、微视频、照片拍摄等方式记录了新时代的伟大变革，涌现出了大量优秀作品。此部分设计了“微拍身边故事”和“微拍家乡变迁”两个版块。“微拍身边故事”旨在引导学生关注日常生活，“航向”“转变的勇气”“做一个普通又不普通的人”等系列作品的出现体现了当代大学生对当前社会热点问题的观察与思考；“微拍家乡变迁”引导学生对党的百年奋斗重大成就和历史经验有了更加深刻的理解。

三、“四堂”实践教学模式优化路径探析

经过持续建设，湖北轻工职业技术学院生活化“小课堂”、社会化“大课堂”、网络化“云课堂”、系列化“微课堂”的协同一体化的“四堂”实践教学模式已经初步形成。为进一步提高其育人效能，还需从以下三个方面下功夫。

（一）强特色：打造实践活动品牌

“四堂”实践教学要立足高职院校的专业特色，将实践内容与产教融合紧密

结合起来、将实践活动与职业特色结合起来，打造具有“职教特色”的实践教学品牌。① “品牌化”会产生聚合、扩散、磁场效应，能有效推动高校与社会的联动。因此，思政课实践教学要立足学院特色，积极推动品牌化。宏观上要共商制定基于教材但又与职业教育高度匹配的实践教学大纲。在教学计划的制定中，结合企业用人需求，以及学生毕业后可能从事的岗位实践性、职业性等素质标准，对实践教学内容进行全面整合、重组和优化。无论是生活化“小课堂”、社会化“大课堂”还是网络化“云课堂”，在设计教学活动时要对接“德技并修”的育人要求，积极推动校企联合，统筹各专业、各岗位需要掌握的要点，使学生带着目标和问题实践。同时，实践活动也要立足高职院校学生群体的特征，尊重学生特点和兴趣，将学生关注的话题引入教学，通过专题的形式进行课程设计，充分发挥学生所长，捕捉与时代需要、学生成长成才需要相关的联结点，开展特色品牌活动，彰显实践教学的价值。

（二）丰资源：强化实践资源开发

“四堂”实践教学模式是在马克思主义理论指导下的集课内课外、校内校外、线上线下于一体的立体化实践教学体系。丰富多样的实践教学资源是其顺利进行的重要载体。因此，要多途径丰富实践教学资源。生活化“小课堂”主要依靠的是课程载体，要善于借助情境创设、场域运用将社会生活资源转化为教育教学资源，从而实现社会资源课程化改造。② 社会化“大课堂”则是要持续推进实践基地建设。一方面，高职院校要利用企业资源优势，与校外优秀企业合作，签约思政课实践教学基地，推进双向合作，实现资源互惠。另一方面，可以尝试把学生实习实训基地与思政实践基地有机结合，有效整合校内校外实习基地，在其中加入思政元素，打造实践育人双基地。网络化“云课堂”则是要积极推动虚拟载体在

① 陶慧、王华锋：《产教融合视域下高职院校思政课实践教学体系的构建与实践》，《职教论坛》2022 年第 9 期。

② 黄鼎：《“大思政课”视角下高校思政课实践育人模式构建》，《中学政治教学参考》2023 年第 35 期。

思政课教学中的运用，创新网络教学资源的开发与利用，推进虚拟仿真实训室的建设。系列化“微课堂”则主要是依托校内资源的开发，要善于从学校已有的文化基础设施、校园文化活动中挖掘与思政课的契合点，实现校内资源效益最大化。通过丰富思政课教育资源，为实践教学提供坚实的支撑载体。

（三）巧协同：搭建实践合作平台

推进“四堂”实践教学模式，要充分调动全社会力量，学校要紧跟经济社会、行业发展态势，统合政校行企协同育人力量，建好“大师资”队伍，筑牢实践发展的根基。在师资队伍中，专职思政课教师要发挥“主力军”作用，通过集中培训、思政课实践课题研究、实践锻炼、交流学习等方式强化实践教学能力、创新实践活动、优化实践模式；班主任、辅导员、团委等学工教师要发挥“后备军”作用，积极组织学生加入实践教学的浪潮，为实践教学做好学生的思想工作；专任教师、企业导师、劳动模范、大国工匠、家长等则要发挥“协同军”作用，邀请他们共同加入思政课实践教学，共商共建共讲。如与专业课教师、企业等共同商讨制定人才培养方案，将岗位要求、专业重点融入实践教学，开发系列拓展活动等，保证思政课程与课程思政、实践成果与行业需求同向而行。实现不同主体之间的协同，最关键的是要搭建合作“大平台”。因此，高职院校要做好顶层设计，党委统一领导，将思政课实践教学纳入“大思政课”工作格局，统筹规划，协调推进各方力量，形成协同育人保障机制。

（周菲菲，湖北轻工职业技术学院马克思主义学院副教授；杨雪晴，湖北轻工职业技术学院教师；张莹莹，湖北轻工职业技术学院讲师）

解构与建构："大思政课"视域下的思想政治教育情感共同体

闫丽萍　严辉龙

2021年3月，习近平总书记指出："'大思政课'我们要善用之，一定要跟现实结合起来。上思政课不能拿着文件宣读，没有生命、干巴巴的。"①强调了结合现实运用"大思政课"的必要性，也指出了思政课注重情感体验和实现情感交互的内在要求。马克斯·韦伯(Max Weber)将情感与集体相关联，提出"情感共同体"概念，认为"一个民族就是一个情感共同体"②。"大思政课"是多元主体广泛参与的思政课，主体交流互动形成了特殊的主体关系。本文从情感视角出发，尝试厘清思想政治教育情感共同体的情感向度，梳理思想政治教育情感共同体的价值意义，提出思想政治教育情感共同体的建构理路，以此为"大思政课"育人提质增效提供情感支撑和内在动能。

一、"大思政课"视域下思想政治教育情感共同体的内在意蕴

解构"大思政课"视域下思想政治教育情感共同体的内在向度，实现"大思政课"视域下思想政治教育主体情感通达合一，需要回归思想政治教育主体对马克

① 习近平：《"大思政课"我们要善用之》，《人民日报》2021年3月7日。

② ［德］马克斯·韦伯：《马克斯·韦伯社会学文集》，阎克文译，人民出版社2010年版，第171页。

思主义与中国具体实践的情绪感悟，多维度挖掘“大思政课”视域下思想政治教育情感共同体的多重内核。

(一)理论维度：信仰马克思主义的情感共同体

马克思主义是科学性与真理性的统一，能够给予人精神武装和实践指向。信仰马克思主义，是中国共产党不断取得胜利的重要法宝。习近平总书记十分重视马克思主义信仰，明确指出：“没有马克思主义信仰、共产主义理想，就没有中国共产党，就没有中国特色社会主义”；“对马克思主义的信仰，对社会主义和共产主义的信念，是共产党人的政治灵魂，是共产党人经受住任何考验的精神支柱”。① 培育思想政治教育对象对马克思主义的信仰是“大思政课”的重要责任，信仰的力量来源于对马克思主义理论的深刻理解，“认识真理，掌握真理，信仰真理，捍卫真理，是坚定理想信念的精神前提”②。认识和掌握马克思主义是思想政治教育主体坚定理想信念，达到信仰情感共通的必要前提。思想政治教育主体通过深刻认识马克思主义，把握马克思主义真谛，觉察马克思主义的伟大性和引领性，达到对马克思主义深层感悟和真理信仰的高级境界。思想政治教育主体对马克思主义信仰的坚定，既体现在对马克思主义科学理论的信服，还体现在对马克思主义实践的贯彻落实，即在学习、生活、工作中灵活运用马克思主义，自觉坚守马克思主义信仰，抵御妖风邪气，做到内在信仰、外在践履，“在实践中锻造如磐信仰，在困难中磨砺信念”③。在“大思政课”中的思想政治教育主体对马克思主义产生信仰的情感认同基础上，主体间的情感交流将实现信仰情感的深层统一，构建信仰马克思主义的情感共同体。

---

① 《习近平谈治国理政》第二卷，外文出版社 2017 年版，第 326 页。

② 习近平：《在纪念红军长征胜利 80 周年大会上的讲话》，人民出版社 2016 年版，第 12 页。

③ 吴云志、刘根旺：《习近平关于马克思主义信仰重要论述的三维向度》，《思想理论教育导刊》2020 年第 8 期。

（二）现实维度：热爱伟大祖国的情感共同体

习近平总书记十分重视爱国情怀的培育，要求"新时代中国青年要热爱伟大祖国"①。爱国主义是"大思政课"的重要教育内容，热爱伟大祖国是"大思政课"视域下思想政治教育情感共同体的应然情感向度。

其一，热爱伟大祖国的情感共同体来源于中国共产党领导下所取得的伟大成就。习近平总书记强调："我们面临的新时代，既是近代以来中华民族发展的最好时代，也是实现中华民族伟大复兴的最关键时代。"②我国进入新时代以来，取得了一系列伟大成就，赢得了一系列伟大胜利。在中国共产党的坚强领导下，我国贯彻新发展理念，大力发展绿色经济，开展脱贫攻坚，实现贫困人口全员摘帽，交出全面建成小康社会的历史答卷。在社会民生方面，面临突发性新冠疫情，我国坚持人民至上的价值理念，实施动态清零政策，并在适当时机调整政策措施，赢得疫情防控胜利。观照日新月异的中国，思想政治教育主体将对伟大祖国的斐然成就产生由衷自豪，进一步热爱伟大祖国。

其二，热爱伟大祖国的情感共同体呼唤思想政治教育主体担当时代责任。伟大祖国的建设离不开伟大人民的辛勤奋斗，热爱伟大祖国的情感共同体不仅体现为对已有成就的共同自豪，更体现为参与建设伟大祖国的强烈意愿。思想政治教育主体会"肩负历史使命，坚定前进信心，立大志、明大德、成大才、担大任，努力成为堪当民族复兴重任的时代新人"③，并以"热爱伟大祖国为动力，将个人的人生理想与民族的伟大复兴统一起来，为实现全体人民共同富裕的现代化而奋进"④。思想政治教育主体在对伟大祖国饱含热爱的基础上，通过深度的理论交

---

① 习近平：《在纪念五四运动 100 周年大会上的讲话》，人民出版社 2019 年版，第 7 页。

② 习近平：《在北京大学师生座谈会上的讲话》，人民出版社 2018 年版，第 11 页。

③ 习近平：《在全国高校思想政治工作会议上的讲话》，《人民日报》2016 年 12 月 9 日。

④ 黄圣博：《新时代青年美好生活需要的内涵、问题与对策》，《东岳论丛》2022 年第 11 期。

互和情感交流，主体间会产生情感认同，逐步形成热爱伟大祖国的情感共同体。

（三）领导维度：拥护中国共产党的情感共同体

"在中国共产党领导下，中国人民在社会主义道路上实现了一个又一个伟大飞跃，取得举世瞩目的伟大成就"①，彰显出中国共产党卓越的领导能力。"大思政课"中思想政治教育主体的能动性特征激励其探寻中国共产党的历史实践和现实表现，在感悟中国共产党伟大征程的过程中激扬情感，从而对中国共产党产生深切认同和由衷拥护。通过理论交互和情感交往，"大思政课"中的思想政治教育主体将达成拥护中国共产党的共同认同，形成拥护中国共产党的情感共同体。具体来看，拥护中国共产党的情感共同体来源于三个部分。

第一，拥护中国共产党的情感共同体来源于中国共产党人民至上的价值理念。中国共产党的初心使命是为人民服务，"这种初心使命保证了中国共产党人的情感胸怀和精神格局"②。只有这样，中国共产党才能获得人民的信赖，赢得人民的拥护，这是形成思想政治教育情感共同体的重要因素。第二，拥护中国共产党的情感共同体来源于对百年党史历史逻辑和现实逻辑的深度考量。拥护中国共产党的共同情感生成于中国共产党的艰难创业征程，发展于新时代中国取得的一系列伟大成就。第三，拥护中国共产党的情感共同体来源于中国共产党的自我革命精神。中国共产党"获得广大人民群众的情感认同，其根本原因在于党坚持推进自我革命"③。中国共产党不断推进自我革命，展现出其特有的政党魅力，赢得了人民的拥护，激发了思想政治教育主体对中国共产党的感动之情、敬佩之情、信任之情以及拥护之情，"在历史认同、绩效认同的基础上，对中国共产党

① 习近平：《在纪念孙中山先生诞辰150周年大会上的讲话》，人民出版社2016年版，第4页。

② 韩震：《推动当代中国历史发展的精神力量——关于中国共产党人的精神谱系的哲学思考》，《马克思主义理论学科研究》2021年第8期。

③ 王淑芹、李静：《中国共产党百年政治认同建设的基本经验》，《求实》2022年第6期。

产生深沉的情感认同，进而形成坚定的政党认同"①。思想政治教育主体对中国共产党的拥护情感会互相吸引、连接、交融，促进拥护情感的传递、加深和共通，形成拥护中国共产党的思想政治教育情感共同体。

（四）未来维度：实现中华民族伟大复兴的情感共同体

"实现中华民族伟大复兴是近代以来中华民族最伟大的梦想"②，为了实现这一梦想，中国共产党带领全国各族人民奋楫笃行，推翻了压迫中华民族的三座大山，建立了支撑中华民族持续健康发展的新中国，并推动建设和改革事业不断发展，中华民族重新走向世界民族之林。新时代十年，我国为实现中华民族伟大复兴接续奋斗，不断推进马克思主义中国化时代化，在新时代中国社会实践中进一步形成了习近平新时代中国特色社会主义思想，为实现中华民族伟大复兴提供精神导航，夯实了实现中华民族伟大复兴的物质基础，不断完善实现中华民族伟大复兴的制度保障。正如习近平总书记所言："中华民族伟大复兴进入了不可逆转的历史进程。"③"大思政课"视域下的思想政治教育主体在以多重教学为主的社会交往中明悟实现中华民族伟大复兴的历史使命，坚定实现中华民族伟大复兴的理想信念，并从情感上同怀有相同理想信念的其他主体勠力同心，形成推进中华民族伟大复兴的情感共同体。

实现中华民族伟大复兴的情感共同体不仅体现在思想政治教育主体信心、信念的坚守上，更蕴含在思想政治教育主体的实践行为中。通过对实现中华民族伟大复兴必要性、可行性和艰巨性的深度考量，思想政治教育主体将明确"小我"与"大我"的辩证关系，在各领域施展才干，通过社会实践贡献力量，共同为实现中华民族伟大复兴而不懈奋斗。

---

① 夏海燕：《论精神生活共同富裕实现的文化路径》，《江苏社会科学》2022年第6期。

② 《习近平谈治国理政》第四卷，外文出版社2022年版，第151页。

③ 习近平：《高举中国特色社会主义伟大旗帜为全面建设社会主义现代化国家而团结奋斗——在中国共产党第二十次全国代表大会上的报告》，《人民日报》2022年10月26日。

二、“大思政课”视域下构建思想政治教育情感共同体的价值意义

“大思政课”视域下思想政治教育情感共同体的实现具有重要意义，它既是“大思政课”的重要情感目标，又是“大思政课”实现理论灌输的情感支持，还是“大思政课”培育新时代好青年的情感纽带。

（一）情感共同体是“大思政课”的重要情感目标

“大思政课”是对人进行思想教育、政治教育、道德教育、社会教育、情感教育的科学培育课程，它不仅看重思想理论的灌输和践行，还看重情感的传递、交流和融合。情感共同体是思想政治教育主体在彼此情感交流融会后形成的一种集体性情感组织形式，达成这种情感成效是思想政治教育个体维度和群体维度相统一的内在情感要求。要理解情感共同体为何是“大思政课”的重要情感目标，就必须回归到“大思政课”中个体和群体这对关系上来。思想政治教育强调对个体进行思想理论教育，并传递和激发其内在情感，以此实现良好的育人成效。思想政治教育要达到的情感效果并不是个别个体的情感充盈，而是要在全社会形成普遍共通的情感图景。从这个意义上来看，思想政治教育对个体情感的引导、满足和要求并非其所要实现的目的，而是实现目的的必然途径。首先，通过对个体进行思想政治教育，用马克思主义理论、中国共产党的创业历程和新时代中国特色社会主义伟大实践感染和引导思想政治教育对象，引领其树立正确的、积极的、有利于新时代中国发展的主体情感，填充其内在精神。其次，个体在接受一定的思想政治教育后会持有一系列内在情感。在此基础上，个体为寻求情感认可和情感共鸣会产生强烈的情感分享欲，并主动传递所习得的知识和所体察到的自我感受。最后，当个体所传递和影响的基数足够大时，会在社会中形成内在情感普遍共通的情感现象。个别个体间的情感交互是构建思想政治教育情感共同体的必然途径，在这个过程中，思想政治教育对个体的教育和个体的自主传播是同步

和谐的，而非冲突、矛盾和对立的。

（二）情感共同体是"大思政课"实现理论灌输的情感支持

情感认同是理论灌输的前提，也是理论内化和理论深化的精神动力。要实现和提升"大思政课"的理论灌输实际效能，就要看到情感共同体在其中所具备的重要功用。

其一，情感共同体能助力构建和谐稳固的理论灌输情感关系。稳固的情感关系是思想政治教育理论灌输的重要基础，是维持理论内化的情感关系架构。情感共同体能为主体间和谐稳固情感关系的建构赋能，使情感共同体转化为思想政治教育理论灌输情感关系的组成因子。理论灌输在这种情感共同体所构建的情感关系的作用下，能持续稳定地开展推进。

其二，情感共同体能助力思想政治教育主体理论传递和内化吸收。在思想政治教育理论灌输阶段，情感共同体能够同时对不同主体发挥不同作用以实现理论灌输效果。对思想政治教育者而言，情感共同体使其内心饱含理论传播欲，使其具有将之同思想政治教育其他主体共享和交流的迫切愿望，能助力思想政治教育理论的高效传播。对思想政治教育对象而言，情感共同体使其对其他主体所传递的理论抱有信服，能更专注和更深层次地理解理论，并主动内化吸收，使理论灌输得以顺利开展。

（三）情感共同体是"大思政课"培育新时代好青年的情感纽带

青年是思想政治教育的重要对象，培育新时代好青年是"大思政课"开展的重要任务。情感共同体作为思想政治教育主体间情感深度交融的呈现形式，不仅表明"大思政课"视域下思想政治教育主体思想和目标的内在一致性，还能在"心—心"联结的客观呈现中进一步影响青年思想，从情感角度为培育新时代好青年提供情感导航和情感动能。

一方面，情感共同体的情感内蕴为"大思政课"培育新时代好青年提供情感导航。党的二十大报告指出："广大青年要坚定不移听党话、跟党走，怀抱梦想又脚踏实地，敢想敢为又善作善成，立志做有理想、敢担当、能吃苦、肯奋斗的新时代好青年”,① 这从多个维度对新时代好青年作出了全面要求。情感共同体强调思想政治教育主体间情感的交融共进，蕴含着主体对思想政治教育内容的情感体验和情感表达，能为新时代好青年的培育提供情感导航，树立和端正其情感观念和情感态度，使其“把个人的理想追求融入党和国家事业之中，为党、为祖国、为人民多作贡献”②。另一方面，情感共同体的情感意蕴为“大思政课”培育新时代好青年提供情感动能。情感动能是情感作为一种能量或动力推动事物向积极方面发展。在情感共同体的情感意蕴作用下，“大思政课”中的主体会对彼此产生如同志关系般的深切情感，激发思想政治教育者更好地培育新时代好青年。首先，在情感共同体的作用下，思想政治教育者会对青年这一教育对象开展更积极的教育工作，这是教师对四个方面情感的外在显现以及对共同交织情感的对象的热切肯定，这对培育新时代好青年起着主导作用。其次，青年作为思想政治教育对象，在同思想政治教育者积极交往的作用下，会自觉地开展自我培育，这是青年对思想政治教育者的肯定和情感共同体的认可所发挥的能动作用。在情感共同体两方面的共同助力下，能更好地推动“大思政课”培育新时代好青年。

三、“大思政课”视域下思想政治教育情感共同体的建构理路

新时代建构思想政治教育情感共同体，需要把握情感共同体生成的基本要素、视野要素和情感要素，从理论素养、情感能力、和谐关系、理论与实践相统一等方面出发，洞悉情感共同体的生成过程，不断提升“大思政课”实际效能。

① 《习近平谈治国理政》第四卷，外文出版社 2022 年版，第 273 页。

② 《习近平回信寄语广大高校毕业生把个人的理想追求融入党和国家事业之中为党为祖国为人民多作贡献》,《中国纪检监察》2020 年第 14 期。

(一)"大思政课"视域下思想政治教育情感共同体的生成要素

1."大思政课"视域下思想政治教育情感共同体生成的基本要素

其一，主体在场。按照多元主体论和主体间性的划分，思想政治教育者、思想政治教育对象以及参与思想政治教育过程的所有人均为思想政治教育主体，共同组成思想政治教育不可或缺的关键一环。人是情感的物质载体，情感的生成和深化都离不开人这个主体范畴。思想政治教育主体作为情感共同体的组成部分，其存在与否标志着情感共同体存在的可能性。

其二，场域存在。"场域即存在的各种客观事实及其内部关系。"①"大思政课"下的思想政治教育作为教育活动和教育过程，是具体时空下的产物，离不开存在的一定场域。场域是"大思政课"存在的必然前提，为"大思政课"提供必要的承载空间。就场域的功能而言，一方面，场域为思想政治教育主体提供了生存和发展空间，主体存在是具体的和历史的，必然存在于一定时空中。另一方面，场域为思想政治教育活动提供开展空间，为思想政治教育主体的情感交往提供空间支持。

其三，介体赋能。介体实质是在教育过程中起着上"承"教育要求、下"启"受教育者、从中引渡教育内容的功能。② 介体是"大思政课"开展的必要介质和必要手段，是大思政课下主体情感交往的"贯通点"。一方面，介体连接思想政治教育主体关系。介体的存在，使思想政治教育主体相互联结，思想政治教育得以正常有序进行。另一方面，介体深化思想政治教育主体情感交往。情感交往是情感共同体形成的必要前提，在思想政治教育交往中，主体通过使用介体的有效功能，能在理论灌输过程中实现情感交往，不断加深彼此的情感认同。

---

① 张天勇、张雪：《场域自觉与中国式现代化道路的生成》，《贵州社会科学》2023 年第 1 期。

② 王立仁、吴林龙：《论思想政治教育过程的主体和介体》，《北京交通大学学报(社会科学版)》2010 年第 4 期。

2. “大思政课”视域下思想政治教育情感共同体生成的视野要素

情感的生成离不开理论的建构，理论基础是“大思政课”视域下思想政治教育主体进行情感交往的前提条件，当共同具备理论基础后，主体能在理论交流中加深情感交往。

其一是深刻了解马克思主义的理论视野。建构信仰马克思主义的情感共同体，客观要求主体深入了解和学习马克思主义诞生的时代背景、主要内容、历史发展和当代现状，并将马克思主义基本原理与我国具体实际相结合、与中华优秀传统文化相结合，贴近我国实际，共同感悟马克思主义的伟大感召力和引领力。

其二是深入了解中国共产党的历史视野。中国共产党自成立以来，就将实现中华民族伟大复兴作为自己的一项历史使命。只有思想政治教育主体深入了解中国共产党的革命纲领，了解中国共产党带领全国各族人民打江山、守江山的艰难历程，才能对中国共产党产生由衷敬佩和诚心拥护的浓浓情感，继而建构拥护中国共产党的情感共同体。

其三是具有观照现实的现实视野。要建构热爱伟大祖国的情感共同体，就要求思想政治教育主体正确地观照现实，看到新时代中国所取得的优异成绩，只有让主体产生对新时代中国伟大成就的共同自豪，才能在交往中融汇和贯通热爱伟大祖国的深切情感。

其四是展望远景的未来视野。当前，“实现中华民族伟大复兴进入了不可逆转的历史进程”①，思想政治教育主体必须拥有展望未来的大视野，看到中华民族伟大复兴的历史必然性，才能建构实现中华民族伟大复兴的情感共同体。

3. “大思政课”视域下思想政治教育情感共同体生成的情感要素

其一，思想政治教育主体要有情感交往。情感交往是思想政治教育主体交流彼此情感的主要形式，是“大思政课”视域下建构情感共同体的必要前提。就“大思政课”视域下主体情感交往开展的场域而言，包括课堂交往和生活交往，两者构成主体情感交往的存在空间。就“大思政课”视域下主体情感交往的形式来看，

① 《习近平谈治国理政》第四卷，外文出版社2022年版，第321页。

包括理论情感交流和生活情感交流，两方面共同存在、共同交融，其中一方情感交流的深入也会带动另一方的情感交流，使思想政治教育主体的内在情感得以互相交流，并在情感交往中找到共同情感，实现深度情感交往。

其二，思想政治教育主体要有情感共进。情感共进是情感共同体建构的必要过程，"大思政课"视域下思想政治教育主体只有僵硬的情感交往以及发现零碎的共同情感还不足以生成和维持情感共同体，必须用发展的眼光看问题，推动"大思政课"下的主体情感交往纵深发展、横向推进，实现思想政治教育主体全方面、多领域、全过程的情感交往，不断推进情感交往迈上新台阶，推动主体实现"心—心"联结式的情感交往新模式，实现主体情感的共进，并在此基础上达成思想政治教育主体的灵魂交往，建构思想政治教育情感共同体。

（二）"大思政课"视域下思想政治教育情感共同体的建构路径

1. 涵养思想政治教育主体的理论素养

理论素养主要指马克思主义理论知识和方法论。思想政治教育主体的理论素养是主体间进行情感交往的重要基础，为情感交往提供交往前提和交往内容，同时提升理论素养也是主体进行情感交往的重要目的。马克思主义是"大思政课"视域下思想政治教育情感共同体建构的根基源泉，思想政治教育主体通过对马克思主义理论知识和方法论的学习加深对马克思主义的信仰之情，并在此基础上产生情感交往，逐渐形成情感共同体。因此，要建构情感共同体，其根本前提就是要涵养思想政治教育主体的理论素养，增进对马克思主义理论知识和方法论的掌握程度。对于思想政治教育者而言，要积极自主研读马克思主义经典著作，加强对马克思主义理论前沿问题的研究。对思想政治教育对象而言，要发挥思想政治教育者的重要功能，采用"讲道理"和"情理交融"等多形式灌输马克思主义理论知识和方法论，同时也要发挥思想政治教育对象的主观能动性。除了对马克思主义理论知识和方法论的掌握，也需要了解和学习如教育学、伦理学、心理学等多学科知识，为建构"大思政课"视域下的思想政治教育情感共同体打好理论根基。

2. 培育和增强思想政治教育主体的情感能力

情感能力常指个人调适自我、适应社会、识别和管理情绪、建立积极人际关系的能力。① 情感能力具有内外联通的重要功能，既能调适自我的内部情感，又能调适与他人相联系的外部情感，这种调适内部情感状态与外部情感关系的能力对于建构“大思政课”视域下的思想政治教育情感共同体具有重要作用。一方面使“大思政课”视域下的思想政治教育主体能认知、调整和反思自我的内在情感状态；另一方面，情感能力中调适外部情感关系的功能又能使“大思政课”视域下的思想政治教育主体间开展和谐的情感交往和情感沟通。建构情感共同体，应当注重“大思政课”视域下思想政治教育主体情感能力的培育和增强。情感能力包括“情绪辨认能力、移情能力、情感调控能力、体验理解能力、自我愿望能力”②，情绪辨认能力是思想政治教育主体开展情感交往的情感能力前提，主要功能是识别对象的当前情感状态。移情能力、情感调控能力、体验理解能力和自我愿望能力是思想政治教育主体在情感交往中所展现的主要情感功能，支持着情感交往的开展和发展。要重视情感能力的重要功能，厘清思想政治教育主体的情感状态，推动“大思政课”视域下思想政治教育主体情感能力的培育和拓展。

3. 构建思想政治教育主体和谐平等的情感交往关系

思想政治教育主体间的共鸣、共悟和共识是通过平等对话、情感体验及沟通理解来推动和实现的。③ 情感交往关系是人与人之间进行情感沟通和情感交流的人际关系状态，“只有真诚的情感交往，才能建立起真诚的人际关系，才能使交往的双方获得有温度的情感体验”④。情感具有表达性⑤，隐瞒我们心中拥有的

① 仝晓洁、蔡其勇：《从“我”到“我们”：社会情感学习的逻辑向度与实践进路》，《中国教育学刊》2021 年第 2 期。

② 朱小蔓：《情感教育论纲》，南京师范大学出版社 2019 年版，第 178 页。

③ 倪娜：《“有理讲理”的思想政治教育辩证法》，《东北师大学报（哲学社会科学版）》2016 年第 4 期。

④ 项久雨：《利益・情感・精神：个体第一需要与德育认同的三重逻辑》，《南京师大学报（社会科学版）》2021 年第 4 期。

⑤ 郭景萍：《情感的互动特质：交换、沟通与平等》，《江汉论坛》2007 年第 9 期。

情感比假装我们没有的情感更为困难，① 要表达这种情感就需要情感交往关系的存在。"大思政课"视域下思想政治教育情感共同体作为情感表达、情感交流和情感共通的现实结果，建立在一定的和谐平等的情感交往关系的基础上。只有坚持和谐的情感交往关系，才能创造对等交流和深度沟通的情感条件，为情感共同体的建构提供稳定沟通和长期发展的情感基础。因此，要高度重视情感交往关系对建构情感共同体的重要功能，构建"大思政课"视域下思想政治教育主体和谐平等的情感交往关系。一方面要转变思想政治教育主体的传统观念，破除思想政治教育者一元主导下的僵化主体交往关系，注重思想政治教育对象的主体地位，建立和谐对等的主体关系；另一方面要在主体交往中注入情感元素，既包括对思想政治教育内容的情感，又包括对思想政治教育其他主体的情感。

（三）"大思政课"视域下思想政治教育情感共同体的生成过程

"大思政课"视域下思想政治教育情感共同体的建构及完善，离不开主体本身的理论基础，它发展于主体间理论的沟通与交互。"大思政课"视域下思想政治教育情感共同体的实现过程主要包括四个阶段，在四个不同阶段的情感交往下，逐步建构情感共同体。

1. 筑基：理论基底——情感准备阶段

"大思政课"视域下思想政治教育主体的情感交往常伴随理论的传递而开展，同时主体间的理论传递也是一种具有特殊性的情感交往活动。建构思想政治教育情感共同体，客观要求思想政治教育主体具备一定的理论素养和情感素质，强调主体开展思想理论学习以夯实自身理论根基，并提前对思想政治教育内容和思想政治教育主体间的情感交往做好情感准备。

2. 碰撞：理论交互——情感接触阶段

当思想政治教育主体具备一定的理论素养和情感素质后，能够通过思想政治教育的形式实现主体间的连接和交往。一方面，思想政治教育者通过灌输等方式

---

① ［法］拉罗什福科：《道德箴言录》，何怀宏译，三联书店 1998 年版，第 108 页。

将马克思主义理论传递给思想政治教育对象；另一方面，思想政治教育对象也会将其对理论的内在感悟反馈给思想政治教育者，实现主体间理论的沟通和交互。同时，这个理论交互的过程也是“大思政课”视域下思想政治教育主体情感接触的过程，通过互相交流引发主体内心从而形成“共情和共鸣”①。

3. 融合：理论深化——情感稳固阶段

在思想政治教育主体理论交互的基础上，思想政治教育者通过理论灌输等方式实现思想政治教育对象理论素养的逐步提升，思想政治教育对象通过反馈、激励等形式推动思想政治教育者的理论回顾和理论反思。思想政治教育主体相互发挥正向作用，共同推进理论素养的提升和深化，并实现思想政治教育主体情感关系的越发稳固。

4. 贯通：理论共享——情感共通阶段

伴随思想政治教育主体间理论愈加深入地交互和共进，思想政治教育主体的理论素养实现同步共享，其理论视野、历史视野、现实视野和未来视野逐渐统一。在此基础上，思想政治教育主体情感关系越发深厚，思想政治教育主体内在情感的“最大公约数”不断增大，主体的内在情感在情感交往中互相外显并逐步共通，最终在“大思政课”视域下建构出思想政治教育情感共同体。

（闫丽萍，电子科技大学马克思主义学院硕士研究生；严辉龙，西南交通大学马克思主义学院硕士研究生）

① 李晶、刘树宏：《以社会主义美好生活观提升高校思政课共情力路径分析》，《黑龙江高教研究》2022 年第 10 期。

三

大中小学思政课一体化建设

对大中小学思政课一体化建设工作的思考

张　瑜

一、立德树人是大中小学思政课一体化建设的根本任务

改革开放以来，中央发布了许多推动大中小学思政课一体化建设的文件，但近五年来推动力度达到了一个前所未有的高度。那么，我们应如何认识大中小学思政课一体化建设？

我们认为，落实立德树人根本任务，是在新形势下推进大中小学思政课一体化建设的目标指向。我们要从“培养什么人、怎样培养人、为谁培养人”这一根本问题出发，深入学习与领会大中小学思政课一体化建设。

一是培养什么人。习近平总书记强调：培养什么人，是教育的首要问题。2018 年 9 月 10 日，在全国教育大会上，习近平总书记从教育和政治的关系出发，作出阐述。他指出，从历史和现实的角度看，任何国家、任何社会维护政治统治、维系社会稳定的基本途径，无一不是通过教育。我国是中国共产党领导的社会主义国家，国情决定了我们的教育必须把培养社会主义建设者和接班人作为根本任务。在学校思想政治理论课教师座谈会上，习近平总书记指出，在大中小学循序渐进、螺旋上升地开设思想政治理论课非常必要，是培养一代又一代社会主

义建设者和接班人的重要保障。① 深入学习习近平总书记关于培养什么人的重要论述，我们能够深刻认识并明确大中小学思政课一体化建设的根本目标。

二是怎样培养人。习近平总书记在全国教育大会上提出了九个坚持的重要论述，这是党对教育工作的顶层设计、整体部署，也是大中小学思政课一体化建设的方向指引。在这次会议上，习近平总书记也提出了“六个下功夫”，这是学生核心素养培养的重要组成部分。在学校思想政治理论课教师座谈会上，习近平总书记强调，思政课是落实立德树人根本任务的关键课程，思政课教师责任重大，并且作出了思政课育人“六个要”和“八个相统一”的重要论述。所以，我们认为系统学习和领会习近平总书记关于怎样培养人的重要论述，是我们深刻理解和把握大中小学思政课一体化建设根本遵循的重要途径。

三是为谁培养人。为党育人、为国育才是教育的根本目标，事关党和人民事业发展的根本，事关中国特色社会主义建设后继有人的全局。习近平总书记多次对广大教师发出为党育人、为国育才的号召，不但从正面强调，也从反面进行告诫，强调我们的教育不能培养旁观者和反对派，更不能培养社会主义的破坏者和掘墓人，这是推进教育现代化、建设教育强国必须把握的大是大非问题。

总之，大中小学思政课一体化建设，要以落实立德树人为目标导向，紧紧把握培养什么人、怎样培养人、为谁培养人的根本问题，在思想认识上不断提高理论自觉，在育人实践中牢牢把握政治方向。

二、科学规律是大中小学思政课一体化建设的实践遵循

大中小学思政课一体化建设工作要坚持目的性和规律性相统一，在工作实践中把握思想政治工作规律、教书育人规律、学生成长规律。

首先，思想政治工作规律是大中小学思政课一体化建设的前提依据。一是要坚持思想政治教育的整体教书育人规律。思政教育处在多元的社会大环境中，受

① 习近平：《思政课是落实立德树人根本任务的关键课程》，《求是》2020 年 8 月 31 日。

到各种各样外部环境的影响，这就要求我们树立大思政的理念，用系统思维把握全局，协调各个要素，形成全员、全方位、全过程的育人合力。二是要坚持循序渐进规律。人们的认识、青少年思想政治素质的发展，也遵循着实践认识、再实践再认识这种循环往复、螺旋上升的发展规律，那么大中小学思政课一体化建设要符合循序渐进、螺旋上升的规律。三是要坚持适应引领。思想政治教育要从实际出发，以教育对象现有的思想状况和认知水平为基础来组织和实施教育活动，同时又要适度超越其现有的水平，促进其自觉提升，引领其未来发展。所以在大中小学思政课一体化建设中，我们强调发挥教师对学生思想引领的关键作用，要对其提升与引领，这也体现着思想政治教育的本质要求。

其次，是教书育人规律。一方面，要坚持教书和育人相统一。习近平总书记曾指出，教师的职业是传道、授业、解惑的有机统一，是教书育人的有机统一；教师不能只做传授书本知识的教书匠，而要成为塑造学生品格、品行、品味的“大先生”。① 所以我们的一体化建设既是知识和理论教学的衔接贯通，也是育人育才的接力传承。另一方面，要坚持言传和身教相统一。教师对学生的影响不仅在于课堂上怎么说，更在于课堂外怎么做。作为老师，我们要成为学生做人的镜子，以身作则，率先垂范，以高尚的人格魅力赢得学生敬仰，以模范的言行举止为学生树立榜样。在大中小学思政课一体化建设中，必须发挥好教师的主体作用，以“六要”的标准提升教师素养，发挥教师在思政课建设中的关键作用。

再者，是学生成长规律。一是思想政治素质的内外因作用规律。人的思想政治发展是人的内因和外界相互作用、矛盾运动的有机统一。这启示我们的思政课一体化建设，既要树立以学生为中心的育人理念，发挥学生的主体作用，同时又要大力营造良好的社会环境，努力构建大思政课育人格局。二是内化外化规律，人的思想政治素质形成和发展是一个从实践活动到感性认识，再从感性认识到理性认识的内化，最后再外化为行为的过程，在这个过程中人的思想政治素质是从简单到复杂、从低级到高级、从旧质到新质的发展。所以大中小学各个学

① 习近平：《习近平首次点评“95后”大学生》，《人民日报》2017年1月3日第2版。

段的思政课要注重内化外化的规定要求，高度重视思政课的实践性，把思政小课堂和社会大课堂紧密结合起来，引导学生实现理论学习和实际行动的有机统一。

三、问题导向是思政课一体化建设的有效路径

思政课一体化建设要坚持问题导向和目标导向相结合。根据我们的工作经验，主要有以下想法。

第一，教学一体化是大中小学思政课一体化建设的重点问题，课堂是主渠道、主阵地。开展大中小学思政课一体化建设，归根结底是要提高思政课的教学实效、促进思政课建设的内涵式发展。所以，针对当前思政课不同学段课标教材有机结合不够的问题，针对不同学段教学内容存在简单、重复、脱节的问题，针对课堂教学效果存在参差不齐的问题，要加强一体化教研，集体备课、听课交流、培训研究、评价激励，老中青“传帮带”等多种制度和方法，千方百计解决好思政课教学质量提升的核心问题。

第二，教师队伍一体化是大中小学思政课一体化建设的关键问题。习近平总书记提出，讲好思政课的关键在于发挥教师的积极性、主动性、创造性。所以针对当前思政课教师队伍配备中存在的问题，针对思政课教师专业化发展中存在的问题，针对评价标准的问题等，要进一步完善制度建设，强化教书育人导向，提升课堂教学效果，要发挥高校马院在师资队伍、人才培养、资源平台等方面的优势，发挥带动作用。

第三，体制机制一体化是大中小学思政课一体化建设的难点问题。这一工作不是单一部门、单纯一条线的工作，是一项复杂的系统工程。针对当前这项工作涉及面广、参与众多的问题，要建立领导小组和工作专班，实现顶层设计，统筹各方力量。针对大中小学思政课衔接不到位、相互脱节等问题，要搭建一体化的共同体、教研平台，完善备课机制等。

我们开展了一项大规模的调研，结果显示，在不同年龄段教师中，青年教师

的一体化意识是最低的，尤其是近三年入职的老师在这方面的理念意识最薄弱。从全国总体来看，一体化研究基地的影响和作用发挥不足60%。50%以上的教师只限于关注本学段的课标内容，无暇关注相邻学段的内容，这都是思政课建设要进一步推进的重点。

第四，关于育人资源整合不足的问题，对此要加强纵向衔接、横向贯通，统筹各方力量，推进大思政课的育人格局建设。

（张瑜，清华大学马克思主义学院教授）

回顾与展望：大中小学思政课一体化建设研究

王双群　石亚梅

2022年习近平总书记在中国人民大学考察时指出："鼓励各地高校积极开展与中小学思政课共建，共同推动大中小学思政课一体化建设"①，这为思政课建设指明了方向。综合分析大中小学思政课一体化建设研究现状，有助于整体把握大中小学思政课一体化发展情况，为未来研究持续推进提供一定的参考。

一、大中小学思政课一体化建设研究数据分析

本研究选取中国知网系统的数据进行可视化分析。通过关键词"大中小学思政课一体化""大中小学思政课""思政课一体化"检索2019年至今文献(检索时间截至2024年3月)，并对所得文献进行筛选整理，去除会议论文和综述论文，得到学术期刊论文900余篇，其中北大核心及以上等级期刊文献442篇。整体来看，大中小学思政课一体化研究成果丰硕，受到学界广泛关注。本文主要对400余篇核心文献展开分析。

(一)研究年度趋势

2019年是大中小学思政课一体化建设研究的重要时间点。2019年3月18

① 习近平：《在中国人民大学考察时强调　坚持党的领导传承红色基因扎根中国大地走出一条建设中国特色世界一流大学新路》，《光明日报》2022年4月26日。

日，习近平总书记在学校思想政治理论课教师座谈会上提出“要把统筹推进大中小学思政课一体化建设作为一项重要工程，推动思政课建设内涵式发展”。① 由此引发了该领域的研究热潮，此后可将研究阶段大致分为数量稳定增长期(2019—2021 年)和内容持续深化期(2021 年至今)。

2019—2023 年完整年度数据分析显示(如图 1 所示)，2021 年以前增长曲线斜率较大，说明研究成果实现快速增长。这一时期的研究多以习近平总书记关于思政课建设的重要论述以及相关政策文件为依据，对大中小学思政课一体化的理论依据、价值意蕴、重要内涵、实践路径进行理论阐释，研究成果量的增长更明显。2021—2023 年增长曲线有所放缓，但研究深度和广度不断拓展，研究视角更加多样化。这一时期的研究逐渐突破学科限制，并且开始对已有理论成果、现有实践困境进行反思，研究成果的质的提升更为显著。

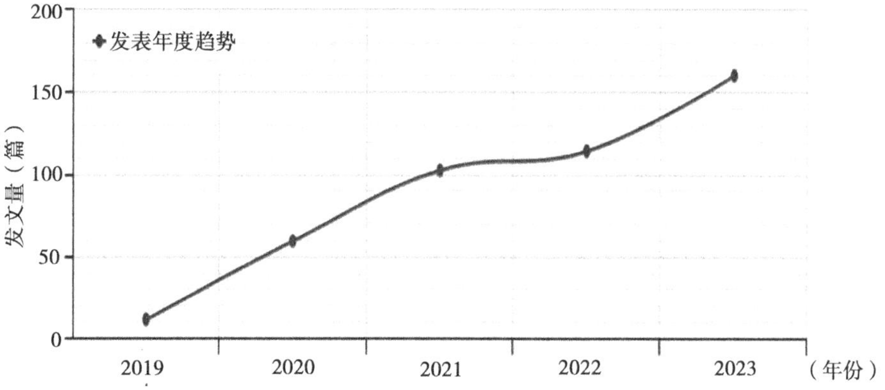

图 1　大中小学思政课一体化建设研究文献趋势

(二)研究主题

大中小学思政课一体化是一个内涵丰富的时代命题。去掉排名靠前的与检索

① 习近平：《思政课是落实立德树人根本任务的关键课程》，《求是》2020 年第 17 期。

词相关的主题词，发现“思政课教学”“思政课教师”“一体化教学”“大思政课”“高中思政课”“实践路径”“高校思政课”等主题是学界关注的热点问题，其中对思政教学的关注度居高不下(如图2所示)。

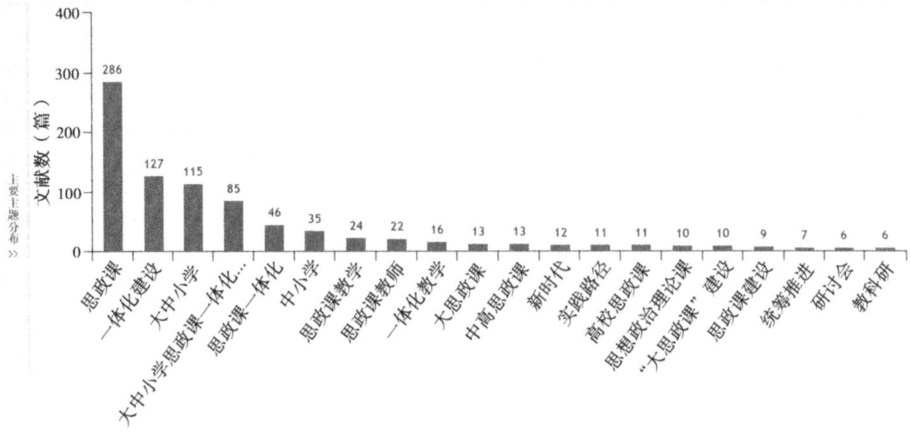

图2　大中小学思政课一体化建设研究主题词分布

(三)研究文献来源

首先，从期刊来源看，有442篇文献来源于北大核心及以上等级期刊，占所有期刊发文量的49%左右。其中思想政治教育类期刊占据重要比例，《中学政治教学参考》《思想政治课教学》《学校党建与思想教育》《中国高等教育》发文量居多(如表1所示)。整体而言，大中小学思政课一体化论文研究成果质量较高。

表1　大中小学思政课一体化建设研究文献来源

排序	文献来源	发文量(篇)
1	《中学政治教学参考》(北大核心)	167
2	《思想政治课教学》(北大核心)	59
3	《学校党建与思想教育》(北大核心、CSSCI扩展)	38

续表

排序	文献来源	发文量(篇)
4	《中国高等教育》(北大核心、CSSCI)	36
5	《思想理论教育导刊》(北大核心、CSSCI)	14
6	《思想理论教育》(北大核心、CSSCI)	13
7	《课程・教材・教法》(北大核心、CSSCI)	10
8	《人民教育》(北大核心)	8
9	《教育理论与实践》(北大核心)	7

其次，从基金来源看，国家社会科学基金和教育部人文社会科学研究项目排名靠前，分别有58篇和29篇。其余超过5篇的基金项目分别是陕西省哲学社会科学规划课题、中央高校基本科研业务费专项资金项目和全国教育科学规划课题(见表2)。总体而言，大中小学思政课一体化建设研究基金分布较广，但除国家社会科学基金和教育部人文社会科学研究项目外，其他基金发文量相对较少，这折射出国家层面对大中小学思政课一体化建设项目的支持和重视。

表2　大中小学思政课一体化建设研究基金分布

排序	基金分布	发文量(篇)
1	国家社会科学基金	58
2	教育部人文社会科学研究项目	29
3	陕西省哲学社会科学规划课题	6
4	中央高校基本科研业务费专项资金项目	5
5	全国教育科学规划课题	5

综上分析可得出大中小学思政课一体化建设研究的重要特点。2019年以来，研究进入热潮，研究论文数量逐年递增；研究主题不断拓展和深化；北大核心及以上等级期刊论文、国家社会科学基金等高水平研究项目占据重要比例，表明大中小学思政课一体化研究在质和量上都有所突破。

二、大中小学思政课一体化建设研究的梳理与回顾

综合现有研究文献，学界关于大中小学思政课一体化的研究可分为理论阐释、经验总结、困境和成因分析、建设路径探析四个部分。

(一)理论阐释：明晰大中小学思政课一体化建设之道

大中小学思政课一体化议题提出后，学界迅速作出理论回应，对其概念、原则、特征、规律以及价值意蕴展开了深入解读，理论阐释不断深化。

第一，关于大中小学思政课一体化的内涵。付清松通过分析习近平总书记“3·18”重要讲话原初语境，认为大中小学思政课一体化指的是思政课教学“不同学段之间的纵向一体化”①。他认为习近平总书记于2019年3月18日在学校思想政治理论课教师座谈会上指出“人的成长、成熟、成才不是一蹴而就的，而是一个渐进的过程，就跟人的生理发育一样，所以要把这几个阶段都铺陈好”，是对思政课纵向衔接的强调。另外也有学者强调横纵向“双贯通”的思政课一体化，既注重不同学段思政课有效衔接，也注重多方面如学校、社会、家庭的横向联动。如刘静从纵向层面将思政课体系划分为大、中、小学，不同学段思政课“相对独立又有机融合”②；另外按照思政课要素可分为目标、内容、课程、师资和保障系统，注重横向教学体系的全面建构。

第二，关于大中小学思政课一体化的原则。思政课作为培养为社会主义事业服务的优秀人才的重要举措，其目标、过程的特殊性决定了其政治性、实践性和系统性原则。首先，大中小学思政课一体化遵循政治性原则，注重“教育内容的

① 付清松、王增福：《“大中小学思政课一体化”概念再辨析》，《思想政治课研究》2023年第2期。

② 刘静：《大中小学思想政治理论课一体化建设的核心议题辨析》，《思想理论教育》2021年第12期。

政治性以及人们言行中的政治立场”①，具有极强的政治属性，政治教育是思想政治教育的本质内容。其次，大中小学思政课一体化遵循实践性原则。一是其教学内容包含马克思主义实践观；二是一体化思政教学进程本身是实践过程，在实践中不断完善。最后，大中小学思政课一体化遵循系统性原则。“一体化”本身体现出明显的系统观，既需要注意思政课一体化推进，也需要研究者本身具备统揽全局的系统观。如王晓宇认为，当前思政课教学存在“‘只见树木不见森林’的形而上学思维”②，对此需要研究者、教学者们统一观点，坚持系统性原则。

第三，关于大中小学思政课一体化的特征。大中小学思政课一体化的特征具有多重表现。文天天等认为主要有三个特征：一是功能定位具有“整体性”，即立足立德树人整体目标以及培养全面发展的人；二是目标指向具有“针对性”，即在不同学段应具有不同的教学目标和内容；三是教学内容具有“层次性”③，即教学内容应由浅入深、由简入难，层层推进、有效衔接。赵纪梅认为整体性是思政教学的突出特征，同时还强调不同学段螺旋式衔接前进是思政课“整体布局的外在形态”④。综合学者们的观点，可将大中小学思政课一体化多样化的特征概括为三类：一是“整体性”特征；二是“层次性”特征；三是“针对性”特征。

第四，关于大中小学思政课一体化的规律。规律客观存在，不以人的意志为转移。学者们对一体化思政教学的规律展开了深入的探究，认为大中小学思政课一体化教学规律包括“教育教学规律”“学生认知规律”“学生成才规律”⑤，以及

① 孙其昂主编：《思想政治工作基本原理》，江苏人民出版社2002年版，第11~12页。

② 王晓宇：《新时代大中小学思政课一体化建设的几个着力点》，《思想理论教育导刊》2022年第12期。

③ 文天天、陈大文：《论大中小学思政课一体化的由来、科学内涵与基本要求》，《学校党建与思想教育》2021年第7期。

④ 赵纪梅：《新时代大中小学思政课一体化的内涵与特征》，《潍坊学院学报》2021年第4期。

⑤ 邵沁妍、刘振霞：《大中小学思政课一体化建设的三维思考》，《思想理论教育导刊》2020年第9期。

解决大中小学思政课“学段失联”的“段间规律”①等，表明了大中小学思政课一体化研究对主客观规律的深刻把握。

第五，关于大中小学思政课一体化的战略价值。首先，大中小学思政课一体化建设以立德树人根本任务为指向，培养服务于社会主义现代化建设的综合性人才，是“守正创新、立德树人的必然要求”②。其次，大中小学思政课一体化发展助推“大思政”建设，作为破解思政教育结构性难题的重要手段，“契合了‘大思政’育人格局”③。总体而言，大中小学思政课一体化与大思政协同推进，共同服务于立德树人总目标，为中华民族伟大复兴提供人才支撑。

（二）实践经验：归纳大中小学思政课一体化建设之实

在学术界进行大中小学思政课一体化理论创新的同时，各地区教育部门、学校也积极推动一体化思政课教育实践，取得了一系列实践经验。

第一，健全机制设置，组建大中小学思政课一体化智囊团。科学有效的机制设置能最大限度凝聚、组织思政课教学人才。有两方面经验可供参考借鉴。一是完善领导决策机制，如石家庄开通“教育部领导班子联系思政课教师渠道”④，推动校长、书记走上思政课教学一线，提升了当地思政课育人的实效性和吸引力。济南市成立思政课横纵向“双贯通”⑤改革项目领导小组，坚持问题导向，召开专题研讨会，以具体行动落实了思政课改革。二是改革教研引领机制，主要做法是吸引马克思主义理论、思想政治教育专业专家参与教学研讨，以前沿科学理论引

---

① 陈磊、徐秦法：《大中小学思政课一体化建设的“段间规律”探寻》，《中国大学教学》2022年第6期。

② 庞晨、曾令辉：《论大中小学思政课一体化教学有效衔接的价值蕴意与实践路径》，《湖北师范大学学报（哲学社会科学版）》2023年第5期。

③ 王易、田雨晴：《推进大中小学思想政治教育一体化建设的思考》，《思想理论教育》2023年第3期。

④ 郭春霞、韩志辉：《区域中小学思政课一体化的实践与思考》，《教育实践与研究（C）》2022年第Z1期。

⑤ 王纮：《立德树人理念下“双贯通”思政课改革的“济南经验”》，《现代教育》2021年第9期。

领思政课教学实践。如柳州市打造“专家+名师+骨干教师”①的师资结构，不仅促进了年轻教师的成长，也为各学段思政课一体化教学储备了后备力量。

第二，聚焦教学改革，推动大中小学思政课一体化内涵式发展。首先，紧抓理论教学，创新大中小学思政课一体化教学内容。有三个方面经验可供参考。一是依托高水平学术论坛开展理论探索，如济南市举办“‘双贯通’思政课改革圆桌论坛”，武汉大学主办第四届全国思政论坛等，研讨明确了思政课一体化教育的总体思路和关键议题，为大中小学思政课一体化指明了方向。二是打造精品课程，如上海市“立体建构课程群”，打造“新思想概论课+专论课+个论课+中国系列课程”②等名师精品课程群，为大中小学思政课一体化提供了优质教育资源。三是发挥高校引领作用，以集体备课制为依托，促进大中小学思政课一体化协同推进。如中国人民大学教师定期前往其附属中学进行理论研讨和教学指导，中小学教师定期前往高校学习、观摩，保证了思政课课程目标、内容、方式上的“顺序性、衔接性和递进性”③。其次，拓展实践教学，形成社会大课堂与学校小课堂良性互动。如云南大理州按学段分类创建不同主题的实践教育基地，形成纵向教育合力，实现教育资源“纵向衔接”④。济南市充分评估确立了 100 个实践基地，构建了完善的思政教学实践版图。

第三，依托地域优势，深挖大中小学思政课一体化教育资源。各地积极发挥地域特色和历史文化优势，推进教学资源一体化，“统筹协调各学段教学资源与工作”⑤，提高资源利用效率。如遵义市运用红色革命遗址打造爱国主义教育基

① 张华：《市域大中小学思政课一体化建设的实践与思考——以广西柳州市为例》，《广西教育》2023 年第 27 期。

② 颜维琦：《一座城市的“大思政课”探索》，《光明日报》2023 年 3 月 21 日。

③ 陈鹏、邓晖：《大中小学齐发力，思政课怎么传好“接力棒”》，《光明日报》2022 年 7 月 12 日。

④ 李涛、赵善庆：《大中小学思政课实践教学一体化建设的探索与成效——以大理州“行走的思政课”为中心》，《文教资料》2023 年第 13 期。

⑤ 贾灵充：《大中小学思政课一体化建设多维审视》，《中学政治教学参考》2023 年第 24 期。

地，循序渐进推进思政课一体化教学。无锡市打造本土化思政课教育品牌，着力推进“心头上的乡韵”“行走的课堂”①等平台建设，增强了学生文化认同和文化自信。平顶山市利用市博物馆、鲁山豫西革命纪念馆、宝丰中原解放纪念馆等社会教育资源，打造一体化红色教育文化，营造了一体化教学良好的社会氛围。

（三）困境成因：剖析大中小学思政课一体化建设之惑

当前大中小学思政课一体化存在的困境主要表现在两个方面。一是各个学段教学目标、内容、队伍、评价衔接不畅，教学“目标定位不精准”“内容断裂缺失”“队伍管理缺位”“评价指标不一”。② 比如初中的“根本政治制度、基本政治制度”和高中的我国“根本政治制度”“政党制度的基本内容”“民族区域自治制度”内容高度重复。二是忽视实践教学，思政课程局限于“课堂这唯一的场域”③，课程思政尚不成熟。学者们针对以上困境展开了成因探析：一是一体化理念尚未深入人心，各学段以及相关教育部门未树立“各学段思政课层层递进”“思政课与其他课程协同育人”的意识观念。④ 二是思政课教学队伍管理缺位、供给不足。三是地方政策机制不健全，地方政府受应试教育“唯升学”观念影响，难以出台能够深度推动一体化思政教学的政策方案，“地方政策缺失”⑤是大中小学思政课一体化面临困境的一个重要影响因素。

（四）建设路径：探索大中小学思政课一体化建设之策

在“大思政课”背景下探索大中小学思政课一体化的建设路径，是当前学术

① 李健、苏雁：《从小学到大学，不间断的思政课》，《光明日报》2023 年 7 月 16 日。

② 徐建飞、董静：《大中小学思想政治理论课一体化建设：内涵逻辑、实践困囿与优化方略》，《社会主义核心价值观研究》2022 年第 4 期。

③ 金业文：《高校课程思政的价值意蕴、现实困境与推进策略》，《教书育人（高教论坛）》2023 年第 33 期。

④ 凌小萍：《大中小学思政课一体化建设的实践困境与突破路径》，《贵州师范大学学报（社会科学版）》2022 年第 3 期。

⑤ 张善喜：《大中小学思政课一体化建设的制约因素与路径选择》，《中学政治教学参考》2022 年第 12 期。

界的主要研究议题，该部分研究主要有以下几个方面。

第一，持续深化大中小学思政课一体化思想引领。首先，用一体化发展的理念指导一体化发展的实践，树立“思政课共同体”①理念、“联盟发展理念”②等，统筹推进大中小学思政课一体化。其次，持续完善大中小学思政课一体化理论体系。一要明确大中小学思政课多样性的统一基础。吴宏政认为大中小学思政课一体化必须是在“统一性”下的“各司其职”③，而不是脱离统一性的“各自为战”。如果找不到“多样性统一的基础”，大中小学思政课一体化就没有统一的出发点和归宿。二要明确不同学段思政课教学之间的区别与联系，以及思政课与其他课程的关系。如刘静认为要明晰思政课与德育以及其他课程的联系，进而理解“‘大思政’课程及其建设机理”。

第二，持续推进大中小学思政课一体化制度建设。以完善的制度体系为大中小学思政课一体化保驾护航：一要注重政策制定过程中的基层联动，“加强政策编制过程中一线教师的话语权”④，改善制度制定与执行的脱钩现象，确保基层运行与上级要求一致。二要加大政策解释的宣传力度，宣传工作不能停留在文件解读和诠释层面，需覆盖思政教师、学科教师以及社会各界人士，达成制度共识。同时，需要教育部门“加强统筹规划和资源保障，确保各级学校的教学内容和活动设计符合整体要求”⑤。

第三，持续深化大中小学思政课一体化教学改革。当前大中小学思政课一体化教学改革取得了重要经验成果，以此为参照，需持续以教学方法、内容、队伍

① 石书臣：《推进大中小学思政课一体化建设的理念与路径》，《学校党建与思想教育》2022年第1期。

② 张纯刚：《思政课一体化建设联盟的逻辑理路与实践》，《思想政治课教学》2021年第12期。

③ 吴宏政：《论大中小学思政课一体化建设中的几对辩证关系》，《思想理论教育导刊》2021年第11期。

④ 徐高虹：《从政策到实践：深化思政课一体化建设》，《思想政治课教学》2023年第1期。

⑤ 章童：《大中小学思想政治教育一体化的政策落地与效果评价》，《文渊(高中版)》2022年第8期。

为着力点，深化一体化思政课教学改革。首先，改进大中小学思政课一体化教学方法，用数智化驱动大中小学思政课一体化创新发展。利用“人工智能”+“思政课”模式，推动大中小学思政课“数字化”“智能化”①。利用数字化手段开展虚拟仿真教学，还原历史场景，提高思政课“亲和力和感染力”②。其次，构造大中小学思政课一体化教学内容，“统筹规划教材内容，注重系统性和层次性”③，推动“思政课教学目标的整体谋划”④。最后，打造大中小学思政课一体化教师队伍。思政课教师作为“三全育人”的关键一环，深刻影响着大中小学思政课一体化建设的质量和实效。各学段教师应树立一体化理念，“协同努力，打破‘分而教之’的局面”⑤。

第四，持续完善大中小学思政课一体化机制保障。构建科学的一体化思政课实践机制需从横向、纵向、多向度联动三个层面进行。首先构建纵向贯通机制，完善从中央到地方“分工合作”“纵向衔接”“渐次深入”的“大中小学思想政治教育一体化建设工作领导体制和运行链条”。⑥ 其次构建横向联动机制，整合家庭、社会多方校外育人资源，“构建校内外协同联动机制”，“形成家庭、学校、社会齐抓共管的联动育人工作格局”。⑦ 最后打造多向度一体化机制：一是推进“领导决策机制”，明确课程领导和具体责权；二是推进“运行整合机制”，加大人力、

① 《湖北省大中小学思政课一体化共同体建设情况介绍》，《思想教育研究》2023 年第 10 期。

② 李社亮、王晨：《数字化赋能大中小学思政课一体化建设：价值旨趣、现实审视与实现路径》，《课程·教材·教法》2023 年第 10 期。

③ 刘力波、黄格：《大中小学思政课教材一体化建设面临的问题及破解路径》，《马克思主义与现实》2020 年第 2 期。

④ 谭丙华：《大中小学思政课教学一体化建设的困境与出路》，《中学政治教学参考》2021 年第 3 期。

⑤ 柯强、徐荧松：《大中小学思政课教师队伍一体化建设的路径探赜》，《学校党建与思想教育》2022 年第 12 期。

⑥ 陈思敏、陈自才：《构建大中小学思想政治教育一体化建设机制探析》，《学校党建与思想教育》2023 年第 22 期。

⑦ 李能华、谭吉华、白玲：《机制是推进大中小学思政课一体化建设的有力保障》，《教育教学论坛》2021 年第 45 期。

物力的资源整合力度；三是推进“考核评价机制”①，制定整体考核标准，建立合理有效的评价指标体系。

综上分析，学界在总结实践经验的基础上分别从思想引领、制度建设、教学实践革新、机制保障四个层面展开探索，持续优化了大中小学思政课一体化建设理路，为后续实践推进提供了坚实的理论支撑。

三、大中小学思政课一体化建设研究评析与展望

大中小学思政课一体化建设和研究已持续推进五年，综合上述研究现状，客观评析研究成效和不足，有针对性展望未来研究重点，对稳步高效推进大中小学思政课一体化具有重要意义。

（一）评析大中小学思政课一体化研究成效

经过学界持续不断的探索，大中小学思政课一体化理论阐释不断深化，实践路径持续优化，积累总结了一系列可供参考的经验，研究成果丰硕。

一是大中小学思政课一体化的理论阐释不断深化。从理念的提出，到对其学理内涵、原则、特征、规律以及战略价值理解的深化，学界逐步推动大中小学思政课一体化理论建设从无到有、由浅入深，深刻回答了大中小学思政课一体化“是什么”和“为什么”的问题。二是大中小学思政课一体化的实践路径持续优化。大中小学思政课一体化不光是一个理论的问题，更是一个实践的问题。学界从思想顶层设计、制度政策指引、实践教学革新、体制机制保障几个方面为大中小学思政课一体化提供全方位学理支撑和路径指引，回应了大中小学思政课一体化“怎么做”的困惑。三是大中小学思政课一体化的成果总结不断丰富。对实践经验和成效的反思和总结，肯定了大中小学思政课一体化实践中发挥高校尤其是马克思主义学院示范引领作用、聚焦教学改革核心内容、挖掘教育资源提供物质保

① 郑敬斌、李鑫：《大中小学思想政治理论课一体化管理机制建设初探》，《思想理论教育》2019 年第 11 期。

障等做法的成效和意义，为持续推动大中小学思政课一体化发展提供了实践反馈和经验参考。

（二）审思大中小学思政课一体化研究不足

由于大中小学思政课一体化建设还处于初始阶段，对新质生产力赋能、现实困境剖析以及思政课与其他课程同向而行问题的研究仍存在不足。

第一，新质生产力赋能数智化转型成效不足。2023 年 9 月，习近平总书记首次提出“积极培育未来产业，加快形成新质生产力”①，强调社会各领域生产力水平的创新发展和质的跃升。作为新时代立德树人根本任务重要举措的大中小学思政课一体化，也需以新质生产力激发创新活力，推动一体化成效更加显著。尽管学界迅速对新质生产力作出理论回应，展开了深刻的讨论，但其研究多集中于经济建设领域，对思政领域进行针对性的研究相对缺乏。具体表现为两点：一是思政教育与新质生产力的理论融合程度较低，新质生产力对大中小学思政课一体化的价值、实践启示和路径指引等相关理论阐释尚缺。二是关于发展思政教学领域新质生产力，尤其是数智化思政教学转型升级的研究尚不完善。思政教学数智化转型仍面临诸多困境，具体表现为数智化教学资源不足和分配不均衡的问题、思政教师存在传统教育认知和模式依赖、数智化技术应用意识和能力不足的问题。

第二，对现实困境分析不够全面和深刻。大中小学思政课一体化建设时间长、范围广，现有分析困境的文章多集中于教学改革方面，研究不够全面和深刻。一是制度机制不健全困境。研究制度建设的文献总体较少且多处于理论阶段；研究机制建设的文献数量较多，但其内容主要集中于构建“纵向”“横向”贯通的宏观机制上，缺乏解决现有困境的具体机制研究。二是区域性发展不均衡困境。发展不平衡是我国最深刻的国情，相较经济发达地区，西部等经济发展较落后地区的思政课建设仍处于探索阶段，进展相对缓慢。如何以资源高效配置促进大中小学思政课区域均衡发展应成为接下来的研究重点。

---

① 《牢牢把握东北的重要使命　奋力谱写东北全面振兴新篇章》，《人民日报》2023 年 9 月 10 日。

第三，研究视野未突破思想政治理论学科限制。研究主体大多数源于马克思主义理论与思想政治教育学科背景，研究内容主要聚焦于思想政治教育学科视域下对大中小学思政课一体化的论证分析，多学科、多学段交叉研究相对薄弱。接下来应重点关注研究视野和边界拓展，推动多元主体参与一体化思政建设，更好地助力“大思政课”走深走实。

（三）展望大中小学思政课一体化研究的未来

针对上述问题，研究者需具备战略眼光，明确“是什么，怎么了，如何做”的逻辑脉络，全方位审视大中小学思政课的现实困境，有针对性地探讨实践对策。

第一，坚持问题意识，补正大中小学思政课一体化研究短板。首先，聚焦大中小学思政课一体化制度机制创新改革，探索建立打破学校与行政机构隔阂的权威统一的指导机制、高校与中小学协同发展的思政共建机制以及改善中小学重文化轻思政的倾向的评价机制。侧重解决机制运行中的形式主义问题，着力破除体制机制弊端，为基层思政教学减重减负。其次，加强协调发展理念，着重探究区域性思政教育平衡发展、协同推进。注重区域一体化、系统化思政教育研究，探索先进带后进的思政教育帮扶模式，依靠互联网、大数据、云计算构建数智化资源共享平台，打破思政教育的条块分割现状。注重区域个性化、针对性思政教育模式研究，探索彰显地域优势的大中小学思政课一体化建设路径，保证大中小学思政课区域发展特色鲜明、协同推进。

第二，融合课程思政，注重大中小学思政课一体化跨学科研究。课程思政注重将各类课程与思政课程协同起来构建“三全育人”模式，以思政跨学科教育为主要手段。目前一体化理念尚未深入人心，思政教育局限于思政教师和思政课程范围内。摆脱以上困境，一方面需挖掘学科融合的思政教学元素，以具体思政元素为切入点进行道德与法治、历史、体育、语文等课程的思政教育渗透。将新质生产力理论融入思政教育，激发学生创新意识，增强思政教育渗透性和融合性。另一方面需要打造跨学科融合的课程思政教师队伍，思政教育者应拓展自身知识边界，加强心理学、历史学、社会学等多学科知识的研究交流。同时强化其他学科不同学段教育者的思政理念，推动“大思政课”走深走实。

第三，立足新质生产力发展大势，聚焦大中小学思政课一体化的数智化转型。新质生产力是我国先进生产力水平实现跃升的集中表现，其显著特征之一就是“以数字化、网络化、智能化技术为支撑”①，呈现在以劳动者、劳动资料、劳动对象及其优化组合的全部过程之中。新时代推进大中小学思政课一体化建设，需以新质生产力赋能数智化转型研究为导向，推动数智化思政教育常态化、生活化。首先，数智化教学离不开教学主体数智化能力的提升。强化思政教师数智化意识，掌握数智化教学设计、实施和评价能力，培养符合新质生产力要求的智能化、数字化劳动者。其次，以创新升级数智化育人劳动工具和资料为着力点，探索数智化育人新模式。总结以往线上线下教学经验，活用、巧用新型人工智能、VR 实景教学、虚拟助教等数智化技术迭代成果，实现数智化育人常态化。整合数字化教学资源，建立教、学、评一体化覆盖的数字化资源共享平台，实现资源的优化配置和高效共享。最后，积极适应劳动对象数智化水平跃升新趋势，将学生数智社会场域纳入思政教学视域，在信息传播、数字交流中融合思政元素，以劳动者、劳动资料、劳动对象数智化升级及优化组合激发思政育人巨大潜能。此外，在推进数智化转型研究中，需重点关注价值理性与技术理性张力、现实与虚拟世界的内在统一、工具传播式育人模式价值蒙蔽等问题，着力破除数智化教育弊端，充分发挥数智化新质生产力效能，赋能大中小学思政课一体化建设。

总之，大中小学思政课一体化理论和实践研究持续跟进，要求我们反思现有研究成果和经验，突破研究桎梏，创新凝练共识，持续打造易于凝聚社会合力、融通教育资源的具有中国特色的大中小学思政课一体化理论体系与实践机制，为中华民族伟大复兴提供德智体美劳全面发展的人才保障。

（王双群，武汉大学马克思主义学院副教授；石亚梅，武汉大学马克思主义学院硕士研究生）

---

① 于凤霞：《加快形成新质生产力构筑国家竞争新优势》，《新经济导刊》2023 年第 Z1 期。

新时代大中小学智能思政课一体化构建研究

谢　丹　罗坤仪

当前，数字技术正成为驱动变革的引领性力量，全球教育发展面临新的机遇和挑战。党的二十大报告首次将教育、科技、人才进行“三位一体”系统集成、一体部署，深刻揭示了三者之间循环互动、相互促进的内在逻辑和辩证关系，为思政课与现代信息技术深度融合指明了方向。2024 年 1 月全国教育工作会议指出，要不断开辟教育数字化新赛道，以智能化赋能教育治理，拓展国际化新空间，引领教育变革创新。故思想政治课作为落实立德树人根本任务的关键课程，亦应紧扣时代发展浪潮，以人工智能、大数据、物联网等新兴技术为基础，依托各类智能设备及网络，积极开展智慧教育创新研究和示范，推动新技术支持下思想政治教育的模式变革和生态重构，进而推动大中小学思政课有机衔接，提升思想政治教育的实效性。

一、新时代大中小学智能思政课的基本特征研判

智能思政课，主要是指在人工智能时代，基于大数据、深度学习、强算力等智能技术与思想政治教育课有机结合，逐渐构建形成思想政治课精准化、智能化、定制化的新样态，并通过构建新兴智能思政平台推动思政课实现数字化、科技化的范式转变。基于此，相较于传统的思政课教学教育模式，智能思政课具有

其显著特征。

(一)科学性与思想性相统一

科学性与思想性相统一是指智能思政课在教学中要以人工智能、大数据等技术为赋能手段，以马克思主义为指导，对学生进行社会主义品德和正确人生观、科学世界观教育。科学性具体体现为，与传统思政课相比，先进技术在思政课当中的运用。大数据能够将学生、教师、课程的相关信息进行采集，通过强算力的支撑不断进行深度学习，真正实现现代化、科技化的课程教学和学习方式。人工智能使思政课充满生机活力，但也秉承了思政课的学科属性，思想性仍然保留。在智能思政课中，学生通过智能技术的运用和帮助提高思想的深度和觉悟，实现知识传授、价值引领、技术能力三者的深度融合，从而保证了科学性与思想性的有机统一。习近平总书记强调："推动思想政治理论课改革创新，要不断增强思政课的思想性、理论性和亲和力、针对性。"①人工智能下的智能思想课就能够更好地使用科学方法去检测和把握学生的思想动态，通过数据收集反馈，形成具有针对性的特色思想教育方案。

(二)虚拟性和现实性相统一

虚拟性与现实性相统一是指智能思政课利用虚拟技术，将学生置身于虚拟环境中，创造出身临其境的感觉。这种体验帮助学生将虚拟内容叠加在真实世界中，丰富学生的感官知觉。虚拟性和现实性的统一性特点体现在通过模拟真实场景，为学生提供沉浸式和更加生动的学习体验，从而实现融情于景、情景交融的效果。在思想政治教育活动中，虚拟世界已经成为一种无法剥离的生活环境和教育实践背景，并在与现实世界的互动过程中重新建构和形成了一种崭新的思想政

① 习近平：《用新时代中国特色社会主义思想铸魂育人贯彻党的教育方针落实立德树人根本任务》，《人民日报》2019年3月19日。

治教育环境。① 在智能思政课当中的虚拟性具体指在课堂当中将 VR 等技术手段应用至教学过程中，建立多感知、沉浸式和交互性的立体感知场景，从而调动学生探索新鲜事物的兴趣，提高学习热情。现实性则在于，学生在虚拟场景中的所学的内容是来源于现实生活的，同时在虚拟情景中所学习到的内容也需要应用于具体现实实践当中，实现从“现实—虚拟—现实”的飞跃。所以，智能思政课实现了虚拟性与现实性的统一，运用虚拟技术为学生提供沉浸式教学场景，在激发学生学习兴趣的同时，进一步达成理论与现实的转变。

(三)泛在性与个性化相统一

泛在性与个性化相统一是指智能思政课在实行跨空间和跨地域的同时，能够为个人生成精准定制化教育方案。智能思政课具有泛在性特征，指的是在教学过程和场域中的泛在化。智能思政课泛在性特征，一方面可以改变传统思政局限于课堂中显性教育的单向作用。现实可以延伸到虚拟平台，开放的智能平台成为实施隐性思想政治教育的重要场所，各类信息交流平台都可以转化为进行思想政治教育、传播育人价值观念的重要载体。另一方面，这种泛在性还体现在智能思政课改变了传统模式中受时空限制的单一教学方式。智能思政不仅可以借助于智能仿真技术将广泛的社会资源或创设的虚拟情景转化为课堂教学的丰富素材，实现课堂教学的泛在性；同时也能进一步借助微信、虚拟社区等智慧平台促进师师合力、师生沟通、生生协作，实现交往沟通的泛在性。而个性化特征是指智能思政课在立足于思政课的学科属性基础上，利用人工智能等技术为学生实现精准化思想政治教育。比如，智能思政课可以通过引入助教机器人，满足教师精准化教学和学生个性化学习的需求；而利用大数据持续性抓取学生的“课堂画像”，可以实现对学生个体思想状况变迁的可持续性分析。泛在性与个性化统一的智能思政

---

① 张瑜、冯务中：《虚拟与现实：现代思想政治教育的新范畴》，《学校党建与思想教育》2008 年第 10 期。

课使得思政课在实现跨时空、跨地域的基础上，可以进一步实现因材施教。

二、推进新时代大中小学智能思政课一体化建设的价值意蕴

基于智能思政课背景下的大中小学思政课一体化，即由大中小学各学龄阶段的授课教师共同参与，充分利用大数据、深度学习等智能科技打造的智能思政课平台对同一思政主题基于各年龄段学情进行的同题异构，或对同一课例进行优化完善的论证。在授课过程中，大中小学不同阶段教师可基于自身的知识储备、教学方法、探究策略充分利用智能思政课平台对思政课进行分析和探讨，让课程设计更加多元，课程内容更加丰富，① 能够吸纳借鉴不同教育阶段的方法和思想，实现大中小学一体化贯通，有效建立思政课"循序渐进、螺旋上升"的一体化课程体系。

（一）打破大中小学不同学段的课程孤岛效应

通过了解当前大中小学思政课教师备课情况，我们可以发现，各地大中小学思政课教师在思政课备课时仍然闭门造车，各学段教师只是基于对本学段学生的认知水平的了解展开独立备课活动，对于其他学段则是很少涉猎和研究，对于其他学段的思政课程内容和层次也并不是很清楚，特别是高中和大学之间有着清晰且明显的分水岭。因此，智能思政课可以利用其独有的大数据分享模式，让不同学段老师可以通过智能思政平台在互联网上交流和探讨，既破除了缺乏交流桥梁的阻碍，又可以使各学段思政教师实现快捷交流。搭建有效的交流分享平台，破除大中小学思政教师在授课思路上的零散状态，推动思政教师站在全学段育人的整体角度规划各学龄段的教学方式和教学内容。

（二）创建跨越时空的思政课共建共享新模式

大中小学思政课无法确实实现一体化，其面临封闭、重复、烦琐、累赘等问

① 罗哲、冯野林：《基于网络平台的大中小学思政课一体化备课机制与策略》，《教育科学论坛》2022 年第 30 期。

题，究其原因可能是来自空间和地域的阻碍。一方面，中国国土辽阔，要想使同一个省域内的大中小学思政课教师实现集中备课、统一教学方法、互通教学进度就是一个难以轻易实现的愿望；另一方面，各学段思政课教师也面临着教学任务繁重、教学压力较大的局面，所以很难协调进行集体的线下论坛或集会。因此，利用好智能思政课平台就显得尤为关键。智能思政课的一个明显优势在于其可以利用大数据存储海量的信息，大数据作为人工智能的动力来源具有数据多、速度快、多样化、价值高、真实性的特点；在收集数据时，大数据能够在短时间内收集海量的数据，并且有效、迅速地处理类型丰富多样的信息，除了文字和数字之外，还能够统计整理复杂的语音、视频、图片等。基于此，来自全国各地不同学段的思政教师可以利用大数据在智能思政平台上检索与分享信息，从而创建跨时空、跨地域的思政课共建共享新模式。

(三)提升大中小学各学段教学实施精度和深度

在搭建智能思政平台的过程中，如果将大数据看作是原材料，那么深度学习就是对原材料进行加工处理的过程，是智能课程运行的核心。深度学习可以对大数据进行更深层次的分析，把握事物的内在特点与运行规律，同时深度学习具有高度的智能性，能够接受外部的反馈，可以在自我学习中做到自我赋能从而找到最佳的计算方式。而深度学习在大中小学思政课一体化中的智能应用主要表现为通过模仿受教育者的思维习惯，甄别对受教育者易产生“数据偏见”的信息，推送客观“数据事实”以便教师进行系统分析，进而使教师更进一步了解学生的学习能力、学习水平，以此更好地对学生前一学段缺少的学习内容进行查缺补漏或对后一学段的难点进行提前预估。除此之外，深度学习还弥补了传统思政课教师由于精力和时间的局限，缺少对学生个体隐性想法关注的缺陷。在人工智能与思政课深度融合的过程中，教师可以通过深度学习算法预测学生的需求行为等，革新自己的教学方式，更好地对学生实行因材施教。深度学习将思想政治教育各要素不断科学化、合理化、系统化，教师和学生都能更加清晰明了地进行动态化的阶段性调整，选择更加适合自己的教学方式或学习方式，这为人工智能时代下思想政治理论课教学改革提供了新途径。

三、推进新时代大中小学智能思政课一体化建设的机制构建

充分发挥智能思政课对大中小学一体化的支撑作用，既需要政府、学校、个人等主体发挥有效的组织功能，又需要资金、技术、制度等客观物质条件的保障作用，唯有多方发力、共同落实，才能为智能思政课的一体化推进打下坚实基础。

(一)构建一体化智能思政课组织机构

智能思政课，作为一个新兴的概念和发展方向，兴起时间晚、发展短暂，仅仅单独依靠思政教师是无法独立完成的，而想要实现利用智能思政平台推进大中小学思政课一体化进程，就更需要教育行政部门或学术机构的支持，并成立专门的组织来统筹实施。对此，可以参考泉州市的“1+1+N”大中小学思政课建设联盟的案例，该联盟机构就由泉州市教育局主导；此外还有由成都市教育科学研究院发起的“大中小党建与思政研究中心”、由天津科技大学马克思主义学院牵头的“大中小幼思政课一体化建设联盟”。① 上述三种形式均有效地证明了组织机构在大中小学思政平台打造上的重要作用。所以，要想发挥智能思政课对于大中小学的积极作用，首先就要成立一个强有力的组织机构，可以是由某某高校或教育局做牵头工作，一线教师作为其机构成员开展工作。这样才能将领导、研究和实施有效地整合在一起，为基于智能思政课平台的一体化创建提供有力的组织前提。

(二)构建一体化智能思政课激励机制

利用智能思政平台，可以搭建共建共享的思政课资源平台，教师可以横向借

① 方文倩：《大中小学思政课一体化建设”背景下高中思政课集体备课研究》，合肥师范学院硕士学位论文，2021年，第20~22页。

鉴他人的备课成果，吸收有价值的内容，提高自身教育教学能力；也可以纵向学习其他学段教学的研究成果，了解其他学段的教学状况，掌握前沿动态，更好地进行大中小学思政课一体化的衔接。① 但是，资源平台的搭建要靠众多优秀教师的分享和付出，所以激励机制的制定也必不可少。首先，对主动分享教学材料的教师，平台要进行积分，同时对优秀作品进行头版展示，以此激励教师主动分享的积极性；其次，对点赞和应用较高的教师的优秀讲课视频和案例，可以和工资进行挂钩，对教师予以一定的物质奖励；最后，尤其对贯通小学、中学、大学三个学段的教师讲课内容或材料要建立对应版块，重点突出。

(三)构建一体化智能思政课监督机制

构建科学且完善的大中小学思政课教师监督机制是一项至关重要的工作，该机制不仅可以有效助力大中小学思政课教师协同备课机制的构建，而且能够有效引导各个学段的教师发挥作用。对利用智能思政课进行一体化推进的成效进行检验，以此保障一体化机制充分发挥作用，促进大中小学思政课教学质量与效果得到提升。在实际运行中，可以利用相关教育部门发挥监督作用，对不同学段思政课教师进行检查，可以通过抽检智能思政平台上的教师公开课、教学成果测试、问卷抽查以及暗访等形式进行检查；同时智能思政平台本身也可以作为一个监督平台，教师在上面进行交流和沟通的时候要遵守一定的规则，相互监督。大中小学各个学段思政课教师的有效监督，促使教师在过程中端正态度、充分参与，激发教师的积极性与主动性，使大中小学思政课教师能够在平台交流中实现意见交换，达到共同进步、共同提升的效果，优化大中小学思政课教学工作的实效性。

四、推进新时代大中小学智能思政课一体化建设的平台搭建

教学平台的搭建是教师开展课程的重要支撑，也是开展教学的关键媒介。因

① 杨增岽、张明达：《信息技术融合创新背景下大中小学思想政治理论课资源共建共享论析》，《思想理论教育》2020 年第 6 期。

此，搭建一体化的智能思政课教学平台能够对贯通大中小学间的思政课教学起到良好的辅助作用，有利于更好地打破时空限制与知识边界，提高教学效率，提升教学质量，进而推进思政课螺旋式上升。

（一）搭建一体化智能思政课教学资源共享平台

1. 利用智能教学平台拓展学习资源

教育部在《关于大力加强中小学线上教育教学资源建设与应用的意见》一文中提出："充分发挥平台资源作用，服务学生自主学习、服务教师改进教学、服务农村提高质量、服务应对重大公共事件以及增强师生互动交流。"①当前，我国正在进一步实现教育资源的数字化、教学内容的结构化，按照轻量级图文加上常态化视频两种资源形态生成、保存，以直播+录播的教学方式进行传播，实现教室教学的同时进行课堂直播，课后点播，用户、学生可通过二维码、链接在学习平台进行学习，实现教育资源共享、沉淀，并结合智能标签，提供优质、海量、精准的数字教育资源服务。例如，学生可以在智慧教学平台中自主选择合适的教学资源进行学习。

2. 研发智能伴学及 AI 助教

在教育领域，AI 技术的应用正逐步改变传统的教学模式，为教育教学带来新的机遇和挑战。与此同时，我们也在探索将人工智能从"工具"变为"伙伴"的有效方法，创新教学范式，通过 AI 助教将教师从单一重复的工作当中解放出来，并将学生的资源通过 AI 助教进行分析整合，从而实现资源共享。天津大学刘艳丽教授首创了"数字老师"这一助教形象，该形象为刘艳丽教授 1∶1 仿真模拟。通过"数字老师"，教师无须花费时间亲自录课，只用将课件讲义导入后台，就能快速生成授课视频，从而高效、便捷、丰富地产出线上教学资源。同时，课中和课后，"数字老师"可以基于课堂上的学情数据匹配作业库，实现个性化、精

---

① 教育部：《关于大力加强中小学线上教育教学资源建设与应用的意见》，https://www.edu.cn/info/focus/zc/202102/t20210208_2076070.shtml，发布日期：2021 年 2 月 8 日。

准化教学，甚至还能分析出不同学生的学习投入度和目标达成度，为学生形成个人档案上传至教学平台，帮助各科各学段教师了解学生的学习基本情况，实现资源的共享共通。

(二)搭建一体化智能思政课课程数据分析平台

1. 思想政治课程资源数据化

大力推进思政教育信息化，充分运用大数据等技术手段精准掌握不同学段学情特征，以数字技术为支撑，积极构建思政教育平台矩阵，不断丰富更新思想政治教育教学资源素材的“中央厨房”，实现一体化共享，以现代信息技术开辟大中小学贯通衔接的思想政治教育全新场域。大中小学老师可以通过大数据将自己阶段的思想政治教育相关的文字、图片、视频、音频等课程资源进行分版块数据化处理，尽可能地全方面覆盖，搭建思想政治教育的静态知识图谱。对各个资源进行分析整理，建立网状联系，提升思想政治教育资源的整体性、可视性。比如可以仿照中共中央党校主办建立的新时代思政教育数据库，其中包括党建学习、课程思政、思政课程、光明慕课、全景思政、中国2050、学习阅读以及时政热点八个版块。将思政资源分版块数据化以后，思政老师在进行备课时搜集材料就会系统出现其他阶段老师采用了哪些资源进行教学，现阶段老师就可以在此基础之上进行深入挖掘和系统精讲，避免浪费多余的时间进行重复备课，同时数据化的思想政治课程资源也会大大丰富学生学习的内容，拓展教师备课渠道和来源。

2. 学生个体成长信息数据化

智能思政课作为将学科课程属性作为第一属性的课程，学生仍然是教育过程的主体，这要求教师要充分了解学生。大中小学思政课无法实现统整还有一个重要原因就在于教师对学生无法实现全方位的了解。目前普遍实施的大班制教学导致教师没有精力也没有时间对学生进行全方位了解，所以学生个人信息库的建立就显得尤为重要。个人信息数据库区别于前文所提到的对学生成绩等阶段性的录入，而是一种实时信息的收集和学生内因性表现的数据化，利用大数据快速获取学生的外显数据和内因数据。一方面是利用计算机视觉技术、360°全景技术等来采集学习者面部神情、动作行为、身体姿态、位置移动等课堂行为数据，对学习者课堂学习专注度、认知情感变化进行智能识别；另一方面利用生理识别技术对学习者脑电感应、皮肤电、激素分析等数据进行采集，为学习者学习行为研究提供多样的隐性生理数据支持。① 通过优化学生学习成长的数据收集，个性化地定制教育方案。

3. 思想政治教育过程数据化

邱伟光和张耀灿主编的《思想政治教育学原理》将思想政治教育过程划分为“内化阶段、外化阶段、反馈调节和重新教育的阶段”。②而思想政治教育过程的三个阶段具有内隐性特点，将教学过程数据化能更好地将隐性内容以数据的形式外显，帮助教师捕捉到教学敏感点和缺漏处。比如，大中小学思政课教学内容仍存在重复的部分，尤其是中国特色社会主义部分具有明显重叠，虽然教材内容有重复，但是教师授课角度、授课深度可以不同。对思政课全过程进行记录有助于大学教师了解中学教师授课的难度和切入点，从而对自己的课程加以完善与创新。这种大数据的追踪更加长期和科学，从而帮助教师提高整体教学质量。

(三)搭建一体化智能思政课质效评估平台

1. 建立统一性智能评估标准

评价，也称评估，是教学活动的基本环节。“评估在思想政治教育活动中起着承上启下的作用，它是一个具体的思想政治教育过程结束的标志，同时又是一个新的教育过程的起点。”③运用大数据将思政课教学全过程全主体的数据进行收集加工，然后通过深度学习、强算力运行等对“数据建模”，深挖数据背后所蕴含的价值，数字化呈现思想政治教育课程的理想目标，以该目标作为思政课的评估标准。确定大中小学思政课一体化的评估标准，实际上就是探索大中小学思政

① 江婕、于文婷、王海燕：《基于多模态数据的智慧课堂学生学习行为研究》，《中国教育信息化》2024 年第 4 期。

② 邱伟光、张耀灿：《思想政治教育学原理》，高等教育出版社 1999 年版，第 101 页。

③ 张耀灿等：《现代思想政治教育学》，人民出版社 2006 年版，第 347 页。

课一体化实际效果的测量尺度。统一标准后也可以使大中小学思政课的授课方向具有一致性，达到以评促教、以评促发展的效果。例如，在课程目标方面，小学阶段重在培养道德情感，初中阶段重在打牢思想基础，高中阶段重在提升政治素养，大学阶段重在增强使命担当。不同学段对学生的要求不同，将其进行数值化，并体现在教师的师德师风、教学实绩、学生知识点理解情况、教学中的课堂氛围等内容上，将不同的内容用相同的内容具化从而建立统一的智能评估标准。

2. 构建精准性课程预测模型

在智能思政课中，可以利用人工智能技术的大数据收集技术，将学校的教学管理系统、学生信息系统、在线学习平台等智能平台中所包含的学生基本信息、学习行为数据、课程信息以及历史成绩数据导入，再通过相关性分析、特征重要性评估等方法智能模拟出学生对课程的兴趣度以及学习困惑点等，尤其是精准性课程预测模型可以帮助教师更好地把握学生在课堂中的获得感，各阶段的教师可以利用这一技术提前模拟学生对不同教学方式的反应，以此作出适合学生的调整。对于构建大中小学思政课一体化来说，教师也可以模拟出学生在后一阶段学习的水平和能力，以此为后续教学做好铺垫，确保不同学段之间的思政教育能够有机衔接、螺旋上升。

（谢丹，武汉大学马克思主义学院博士后、海南师范大学马克思主义学院副教授；罗坤仪，西南大学教师教育学院硕士研究生）

论教研员参与大中小学思政课一体化建设的角色定位与使命担当①

闫　彬

习近平总书记在学校思想政治理论课教师座谈会上的讲话中指出，“要把统筹推进大中小学思政课一体化建设作为一项重要工程，推动思政课建设内涵式发展”。那么，如何推进这一创新青少年思想政治教育新局面的战略性部署，如何搭建平台、建立机制来加强大中小学思政课教研活动的一体化，有效开展集体备课交流、教学设计研讨、课程建设研究、教师发展教育等活动来打破学段的隔膜，“守好每段渠，共种责任田”②，成为急需解决的问题。

建设思政课一体化系统教研机制是破解当前这一难点问题的有效路径。只有在教研部门的组织、协调、支持之下构建起大中小学思政课一体化系统教研机制，实现学段联动、资源共享、平台共建，才能共同助力螺旋上升、循序渐进的一体化育人格局的构建与发展。其中，由谁来引领呢？谁既能通晓大中小学思政课不同分段的不同要求，又能具有和大中小学思政课建设都有关联的边界作用，还能具有协调教育管理部门的行政效力呢？这显然需要教研部门(教研室或教研院)的思政学科教研员参与进来发挥效用。这需要充分发挥具有中国特色的教研制度和教师培养制度的优势，充分发挥各级、各地教研网络体系中既具有丰富思

① 基金项目：扬州大学人文社会科学研究基金项目“教研员参与大中小学思政课一体化建设研究”。

② 任素梅：《守好每段渠 共种责任田》，《江苏教育报》2022 年 1 月 7 日。

政课教学经验又具有指导思政课教学和从事思想政治教育教学科研能力的教研员队伍的力量。思政教研员是建设思政课一体化系统教研机制中的关键人选。

一、教研员参与大中小学思政课一体化建设的角色定位

将大中小学思政课一体化建设落实、落细，保障大中小学思政课一体化建设的实效，不能只囿于进行合作的大学和中小学这两类主体，还需要第三方主体力量的介入。目前，由教育行政部门主导大中小学思政课一体化建设的方向是可行的，“因为教育行政部门有强大的资源整合能力，但是教育行政部门一般又是通过行政命令推进工作，专业性不强，很难与大学和中小学这些专业组织实现良性持久互动”①，特别是在大中小学思政课一体化建设中的一体化系统教研机制构建中的实效性并不强，教育行政部门在推进一体化教研上没有起到理想的主导作用。“其实，我国的教研部门及其教研员队伍可以部分替代政府角色促进大学与中小学合作。教研室是边界组织，教研员是边界工作者。”②正是因为学科教研员具有边界工作者的角色，使得教研员日常工作中与高校、中小学都有接触甚至合作，相对比较熟悉高校和中小学教科研的价值取向和运行模式。目前，我国从省到市到县区基层教育行政部门都设有中小学教研室，是开展基础教育课程教学研究、指导、服务的专门机构。思政学科教研员广泛存在其中，专门从事思政课程教学过程研究、指导与服务以及中小学德育实践研究工作，可以作为第三方力量参与大中小学思政课一体化建设，甚至在一体化建设中发挥更重要的引领作用。这种引领作用主要就源于教研室及其思政教研员的边界工作者角色与主要职能。

(一)沟通教育行政部门与中小学思政课教师的桥梁

思政教研员对本地区中小学校和中小学校的思政课教师往往都拥有比较强的

① 吴康宁：《从利益联合到文化融合：走向大学与中小学的深度合作》，《南京师范大学学报》2010年第3期。

② 沈伟：《教研员作为边界工作者：意涵与能力建构》，《教育发展研究》2013年第10期。

引领力和约束力。约束力主要源于教研员承担了一定的行政管理职能。虽然思政教研员所隶属的中小学教研室(或教科院)是事业单位，不是教育行政部门，但实际上都承担着教育行政部门的一些行政职能，主要负责思政课程教学管理政策研究与实施，思政课教学过程研究、指导与服务，思政课程教学质量评价与监测等，教研员在中小学及思政课教师的相关考核评比方面拥有一定的话语权。而引领力则来自思政教研员自身的专业属性。思政教研员绝大多数来自中小学思政课一线，拥有丰富的思政课教学一线实践经验，往往是从中小学优秀的思政课教师中遴选出来的，专业基础好，教学水平高，教研能力强，在中小学思政课教师中有比较高的威望和号召力。

思政教研员属于事业单位编制，隶属教研室或教科院，接受相应的地方教育行政部门的领导和管理以及上级教研部门的业务指导。日常工作中思政教研员又往往扎根于中小学一线，对中小学进行业务管理和思政课程教学指导服务、质量评价监测，这样思政教研员作为“桥梁”将教育行政部门与中小学一线思政课教师沟通起来。在此过程中，思政教研员可以将教育行政部门所颁发的思政课程教学与管理政策、质量评价监测结果等传递给一线思政课教师。思政教研员在教学理念和行为、教研实践方面也是中小学一线思政课教师的榜样示范者和积极引领者，通过教学指导与服务、课程教学研究引领、教学质量评价监测等活动确保思政课教育教学的方针政策得到有效落实。与此同时，扎根思政课教研一线的教研员往往比较了解中小学思政课教学的实际状况，知晓思政课程教学与管理政策的实施效果，可以为各级教育行政部门提供有效信息参考，有利于提升教育行政部门教育决策的科学性、针对性、合理性。

(二)沟通高等院校与中小学的桥梁

随着新时代学校思想政治理论课改革创新的进一步深化，面对新形势新任务新挑战，教研员的角色和教研工作方式已经由“经验型”转变为“科研型”，思政教研员不仅需要拥有丰富的思政课教学经验，更要掌握先进的教育教学理论和教育科学研究方法，只有这样才能承担起新时代赋予的新使命。教研员通过加强与高等师范院校、教育科研机构、教师培训部门等的交流与合作，将最鲜活的课程改革信息、最先进的教育理论动态及时传递给一线教师，成为连接理论与实践的“桥梁”。① 思政教研员多是出身于中小学的优秀思政课教师，“他们有着相似的本土语言、思维结构和行为方式，这些得天独厚的优势使得教研员能够采用一线教师易理解、易接受的方式对高深、抽象的教育理论进行‘本土’加工、转译，甚至是改造，使先进的教育理论、理念在中小学教师心中生根、发芽，理论和实践实现了真正意义上的融合”②。

而对于大学思政课来说，思政教研员比较容易理解和接受大学思政课的话语体系和实践范式。因为思政教研员与大学思政课教师一样，需要时常关注和学习课程改革理论，研究党和国家的教育(包括思想政治教育在内)方针政策。因此，与中小学思政课教师相比，思政教研员和大学思政课教师拥有相近的话语体系，更容易产生共鸣。因为思政教研员经常要参与一些理论研究和课题研究，对大学思政课教师的学术和教学研究路径比较容易理解和认同。加上思政教研员自身的行政事业工作人员属性，使其可以借助政府教育行政部门同高校思政课教研管理部门(党委宣传部或马克思主义学院)产生较密切的联系，从而有利于大中小学思政课一体化建设中的合作。

随着我国基础教育课程改革的推进，思政教研员的角色正在发生改变，他们不仅应该成为新时代学校思政课教研的指导者、中小学思政课教师专业发展的引领者，在大中小学思政课一体化建设中，更要发挥边界角色和桥梁作用，成为大学和中小学思政课一体化建设合作的介体。因此，应该在各自地区内，甚至是跨区域成立由高校思政课教师、各地思政教研员以及中小学思政课教师参与的思政课教研共同体，通过教研员把高等院校的最新理论动态传递给一线的中小学教师，增强思政课的思想性、理论性和亲和力、针对性。由此，以思政教研员为桥

① 赵才欣：《有效教研——基础教育教研工作导论》，上海教育出版社 2008 年版，第 158 页。

② 卢立涛、沈茜、梁威：《我国中小学教研员角色的历史演变与发展定位》，《教学与管理》2016 年第 25 期。

梁和纽带来实现高校和中小学的有效沟通，实现思想政治教育理论和实践的有力互动，实现思政课教学和研究的有机结合。

(三)沟通教师培训机构与大中小学思政课教师的桥梁

思政教研员还可以作为大中小学思政课教师培训的课程设计者和重要的培训师资。近年来高校纷纷响应党中央号召，积极发挥高校马克思主义学院辐射作用，主动对接中小学思政课教师队伍建设，开发大中小学思政课教师专业成长专项培训项目，但在大中小学思政课教师培训课程设计上，许多教师培训机构主要依赖培训机构自身的工作人员以及高校继续教育管理部门和高校马克思主义学院管理人员。虽然在培训课程设计前，教师培训机构也会利用问卷或者访谈进行培训需求调查，但由于培训课程设计者对大中小学思政课教师和思政课教学现场缺乏长期的关注，很难发现一线教师真正的需求，导致培训课程设计往往出现“闭门造车”的主观臆想。让各级思政教研员参与大中小学思政课教师培训课程设计，可以使培训课程更加符合大中小学思政课教师培训需求，还能体现出区域特色。

在思政课教师培训实践中，高校聘请的对大中小学思政课教师进行培训的师资主要是高校教师、研究机构学者和思政课教学一线名师。这些专家和名师学术素养高、理论知识深厚、教学实践技能突出，但其所传授的知识理论化程度过高，可能会脱离大中小学思政课教师实际。即便有时外请的教学一线的实践专家，也会因为各地教育环境不同，导致出现大中小学思政课教师在培训现场很激动，返回自己教学实践岗位后却一动也不动的现象。而思政教研员既对本地区思政课教学情况熟悉，对区域内大中小学思政课教师专业水平也比较清楚，又有一定的教育教学理论素养和马克思主义理论修养，聘请优秀思政教研员作为大中小学思政课教师培训师资应该是一个不错的选择，这样就能有助于从培训课程设计和培训师资方面来较好地解决大中小学思政课一体化建设中教师队伍一体化问题。

(四)沟通职前思政课教师与中小学思政课优秀骨干教师的桥梁

目前，高校在师范生培养中普遍采用“U-G-S”模式，在这一模式中政府教育行政部门主管的教研室或教科院发挥着非常重要的作用。教研室的思政教研员可以作为高校培养职前思政课教师的实践导师。高校思想政治教育专业的师范生的教师专业情意、教师专业知识、教学专业技能的培养主要依靠高校的学科教学法教师。但目前师范院校的学科教学法教师普遍存在长期脱离中小学学科课堂，缺乏对基础教育改革发展以及中小学思政课的最新进展的足够了解的问题。加上受高校的人才引进及教师聘用制度影响，年龄大的学科教学法教师虽然大多有一些中小学教学经历，但其课程教学的理念、教材分析理念和教学经验大多已落伍，而新入职高校的学科教学法教师往往学历比较高，普遍为博士研究生毕业，但却往往是从高校到高校，更是与中小学思政课堂脱节。鉴于高校的教师教育专业发展的现状，应该考虑聘请优秀的思政教研员到高校思想政治教育专业任教，担任思想政治教育专业师范生的实践导师，作为学科教学法兼职教师来解决这个问题。这样既能提高对师范生(职前思政课教师)的培养质量，也会有利于大中小学思政课一体化建设。因为思政教研员本身即优秀的思政课教师，有着丰富的思想政治教育教学理念和一线思政课教学经验，又具备较强的思想政治教育理论与实践的研究能力，他们可以通过组织开展各种教研活动，如观课评课议课、同课异构、教学论坛等对思想政治教育专业的师范生(职前思政课教师)进行专项指导和专业成长引领。同时，思政教研员也能为思想政治教育专业的师范生(职前思政课教师)提供与中小学一线思政课教师交流对话的平台。思政教研员往往非常注重与本地区优秀的中小学一线思政课骨干教师的交流协作，经常会组织这些骨干教师开展专题教研和项目申报研究。思政教研员可以通过组织公开课观摩、组织策划中小学德育活动、开展专题讲座等活动架起一座桥梁，将思想政治教育专业的师范生(职前思政课教师)与骨干教师连接起来，为其日后的专业发展奠定良好基础，实现思政教育教学智慧和经验的传承与创新，也适应了大中小学思政课一体化建设对未来思政课师资的培养要求。

思政教研员作为与我国大中小学思政课教研一线联系最密切的专业性实践专家群体，在大中小学思政课一体化建设中具有沟通多方的桥梁角色和作用。因此，在大中小学思政课一体化建设中，可以并且也应该把思政课教研员作为第三方力量引入，合理设计思政教研员承担的角色和任务，实现大学、中小学、教研员(教研机构)三者良性互动和合作，从而有力推动思政课建设内涵式发展。

二、教研员参与大中小学思政课一体化建设的使命担当

《教育部关于加强和改进新时代基础教育教研工作的意见》中指出，“服务学校教育教学，引领课程教学改革，提高教育教学质量；服务教师专业成长，指导教师改进教学方式，提高教书育人能力；服务学生全面发展，深入研究学生学习和成长规律，提高学生综合素质；服务教育管理决策，加强基础教育理论、政策和实践研究，提高教育决策的科学化水平”，这为新时代大中小学思政课一体化建设中的思政教研员队伍建设指明了方向。思政教研员作为第三方力量介入大中小学思政课一体化建设的角色定位决定了他们在大中小学思政课一体化建设实践中的使命担当。思政课教研员要永葆对党的思想政治教育事业的忠诚来明确角色定位，把握使命担当、提升教研素养。

(一)做马克思主义的忠实追随者

思政课讲授马克思主义基本原理和中国化的马克思主义尤其是习近平新时代中国特色社会主义思想，引导学生自主、合作、探究地学习，坚定正确的政治方向。思政教研员必须提高政治站位，在学习和工作实践中，自觉做马克思主义的忠实追随者和党的思想政治教育工作者、习近平新时代中国特色社会主义思想的实践者，不断提高自身马克思主义理论水平和思想政治教育情怀。有了扎实的理论功底，思政课教研员才有底气和自信引导思政课一体化建设中的学科教研工作。有了深厚的思政教育情怀，思政教研员才会更加主动地去拓展学科专业知识的深度与广度，才能不遗余力把脉思政课教学和学校德育工作，才会更加自觉地关注时代与社会，为民族复兴的伟大事业立德树人。

在大中小学思政课一体化建设中，“思政课教研员在加强自身学习和实践的同时，要通过专家报告、专题研讨、课堂观摩等多种方式引导和组织大中小学思

政课教师积极学习习近平新时代中国特色社会主义思想，尤其要指导思政课教师在知行合一、学以致用上下功夫”①，指导思政课教师要依托不同学段教材资源，找准着力点，把握关键点，注重体系性，遵循渐进性，做好党的创新理论进教材、进课堂、进头脑工作，真正做到用习近平新时代中国特色社会主义思想铸魂育人。

（二）做思政教育教学的深入研究者

在大中小学思政课一体化建设中，教研员如果没有深入研究，就谈不上有效的引领和指导，就无法为深化思政课程改革和提升思政课教学质量提供高水平的专业服务。思政教研员要重视理论学习，不断拓展学习和研究的视野，做具有宽广视野的思政教育教学的深入研究者，就大中小学思政课一体化建设开展前瞻研究、评价指导、工作研讨、经验总结、问题研判等理论与实践工作。教研员在加强自身研究的同时，要在教育行政部门领导下会同教研机构、高校以开展课题研究为载体，建立起基础教育与高等教育协同推进的工作机制，通过课题联合研究、学科教研基地建设、教育教学沙龙等形式，构建大中小不同学段“协同作战”的思政课教学体系，结成大中小学思政课教师的教研共同体。

教研员要在大中小学思政课一体化中做思政教育教学的深入研究者。首先，要深入研究党的思想政治教育的方针政策。当前，思政教研员应当要深入学习研究习近平总书记学校思想政治理论课教师座谈会精神、《关于深化新时代学校思想政治理论课改革创新的若干意见》《中小学德育工作指南》《深化新时代教育评价改革总体方案》等，只有悟透党的教育方针政策的内涵，才能确保学科教研工作符合党和国家对大中小学思政课一体化建设的要求。其次，要深入研究思想政治教育的规律、学科的指导理论和学科课程标准。思想政治教育规律是科学揭示人的思想政治素质形成发展与教育引导规律，思政学科的指导理论也称指导思想或行动指南，② 思政教研员要明确思政课的课程性质与课程理念、学科核心素养

---

① 黄万强：《新时代思政课教研员的使命担当》，《思想政治课教学》2019 年第 11 期。

② 《思想政治教育学原理》编写组编：《思想政治教育学原理（第二版）》，高等教育出版社 2018 年版，第 20 页。

与课程目标、课程结构、课程内容、学业质量、实施建议等问题，对学科的育人价值有深入理解，引领思政课教师增强教育教学的针对性和实效性，充分发挥思政课的育人功能。再次，要深入研究大中小学的思政课程及其教学。思政教研员要更新教育教学观念，增强课程意识，超越"教学意识"，增强育人意识，抛弃"分数意识"，建立课程一体化设计、实施与评价的工作机制，研究、掌握科学的评价理念、手段和方法，让大中小学思政课教学实施过程更加连贯、系统。思政教研员要充分发挥作为中小学与大学之间的"桥梁"作用，深入大中小学课堂，加强对教学全过程的研究，引领、指导学校和教师改进思政课教学，积极引导思政课教师强化以学习者为中心的活动设计，把理论观点的阐述寓于社会生活和学生活动的主题之中；"要与思政课教师一起研究课堂教学目标的确定、课程资源的开发、教学方法的选择、教学评价的实施与完善，发掘思政课教学中存在的真实问题，以课题和项目为载体进行研究"①，会同中小学和高校马克思主义学院思政课教研部门联合教研，开展具有针对性、富有学科特色的一体化教研活动，提出解决问题的对策和办法，有效指导教师改进思政课教学，提高思政课立德树人功效。

(三)做大中小学校及教师的指导服务者

"教研员的'研究'不同于纯理论、纯学术的研究。教研工作具有'研究、指导、服务'职能，'研究'是前提，'指导'与'服务'是目的"②，思政教研员的研究要指导、服务于当前大中小学思政课一体化建设，服务于思政课教师专业提升。崔允漷教授认为，"教研员的角色需要定位在专业的课程领导者"，具体表现为政策执行者、课程设计者、发展服务者、专业指导者、质量促进者。③ 广大思政教研员要以服务的心态深入大中小学课堂、深入思政课教师群体、深入学生，在思政课教学一线发现真问题、开展真研究，有针对性地开展指导、服务，

① 黄万强：《新时代思政课教研员的使命担当》，《思想政治课教学》2019年第11期。
② 申培轩：《教研员是教师的"教师"》，《中国教师报》2020年2月19日。
③ 崔允漷：《论教研室的定位与教研员的专业发展》，《上海教育科研》2009年第8期。

为大中小学思政课一体化建设出谋划策、贡献力量。

首先，思政教研员要服务和指导中小学学校的思政课建设。思政教研员在对基层中小学调研、视导过程中，应及时发现思政课教学中存在的问题，开展精准诊断服务，提出改进意见；为了创建大中小学思政课一体化教研机制，要密切关注中小学思政课教研组建设，指导校本研修活动，提高校本研修的质量和水平。思政教研员要提供教学资源，指导和帮助中小学建立学科教学资源库并切实发挥其作用，推进优质教学资源共享，指导基层学校建立论坛或思政课教师专业网站，不断完善配套大中小学不同的讲座或资料，帮助思政课教师更准确、更好地理解国家的相关理论政策，便于学生更好地接受和感悟，初步树立正确的人生观、价值观。思政教研员要组织、指导、协助区域内中小学总结凝练思政课教育教学成果，及时发现、总结和凝练中小学推进思政课改革创新的典型经验并加以推广。

其次，思政教研员要为广大思政课教师专业发展服务。在教育行政部门组织安排下，教研员负责落实定期开展一定区域内不同规模和形式组织的大学、中学、小学思政课教师的研讨交流活动，形式上打通大中小学思政课的联系，组织不同学段的思政课教师走进不同学段的思政课堂，实现真正意义上的互动互学，一体化打造大中小学思政课教师专业团体，引领各学段思政课教师的教学思路和方法，通过专题培训、读书交流、学科论坛等活动，更新思政课教师理念，促进思政课教师的成长转型，提升思政课教师的教学素养；通过搭建平台，发挥好优秀思政课教师的辐射带动作用，举行优秀课例与教学成果展示，并让更多的思政课教师融入交流之中，在对自己教学的审视和反思中不断成长；通过承担思政课科研课题，把聚合大中小学思政课教师一起进行课题研究作为推进思政课教师专业发展的抓手，组织各种适合思政课教师提升教育教学水平的学术活动。

再次，思政教研员要服务区域内大学优质教研资源的下沉。同样是上思政课，大中小学教师“铁路警察，各管一段”的现象仍然存在，大家基本是“背靠背”，各自只管讲好自己这一段。一体化要求不同学段的思政课教师“守好每段渠，共种责任田”，完成好思政课教学接力。高校拥有相对丰富的教研资源，思政教研员主动对接高校可以让这些优质教研资源下沉，帮助中小学段的思政课教师提高教育教学水平，真正实现大中小学思政课之间的相互衔接，这是大中小学思政课教师队伍专业发展一体化建设的关键。《关于加强新时代中小学思想政治理论课教师队伍建设的意见》明确提出："发挥高校马克思主义学院辐射作用，主动对接中小学思政课教师队伍建设，开发专门培训项目，并鼓励教师走进中小学校开展教学实践。"思政教研员可以联通地方教育行政部门与大学共同设立"思政课教师拔尖人才培训基地"，思政教研员可以联通教研室（教科院）与大学共同设立"大中小学思政课一体化建设研究中心"，以中小学思政课拔尖创新人才培养项目为载体，以大中小学思政课一体化建设研究为抓手，建立基础教育培养、高校跟踪调查反馈与指导教学改进相结合的联合培养机制，组织大学思政课教师走进中小学的课堂，把高校的精品思政课程逐步向中小学延伸，在思政课一体化建设的合作中帮助中小学在培训、教研、校园文化建设等方面进行策划、实施等工作。

新时代，新使命，新担当。思政教研员必须按照习近平总书记的讲话要求，正确定位，坚定理想信念，提升自身素质，创新工作方式，履行好为党育人、为国育才的使命。思政教研员要崇尚学习、加强学习，系统深入学习习近平新时代中国特色社会主义思想，深入学习新课标新课程理念；要崇尚研究、加强研究，在教育教学观念、专业素养、研究能力等方面实现全面提升；要崇尚服务、加强指导，促进区域教育发展、学校发展、教师专业发展，在落实立德树人、统筹推进大中小学思政课一体化建设工程、推动思政课建设内涵式发展中再立新功。

（闾彬，扬州大学马克思主义学院副教授）

大中小学思政课衔接链建构探析

廖飞凤

党的二十大报告指出，要“用社会主义核心价值观铸魂育人，完善思想政治工作体系，推进大中小学思想政治教育一体化建设”①。思政课是学校思想政治教育的主渠道，是对学生进行价值引领的核心课程，建构大中小学思政课衔接链，促进大中小学思政课一体化，是新时代推进大中小学思想政治教育一体化的内在要求，是培养担当民族复兴大任的时代新人的必然选择。

“大中小学思政课一体化就是典型的链条化思维，链条是一种各环节环环相扣、节节相连，彼此制约，相互依存的形态。”②大中小学思政课纵向衔接构成了一串教育链条，其中小学思政课是起始链环，中学思政课是过渡链环，大学思政课是生成链环，三大教育链环环环相扣，形成贯通全段的思政课教育体系。从系统论视角来看，“系统可以定义为相互作用着的若干要素的复合体”③，大中小学思政课系统，从纵向维度看，是大学、中学、小学不同教育阶段思政课的集合体；从横向维度看，包含着思政课教育目标、内容、方法、主体、机制等教育要

---

① 习近平：《高举中国特色社会主义伟大旗帜 为全面建设社会主义现代化国家而团结奋斗——在中国共产党第二十次全国代表大会上的报告》，人民出版社2022年版，第44页。

② 王存喜、田仁来：《大中小学思政课一体化探讨》，《学校党建与思想教育》2021年第6期。

③ ［美］冯·贝塔朗菲：《一般系统论：基础、发展和应用》，林康义、魏宏森等译，清华大学出版社1987年版，第51页。

素。大中小学思政课衔接链，就是通过横向要素关系优化，推动纵向学段衔接的教育链条，表现为大中小学思政课系统内各教育要素和教育环节相互联系、环环相扣而成的网状结构形态。建构大中小学思政课衔接链，就是要从系统要素出发，建立大中小学思政课目标链、内容链、方法链、主体链和机制链，整体推进大中小学思政课课程、教材和教学体系的协调，从纵向衔接角度促进大中小学思政课一体化。

一、建立大中小学思政课目标链

习近平总书记指出，“办好思政课，最根本的是要全面贯彻党的教育方针，解决好培养什么人、怎样培养人、为谁培养人这个根本问题”①。思政课作为立德树人的关键课程，教育目标要回答“为谁培养人”这个根本问题，要体现国家统治阶级的意志要求，反映社会对人才培养的素质要求。小学和初中的“道德与法治”、高中的“思想政治”以及大学的“习近平新时代中国特色社会主义思想概论”等“5+1”门课程，统称思政课，课程性质一致，教育目标具有整体性。同时，各学段思政课教育对象各异、课程侧重点不同，思政课学段目标又要体现层次性。建立大中小学思政课目标链，就是要坚持整体性和层次性相结合的原则，统一规划大中小学思政课总体目标，有效贯通各学段目标，分层设置同一目标的学段要求，实现大中小学思政课目标体系的系统性、连贯性、连续性。

（一）统一规划思政课总体目标

党的十九大报告指出：“青年一代有理想、有本领、有担当，国家就有前途，民族就有希望。”②党的二十大报告再次明确，广大青年要“立志做有理想、敢担

① 习近平：《思政课是落实立德树人根本任务的关键课程》，人民出版社 2020 年版，第 9 页。

② 习近平：《决胜全面建成小康社会 夺取新时代中国特色社会主义伟大胜利——在中国共产党第十九次全国代表大会上的报告》，人民出版社 2017 年版，第 70 页。

当、能吃苦、肯奋斗的新时代好青年”。① 坚定理想、担当作为、锤炼本领、艰苦奋斗，是党和国家对青年成长成才的殷切期盼，是社会发展对时代新人的素质要求，也是学校思政课育人成才的价值目标。因此，要统一规划大中小学思政课总体目标，将培育时代新人的价值理念贯穿学校思政课教育的全过程，为各学段思政课教学提供方向引导。一方面，要坚持为党育人、为国育才的整体方向，在政治认同、家国情怀、道德修养、法治意识、文化修养等多个方面对大中小学生作出统一要求，培养德育素质全面的社会主义建设者和接班人。另一方面，要遵循系统性、整体性的教育原则，从知识与技能、过程与方法、情感态度价值观等多个维度对大中小学生进行具体要求，引导学生知、情、意、行协调发展。要充分发挥大中小学思政课总体目标的指引作用，以一体化的育人目标凝聚大中小学思政课教育合力，以系统化的目标内容统筹各学段、各学年的教学活动，促进不同学段思政课课程衔接、学段相连。

(二)有效贯通思政课学段目标

思政课学段目标是总体目标的具体化，直接导向教学活动和学生成长。然而，在当前大中小学思政课目标体系中却存在学段目标不完整、衔接不恰当等问题。《义务教育道德与法治课程标准》(2022 年版)明确提出“政治认同”“道德修养”“法治观念”“健全人格”“责任意识”五大核心素养及其目标要求,② 但是《普通高中思想政治课程标准》(2017 年版 2020 年修订)中却仅有“政治认同”“科学精神”“法治意识”“公共参与”四大核心素养及教育目标,③ 道德和人格塑造方面的目标欠缺。大学思政课还没有课程标准，仅有《高等学校思想政治理论课建设

① 习近平:《高举中国特色社会主义伟大旗帜 为全面建设社会主义现代化国家而团结奋斗——在中国共产党第二十次全国代表大会上的报告》，人民出版社 2022 年版，第 71 页。

② 《义务教育道德与法治课程标准》(2022 年版)，北京师范大学出版社 2022 年版，第 5~10 页。

③ 《普通高中思想政治课程标准》(2017 年版 2020 年修订)，人民教育出版社 2022 年版，第 4~7 页。

标准》，未能明确具体学段目标。因此，要有效贯通思政课学段目标，加强大中小学思政课目标的整体性和衔接性。一方面，要完善大学思政课课程标准，增强思政课学段目标的整体性。补齐大学思政课课程标准短板，建强大中小学思政课目标链条，按照总体目标要求，在思想、政治、道德、法治、文化等方面对学生提出整体性要求，保证目标指引的一致性。另一方面，要尊重学生成长发展规律，加强思政课学段目标的衔接性。从小学到大学，学生的知识接受水平、思想转化能力、行为自觉程度不同，思政课学段目标应体现学段差别，切准学生发展需要，对总体目标中不同方面的内容进行有针对性的落实。具体而言，“小学阶段重在启蒙道德情感”，“初中阶段重在打牢思想基础”，“高中阶段重在提升政治素养”，“大学阶段重在增强使命担当”，① 形成一套整体一致、学段有别、衔接得当的思政课目标体系。

（三）分层设置同一目标的学段要求

思政课总体目标的学段化，还表现为各学段对同一方面目标作出不同程度要求，体现育人目标一致性和教育要求层次性的统一。学生思想行为的发展，是一个渐进过程。思政课学段目标要求应遵守循序渐进原则，从情感认同、思想政治认同到行动自觉，在同一目标上对学生作出更高、更难的教育要求，推动学生逐渐形成良好的思想政治素质。以培养学生的法治素质为例，这是建设社会主义法治国家、法治社会对学生成长成才的基本要求，是大中小学思政课共同的教育目标。要遵循学生思想行为发展规律，按照由简单到复杂的逻辑发展顺序，依次对大中小学生提出不同层次的目标要求。小学生应初步认识法律、崇尚法律、遵守法律，在教育熏陶中生成法治情感认同；中学生应深入理解法律、运用法律、捍卫法律，在明辨是非中强化法治理论认知；大学生应具备法治意识、法治思维、法治素养，在社会参与中养成法治思维习惯。从小学到大学，对学生的法治素质

① 《关于深化新时代学校思想政治理论课改革创新的若干意见》，人民出版社 2019 年版，第 5 页。

要求从感性认识上升为理性认知，从思想认识要求进阶为行为习惯要求，要求的程度逐步提高、逐层递进、逐段升级，促进学生思想政治素质的有序发展。

二、建设大中小学思政课内容链

习近平总书记在学校思想政治理论课教师座谈会上讲道："在大中小学循序渐进、螺旋上升地开设思想政治理论课非常必要，是培养一代又一代社会主义建设者和接班人的重要保障。"①思政课教育至关重要，教育内容直接导向学生的成长发展，要回答"培养什么样的人"的根本性问题。要有"国之大者"的胸怀，立足于培养接班人的政治站位，加强学校思政课内容建设，建设有机衔接的大中小学思政课内容体系。一方面，要坚持思政课的政治属性，旗帜鲜明讲政治，坚持用中国化时代化的马克思主义理论武装学生；另一方面，要遵循学生认知特点和接受规律，实事求是促发展，以层次性的教材内容和生活化的教学内容培育青年。具体而言，建设大中小学思政课内容链，就是要有机统一思政课课程内容，有序编排思政课教材内容，有效供给思政课教学内容，实现大中小学思政课内容的整体性、有序性、有效性。

(一)整体性设计课程内容

思政课课程内容是课程建设的核心。整体性设计课程内容，是大中小学思政课内容衔接的关键。其一，要注重大中小学思政课内容本身的整体性。育人的根本在于立德，思政课作为立德树人的关键课程，不仅要明确"树什么人"的目标，还要落实"立什么德"的内容，要明德施教、以德育人。"德"的内涵丰富，包含新时代大德、公德和私德等领域，涉及思想、政治、道德、文化和法治等多方面，与社会、国家和个人发展的多主体要求相适应，与思政课总体目标中的政治

① 习近平：《思政课是落实立德树人根本任务的关键课程》，人民出版社2020年版，第6页。

认同、家国情怀、道德修养、法治意识、文化修养等多方面目标相匹配，呈现整体性和全面性。其二，要突出大中小学思政课内容促进学生整体性发展的作用。习近平总书记指出，“担当民族复兴大任的时代新人，必须是在思想水平、政治觉悟、道德品质、文化素养、精神状态等方面同新时代要求相符合的”①。整体性设计课程内容，就是要立足大中小学全阶段，着眼于学生德智体美劳发展的全方面，在各学段有区别、有层次、有步骤地设计“德”育内容，促进学生的整体发展。要在大中小学“系统开展马克思主义理论教育，系统进行中国特色社会主义和中国梦教育、社会主义核心价值观教育、法治教育、劳动教育、心理健康教育、中华优秀传统文化教育”②。以丰富的德性内涵，涵养学生全面的德育素质，以完整的课程内容，落实培养全面发展的人的教育目标。

（二）有序性编排教材内容

习近平总书记指出，思政课“课程设置要相对稳定，坚持大中小学纵向主线贯穿、循序渐进，各类课程横向结构合理、功能互补的原则，确保教材的政治性、科学性、时代性、可读性”③。目前，思政课教材已经更新至2023年版，新版教材在内容的思想性和时代性等方面有了很大改进，但部分内容仍存在一定程度断链和重复情况。例如生命教育内容，在小学三年级、初中七年级人教版《道德与法治》教材里都有涉及，但是高中和大学思政课教材中却没有明确的内容安排，导致教材内容断链。马克思主义哲学教育内容在高二人教版《哲学与文化》中大范围呈现，大学《马克思主义基本原理》又大模块重现，其中“世界的物质性”“社会历史的主体”等知识点一再重复，影响了教材内容的进阶性。故而，要坚持连续性和阶段性相统一的原则，有序编排思政课教材内容。一方面，要尊重

① 习近平：《论党的青年工作》，中央文献出版社2022年版，第166页。

② 《关于深化新时代学校思想政治理论课改革创新的若干意见》，人民出版社2019年版，第7页。

③ 习近平：《思政课是落实立德树人根本任务的关键课程》，人民出版社2020年版，第27页。

学生认知发展的连续性特点，加强相邻学段教材内容的连接性。加强大中小学思政课教材编写专家间的沟通合作，推动思想政治教育学科知识体系的一体化建设、学段教材内容和知识点的有序性编排，以完整性的教材内容落实课程内容要求，以序列化的知识加强学段间的联系。另一方面，要尊重学生认知发展的阶段性特点，凸显大中小学思政课教材内容的进阶性。具体而言，小学教材要重视知识的具象化，多插入图片；中学教材要注重知识的生活化，多创设生活情境；大学教材要突出知识的理论性，多配套思维导图，在内容和形式的统一中增强思政课教材的系统性、适切性、可读性。

（三）针对性供给教学内容

习近平总书记指出，“人的成长、成熟、成才不是一蹴而就的，而是一个渐进的过程，就跟人的生理发育一样，所以要把这几个阶段都铺陈好”①。要抓好课堂教学这个主渠道，在大中小学有顺序地进行思政课教育，有侧重地供给思政课内容，实现各学段精准施教和科学育人。要充分发挥大中小学思政课教师的主动性，将普遍性的教材内容转化为个性化的教学内容，将前一学段相同相似的知识点上升为更深、更广的知识体系，落实课程目标层次性要求。例如爱国主义教育内容，小学教师要以学生生活为基础，从树立自我意识开始，逐步讲述学生与家庭、班级、学校、社会、国家的关系，在步步扩展的生活圈层中启蒙学生的爱国情感。中学教师要以学生的认知为基础，初中结合学生的生活体验，引导学生感受国家发展的巨大成就，培育爱国思想。高中要全面讲授中国特色社会主义发展历程、政治、经济、文化等知识，引导学生爱党爱国爱社会主义的统一。大学教师重在结合历史进行使命教育，结合时政进行比较教育，在历史与现实的结合、中国与世界的比较中，引导学生为实现中华民族伟大复兴担当作为。从小学到大学，从情理、事理到道理，思政课教学内容由易至难逐步升级，学科知识体

---

① 习近平：《思政课是落实立德树人根本任务的关键课程》，人民出版社 2020 年版，第 6 页。

系由简至繁逐步完善，形成一套内容相连、学段相衔接的思政课内容体系。

三、建造大中小学思政课方法链

马克思曾说："理论只要说服人，就能掌握群众；而理论只要彻底，就能说服人。"①在思政课教育过程中，马克思主义理论的科学性、思想性和理论性，不仅需要教育内容的完整呈现，更需要教师的准确表达，需要良好教育方法和艺术的应用。习近平总书记讲道："思政课的本质是讲道理，要注重方式方法，把道理讲深、讲透、讲活，老师要用心教，学生要用心悟，达到沟通心灵、启智润心、激扬斗志。"②思政课教学方法，是课程目标和内容转化为学生思想认识的关键，既要与学生思想发展实际相适应，又要与课程目标和内容相匹配，要回答思政课"怎样培养人"的根本性问题。建造大中小学思政课方法链，就是要遵循大中小学思政课教学原则，选择各学段适切性的教学方法，探寻同一教学方法在不同学段的创造性运用，实现各学段思政课教学原则方法、具体方法和运用方式的有机融合，打通从教学体系向学生认知信仰体系转化的"最后一公里"。

(一)遵循大中小学思政课教学原则

教学原则是对教育经验的总结概括，制约教学方法的选择。建造大中小学思政课方法链，实现教学过程的一体化，必须首先遵循思政课教学原则，保证大中小学思政课方法选择的科学性和一致性。习近平总书记在学校思想政治理论课教师座谈会上指出，推动思政课改革创新，要"坚持政治性和学理性相统一"，"坚持价值性和知识性相统一"，"坚持建设性和批判性相统一"，"坚持理论性和实践性相统一"，"坚持统一性和多样性相统一"，"坚持主导性和主体性相统一"，

① 《马克思恩格斯全集》(第一卷)，人民出版社1956年版，第460页。

② 《习近平在中国人民大学考察时强调 坚持党的领导传承红色基因扎根中国大地 走出一条建设中国特色世界一流大学新路》，《人民日报》2022年4月26日。

“坚持灌输性和启发性相统一”，“坚持显性教育和隐性教育相统一”。① “八个统一”是对思政课教育教学原则的集中表述，前四个“统一”偏向于课程性质和特点方面，后四个“统一”集中于教学途径和方法层面，为大中小学思政课教学提供了直接遵循。在大中小学思政课教学过程中，一方面，要发挥教师的主导作用，善用传统的理论灌输法。坚持以显性教育为主，用系统讲授法传播好马克思主义理论和党的创新理论，讲出思政课惊涛拍岸的声势，增强大中小学思政课教学内容的连贯性。另一方面，又要尊重学生的主体地位，巧用现代启发式教学法。有效运用隐性教育，以体验式、情景式教学法等拓宽思政课教学场域和空间，达到思政课润物无声的效果，增强大中小学思政课教学过程的协同性。

(二)选择各学段适切性的教学方法

教学方法是教学规律和原则的具体应用。大中小学思政课教师要依据教学目标和内容，立足学生认知发展特点，选择适切性的教学方法。小学阶段，学生以具体形象思维为主，教师要善用故事讲授法和游戏活动法进行启蒙教育，让抽象的理论在故事中生动起来、形象化呈现，通过具象化方式启蒙学生的道德情感。中学阶段，学生抽象思维逐步成熟，并由经验型抽象逻辑向理论型抽象逻辑发展，初中教师要多用角色扮演法和体验式教学法进行体验教育，引导学生在角色体验中积累生活经验，结合现实成就打牢学生的思想基础；高中教师要善用活动探究法和问题式教学法进行常识教育，引导学生在活动探究中主动生成思想政治认知，通过价值性分析提升学生的政治素养。大学阶段，学生理论性抽象逻辑发展成熟，教师要多用实践教学法、专题式教学法强化理论性教育，通过理论联系实际引导学生增强使命担当。从小学到大学，按照从具体到抽象的逻辑顺序，打造一套适合学生特点、学段特色鲜明、教育作用突出的思

① 习近平：《思政课是落实立德树人根本任务的关键课程》，人民出版社2020年版，第17-23页。

政课教学方法体系。

（三）创新同一教学方法的学段运用

建造大中小学思政课方法链，就是要实现大中小学思政课教学原则方法、具体方法和运用艺术的一体化贯通、有效性衔接。各学段思政课教师要充分发挥教育智慧，针对不同教学实际，对教学方法进行创造性实施，增强教学方法的适用性，提升课堂教学的有效性。以问题式教学法为例，大中小学思政课教师既要把握方法本质的一致性，“要坚持问题导向……要把这些问题掰开了、揉碎了，深入研究解答，把事实和道理一条条讲清楚”①，又要尊重学生特点，对设问、析问、答问各环节进行学段性设计，有效突破各学段教学重难点，把思政课讲深讲透讲活。小学阶段，教师要注重问题的具象化表达，精准提出问题。要立足学生活泼好动的特点，创设问题情境、组织游戏活动，通过提问“看到什么”和“听到什么”，引导学生在活动参与中回答问题、解决疑惑。中学阶段，教师要突出问题的现实性导向，精细分析问题。要针对教学过程中的重难点问题，组织活动探究，通过提问“是什么”和“为什么”，引导学生思考理论背后反映的现实难题，在联系实际中实现学思用贯通。大学阶段，教师要强化问题的价值性引领，精心组织问题。要结合专题化教学内容，设计问题链式教学法，一问接一问，启发学生思考“是什么”背后的“为什么”，“为什么”后续的“怎么做”，强化学生的政治认同和使命担当。从小学到大学，对同一思政课教学方法进行创造性整合、针对性应用，促进教学效果的螺旋上升。

四、建构大中小学思政课主体链

习近平总书记强调，“办好思想政治理论课关键在教师，关键在发挥教师的

① 习近平：《思政课是落实立德树人根本任务的关键课程》，人民出版社2020年版，第20页。

积极性、主动性、创造性”①。思政课教师不仅是教育主体，还是大中小学思政课衔接链的建构主体，要开展跨学段交流合作，联通各学段思政课教学目标、融通各学段教学内容、贯通各学段教学方法，推动大中小学思政课一体化衔接。建设大中小学思政课主体链，就是要打破不同学段教师纵向沟通壁垒，拓宽大中小学思政课教师交流合作渠道，要熔接不同学段课程内容的断点，深化思政课教师交流合作内容，要凝聚不同学段教育力量的散点，建构由低学段向高学段沟通和高学段向低学段反馈的双向教育链条。通过线下线上同向发力、教学科研深度合作、高低学段双向奔赴，促进大中小学思政课教师同心同力、共担使命，推动思政课教学同频共振、共生共赢。

（一）线下线上同向发力，拓宽教师交流合作渠道

习近平总书记指出，“思政课不仅应该在课堂上讲，也应该在社会生活中来讲”②。要联系现实生活，通过线下、线上相互配合，构建立体网状的大中小学思政课教师交流合作通道，破解大中小学思政课教师见面少、交流少、合作少的困境。一方面，线下发力，拓宽大中小学思政课教师面对面交流、手拉手合作场域。利用全国、全省思政课教师实践研修基地、集体培训中心等教育场地，组织大中小学思政课教师集体研修、培训，增加彼此见面机会和交流空间。发挥各地实践教学基地作用，“大中小学要主动对接各级各类实践教学基地，开发现场教学专题，开展实践教学”③。围绕同一教学专题，进行同“题”异构，打造“行走中的思政课”。另一方面，线上协力，拓展大中小学思政课教师网络交流、集体教研平台。建立健全区域内大中小学思政课教师 QQ 群、微信群、专题教育网站

① 习近平：《思政课是落实立德树人根本任务的关键课程》，人民出版社 2020 年版，第 10 页。

② 习近平：《“大思政课”我们要善用之（微镜头 · 习近平总书记两会“下团组” · 两会现场观察）》，《人民日报》2021 年 3 月 7 日。

③ 《教育部等十部门关于印发〈全面推进“大思政课”建设的工作方案〉的通知》，http://www.moe.gov.cn/srcsite/A13/moe_772/202208/t20220818_653672.html，访问日期：2024 年 7 月 10 日。

等社交平台，增进教师间的交流分享。深耕网络空间的思政课教育，打造大中小学思政课“云课堂”“云论坛”等教研活动，通过云上练兵、线上观摩、网上研讨，促进大中小学思政课教师云相聚、力相合，促进大中小学网络思想政治教育纵深化发展。

（二）教学科研相辅相成，深化教师交流合作内容

教学是思政课的基础形式，科研是思政课的重要支撑，教学和科研相辅相成、相互促进。要打破地区间、学校间、学段间教育壁垒，加强大中小学思政课教师的教学和科研合作，促进教师教学共进、科研共兴。一是要强机制、兴活动、促互动，增强大中小学思政课教师的教学协作。健全大中小学思政课教师一体化备课机制，组织区域内大中小学思政课同课异构活动，邀请不同学段教师对同一专题教学内容进行针对性设计，在教学目标制定、教学重难点突破、教学活动组织和教学方法选择等方面做到优势互补，增强思政课教学的实效性。“鼓励高校马克思主义学院与中小学开展结对活动，定期开展教学研讨、课程研究、教师实践教育等活动。”①通过教育培训和教学实践，深化大中小学思政课教师合作内容，促进教学活动一体化衔接。二是要建组织、兴活动、聚合力，加强大中小学思政课教师的科研合作。建立区域内大中小学思政课教师学术共同体，定期举办大中小学思政课一体化学术研讨会，提升教师的理论学识和科研能力。组织大中小学思政课教师合作申报课题，发挥大学教师在科研选题、项目申报、成果转化等方面的优势，结合中小学教师在发现学生问题、收集教学资料、进行经验推广等方面的特长，集体攻关大中小学思政课衔接中的重难点问题，为课程协同、教学协作、科研协力提供理论支撑。

① 《教育部等五部门印发〈关于加强新时代中小学思想政治理论课教师队伍建设的意见〉的通知》，http://www.moe.gov.cn/srcsite/A10/s7034/201910/t20191012_403012.html，访问日期：2024 年 7 月 10 日。

（三）高低学段双向奔赴，建构双向教育反馈链条

大中小学处于不同教育阶段，思政课教师掌握不同学生和教学信息，要增进教师教育联系、加强信息联通，建构由低向高和由高向低的双向教育反馈链条。一是低学段思政课教师主动分享学生信息，建构由低至高的教育反馈链条。学生是一个发展中的人，从小学到大学，学生的知识经验、认知水平和道德品质不断发展。低学段思政课教师要密切关注学生的思想行为表现，对学生的课堂表现进行及时记录，对思想活动进行留心观察，对思想发展情况进行动态跟进，健全学生思想成长档案，由小学向中学、中学向大学，逐段上报，分享动态学情信息，为高年级思政课教学奠定基础。二是高学段思政课教师主动反馈教学情况，建构由高至低的教育反馈链条。大学是最高的教育阶段，大学生的思想政治素质是大中小学共同作用的结果。高学段思政课教师要系统总结教学效果，从教与学两方面对教学内容的断点、学生思想发展的堵点、教育衔接的难点等问题进行综合分析，并将教学效果及其分析报告向低学段教师反馈，为低年级教学调整提供现实指导。

五、健全大中小学思政课机制链

习近平总书记在全国教育大会上指出，要“遵循教育规律、人才成长规律，着力形成充满活力、富有效率、更加开放、有利于高质量发展的教育体制机制”。① 落实立德树人根本任务，实现螺旋上升的思政课教育效果，既需春风化雨的教育引导，也要强而有力的制度规范，更需健全有效的机制保障。建构大中小学思政课衔接链，促进大中小学思政课一体化发展，是学校思政课提质增效的重要手段，也需要全面完善的工作机制、行之有效的工作方式。健全大中小学思政课机制链，就是要改进思政课课程管理机制，促进课程建设的整体性，要改革

① 《习近平谈治国理政》第三卷，外文出版社 2020 年版，第 347 页。

思政课教学评价机制，保障育人方向的一致性，要改善思政课教师的培养机制，推动师资建设的一体化。通过各方面体制机制的健全，整体保障大中小学思政课目标链、内容链、方法链和主体链的形成，全面推进大中小学思政课教育衔接。

（一）改进课程管理机制

改进思政课课程管理机制，形成大中小学思政课一体化管理模式，是从源头上解决大中小学思政课“各自为政”的有效办法。其一，要统一大中小学思政课课程管理单位，统筹横向管理机构。大中小学思政课有不同的教育直管部门，中小学思政课由教育部基础教育司负责，大学思政课由教育部社会科学司负责，为了打破这种分部门管理的壁垒，2020 年教育部成立了大中小学思政课一体化建设指导委员会，集中指导大中小学思政课一体化工作。要充分发挥大中小学思政课一体化建设指导委员会作用，统筹教育部内社会科学司、基础教育司、思想政治工作司、教材局、教师工作司等，对大中小学思政课课程编制、教材编写、教师培养培训和资源平台建设等进行统一部署，从源头上保障思政课衔接。其二，要优化大中小学思政课课程管理模式，凝聚纵向管理合力。我国实行国家、地方、学校三级课程管理模式，国家层面关于大中小学思政课课程、教材和教学问题的整体部署，需要地方各级教育部门和学校贯彻落实。2022 年教育部办公厅下发《关于开展大中小学思政课一体化共同体建设的通知》并公布组建名单，部署在省级层面统筹推进大中小学思政课一体化建设。① 要充分发挥大中小学思政课一体化共同体作用，发挥地方教育部门的政策优势，贯彻落实党和国家相关文件精神，在大中小学思政课教材使用、选修课设置和教辅编写等方面统一协调，为学校思政课教学衔接提供指导。要发挥大中小学校的实践优势，将思政课教育教学过程中的教学总结和反思进行集中反馈，为教育部门决策提供依据。通过教育部门的监督指导和学校的教学反馈，推动大中小学思政课衔接从理论走向实

① 《教育部办公厅下发〈关于开展大中小学思政课一体化共同体建设的通知〉》，http://wap.moe.gov.cn/srcsite/A13/moe_772/202301/t20230109_1038750.html，访问日期：2024 年 7 月 10 日。

践、从省内扩展至全国范围，增强教育衔接的实效。

(二)改革教学评价机制

教学评价是对教育目标实现情况及其程度的综合考评，有什么样的评价机制就有什么样的教学导向。“要坚决克服唯分数、唯升学、唯文凭、唯论文、唯帽子的顽瘴痼疾，从根本上解决教育评价指挥棒问题，扭转教育功利化倾向。”①一是树立大中小学学生本位的教学评价理念。学生是思政课最直接的接受者，教学评价不应仅从供给侧、从国家社会层面突出人才选拔和甄别功能，更应从需求端、从学生角度强化思想纠偏和行为导向作用。要改革思政课教学评价中“分数至上”“一刀切”等问题，将过程性和结果性评价相统一，发挥评价的引导、纠偏和激励等教育功能，指引学生逐步养成良好的思想品德。二是建立大中小学一体化的教学评价内容体系。思政课是育人课程，大中小学思政课教学评价内容不应局限于课程知识，而要指向学生知识、情感、价值和能力等全方面素养，要对学生的学习态度、课堂表现和行为习惯等综合情况进行整体性评价。三是健全大中小学适应性的教学评价方式。优化结果性评价方式，建立大中小学思政课考试题库，改革考试命题内容和形式。把评价工作做到学生生活中去，中小学综合考虑学生的行为习惯、集体活动和日常劳动等情况，大学全面考评学生的社会调查、志愿服务、暑假实习和挂职锻炼等表现，形成贯穿全学段的动态、全面的评价体系。

(三)完善教师培养机制

教师是大中小学思政课衔接链的建构主体，师资队伍的一体化培养是大中小学思政课衔接的基本保障。要改善思政课教师培养机制，从源头培养、职中培训、职后发展等全过程加强思政课教师一体化培养。首先，做好源头集中培养。实施高校思想政治理论课教师队伍后备人才培养专项支持计划，支持师范院校完

① 《习近平谈治国理政》第三卷，外文出版社2020年版，第348页。

善中小学思政课教师培养体系，将大中小学思政课教师培养纳入马克思主义理论本硕博一体化人才培养过程，从源头上保证思政课教师专业能力和理论素养。其次，组织职中集体培训。联合教育部门、马克思主义理论学科专家、一线教学名师等力量，对大中小学思政课教师进行全面培训，丰富教师理论知识，提升教师教学技能，引导各学段思政课教师在熟悉本阶段的教学后，了解相邻学段教学对象、内容和方法，树立大育人理念，践行衔接式教学。最后，畅通在职进修通道。重点高校马克思主义学院在研究生招生中要给予思政课教师一定的专门名额，鼓励高校思政课教师、中小学思政课教师在职攻读马克思主义理论专业博士、硕士学位，支持教师在学历提升阶段展开大中小学思政课一体化研究，壮大思政课衔接的理论力量和实践队伍。

“时代是思想之母，实践是理论之源。”①在全面建设社会主义现代化强国的新征程上，建构大中小学思政课衔接链，是解决学校思政课发展不平衡、衔接不充分的现实需求，是培养担当民族复兴大任的时代新人的目标要求。要充分发挥思政课教师的积极主动性，通过推动大中小学思政课目标要素、内容要素、方法要素、主体要素和教育机制的协同，建构大中小学思政课衔接链，促进学校思政课教育提质增效、螺旋上升。

（廖飞凤，安徽农业大学马克思主义学院讲师）

① 习近平：《决胜全面建成小康社会　夺取新时代中国特色社会主义伟大胜利——在中国共产党第十九次全国代表大会上的报告》，人民出版社 2017 年版，第 26 页。

中高职思政课一体化的问题与对策

——以浙江省湖州市为例①

胡泽勉

自2019年习近平总书记在学校思想政治理论课教师座谈会上明确提出“统筹推进大中小学思政课一体化建设”以来，学界对于思政课一体化建设的研究取得了丰富成果。然而在关注普通高中、普通本科的思政课衔接之余，我们同样需要对中高职院校的思政课一体化建设予以重视，因为在我们的教育体系中，职业教育具有它自身的特殊性、重要性。职业教育的发展关系着经济结构的调整、教育体系的完善、高质量发展的实现，近年来党和国家强调大力发展现代职业教育、培养高素质技能人才的原因就在此。思政课在我国职业教育体系中是不可或缺的一部分，在这样的大环境下，关注职业院校思政课发展、关注中高职思政课的一体化建设，应是“大中小学思政课一体化建设”的题中之义。

一、略论中高职思政课一体化

推进中高职思政课一体化建设，既是对中高职院校思想政治工作的完善和升级，又是推进大中小学思政课一体化建设过程中的重要内容，对于职校学生的成长和职业教育的发展也具有长远意义。近年来，学界对大中小学思政课一体化的

① 基金项目：湖州职业技术学院2024年校级规划课题。

研究主要集中于普通本科、普通高中、初中和小学的思政课衔接，但是对职业院校，如中职和高职学校的思想政治课，却显得关注不足。我们要加强对中高职思政课一体化建设的关注程度，具体理由如下。

中高职思政课一体化建设有助于促进职校学生全面发展。中高职思政课一体化建设，从职校学生的认知环境、成长规律和实际需要出发，融合中职学校和高职学校的教学目标、教学内容和教学过程，有助于改变中高职思政课与普高普本思政课难以区分的状况，强化思想政治课对职校学生成长的正面支持，促进职校学生能够真正通过思政课的学习提升自己的政治认同、科学精神、法治意识、公共参与等方面的核心素养，发挥出促进学生全面发展的作用。

中高职思政课一体化建设有助于促进职业教育不断完善。近年来，我国职业教育事业日益受到党和国家重视，其对经济和社会发展的正面作用也逐渐显现，但是在当下的职业教育现状中，依然存在一些如思想政治教育流于形式、日常教育教学与社会实际联系不够紧密、中本一体化和中高职一体化有待深入等现实问题。加强校企合作、落实实习实训制度、推进中高职贯通人才培养等，都是目前促进职业教育体系完善的具体途径，中高职思政课一体化建设同样如此。中高职思政课一体化建设，通过融会贯通思想政治教育和职业教育、升级完善职校思想政治课程，将职业教育的特点寓于思想政治课之中，以中职思政教育为高职思政教育作铺垫、以高职思政教育引领中职思政教育，有助于更好地发挥思想政治课程在职业教育体系中的引领作用，有助于在思想政治课程中突出职业教育的特色，有助于带动中职和高职教育的一体化发展。

二、一体化建设的现实问题

经过对湖州职业技术学院、湖州艺术与设计学校、浙江信息工程学校、湖州现代农业技术学校等具有代表性的地方中高职院校进行调研，了解了一线思政课教师和学生开展思想政治教育和教学的现状，发现中高职思政课一体化建设面临一些较为突出的现实问题。

第一，在教育者方面，缺乏中高职思政课一体化建设的机制和意识。首先是一体化机制的缺乏。调研发现，目前对中高职思政课一体化建设的推进，在市级层面有大中小学思政课一体化建设的相关竞赛、教研活动、合作交流等，但成熟的长效机制、沟通交流平台、预期目标、负责部门都还没有形成规划。因此中高职思政课教师没有一个能够在业务方面保持长期、稳定联系的渠道，不能使一线教师的信息、智慧、经验在一体化建设中得到充分的发挥。其次是一体化意识的不足。调研发现，在中高职思政教师群体中，大多数人对于大中小学思政课一体化、中高职思政课一体化都有所了解，但一旦深入到具体的实施机制、实施方案，往往就没有下文。在中职学校，除个别开设的“高考班”以参加高考为目标会认真地教学“思想政治课”之外，教师群体的潜意识里对思政课的看法，亦有相当一部分倾向于完成日常上课任务。在高职学校，思政课的视野亦较局限于大学思政课本身，和中职思政课的沟通有所不足。教师群体推动一体化建设的主观能动性没有得到激发。

第二，在学习者方面，缺乏对思政课学习的主动融入、主动体悟。调研发现，除“高考班”外，不少中职学生认为思想政治课重要性不高、对于学习知识的帮助不大，在课堂上他们更多的是接受来自老师的灌输，或干脆做自己的事，能够对思政课的内容进行主动学习和思考的同学比例不高。在高职学生中，由于在学生来源、个人目标、所处环境等方面存在差异，学生群体中对思政课学习的认识也有所不同。对于部分学生来说，思政课是一种提升自身绩点、获取荣誉奖励的途径，也有相当部分学生对思政课的学习倾向于无所谓的态度，只有少部分同学能够主动融入课堂，对课堂知识进行思考、提问和反思。相对而言，普通高中、普通本科的学生对思政课的看法和参与度更为积极。中高职学校中部分学生对思政课的消极态度，说明职校思政课一体化建设除了缺乏具体机制和教育者意识的支持之外，其受众自身的学习意识也尚不成熟。

第三，在具体教学层面，缺乏对中高职思政课一体化的初步设计。在教学目标上，中职思政课的教育目标主要是四大核心素养的培育，体现在具体实施中，既有一部分精心的教学设计，也存在完成上课任务、备战高考的倾向。高职思政课还没有全国统一的教育目标和培养方案，而是由高校相关教研室自行组织，教学目标的贯通尚未起步。在教学内容上，中职思政课主要由《中国特色社会主义》《经济与社会》《政治与法治》《哲学与文化》等教材组成，高职思政课主要由“思想道德与法治”“毛泽东思想和中国特色社会主义理论体系概论”“习近平新时代中国特色社会主义思想概论”“形势与政策”等课程组成，虽按照教育部要求有所递进和深入，但实际上没有能够很好地实现与职业教育特点的有机结合，也没有充分实现从中职思政课到高职思政课的有机衔接。在教学评价上，中职思政课主要是对学生进行通过性的评价，而高考班采用竞争性评价。高校思政课的评价标准则相对全面一些，包含平时成绩、期末成绩、笔试成绩、实践成绩等。这两种评价模式一方面朝着综合素质评价方面改革与完善，另一方面却还没有建立起互相之间贯通的、有机的联系，因此对学生的评价仍然存在割裂。

最后，中高职思政课大多聚焦自己课程本身的内容，没有能够很好地与职业教育实现有机结合。从教师到学生，这方面的能力、视野和意识均较为缺乏。部分中高职思政教师的教育视野局限于本职工作，缺乏学习和了解职业教育有关知识、缺乏将思政教育与职业教育相结合的动力，部分学生也将自己的思政课程学习和职业课程学习看作是各自独立的事务。在学校和地方部门层面，尚未形成系统的思政教育和职业教育相结合的计划、制度和支持措施。这对于职校思政课深入学生实际的学习和生活不能起到很好的正面作用，也使得中高职思政课一体化的建设没能呈现出它本该有的亮点和区分点。

综合上述研究结果，中高职思政课一体化建设目前仍然处于起步阶段，虽然市级、校级层面已经对不同学段思政课一体化作出了探索，但总体上教育者、学习者作为主体，以及教学实施、思政教育结合职业教育等作为过程，在一体化建设方面的准备工作还是不充分的。作为“大中小学思政课一体化建设”的重要一环，推进中高职思政课一体化建设依然任重道远。

三、一体化建设的改进对策

根据调研结果，本文归纳出以下三条较有可操作性的改进对策，以期推动中高职思政课一体化建设取得实质性的进展。

第一，建立责任部门，牵头实施一体化。通过责任部门牵头实施中高职思政课一体化建设的各类工作，可以有效改善一体化建设缺乏主要推手的现状。责任部门首先应建立起长效机制，具体内容包括开展定期交流和比赛、呈现教学科研成果等，使中高职思政课一体化建设成为一个可持续的项目。其次应该组织有经验的团队，对中高职思政课一体化的教学目标、教学内容、教学过程、教学评价等作出科学合理的规划，为一体化建设的落地提供整体框架设计，并充分利用已有基础和地方特色，例如湖州的生态文明建设成果、职业教育"产教融合"的成果等。最后，还应对一体化建设予以政策和资金支持，并特别注意不给一线教师增添过多的负担，以免造成适得其反的效果。

第二，打造中高职思政教师交流平台。目前很多城市还没有形成公开、高效的大中小学思政教师交流平台，教师常依靠零星的个人交流互通有无。建立这一平台，首先应具体规划其目标和活动，如中高职教学目标一体化、教学内容一体化的设计，中高职学情交流、老教师与新教师的传帮带等。其次应依托平台在中高职思政课一体化方面作出实践探索，如通过中高职思政师生"同上一堂课"，了解学生的实际反应、总结课堂中的得失、增加教师的实践经验。这一平台应为中高职思政课教师的日常交流提供便利，应成为中高职思政教师向一体化建设努力的载体。

第三，思政教育与职业教育有机结合。由于教学目标、教学内容、生源状况等方面都与普通高中、普通本科存在区别，因此中高职思政课一体化建设的有关工作也需要契合自身的情况。思政教育与职业教育有机结合，是一个可行的、可以体现上述特点的路径。例如可以通过思政教师担任班主任、思政教师陪同学生实习、思政教师集体学习职业课程、思政教师下企业等方式，增强教师对学生学习、生活和未来发展状况的了解，最终体现在思政课堂教学的革新上。也可以将经典理论、时事政治、大政方针等思政课的内容融入职业课程的学习，综合培养学生的思维和认知，使学生的专业视野和政治视野能够相互融合。

四、小结

近年来，我国的思政课改革已经取得了很多理论与实践的成果，当下以“大中小学思政课一体化建设”为契机，厘清眼前的掣肘和不足，脚踏实地改善中高职思政课教育教学，将有助于发挥思想政治教育的地方优势、行业优势，有助于职校学生的成长和职业教育的完善，有助于丰富思想政治课的内容和形式，使思想政治教育更上一层楼。

（胡泽勉，浙江省农业商贸职业学院思政课教师）

四

数智、融媒体赋能思政课创新发展

元宇宙技术修辞与思政课的情感生成、虚化与重构

解丽霞

一、元宇宙的入场——思政课创新的智能革命转向

思政课建设如何吸引学生，提升抬头率、点头率，解决方法在技术层面也在不断拓展。在元宇宙出现后，思政课建设面临着新的智能革命转向。

第一，元宇宙的概念本身实现了从小说想象向产业概念的转变。元宇宙缘起于 1981 年出版的小说《真名实姓》，1992 年的小说《雪崩》构建了一个虚拟数字世界，2021 年沙盒游戏平台在纽约交易所成功上市，元宇宙的概念不断进入各个领域，也为教育提供了创新形态。

第二，审美或生活方式从图像域逐渐转向拟态域。传播学家德布雷提出“媒介域”的三种观点，即逻各斯域、书写域和图像域。随着技术的不断升维，原本图像域的语言载体、技术工具、吸引机制等核心要素被弱化，甚至被挤压。技术系统发生重大转向，虚拟仿真在拟态域时代开启了从图形交互到人机交互的跃迁，教育的主体也逐步从传统形态的自然人向虚拟形态的电子人演化。

第三，传播从符号传播转向了具身传播。元宇宙介入思政课之后，空间转向更加关注身体在场的回归，通过身体的赋能，全景的链接和全新的体验，打造出

身体虚拟在场的互动情境，为建立起情感唤醒、凝聚和认同的情感链构建了虚拟空间场。

二、技术修辞——元宇宙与思政课情感的生成方式

第一，弥散式的隐喻激发思政课的内在情感。元宇宙通过传感器、智能设备和感知节点收集现实数据，模拟人的视觉、听觉等感官系统，通过感知系统、情感体验提取学生的情感变量，获得偏好数据，并将这个刺激信号传递给大脑，让学生处于虚实互渗的情境中，把共情的传播渗透到学生认知发展的全空间。

第二，沉浸式的烘托。思政课以更加立体生动、互动仿真、便捷可触的方式进行，学生可以在虚拟空间变为数字人，通过感官的触碰、内心的触动、情感的触发这样一种链式传导得到深化，这样的形式成为思政课场景精进的可行路径。

第三，交互式的声调。人机融合下情感叙事如何升华？从叙事话语来讲，思政课由原来的宏大叙事转向生活对话；从叙事结构来讲，思政课由单纯式封闭转向开放式流动。

三、技术僭越——思政课情感的虚化演绎

在技术的全面渗透下，技术僭越也对思政课的情感有一定虚化。这种虚化，总体来讲，就是使教育对象从熟人社会中情感黏稠的师生交互中抽离出来，社会临场感的缺失引发了师生情感的虚化，主要体现在三个方面。

第一，从服务到导控。技术宰制的工具引发了情感的脱实向虚。

第二，从嵌入到潜置。技术原本是被嵌入思政课教育教学场景，但最后会演化为潜置，即技术互动使主体离场导致师生情感的空心化。

第三，从交互到异化。技术介入的数据依赖引致情感认知的偏离，学生沉浸于技术之中，导致其情感认知的偏离，形成算法的黑箱，等等。

四、突破技术装置的范式——元宇宙与思政课情感的交互重构

第一，资本的归零。破除资本的宰制，建立跨人机的情感监管体系，包括硬性的监管和软性的约束。

第二，有限的断联。要拉紧现实纽带，促进师生情感交互深化，使教育主体从技术的普遍联结、永远在线，转向有限的断联、理性的断联。

第三，能动的抵抗。提升主体认识与控制技术的情感边界渗透。这种能动的抵抗实质上是控制的转移，要厘清技术与情感的边界与区隔，将平台的控制适时地转移给教育主体，激发教育主体独立的思考判断力，以抵御技术依从性思维的侵蚀。

（解丽霞，华南理工大学马克思主义学院院长、教授）

以信息化改革推动思政课高质量建设与发展

傅慧芳

随着信息技术的飞速发展，信息技术手段对思政课质量的引领和提升发挥着越来越明显的作用和效益。近年来，福建师范大学马克思主义学院在这方面作了一些探索和努力，如运用三维全景的信息化技术建设“古田军魂”虚拟仿真实验中心；自主研发学生自主学习平台，如“红船航道”，将红色文化精品课、红色故事动漫、红色景点等红色文化资源，以线上融媒体矩阵的方式进行推送；此外还建设了一些线上、线下的实践性课程，在此基础上产生了两项本届国家教学成果二等奖，三门国家级一流课程，如“八闽红印”“筑梦青春”；创建文科实验室，致力于产生研究性成果；建立信息资源库，为理论梳理和资料库建设提供更大空间；沿着习近平总书记在福建的足迹，对其进行 3D 建模和知识谱系构建，等等。

在信息化建设过程中，技术具有明显优势，例如可以使思政课更加精准化，为学生提供个性化、精准化的产品和服务；推动思政课智慧平台建设，打破传统课堂和课程建设的局限性空间；通过慕课建设开展线上教学活动。与此同时，信息化的技术发展也是一把“双刃剑”，存在很多难题和困境，在技术的理性与价值的理性之间存在着很大的张力。例如，大部分思政课教师倾向于利用技术化的手段强化思政课的质量与效果，结果却导致其形式性和表演性大于其内涵的提升和内容的具体化与深入化。过度依赖信息技术手段，用技术手段取代思政课真正的内涵性建设，这是一种偏离。

思政课的重点在于其价值导向性。技术思维能力与低层次的信息技术的简单架构和链接，会引发严重的海量数据与资源库重复性建设问题，资源供给与思政课教师的真正诉求之间存在很大差异，甚至会被资本裹挟。思政课教师遭到很多数据库和海量数据包的轰炸，想真正找到适合教学过程的技术手段和资源库并不容易。信息技术的运用还造就了发达城市与落后乡村之间信息化的鸿沟，造成了教育信息技术和资源匹配的不平衡性。此外，还有部分教师将线上、线下的混合式课程当作减少自己工作量的某种技术手段。

信息化改革，首先，要贯彻“方法重于技术”的原则。组织制度创新要重技术创新，应用为王，服务至上，示范引领，安全运行。其次，要建立与线上巡课和线下调研相配套的监督机制，防止课堂提质增效变成教学盲点盲区。最后，要坚守数据库安全运行底线，数据库运行的数字化治理标准和安全的数据防护体系的整体构建，实际上还有很漫长的道路要走。

（傅慧芳，福建师范大学马克思主义学院院长、教授）

人工智能时代的思政课改革与创新

陈联俊

思政课是研究人的，人是生活在社会中的，不去观察这个社会如何发展，思政课很难讲好。现在已经进入人工智能时代，不关注人工智能的变化，就无法了解学生所关注的问题。例如上海米哈游公司推出的电子游戏《原神》，就是以中华文化为设计基础，深受青年学子的喜爱，在海外也产生了较大的影响力。因此要讲好思政课，一方面要研究思政课本身的规律，研究学生在想什么，另一方面要关注社会的变化。

在不久前召开的全国人民代表大会上所作的政府工作报告中，特别提到“人工智能+”，北京许多中小学特别注重开设人工智能课程，许多业界人士认为人工智能不亚于一场工业革命、互联网革命。作为思政课教师，一方面要关注思政课教学本身，另一方面更要跳出思政课看待思政课教学。习近平总书记特别指出，人工智能是引领这一轮科技革命和产业变革的战略性技术，具有溢出带动性很强的“头雁”效应。①

一、人工智能对思政课主体的影响

从正面来说，人工智能拓展了主体的思维性。人工智能开辟了人类思维的想

① 习近平：《推动新一代人工智能健康发展》，新华网，2018年10月31日。

象空间，提供了许多有效的精准服务，能够激发主体的思维活力。作为思政课教师，一方面要推动思维创新，不能将思维仅停留在教材与书本上；另一方面是提高学术能力，用学术思维征服学术。

从负面来说，人工智能干扰了主体的价值，带来了主体危机。人工智能以技术性的算法为根本，掌握了知识话语权和信息点，建立了一种新型价值场域。大数据根据人在网络上的轨迹构建了一种算法身份，与现实中通过言语表达展示形象与身份不同，网络空间所构建的身份不一定由人自己定义与把控，数字的歧视与算法的偏见是客观存在的。另外，人工智能可以渗透和影响主体决策。

二、人工智能对思政课客体的影响

第一，人工智能可以选择客体对象。人工智能有较强的对象选择性，通过网络课程，思政课不仅可以教育本专业学生，还可以吸引其他专业学生。

第二，人工智能能够组合客体类型。人工智能通过短视频等方式不断推送，提高精准度。

第三，人工智能可以调整主客体关系。人工智能降低了教师专业身份的存在感，如何把握教育者的控场权是值得思政课教师思考的问题。

第四，人工智能可以重塑客体的认知。人工智能使个性化教育更明显，深度学习和人机交互式学习成为必然趋势，教育可以随时随地发生。

三、人工智能对思政课介体的影响

第一，人工智能能够更新思政课的介体形态。例如虚拟现实、混合现实、增强现实、机器学习互联网、量子计算机、“ChatGPT”“Sora”等。思政课教学如何利用这些技术是一个值得思考的问题。

第二，人工智能强化了介体的功能，促进了介体的联动，加速了介体的飞跃。

四、人工智能对思政课环体的影响

人工智能影响了环体的机制，调整了环体的条件，实现了教育内容、教育时机、教育方式的量身定制。“人工智能+”是必然的，它触发了环体的动力，创设了环体的情境，促进了环体的变迁。

总的来说，思政课建设者要时刻关注时代的变化，不断推进思政课教学的改革与创新。

（陈联俊，暨南大学马克思主义学院党委书记、教授）

红色资源数字化在思想政治教育中的开发与应用

李伏清

之所以做红色资源数字化，主要原因是解决思政课教学中遇到的困难。比如在实践教学这一块有固定的学时，同时也有固定的考核要求，但事实上会面临经费支持不够、时间管理不够、带学生外出实践研究安全保障不够以及师资不够的问题。因此在这几年笔者结合个人的研究兴趣，与合作多年的团队围绕红色资源数字化方面展开工作。主要是以下三个方面：第一个方面是在科研领域里如何实现这种科学的资源数字化，主要是把它转化为我们的科研平台；第二个方面就是在教学的续航里面如何把红色资源立体化；第三个方面就是实践的远航，如何实现红色资源的大众化。当然这种整体的数字化的主要目的是共建共享。

一、科研领航，构建红色资源平台化

在平台方面，通过多年的努力，主要有三个平台跟数字化相关。第一个是毛泽东的图像数据中心建设，力图去建设“一库一网一馆一书”，这里有一个重要的资源，即《红藏》的数字化，400 多卷全部实现了数字化。

第二个是公示的国家革命文物协同研究中心，这是以韶山毛泽东同志纪念馆作为依托协同共建，这里关于革命文物文献的数字化利用与开发研究是与本工作直接相关的。

第三个是本人作为负责人与团队共建的红色资源数字化应用实验室。这个实验室在2023年获批了湖南省首批哲学社会科学重点实验室，主要也是围绕着红色资源数字化，包括重要文献、湘籍无产阶级革命家群体精神风范。

二、教学续航：实现红色资源立体化

还有一个重要的主题就是中国共产党人精神谱系的专题开发，主要是从教学的角度做工作，其中比较突出的就是已经可以投入到线上去进行使用的两门线上虚拟仿真课程。

第一门课程是“恰同学少年”，这是在2020年9月完成的，是面向全国开放的。这个课程紧紧依托于《思想道德与法治》的15个知识点，然后利用红色文化的小故事，将其分成了6个主题，建设成了6个小馆，进行分馆学习。主要的突出点是要突出湘潭大学扎根伟人故里的特色资源建设。

第二门课程是“思想的力量”，这是服务于“毛泽东思想和中国特色社会主义理论体系概论”这门课程的知识点来进行的虚拟仿真化，同步建设了一个实体馆，线上虚拟课会比实体馆增加一些虚拟的沉浸的场景和一些互动的环节。

另外就是几门本校特色课程，第一门是“伟人智慧：大学生学习毛泽东”，另外一门是“领袖智慧：大学生学习习近平”，还有一门课是“恰同学少年”。当然还有就是服务于教育部强调的把四史课作为选择性必修课，所以我们同步推出了“湘潭四史”这门课，在2023年5月上线智慧树平台。现在已经有89所学校使用这门课，然后有4.55万人次实际选课学生，使用量是比较大的。

三、实践远航：推动红色资源大众化

实践远航主要是围绕红色资源在实践中的一些应用。在毛泽东思想专题展方面，每个周末有10多节大课，每一个课堂有180人。在虚拟仿真实验室里，有39个全国代表性的革命纪念场馆，同时还有自制的6个原创性的虚拟仿真课程。

目前正在做的17个专题，所设计的是《习近平新时代中国特色社会主义思想概论》里一专题一场馆的虚拟场馆建设，以及学生的一些思政作品的虚拟展馆，这些都是适用于学生的大思政的各种场合，包括青马工程、团建党建、大中小学思政课一体化建设。我们团队里有70多名本科、硕士或博士的学生，每个周末都是高负荷运转。同时也会服务于对外交流，目前有17个国家的专家学者来寻求合作。

除此之外，依托我们青年青学的项目，带领学生去全国各地的红色场馆，以及采访各种红二代、红三代和专家学者，然后制作湘潭大学特色的思政工作专题片。《换了人间——毛泽东的家书故事》被列为中国共产党远程教育网的学习教程，同时它也获得了全国高校思政课的精品展播首播，获得了广播系统的视频作品奖，以及“五个一工程”。

围绕着调查研究做的几个系列有《问苍茫大地：毛泽东的调研之道》《话说我们的传家宝》《问道调研》《星火燎原》等，这些都是在实践的过程中，带动湘潭大学马克思主义学院三个专业的学生团队去进行的特色思政专题建设。

总之，希望以习近平总书记“3·18”重要讲话里对于思政课老师提出的6个要求作为标准，致力于推动教育数字化工作，笃行脚踏实地的思政工作。

（李伏清，湘潭大学马克思主义学院党委副书记、教授）

数字化技术赋能“大思政课”云教学实践路径研究

霍　琰

在2021年3月的政协会议期间，习近平总书记在会见医药卫生界和教育界委员时，首次阐释了“大思政课”的核心理念。他强调，鉴于实现中华民族伟大复兴战略全局和当前世界正经历的百年未有之大变局，推进“大思政课”的建设需深刻秉持系统观念，紧密结合现实情境，确保改革创新的全方位、深层次、系统性。为贯彻这一理念，2022年7月，教育部等十部门联合发布了《全面推进“大思政课”建设的工作方案》，其中明确提出了构建“大课堂”、打造“大平台”、培育“大师资”的三大核心任务，并着重强调了思想政治教育信息化在推动“大思政课”建设中的重要作用。①

近年来，随着数字技术的迅猛发展，高校在思想政治理论课程中对数字技术的重视和应用逐渐加深。在研究内容上，学术界不仅关注技术的具体应用，更深入地探讨了如何通过这些技术实现教学内涵的革新。包括如何利用大数据实现精准化教学，如何借助新媒体平台实现教学的开放化，以及如何通过虚拟仿真等技术促进教学过程的协同化。这些研究旨在提升思想政治理论课的质量和效果，使其更好地适应数字化时代的需求。数字技术在高校思想政治理论课中的应用已成为学术界研究的热点，未来随着技术的不断进步和应用的深入，这一领域的研究

① 初春、郑敬斌：《“大思政课”的守正创新审思》，《学校党建与思想教育》2023年第5期。

将会更加广泛和深入。在方法论方面，采用数据驱动、整体性和关联性思维来改进教学方法和策略。在教学价值方面，研究如何通过技术优化师生互动、改进评价机制、重塑教学规律。在面临的挑战方面，分析技术应用可能带来的问题，如主流价值观的弱化、隐私保护问题、数据挖掘的难度等。在应对策略方面，提出解决这些问题的方法，如规避伦理风险、加强意识形态阵地意识、提高数据处理能力等。①

一、数字技术赋能“大思政课”的时空延展

“大思政课”的“大”字，其内涵深远，既蕴含了空间的辽阔性，又体现了时间的延展性。在传统的思政课教学模式下，教学空间往往被局限在教室这一狭小范围内。而“大思政课”的构建，则要求在“大课堂”的框架下，拓宽思政课的教学疆域。在推动思政课教学创新的道路上，既要坚守传统的课堂教学这一主阵地，更要勇于探索非传统的教学空间。包括但不限于将思政课融入社会的大熔炉中，让学生在实践中感悟真理；同时，还应构建网络云课堂，利用信息技术的优势，为学生提供更广阔的学习平台。这种教学模式不仅丰富了教学形式，也拓宽了学生的学习渠道，使思想政治教育更具活力和吸引力。“大思政课”还强调时间的延展性。传统的思政课教学往往受限于学校规定的固定时段，而“大课堂”的教学模式则要求我们将教学时间延伸到学生的日常生活中。通过构建“大课堂”教学模式，我们可以使思想政治教育贯穿学生的整个生活过程，实现全时段、全方位的育人目标。数字技术的应用不仅使教学时间和空间得以拓展，也为学生提供了多元化的学习方式和手段，使思想政治教育更加贴近时代、贴近学生。

(一)数字技术助力“大思政课”完善学校小课堂

(1)在数字化时代的浪潮下，大思政课与学校小课堂的融合得到了显著的增

① 郑保卫、尹延永：《掌握意识形态领导权 建构主流舆论新格局——学习党的二十大报告关于新闻宣传工作论述》，《中国广播电视学刊》2022年第12期。

强。数字技术，尤其是大数据的应用，为这一融合提供了强有力的支撑。借助大数据分析工具，教师能够深入挖掘班级学习者的学习特征和学习风格，从而设计出更为精准和个性化的课堂教学方案。这些方案不仅涵盖了传统的文字和书籍资源，还融入了影像、游戏等多元化、立体化的学习资源，以满足不同学习者的需求。同时，大数据的实时监测功能使得教师能够迅速识别出学业上遇到困难的学生，进而为他们提供及时且有针对性的辅导。这一举措不仅提升了教学效果，更体现了以学生为中心的教学理念，真正实现了个性化教学的目标。

(2)在构建社会大课堂与拓展教学空间方面，数字技术展现出了显著的优势。高校思政课承担着传承和弘扬社会主义意识形态的重要使命，这一使命旨在促使学生深刻理解和内化国家与社会的需求，进而在行为上体现出高度的法治素养与道德修养。在高校思政课的教学过程中，注重联系社会生活与实际、诱发学生的真实体验显得尤为重要。数字技术的应用，为这一目标的实现提供了可能性。通过数字技术，我们能够将真实的社会生活场景巧妙地融入虚拟课堂，使学生在学习过程中能够身临其境地感受到社会的脉搏，从而更加深刻地理解和把握思政课的精髓。这种教学方式不仅增强了课堂的互动性和趣味性，也提高了学生对思政课内容的接受度和认同感。

(3)虚拟体验课堂以其前瞻性的教学形态，有效规避了因选择不慎而可能给学生带来的潜在风险。这种教学方式构建了一个高度仿真的虚拟环境，使得教师可以根据教学需求，灵活多变地构建各种教学场景。在这一教学环境中，学生借助先进的可穿戴设备，能够深度沉浸于虚拟世界，探索不同的人生道路，甚至回溯历史长河，亲身体验革命先烈的英勇事迹。这种身临其境的体验不仅极大地丰富了学生的学习经历，更在无形中塑造了他们对世界、人生和价值的深刻认识。通过虚拟体验课堂，学生能够在安全、可控的环境中接触到更为广泛、多元的知识和信息，从而有助于他们形成正确的世界观、人生观和价值观。这种教学方式不仅为学生的学习带来了革命性的变化，也为他们的全面发展奠定了坚实的基础。

(二)数字技术助力“大思政课”建设网络云课堂

(1)在网络云课堂的崭新架构下，学生们能够享有前所未有的学习自由，实现无界限地随时学习和反复复习，从而实时巩固其知识体系。更为关键的是，思想价值的引领已然贯穿于学生全面发展的始终，为其未来成长奠定了坚实的思想基础。通过这些资源，学生们能够接触到更为丰富、多元的学习内容，有助于培养其独立思考和创新能力。与此同时，也为教育领域的创新发展注入了新的活力。网络云课堂以其独特的优势，为学生们提供了一个更为广阔、自由的学习空间。通过系统化整合的教学资源和物联网技术的支持，我们有望推动教育领域的创新发展，培养出更多具有独立思考和创新能力的人才。

(2)在共建共享思政云平台的进程中，首要战略举措在于构建一个汇集高质量课堂教学实录的综合性资源库。为一线教师提供一系列具有显著示范效应的教学案例，特别是那些紧密结合实践、深刻反映时代脉搏的卓越教学实例。此举旨在通过具体、生动的案例，为教师提供直观、可借鉴的教学范式。为进一步提升教师备课效率与质量，需要构建一个多元化的素材库，这将极大地丰富教师的教学选择，使其备课过程更加高效、便捷。为了加强学校间的远程协同与交流，应着力打造高清同步网络课堂系统，实现全息互动授课模式。这一创新举措鼓励教师积极参与教学资源库的共建共享，不仅限于校级层面，更应拓展至市级、省级乃至国家级层面。通过云传播等先进技术，实现教育资源的广泛共享与高效利用。这一举措将极大地丰富教学资源库的内容，为培养新时代的优秀人才提供坚实支撑。①

(三)数字技术助力“大思政课”建设网络云平台

在深化学生综合素养培育的实践中，我们创新性地运用网络与数字技术，实

---

① 朱珂、张莹、李瑞丽：《全息课堂：基于数字孪生的可视化三维学习空间新探》，《远程教育杂志》2020 年第 38 期。

现了资源的深度整合与学科特色的凸显，同时强化了政治意识教育的核心地位。构建了时政资源库，这一资源库紧密围绕时事政治，以新华社、《人民日报》、“学习强国”等权威媒体为基石，涵盖党史、科技、法治、军事等主题，确保内容时效性与权威性的同时，有效激发了学生的爱国情怀。为进一步拓宽学生的知识视野，我们打造了知识扩展库，致力于不同学段思政课程的深度融合，开发了符合学生认知规律的教学资源，并与大学慕课等高质量课程资源形成有机链接，为学生的理论学习提供了更为广阔的舞台。在跨学科资源整合方面，打破学科壁垒，将语文、历史、地理等学科资源有效整合，形成了畅通的学习渠道，推动了思政课向全方位思想政治教育的转型升级。旨在帮助他们形成正确的世界观、人生观和价值观，同时培养他们的社会责任感和历史使命感，为实现学生的全面发展奠定坚实基础。

二、数字技术赋能“大思政课”整合“大师资”

习近平总书记在中国人民大学考察时强调，办好思政课关键在教师。构建成功的“大思政课”体系，关键在于汇聚一支“大师资”团队，携手塑造一个包容的“大课堂”和多功能的“大平台”，以确保教育的广度和深度。《全面推进“大思政课”建设的工作方案》对“大师资”建设提出了三点具体的要求，即建设专兼结合的师资队伍、搭建队伍研究平台和提升队伍综合能力。

（一）数字技术赋能高校思政课优质师资整合

(1)在高校的思政课堂上，数字技术的融入为优质师资的整合与共享提供了强大的支持。首先，借助大数据技术，我们可以全面整合来自不同层级高校的思政课教师资源，实现数据的可视化处理。这样，根据每位教师的教学专长和风格，我们可以精准地构建出符合教学内容的最优教师团队。优秀师资可以跨越校园界限，参与各类专题教学。慕课、腾讯会议等平台拓宽了校外师资的教学参与途径，同时，数字技术为兼职思政课教师的招聘带来了便捷。全息影像让英雄模范事迹在课堂上栩栩如生，尤其是教育元宇宙技术突破时空限制，为高校教师与辅导员打造了一堂别开生面的思政课。

(2)国家社科基金与教育部人文社科项目中设立思政课教师专项研究，体现了国家对思政课研究的高度重视。虽然全国研究平台借助数字技术成功构建，但是在全面审视当前思想政治教育研究现状时，各地的研究进展与成果呈现出参差不齐的态势。为了打破这一局面，有必要借助数字技术的强大力量，以创新的视角来推动思想政治教育研究的转型升级。构建跨校、跨区域的思想政治理论课研究平台，这一平台将汇聚来自不同地域、不同学校的优秀思政课教师，使他们能够在此平台上共享资源、交流经验，从而形成更为紧密的研究团队。教师们通过互相学习、借鉴，不断提升研究水平。同时，还可以依托平台组织线上线下相结合的研讨活动，围绕热点话题和典型案例进行深入探讨，分享各自在教学实践中的成功经验和创新做法。

(3)数字技术的引入对国家、地方、学校三级培训体系进行了重塑，彰显出高校思政课的教学和师资队伍建设发生了根本性的变化。跨时空的集体备课机制在数字技术的推动下得以广泛应用，各地能够便捷地共享全国优质培训资源，实现了统一规划与高效协同，极大地提升了资源利用效率。这一变革不仅为思政课教师整体综合能力的提升提供了强大支撑，还推动了教师队伍的专业化和现代化发展，让教学质量跃上新的台阶。

(二)数字技术赋能高校思政课教学效果精准化

云沟通技术在当代课堂教学中扮演着举足轻重的角色，它为传统的教学环节注入了新的活力与内涵。在课前准备阶段，云沟通技术通过数据收集与分析，为教师提供了精准化的备课支持，使教师能够基于学生的学习情况与需求进行更有针对性的教学设计。而在课堂教学过程中，云沟通工具则成为师生之间立体化互动的桥梁，它支持多种形式的互动与交流，促进了知识的有效传递与理解。课后，云沟通技术还能够为教师提供个性化辅导的方向指引，基于学生的学习反馈与数据分析，教师可以为学生提供更为精准、个性化的学习建议，从而进一步提升课堂的教学实效。

(1)课前对学生认知状况进行精准的数据分析，是实现教学精准化的基础与关键。课前通过云沟通技术，教师能够深入剖析学生的学习状态，进而实现对学生学习需求的精准定位和定向。精准定位是精准教学的基石，为教师们指引教学的起始点。凭借“5G+AI+大数据”的先进技术，教师能够细致洞察学生的学习现状及未来潜力。精准定向则是教学的航标，它清晰地指向教学的终极目标。借由多模态数据感知技术，从各类平台和资源中，教师们汇集了学生的作业记录、在线学习足迹、课堂表现、互动反馈及情感状态等丰富数据，进行深入的量化和质化研究。这一分析为教师准确把握学生的实际需求提供了明灯，让他们能围绕学生需求设定教学目标。帮助教师根据分析成果科学规划教学的每一个环节。例如，基于大数据的反馈，对于较简单的知识点，教师可以鼓励学生自主学习；对于较复杂或需要深入理解的知识点，则可以采取学生合作或师生共同探究的教学模式，实现课堂教学的“精准滴灌”，确保每一位学生都能得到适合其学习水平和发展需求的教学支持。①

(2)课堂教学中，创新教学方法引领未来学习，引入了革新性的教学模式，其核心在于智慧课堂的云沟通功能，旨在打破传统课堂的时空限制，构建一个真实、动态的学习环境。将学术内容融入生动具体的情境，使原本严肃抽象的知识变得鲜活有趣，更能引起学生的共鸣与兴趣。特别是“5G+VR”技术的应用，为学生带来了前所未有的学习体验。这种教学模式不仅提升了学生的参与热情，还使他们在合作交流、分工协作中实现了知识的迁移与深度学习。多元智慧课堂的云沟通功能为学生提供了一个共享、协作、创造的平台。在这个平台上，学生们可以自由地交流思想、分享知识、解决问题。

(3)在推进教育教学创新的过程中，云沟通平台的引入显著拓宽了师生交流的空间，使课后的个性化辅导与差异化学习得以高效实现。为了贯彻“双减”政

① 张立新、秦丹：《分布式认知视角下个人网络学习空间中有效学习的保障路径研究》，《电化教育研究》2018 年第 39 期。

策，优化学生的学习体验，教师在课后精心设计了分层的闯关测试。这些测试按照难度梯度划分为一般、中等、困难三个层次，学生必须依次通过前一层级的挑战，方可进入下一层级的探索。此种分层作业的设计，不仅体现了对“双减”政策的深刻理解和有效实施，更在实质上促进了教育教学的减负增质。学生们可以依据自身的学习情况和兴趣，有选择性地完成相应层级的作业，从而避免了学生因内容过于简单而“吃不饱”，或因难度过高而“吃不了”的问题。通过闯关测试，解决了学优生内容单调、学困生难度过大的问题，确保每位学生的学习需求得到满足。测试后，学生可即时在云平台查看得分，细致分析错题，精准提升学习效果。这一流程构建了“学习—反馈—深化”的高效循环，极大提升了学习质量。此外，教师还可以根据学生的实际情况，推送个性化的学习资源，实现真正意义上的“私人定制”教学，进一步提升了教学效果和学生的学习体验。

(三)数字技术赋能高校思政课教学平台建设

数字技术的参与和支撑，是针对“大思政课”的“大平台”构建，尤其是《全面推进“大思政课”建设的工作方案》等文件的出台，提出一个全面且具体的策略框架，其中涵盖了一系列具有前瞻性和创新性的方案，旨在深化全国高校思政课程教学改革，同时提出要优化国家智慧教育平台的功能应用，以及打造高效的网络教育宣传云平台等多维度的要求。

(1)数字技术的参与，增强了思政课创新实效。借助网络平台，教师团队备课与研修变得更为便捷，学生的自主学习也更为高效。平台汇聚了丰富的教学素材、案例及专业培训资源，让学生可以根据个性化学习需求精准选择。同时，主管部门能实时获取教学数据，为教师提供有针对性的指导与评估，推动思政课教学的创新与发展。

(2)数字技术的赋能，提升了思政课教师的教学效果。国家智慧教育平台的构建，不仅为老师提供教学案例与课件资源，也为学生提供了包括视频教程、虚拟仿真游戏、电子图书等多样化的自学素材。这些资源的整合与共享，极大地丰富了思政课的教学内容，提升了教学效果。更为关键的是，国家智慧教育平台的建立，使得思政课教师能够从烦琐的、低阶的教学任务中解脱出来，专注于更具挑战性和创造性的课程设计、师生交流等工作。这不仅有助于提升教师的专业素养，更能使教师更加深入地关注学生的学习需求，思考如何将思政课程真正融入学生的心灵深处。

(3)数字技术的融入，拓展了思想政治教育渠道和范围。通过积极研发成本适宜的虚拟仿真教学资源，组织开展“同上一堂思政大课”活动，学习使用“学习强国”“易班”“高校思想政治工作网”等云端教育平台，显著扩大了思想政治教育的传播范围，提高了宣传效果，同时拓宽了思想政治教育的渠道，使思政课程的影响力得到进一步提升。

三、数字化技术赋能“大思政课”学习方式个性化

智慧思政在融合移动、泛在、物联、人工智能等前沿技术后，显著转变了传统物理课堂的教学模式，成功转化为动态的泛在学习环境。这一转变不仅扩展了学习空间，还重塑了学习范式。

(一)延展学习空间与改变学习范式

(1)在当下教育领域的演进中，我们致力于构建一个以虚拟现实为核心，融合多种先进技术的教育生态，从而塑造一个高效且互动性强的学习空间。此空间的设计旨在实现线上线下学习的无缝衔接，为学生提供一个自主建构知识的广阔平台。特别是通过5G、全息以及XR等技术的集成应用，随时随地接入学习，极大地拓展了学习的时空边界，增强了学习的灵活性和便捷性。这一转变不仅实现了学习空间的融合，而且重塑了学习范式，使学生能够享受到更加高效、便捷和个性化的学习体验。通过云学习平台，学生可以根据自己的学习进度和兴趣，自主选择学习资源和学习路径，实现知识的个性化建构和深度学习。同时，教师也能够通过平台的数据分析功能，及时了解学生的学习情况，为教学提供更为精准的指导。

(2)构建多功能数字化学习平台，赋能学生高效学习体验。打造一个全方位的数字化学习工具箱，旨在提供更加便捷、高效的学习体验。整合了多模态的学习资源，包括教材、教辅材料、习题库、视频图片等，并运用了先进的知识图谱和文献可视化分析技术，将这些信息以数字化的形式进行存储和检索。学生可以根据自己的学习进度和兴趣，随时随地访问这些资源，实现个性化的学习规划。鼓励学生充分利用课余时间，通过数字化平台深入探索博物馆、展览馆、革命纪念馆以及历史文化遗迹等丰富的知识宝库。这些平台不仅为学生提供了便捷的检索功能，帮助他们快速获取相关知识信息，而且激发了学生自主获取信息、探究知识的兴趣，拓宽了他们的学习视野。通过这一数字化学习工具箱的构建，我们期望能够为学生打开一扇通往社会大课堂的"大门"，让思政课的学习不再局限于课堂之内，而是真正融入广阔的社会实践。①

(二)拓展认知空间与依托人机协同

(1)在深入研讨智慧思政的实施策略时，分布式认知理论的重要性不容忽视。该理论以功能系统为分析单元，独到地揭示了认知活动的多维性及其来源。它不仅突出了人际互动在认知过程中的核心地位，更将人与工具、环境之间的交互纳入考量，从而全面、深入地刻画了认知的复杂结构。在智慧思政的实践中，我们成功地将分布式认知理论与实际运作相融合。通过精心构建云学习交流平台，我们显著提升了师生间、生生间的交流互动效率，使得知识的传播与吸收更加高效。在这一过程中，知识的生成与内化得到了极大的促进，进而推动了整体认知水平的提升。

(2)在智慧思政的宏观框架下，人类、机器与物质资源实现了深度的整合与融合，构建了一个紧密交织、相互支撑、共同进步的生态网络。这一融合模式不仅显著增强了人与人、机器与机器以及人与机器之间的互联互通，更为学生群体

---

① 彭庆红：《数字化推动"大思政课"建设的依据、原则与路径》，《思想理论教育导刊》2023 年第 11 期。

提供了高度个性化的资源适配服务。个性化自适应学习系统正是基于对学生个体差异的深入理解和尊重，通过精准分析学生的学习过程数据，实施个性化的教学干预，精准推送适宜的学习资源，从而有效推动了真实、高效学习环境的形成与发展。这一过程不仅体现了智慧思政在教育领域的创新应用，也为未来教育模式的探索与发展提供了有力的支撑与借鉴。

(3)在智慧思政教育领域，人工智能技术的应用带来了教学和学习方式的革新。数据挖掘与分析：利用人工智能对学生的学习能力、习惯和学习轨迹等数据进行深入分析，以获得对学生学习行为的全面理解。适配性学习模型：基于上述分析结果，构建了个性化的学习模型，该模型能够根据学生的个体差异，智能推荐适合其认知水平的学习策略和资源。个性化学习体验：通过智能推送系统，确保每位学生都能获得与其学习需求和能力相匹配的定制化学习内容，实现了真正意义上的“个性化学习”。智慧思政教育通过人工智能技术的整合，为学生提供了更加精准和高效的学习支持，同时也为教师提供了更深入地洞察学生学习状态的工具，共同促进了教育质量的整体提升。通过这一创新模式，我们有效提升了学生的学习体验和学习效率，为智慧思政的深入发展奠定了坚实基础。

(三)依托数字孪生技术与虚拟场景

(1)优化数字孪生技术，革新思政课建设环境。数字孪生技术为思政课建设提供了全新的视角和平台。该技术通过精准映射现实世界的实体对象，构建出高度逼真的数字化模型，形成一个沉浸式的虚拟现实空间。在“大思政课”的建设中，利用数字孪生技术的这一优势，结合三维成像、立体投影显示、多通道视景同步、三维计算机图像及音响技术等，为思政课的教学提供了前所未有的体验。通过数字孪生技术，能够重现党领导人民所经历的重大战役、关键会议和标志性事件。这些历史事件被精准地模拟和呈现，使学生仿佛置身于那个历史时刻，亲身感受当时的氛围和情境。增强了教学的真实感和代入感，还极大地提升了学生的学习兴趣和参与度。突破了传统课堂的局限，为学生提供了一个沉浸式、交互式的学习环境。

(2)优化数字孪生技术，打造思政课建设的新体验。数字孪生技术为教学领域带来了革命性的创新，特别是在思政课的教学中。该技术通过融合多感官体验，包括听觉、视觉和触觉，为参与者创造了沉浸式的学习环境。在理论教学层面，数字孪生技术能够将抽象的思政语言和深邃的历史故事转化为生动逼真的三维可视化模型，使学生能够更加直观地理解和掌握知识。在实践教学环节，数字孪生技术则能够模拟出与现实环境高度一致的虚拟场景。通过这种方式，教师能够以虚拟场景为基础，实现与现实教学的精准映射，有效提升教学质量。此外，为了进一步增强教学的吸引力和参与度，可以借鉴红色游戏、红色剧本杀等数字化形式的成功经验。通过在教学中穿插故事线索，引导学生深入参与，不仅能够激发学生的学习兴趣，还能够加深他们对思政知识的理解和记忆。

(3)基于数字孪生技术的思政课教学评价优化研究。将数字孪生技术融入思政课教学中，构建一个与物理空间高度一致的虚拟教学环境，实现教学过程的全面监控与精准评价。数字孪生技术能够实时捕捉和模拟学生在思政课学习过程中的各项数据，如学习行为、知识掌握程度等，并将这些数据即时反馈到数字孪生体中。通过这一机制，可以对学生的学习状态进行多维度的分析，为教师提供科学、全面的教学反馈。同时，学生也能通过数字孪生体实时了解自己的学习进度和成绩，从而更加有针对性地进行学习和复习。通过优化数字孪生技术在思政课教学中的应用，我们能够最大程度地发挥“大思政课”虚拟场景的建设效益。

四、数字化技术赋能“大思政课”云评价素养化

云评价技术的引入，为思政课教学的效果评估领域带来了颠覆性的革新。该技术依托其先进的数据采集、处理、传输、保存与分析流程，能够精准地构建学生的“全息”数据模型，实现对线上线下数据的实时、动态追踪。这一转变不仅极大地提升了教学评估的精确性和时效性，还有效推动了教学效果的即时反馈与“教—学—评”一体化策略的深入实施。这一变革性的进步，无疑为思政课教学的效果评估提供了强有力的技术支撑，进一步提升了教学质量和效率。

（一）评价机制精准科学，教学效果实时反馈

（1）传统的思政课教学评价方式，如学生评教和专家评审，往往受限于主观性和静态性，难以全面、动态地反映教学效果。而云评价技术的引入，凭借其强大的计算能力和数据分析能力，使得教学评价得以数字化、指标化和显性化。这不仅使评价过程更加客观和科学，也为思政课教学质量的持续改进提供了有力的数据支撑。

（2）云评价技术能够实时记录教师“教”与学生“学”的详细情况，为教师提供了及时、全面的教学反馈。通过对反馈数据的深度分析，教师可以准确地把握教学过程中存在的问题，及时调整教学策略，优化教学方法。这种基于数据的决策方式，有助于提升思政课教学的针对性和实效性。

（3）构建基于云评价技术的“大思政课”教学综合评价体系，有助于推动思政课程的创新与发展。通过对学生自主学习、课堂表现、课后作业等多维度数据的综合评价，可以更加全面地了解学生的学习状况和发展需求，从而设计出更符合学生实际的教学内容和活动。这不仅能够提升学生的学习兴趣和参与度，还能够培养学生的综合素养和创新能力。

（二）评价内容多维全面，突出评价素养导向

（1）云评价技术依托教育大数据，实现了对思政课教学全流程的持续性评价。课前评估，利用平台收集的大数据，对学生的自学情况进行分析和评估，以了解他们的学习基础和准备情况。课后阶段，则通过学生的作业完成情况来评估学生的知识掌握和应用能力。这种全方位、多维度的评价方式，能够更加全面、客观地反映学生的学习状况和发展水平。这种评价方法通过多个维度和全方位的数据收集，能够更全面、客观地反映学生的学习状态和发展潜力，为教学提供更准确的反馈和指导。①

---

① 姜强、赵蔚、李松：《个性化自适应学习研究》，《中国电化教育》2016 年第 2 期。

(2)在云评价的过程中，特别强调素养导向。这意味着在评价学生的学习效果时，不仅关注学生对知识点的掌握情况，更关注学生在学习过程中所展现出的批判性思维、创新能力、团队协作能力等核心素养。通过对学生这些核心素养的评价，我们可以更加准确地把握学生的发展潜力和成长方向，从而为他们提供更加个性化的学习支持和指导。后文，我们将深入探讨一种创新的云评价系统，该系统不仅限于传统的知识掌握评价，而是进一步深入学生素养的全面提升层面。该系统的实施涉及多个关键环节。

(3)云评价系统以人机协作为核心，打造出一个综合了平台自动评价、同伴互评、教师专业评价以及家长参与评价的多角度评价体系。平台具备强大的数据分析能力，能够收集、分析数据，并构建学生的“数字画像”，从而提供个性化的学习建议。学生之间通过在线评价量表进行互评，这种互评方式不仅促进了学习共同体的形成，也增强了学生之间的合作与交流。教师则可以采取多种评价方式，如口头评价、文字点评、图片解析或语音指导，以确保评价的全面性和有效性。此外，家长也能通过手机终端实时关注学生的学习情况，实现家校之间的无缝对接，共同为学生的成长保驾护航。

(三)评价结果可视化，完善数字档案云评价

(1)评价结果的即时性使得教师能够迅速了解学生的学习状况，从而及时调整教学策略，实现“评价即学习”的目标。通过区块链技术，学生的所有信息被保存在服务器中，并且形成了动态化的学习档案。这种动态化的评价结果不仅有利于长期追踪学生的学习过程，还能通过可视化学习报表和动态曲线图，清晰展示学生的发展轨迹。

(2)云评价系统以其高效、全面、可视化的特点，为智慧思政的发展提供了强有力的支持。随着时代的进步，智慧思政已成为教育领域的必然趋势，而云评价系统无疑是推动这一趋势的重要力量。在当今数字化浪潮中，思政课教师面临着前所未有的挑战与机遇。为了有效应对这些挑战并抓住机遇，必须致力于提升自身的现代化信息技术素养。通过深度融合线上与线下的教学模式，可以打造出

一个具有多维度特性的思政课体系，现代化信息技术的运用可以使我们突破传统课堂的限制，实现资源的全球共享和信息的即时传递。线上平台提供了丰富的教学资源。同时，线下课堂作为师生直接交流的重要场所，其互动性和即时反馈性是无法被线上教学完全替代的。①

(3)思政课教师应积极探索线上线下相结合的教学模式，利用现代化信息技术手段，构建一个有高度、有广度、有深度、有温度、有力度的思政课体系。这需要我们不断提升自身的信息技术能力，学会运用各种教学软件和工具，如在线教育平台、数据分析工具等，更好地服务教学和学生。通过这样的教学模式改革，我们可以有效提高思政课的育人实效，培养更多具有高尚品德、创新精神和实践能力的优秀人才，为国家的繁荣和发展作出更大的贡献。

（霍琰，武汉大学马克思主义学院博士研究生）

① 杨现民、李新、吴焕庆等：《区块链技术在教育领域的应用模式与现实挑战》，《现代远程教育研究》2017年第2期。

智慧赋能高校思想政治理论课的机遇挑战及现实进路[①]

张琪如

2024年2月，Open AI公司推出世界首个视频生成模型Sora，以迅雷不及掩耳之势席卷全球，其强大的功能引发了人们无限的想象力和创造力。作为新时代实现教育变革和教育现代化的重要驱动力量，人工智能正深刻改变着教育理念、教育空间、教学方式和教育管理模式，引领高等教育进入人机协同、跨学科融合、共创分享的智能时代。高校思想政治理论课肩负着培养社会主义建设者和接班人的使命，在人工智能与思想引导相互交融的时代趋势下，思想政治理论课能否基于“认识创新—内容优化—模式转型—场景应用—主体共建”进一步深化智慧赋能的深度与广度，从而实现思想政治理论课的育人目标，显得尤为重要。

一、智慧赋能教育教学的提出

“赋能”本意指为行动主体赋予某种能力和能量。伴随现代技术的普及发展，涌现出人工智能赋能、数字化赋能、平台赋能等智慧赋能形式。作为赋能理论的具体实现方式，智慧赋能可以理解为通过数字化、网络化、智能化等手段对某一

① 基金项目：教育部人文社科研究青年基金项目“新时代中国式现代化话语体系建构的逻辑理路与实践路径研究”（23YJC710121）；山东大学教育教学改革研究一般项目“数字化赋能高校思想政治理论课教学评价研究”（2023Y212）。

主体赋予能力和力量，被广泛应用于心理学、教育学、管理学等学科。智慧赋能高等教育教学不仅强调人工智能在高等教育教学中的应用创新，同时注重智慧赋能过程中教育场景的真实可感，注重赋能后教育主体和对象能力的提升。

一方面，智慧赋能教育教学是高等教育强国建设的战略需要。当今世界第四次工业革命、第四次科技革命和第四次教育革命同时席卷而来，传统的教育强国、科技强国和人才强国正在经历新一轮的调整与变革。未来十年，世界教育进入"4.0"时代，网络化、数字化和智慧化日新月异，新技术赋能加速了教育教学从传统到现代的战略转型，推进了实体教育与虚拟教育的深度融合，特别是以ChatGPT为代表的生成式人工智能兴起，带动了教育方式与学习方式的深刻变革，引起了全社会的广泛关注和热议。面向未来的教育强国建设和教育现代化竞争，优势重组、教育重塑，体系重构、模式重建考验着教育改革领导者的战略智慧与治理能力。2022年10月，党的二十大报告提出建设"网络强国、数字中国"的战略目标，要求"坚持科技是第一生产力、人才是第一资源、创新是第一动力，深入实施科教兴国战略、人才强国战略、创新驱动发展战略，开辟发展新领域新赛道，不断塑造发展新动能新优势……推进教育数字化，建设全民终身学习的学习型社会、学习型大国"①。2023年2月，世界数字教育大会在北京召开，会议以"数字变革与教育未来"为主题，集中探讨了教育数字化转型、数字学习资源开发与应用、师生数字素养提升、数字化发展评估等主题。2023年4月以来，教育部积极配合中央教育改革领导小组研究编制教育强国建设相关文件，对于教育强国建设进行整体谋划。2023年5月，习近平总书记强调，"教育兴则国家兴，教育强则国家强。建设教育强国，是全面建成社会主义现代化强国的战略先导，是实现高水平科技自立自强的重要支撑，是促进全体人民共同富裕的有效途径，是以中国式现代化全面推进中华民族伟大复兴的基础工程"②。2024年1月，世

① 习近平：《高举中国特色社会主义伟大旗帜 为全面建设社会主义现代化国家而团结奋斗——在中国共产党第二十次全国代表大会上的报告》，人民出版社2022年版，第33~34页。

② 习近平：《加快建设教育强国 为中华民族伟大复兴提供有力支撑》，《人民日报》2023年5月30日。

界数字教育大会在上海召开，会议以“数字教育：应用、共享、创新”为主题，发布了《数字教育合作上海倡议》，倡导教育数字化是全球范围内教育变革的战略选择与关键举措。发展数字教育，关键在应用，潜力在共享，生命力在创新。由此，个性化、终身化、多样化教育格局正在形成，智慧赋能高校教育教学将彻底改变课程设计、教学模式和学习方式，将大幅提升学习的效率和水平。让智慧赋能教与学，推进教育方式与学习方式变革，推进科技与教育的融合发展。

另一方面，智慧赋能教育教学是思想政治理论课守正创新的内在需要。从技术优化教育教学的历史进程来看，学生成长、教师发展、环境升级是科技赋能教育的核心价值。① 学生是教育教学的对象，教师是引导学生学习的主体，高校是提供师生学习、生活与工作的场所，并为师生提供服务，三者构成高校教育教学有机整体。因此，智慧赋能高等教育教学的基本逻辑是通过与教育教学场景的持续互动相匹配，赋能“学生—教师—高校”三大主体，进而融入高等教育教学生态。智慧赋能教育包括以下共性价值：一是服务于学生的适应性成长，如助力学生的知识获取、服务于自主学习、增强学习评测的精准性与实时性等；二是助力教师的发展，可以促进差异化教学、精准教学、人机协同教学等，服务于教师自身的专业发展，更新观念、重塑角色以及提升素养；三是支持环境的升级，强调改变高校的空间结构，改造教育教学管理与服务流程，促使办学形态转变。其中，培养什么人，是教育的首要问题。培养什么人、怎样培养人、为谁培养人是教育的根本问题，也是建设教育强国的核心课题。培养德智体美劳全面发展的社会主义建设者和接班人，是建设教育强国、实现中国教育现代化的共同目标和价值追求。可见，高等教育教学除具备教育的一般属性外，还包括思想政治教育的特殊属性。高校思想政治理论课承担着培养有理想、敢担当、能吃苦、肯奋斗的时代新人的职能和使命，因而智慧赋能教育教学还应考虑思想政治理论课内在发展的需求。如今，知识体系、理论体系、人才培养体系的迭代更新，思想政治教

① 黄荣怀、李敏、刘嘉豪：《教育现代化的人工智能价值分析》，《国家教育行政学院学报》2021 年第 9 期。

育本身具有鲜明的立场性、时代性、高阶性、创新性、未来性，智慧赋能高校思想政治理论课，要充分利用现代信息技术、大数据、人工智能技术融入“大思政课”，构建人机交互的现代化教育体系和学习体系，营造更加多样化、个性化、交互性的学习环境，提供丰富的思想政治理论课教学资源，提升思想政治理论课教学网络化、数字化、智能化水平，为培养学生的家国情怀、人文素养、科学精神、创新能力、国际视野提供现代化教育服务。

二、智慧赋能高校思想政治理论课的新机遇

智慧赋能思想政治理论课的新机遇主要表现为拓展教学内容、实现供给优化、推进场景变迁、优化能力结构四个方面。其中，教学内容的优质化是智慧赋能思政课的发生基础，教学模式的智能化是人工智能赋能思政课的发生前提，教学场景的可视化是智慧赋能思政课的发生程序，教学主体的结构优化是智慧赋能思政课的发生保障。

(一)教学内容的优质化

智慧时代高校思想政治理论课迎来了新的发展机遇，首先便是新文科建设。从2018年8月中共中央提出“高等教育要努力发展新工科、新医科、新农科、新文科”，到2020年11月教育部正式发布《新文科建设宣言》，再到2021年3月教育部办公厅发布《关于推进新文科研究与改革实践项目的通知》，国家日益重视和推进新文科建设，以继承与创新、交叉与融合、协同与共享为途径，融入现代信息技术，赋能新文科教育，促进多学科交叉与深度融合，培养适应现代化强国建设需要的应用型复合型新文科人才。因此，思想政治理论课要适应新文科发展的需求，紧跟新一轮科技革命和产业变革新趋势，积极推动人工智能、大数据等现代信息技术与思政课深度融合，实现自身教学内容的优质化发展。其中，学科交叉与融合的时代发展，促成了课程思政建设，从教学内容上出现了扩容与更新的发展要求，思想政治理论课从内容范围上延展到新文科，再由课程思政进一步

延展到新工科、新医科、新农科，在智慧赋能课程思政清晰、规范、适宜、系统的安排之下，实现了教学内容和资源的扩充。然而，我们要清楚地认识到，教学内容得到全方位延展和更新，资源更加丰富，势必要促使教师主体对繁杂多样的教学资源进行筛选，需要教师主体在掌握丰富教学资源的基础上，以主流意识形态和主流价值观为总体导向，利用智慧赋能筛选程序的准确性、快捷性、规范性等优势，协同实现教学内容的优质化。

（二）教学模式的智能化

智慧赋能高校思想政治理论课，带动了思想政治理论课教学模式的转型，由传统的教师与学生建构的教育教学模式向“教师—AI—学生”转型。现代信息技术、大数据、人工智能技术的深度叠加，为思想政治理论课价值构建提供了技术支持。一是智慧赋能具象化需求端。通过数据分析，人工智能可以精准地描绘受教育者的思想轨迹、互动需求、心理期待等，将受教育者层层细分，实现思想政治理论课教学内容与受教育者主体价值需求之间的匹配，以全时、全域、全息、全向的智慧化传播模式，实现理想信念的传导与价值观念的塑造，实现教育过程中“通过交往发生的‘接受—反应’及‘影响—反影响’的循环往复的互动过程”①，塑造思想政治理论课的互动教学模式。二是智慧赋能靶向化的供给方向与内容。通过利用案例图谱、热点聚类、文本分类等多种方法，人工智能可以对事件的发生发展、形成特点和风险等级进行自动总结，图示舆论发展动态并给出趋势预测，提升思想政治理论课教学内容的及时性与前瞻性，实现思想政治理论课教学内容的对标性与精准性产出。通过对地域、情感、热度等多重属性进行定位，在此基础上进行数据的分类挖掘，可以有效监测和研判事件中所蕴含的多重价值倾向，实现分类多向输出价值内容，提升思想政治理论课的针对性与实效性。三是智慧赋能可以减弱供给端风险。人工智能突破了过去依赖关键字搜索的模式，通

① 董雅华：《思想政治教育概念厘定的向度和要义》，《思想理论教育导刊》2020年第9期。

过过滤标记、语义识别、视频识别等技术，能够及时捕捉与识别网络中非主流意识形态的内容，阻断违规内容的出现，避免观念脱钩与价值偏向，降低错误思潮的传播风险，进而有效扩大主流价值传播。由此可见，智慧赋能在解决思想政治理论课教学模式的供需矛盾上发挥着强大的工具效能，展示出强大的技术革命力与服务力。

（三）教学场景的可视化

智慧赋能思想政治理论课是一场全面的、整体的变革，教学场景的变迁正塑造着思想政治理论课形成教育模式的新生态。一方面，智慧赋能承载着思想政治教育叙事场景转变。智慧赋能思想政治理论课的价值重构，对社会受众的价值观念、认知体系等进行智能化的解读与建构，增强了思想政治理论课的辐射效果，促进价值观念在教学过程中的确立和巩固。以生成式智能技术建构的虚拟世界和现实世界日益趋同，甚至达到真假难辨的程度，智慧科技所形成的虚拟现实场景必将成为思想政治理论课的重要场景。这种场景以生动、鲜活、逼真、即时的意识流推动价值观念的主动生成，有效地扩展了思想政治理论课新的叙事空间。这一空间通过文生视频大模型可以非常形象逼真地展示出来，将当下流行的以问题为导向的体验式学习、沉浸式学习、探究式学习、项目式学习等多元的学习模式转变为可视化的教育教学场景。另一方面，智慧赋能驱动思想政治理论课整体生态场景发生跃迁。智慧赋能思想政治理论课通过“数据资产化、数据思想化、数据产品化”①，使得思想政治理论课的教学资源更具生命力，推动思想政治理论课向智慧化转型，实现对教学主体价值发展规律的探求、教学设计的系统决策、教学育人过程的全方位诊断、教学内容的换位式体验以及教学要素的动态化考核与评价。智慧赋能改变了思想政治理论课的生态环境，改变了学校、社会、家庭的育人关系，推动了协同教学场景的搭建。

---

① 唐良虎、吴满意：《数据思政：基本意涵、生成逻辑与实践样态》，《思想理论教育》2022 年第 5 期。

(四)教学主体的能力优化

智慧赋能高校思想政治理论课是对教育者的重要挑战，教育者要结合思想政治理论课的育人目标与人工智能的嵌入趋向，实现思想引导与技术驾驭的统一。一方面，智慧赋能内含对教育者能力的要求。智慧赋能通过提升劳动生产率，打破空间区域限制，解构社会等级与阶层，为人的自由而全面的发展创造了可能空间。然而，教育者也必须面对智慧赋能带来的认知重构、方式重组以及学科重建等问题，以及主流价值观在智慧赋能思想政治理论课的过程中可能出现的技术悬浮、技术依赖、技术风险等问题。这就需要教育者提升与算法博弈的能力，推动人的互动交往与知情意行的虚实流动，以人机融合为目标推进思想政治理论课的要素创新与空间开发，以批判与融合的态度探索立德树人、培养时代新人的新方式与新主张。另一方面，智慧赋能内含技术规训者的能力共建。智慧赋能思想政治理论课需要技术构建研发者、数据收集供应者、主体协同监督者等各方共同承担责任，在此基础上实现价值理性的规范。与思想政治理论课相匹配的技术研发，是满足思想政治理论课智能化的重要环节。为此，要借助智慧赋能对受教育者的观念数据进行原始收集与结构输出，同时，也要发挥主体协同与监督作用，建立相对应的数据、算法、科研等规则，确保数据共享、技术应用过程的规范，以促进思想引导与技术应用的深度融合。

三、智慧赋能高校思想政治理论课的困境和挑战

任何一个时代的进步，往往都依赖科技的进步与创新。智慧媒体从信息技术革命到智慧媒体时代经历了技术的迭代升级和生产力转化过程，这是一个实践、认识、再实践、再认识的螺旋式上升过程。当前，智慧赋能过程中还存在算法推荐时代“信息茧房”对主流意识形态的消解、智慧媒体与思想政治理论课话语共振较弱、组织保障机制建设滞后等诸多问题。

(一)算法推荐时代“信息茧房”对主流意识形态的消解

思想政治理论课是正面宣传主流意识形态和主流价值观的“主阵地”，然而，算法推荐时代信息技术的发展使网络话语日益流行并呈现娱乐化、戏谑化、讽刺化的特征，算法推荐不断引发“信息茧房”效应。网络环境的复杂性和强传播性逐渐侵蚀大学生的理想信念、理论认知、价值认同，极大影响了思想政治理论课的思想引导和理论教育，导致主流意识形态的淡化与消解。正如习近平总书记指出的，“互联网已经成为舆论斗争的主战场。有同志讲，互联网是我们面临的‘最大变量’，搞不好会成为我们的‘心头之患’。西方反华势力一直妄图利用互联网‘扳倒中国’……在互联网这个战场上，我们能否顶得住、打得赢，直接关系我国意识形态安全和政权安全”①。而习近平总书记所说的“最大变量”，是指网络意识形态领域的斗争还处在此消彼长的阶段，红色地带、黑色地带、灰色地带依然处在博弈之中，思想政治理论课的任务依然艰巨。

算法推荐时代，虚实意识形态之间难免发生斗争，人工智能、网络技术的复杂性、隐匿性和双向性特点也给算法推荐时代主流意识形态的宣传教育带来新的挑战。其一，人工智能、网络技术的双向性特点一定程度上消解了主流意识形态的权威性。在大数据、人工智能等现代技术出现之前，高校思想政治理论课作为思想舆论引导的“主战场”，往往通过灌输的方式进行理论宣传教育，但人工智能、网络技术的平权化、独特化、个体化特点，给主流意识形态的宣传教育带来了新的挑战。其二，人工智能、网络技术碎片化和非理性化的特点弱化了主流意识形态的说服力。人工智能、网络空间充斥着大量信息，部分非理性网络意识形态以迷惑性和隐蔽性的手法遮蔽了主流意识形态的真实性，导致主流意识形态凝聚大学生思想共识的难度加大。其三，人工智能、网络技术的“去中心化”特点减弱了主流意识形态的吸引力。网络空间出现了一系列“自媒体造谣”“网络水

① 中共中央文献研究室：《习近平关于社会主义文化建设论述摘编》，中央文献出版社2017年版，第28~29页。

军”“网络戾气歪风”等乱象，喧嚣的舆情和话语狂欢极易淹没主流意识形态和主流价值观，娱乐化、随意化的网络用语对正规化、权威化的主流意识形态构成挑战。

（二）智慧媒体与思想政治理论课的话语共振较弱

智媒时代对高校思想政治理论课话语体系发展提出了新考题，智慧媒体难以实现以情育人，使得智慧媒体与高校思想政治理论课话语共振较弱。

思想政治理论课往往通过引导学生全面理解和掌握理论知识，进而实现理论认知转化为情感认同，实现理论内容的入脑、入心、入行，其要义内含“以情育人”。思想政治理论课每一种思想、理论的讲述背后，往往蕴含鲜活的人和故事，而正是这些故事所承载的人类对学理的理性认知、对情感的共鸣，才会使学生逐步认可、认同、践行。而当前，智慧媒体尚不能将强大的数据转化为人的情感、想象力和创造力，即使是最前沿的 Sora 所展现的场景逼真到真伪莫辨，仍旧无法表达 AI 机器发自内心的欢喜、悲伤和爱等人类所具有的情感、情绪，缺乏思想政治理论课教师所具有的教育温度、情感话语和对学生的人文关怀。其次，智媒时代，高校传统的思想政治理论课话语主客体关系逐步被平等共促、交流共享、良性互动的关系所替代。智媒时代高校师生均是思想政治理论课话语的“新型主体”，在智媒体技术加持下，高校话语主体间更多地以互联网为沟通纽带、以网络空间为话语场域，“符号化”“数字化”“虚拟化”特征凸显。然而，在复杂开放的网络空间里，面对耗散式信息结构和多维度信息交互时，话语主体之间的双向、多向以及叠加互动效果不佳，特别是智慧赋能思想政治理论课过程中，学生主体往往通过科技完成自己的学习任务，从早期学生通过百度提供的“答案”来完成教师布置的作业，到当下使用 ChatGPT 等众多智能“神器”写出更具全面、规范、逻辑的文本答案，这些都不利于学生真实情感的表达和个性化的形成，也会引发学生对探究学习、思辨能力和创新能力的养成不足等问题。最后，智慧赋能带来的知识产权问题、科技伦理问题，是思想政治理论课话语体系建构不可回避的问题。再强大的科技也是人类智慧的表现，由于人为因素，互联网难免出现人为的造假或输入不实信息，知识产权的归属也将难以辨识。而人力操控下的机器，既可以做有益于人类的事情，也可以给人类带来伤害，科技伦理不仅是我国十分关注的问题，也是全世界关注的问题。这些问题都需要思想政治理论课通过主流话语建构赋能于智慧媒体。

（三）组织保障机制建设滞后使智慧赋能效果欠佳

在人工智能技术兴起速度快、范围广的背景下，组织保障机制建设不完善、组织队伍能力不足等问题凸显。在具体的智慧赋能过程中，运行前端的数据协同缺位与技术运行过程中的数据安全风险限制了人工智能对思想政治理论课的赋能效果，影响思想政治理论课赋能场景的深化。

一方面，数据协同缺位制约人工智能应用的协同性。在思想政治理论课实践层面存在政府、学校、军队、互联网教育公司等多个数据单位。然而，这些数据自成体系，并未形成信息交流与共享的机制与局面。政府与学校层面，多媒体教室、网络教学系统、教学资源平台、科技文献平台等信息融合，由于人才沟通、共享机制、设施局限等因素并未取得较大进展，从而造成人、数据、系统之间的割裂，数据之间未能实现跨部门、跨系统的高度共享，无法有效地利用现有数据进行思想政治理论课教学研究和社会实践的智能嵌入。社会数据层面，互联网巨头、教育公司或者技术公司，如百度、阿里巴巴、松鼠 AI、字节跳动等，掌握了大量的社会群体的关注动态、精神需求与价值倾向等数据，但由于经济效益、制度技术的原因，只在自身系统内循环，难以形成人工智能技术对思想政治理论课目标的融合嵌入。政务数据、学校数据与社会行业数据的融合性不强，数据类型与数据结构的不同以及数据流通与数据共享程度不高，削弱了人工智能对思想政治理论课的赋能效应。另一方面，数据运行风险制约人工智能应用的系统性。"智能技术旨在扩展和增强控制权力，无论是软件应用程序对物体进行远程控制，还是通过算法分析对人群进行社会控制。"①全景数据收集的精准化与动态化，以及智能识别技术的便捷化与隐蔽化，使主体在符号和数字中被重新建构。个人的

① ［美］贾森·萨多夫斯基：《过度智能》，徐琦译，中译出版社 2022 年版，第 11~12 页。

数字痕迹赋予算法监控与规训的权力，但个人的数据，包括社会受众的观点和行为等，含有高度敏感和极具隐私性的信息。数据管理技术的不完备、数据专业技术人员的缺乏、数据安全保障机制不到位、恶意的网络攻击等都可能导致受众数据与个人隐私被泄露甚至被窃取，威胁意识形态安全，导致受教育者对社会信任的消解、对互联网安全的质疑，影响社会整体的价值认同。

四、智慧赋能高校思想政治理论课的现实路径

人工智能赋能高校教育教学是大势所趋，人工智能嵌入思想政治理论课也是历史发展的必然。高校思想政治理论课要以积极的态度抓住智慧赋能教育教学的新机遇，通过创新“人工智能赋能+思想政治引导”意识、构建“全景、全息、全天候”的“大思政”课程、提升师生“价值引领+技术应用”能力，在教育现代化的历史进程中实现突破和超越。

（一）创新“人工智能赋能+思想政治引导”意识

历史与现实证明，在每一次科技革命来临的时候，总有人以积极的态度去拥抱新科技，也总有人消极看待新科技，而新科技的进步不会因为个人的喜恶而停止其前进的脚步。中国近代以来的屈辱史，使我们清醒地认识到综合国力、科技实力对民族复兴的意义。为此，思政课教师要将国家现代化发展战略转化为自觉的行动，走在学习运用科技进步成果的前沿，在思想政治理论课教学过程中，培养学生形成“人工智能赋能+思想政治引导”意识，以变应变，以变化变。

首先，要在智慧赋能思想政治理论课以科技含量的同时，发挥思想政治理论课的思想引导优势，将人类的共同价值赋予 AI 智能。由于科学技术是为人类服务的，世界各民族存在不同的价值观，在使用先进的科学技术上，只有达成全人类的基本共识，才能让人工智能的应用有益于人类的共同进步。中国提出和平、发展、公平、正义、民主、自由的全人类共同价值，体现了人类文明中最深层、最普遍的价值追求，为不同国家、不同文化的人们提供了一个共同的价值追求，

为人工智能在全世界的应用提供了中国方案。其次，思想政治理论课在面对智慧赋能的问题上，要积极应对科技伦理问题。科技伦理是开展科学研究、技术开发等科技活动需要遵循的价值理念和行为规范，是促进科技事业健康发展的重要保障。2021 年修订的《中华人民共和国科学技术进步法》，2022 年中共中央办公厅、国务院办公厅印发的《关于加强科技伦理治理的意见》，都指向科技的使用要遵循增进人类福祉、尊重生命权利、坚持公平公正、合理控制风险、保持公开透明的原则。2023 年科技部联合教育部等十部门发布了关于印发《科技伦理审查办法(试行)》的通知，提出科技伦理的审查落实需要思想政治理论课的普及推广，培养学生树立正确的科技伦理观，使学生在面对科技产品应用时有正确的态度和选择。最后，面对 AI 技术的迭代发展，要促使思想政治理论课加速跟进教育教学改革。改革的目的是要与科技的进步相向而行，培养符合国家需要、社会发展需要的创新型人才。思想政治理论课一是要守正，守正就是立德树人根本任务的落实落地；二是要创新，创新是思想政治理论课教学的目标、内容、方法、评价体系的完善构建。这不仅要改变教师的教学理念，将其并轨到创新思维、创新探究、创新应用、创新反思上，同样也要对学生产生同等的效能，转变学生的学习理念、学习思维、学习态度、学习方法、学习实践，创新型人才培养需要创新意识、创新思维的形成，在面对社会问题的时候，不是一成不变地寻找标准答案，而是寻找多途径解决问题的方法。这是一种内生力的成长，需要思想引导与智慧赋能的协同探究。

(二)构建“全景、全息、全天候”的“大思政”课程

新时代高校思想政治理论课改革要抓住 AI 技术发展的机遇，构建“全景、全息、全天候”的“大思政”课程。所谓“全景”，是指学生成长的全环境，即场域；“全息”，是指学生所接触到的全部外部信息，即事域；“全天候”，是指学生成长的时间段，即时域。

首先，构建“全景、全息、全天候”的“大思政”课程需要国家层面的全力支持。一是政策、制度的支持，如人才选拔标准、考核评价标准等；二是物质条

件、技术性的支持。

其次，构建“全景、全息、全天候”的“大思政”课程需要全社会的参与。一是体现在全社会认识到人工智能的重要性，如城市、乡村治理，博物馆、文化馆、社会文化大讲堂建设，历史文化名城、历史文化遗址、红色文化遗迹的修复等，都能够接纳、使用先进的技术成果，实现教育场域的真实可感，增强“大思政课”的互动性和实效性。二是体现在借助智慧赋能的管理模式，改变人们的生活方式、生产方式和人际关系，为建构“全景、全息、全天候”的“大思政”课程创设社会思政大课堂的教育氛围。

再次，高校要借助人工智能技术赋能思想政治理论课教学主场、校园文化气场、管理服务暖场，建构起“三进”“三全”“三场”的立德树人“大模型”。通过大数据的精准搜索和分析，实现对整体育人、局部场景再现的定位分析，从而实现跨校之间的数据分享、沟通与合作，为思想政治理论课提供跨校、跨学科数据、资源、育人经验分享。

最后，构建“全景、全息、全天候”的“大思政”课程需要借助发挥家庭育人的作用。从学生成长的原点出发，家庭是建构“全景、全息、全天候”的“大思政”课程的“生活思政小课堂”，发挥着不可替代的作用。家庭成员对生活的态度、对人生价值的追求、与他人建构的关系、对社会变化的认知和行动，生成的家庭文化会潜移默化地影响学生的价值观与行为。同样地，家庭成员对 AI 技术的态度、掌握和运用程度，带给学生的不仅是观念层面的智慧赋能，也会在技术层面展开交流与互助。

(三)提升师生“价值引领+技术应用”能力

实现思想政治理论课教学现代化，提升师生的“价值引领+技术应用”能力迫在眉睫。首先，思想政治理论课教师要将以德立身、智慧赋能作为自我成长的发展重点，具备以德育人的能力，在复杂多变的人工智能时代，铸牢立德树人的根基；具备主动学习的能力，及时学习和运用人工智能成果，并转化为教学实践的效果；具备教学改革的能力，独立钻研教育教学，培养学生学习的自主性、自觉性、责任心，养成独立思考、发现问题、提出问题、解决问题的能力。其次，新时代大学生要以矢志报国、综合能力增长为新的成长点，具备更新学习理念的能力，具备问题意识、探究学习的能力，具备掌握多元学习方法的能力，具备辩证认识、正确使用AI技术的能力，具备抵御外界腐蚀、消解、诱惑的能力，从而激发大学生的科学家精神，为实现社会主义现代化强国和中华民族伟大复兴提供人才智力支撑。再次，高校要主动承担起掌握和使用AI技术的责任。智慧赋能要做到全校系统化推进，需要高校组织者转变育人观念，提升高校管理服务质量，让智慧赋能思想政治理论课育人全过程。具体来说，要坚持全局统筹与局部调整相结合，逐步改善智慧赋能的物质条件；要利用数据分析和机器学习算法对大量的教育对象数据进行统一管理和分析，形成对受教育群体的理解和洞察；要探索普遍性的思想政治理论课内容与方法，根据特定的地域或者特定圈层的特点和需求，对内容进行适当调整，实现广覆盖与精推送，从而建构起智慧赋能全环境立德树人的新样态。

综上，作为人类第四次智慧革命的产物，智慧赋能思想政治教育理论课在拓展教学内容、实现供给优化、推进场景变迁、优化能力结构等方面注入了新动能。同时，人工智能的发展也引发了算法推荐时代“信息茧房”对主流意识形态的消解、智慧媒体与思想政治理论课话语共振较弱、组织保障机制建设滞后使智慧赋能效果欠佳等诸多问题。为改善这种状况，应积极探寻智慧赋能高校思想政治理论课的现实路径，通过智慧赋能的应用推进技术与价值的深度契合，推动智慧赋能对思想政治理论课实践革新的强势赋能，实现人工智能时代科技赋能人才培养的优势转化。

（张琪如，山东大学马克思主义学院讲师，山东大学当代社会主义研究所研究员）

ChatGPT 赋能高校思想政治理论课教学过程优化的价值、挑战与进路

苏艳春

人工智能的崛起，加速了我国教育生态、教育模式、教育理念和教育体系的变革步伐，习近平总书记强调要“积极推动人工智能和教育深度融合，促进教育变革创新”①。ChatGPT 是人工智能技术发展史上里程碑式的产品，它为全球教育发展带来新机遇。ChatGPT 教学应用能带来的“减负增效”②效应，将是吸引高校思政课教授主体(教师)和学习主体(学生)使用其的强大动力，因为“减负增效”意味着高校思政课“双主体”只需花费必要的最少时间和精力就能尽可能大地提高思政课教学的效果和质量。在苏联教育学家尤·克·巴班斯基看来，在完成教学任务时，“花费必要的最少时间，达到尽可能大的效果”③就是对教学过程的最优化。但本研究认为，单一教学工具的运用不足以使高校思政课教学效果达到最优化，而且 ChatGPT 还是一个存在技术不确定性的工具，其教学运用的可能效果离最优化层级尚有一定差距。本研究仅持“ChatGPT 教育运用对高校思政课教学过程优化具有重要价值”的观点。基于以上思考，本文探讨 ChatGPT 的教育工具价值，分析 ChatGPT 对高校思政课教学过程优化的价值及可能引发的风险，并

---

① 《习近平向国际人工智能与教育大会致贺信》，《人民日报》2019 年 5 月 17 日。

② 焦建利：《ChatGPT 助推学校教育数字化转型——人工智能时代学什么与怎么教》，《中国远程教育》2023 年第 4 期。

③ [苏]巴班斯基、[苏]波塔什尼克：《教育过程最优化问答》，利兰译，北京师范大学出版社 1985 年版，第 2 页。

提供相应建议。

一、ChatGPT 赋能高校思想政治理论课教学过程优化的价值审视

ChatGPT 作为具有“类人”特征的聊天机器人，在“大模型算法、大数据和大算力”①支持下，已拥有了出色的语言能力、突出的逻辑—数学能力、较强的人际关系处理能力、一定的歌词创作能力和空间想象能力。在这些多元能力支持下，ChatGPT 能为教师提供教学信息整合、教学能力提升、教学情境创设、教学评价生成等方面的服务；为学生提供信息检索与加工、各类问题咨询与解决、各类人际关系处理与建议等方面的帮助。尽管 ChatGPT 能力多元、功能强大，但本研究认为，在教学应用中，它主要是教学的信息获取工具、能力提升工具、解疑释惑工具和教学评价工具。高校思政课教学“双主体”如果能有效发挥 ChatGPT 这四重工具价值，运用其优化高校思政课教学设计、教学方式、答疑形式、反馈过程，则在执行这些任务时，只需要付出必要的时间和精力，就能实现效果的“高产出”。

(一)作为信息获取工具的 ChatGPT 能助力高校思政课教学设计优化

教学设计是思政课教学的重要环节，在这个环节中教师应补充课本之外的新材料，获取学生喜爱的教学案例，突出教学重点，将教材体系转化为教学体系。作为信息获取工具的 ChatGPT，为思政课教师实现上述教学设计优化提供便利。

第一，从效果维度看，其一，ChatGPT 能为高校思政课教师提供较丰富的教学材料。针对某一讲授主题，高校思政课教师可以与 ChatGPT 展开对话，通过不断交互，生成适合自己的讲授思路。在“逻辑—数学能力”支持下，ChatGPT 能按

① 朱光辉、王喜文：《ChatGPT 的运行模式、关键技术及未来图景》，《新疆师范大学学报(哲学社会科学版)》2023 年第 4 期。

照“是什么”“为什么”“怎么做”的思路为高校思政课教师提供一份逻辑性较强的教学提纲。同时，ChatGPT 还能为这份教学提纲配上教学建议。对每个知识点讲解哪些要点，讲解这些要点时配合哪些例子给出相应提示。其二，ChatGPT 提供的教学材料与其他教学条件协调配合，可以打造较高质量的高校思政课。高校思政课教师不宜对 ChatGPT 生成的教学建议实行“拿来主义”，而应对 ChatGPT 生成的教学建议删减、整合，补入教材内容、马克思主义经典作家观点、党和国家领导人讲话、国家政策文件相关论述、权威统计网站有关数据、学术界代表性论点、具有说服力的支撑案例等材料，再根据课时安排、学情状况、自身驾驭能力和讲授专长进行课堂讲授。在各种教学条件具备且有效配合的情况下，按照 ChatGPT 提供的教学建议进行讲解，可以实现思路清晰、设计精巧的高校思政课。

第二，从达到上述效果的可能用时看，ChatGPT 的运用能缩短高校思政课教师教学素材收集和整理时间。一般而言，高校思政课教师如果从书籍报刊等纸质资源中获取教学素材，需要购买、下载或借阅相关书籍报刊，一点点阅读、筛选信息，再结合教学内容思考如何运用这些素材。如果从网络上获取教学资源，需要大量检索信息，从多个网站、多篇文章中筛选有用信息。与以上教学材料获取方式相比，ChatGPT 能同步实现信息检索、加工、组织和生成，省去中间的信息筛选、加工等工序，向高校思政课教师直接呈现所需信息。如果高校思政课教师对 ChatGPT 生成的答案不满意，还可以让其重写、续写、改写。这样的信息收集、整合方式不仅节约时间，而且极其高效。

（二）作为能力提升工具的 ChatGPT 能助力高校思政课教学方式优化

巴班斯基认为，教学过程最优化要“有意识地在选择适合该班特点的各种教学形式中结合最好的教学形式，而不要总是运用某一种教学形式”①。为此，高

① ［苏］巴班斯基、［苏］波塔什尼克：《教育过程最优化问答》，利兰译，北京师范大学出版社 1985 年版，第 59 页。

校思政课教学方式优化，应改变以往单一的以语言传递信息为主的教学方法，适当引入直接感知事物和现象的方法；可以获取其他学科知识，列举贴近不同专业学生的案例，辅助讲解思政课知识点。作为能力提升工具的ChatGPT，能助力高校思政课教师能力提升，以推进高校思政课教学方式优化。

第一，从效果维度看，其一，ChatGPT能帮助高校思政课教师提升跨学科知识学习和应用能力。由于知识储备受限，大部分高校思政课教师的课堂难以贴近授课学生专业，离“因专业施教”和“因材施教”有较大差距。ChatGPT对多学科一般性知识有较高掌握度。在ChatGPT辅助下，高校思政课教师可以挖掘专业课的思政元素，在思政课程中融入专业课的论点或案例，以部分专业课知识和案例的加入吸引学生注意，获得学生对所授思政课教学内容的关注，提高思政课“抬头率”“点头率”；适当运用跨学科知识和案例，讲深、讲透、讲活思政课的道理。其二，ChatGPT能帮助高校思政课教师提升教学情境创设能力。当前，高校思政课教师会选取网络素材创设教学情境，运用图片、视频、音乐烘托教学气氛，但网络素材质量良莠不齐，有时与思政课教师的讲授主题契合度较低。在得到ChatGPT辅助后，高校思政课教师可以要求ChatGPT生成大学生热爱祖国、各族人民团结奋进、革命英雄为建立新中国不惧牺牲、社会主义公民积极参与社会主义建设等不同主题的歌词、视频脚本。高校思政课教师根据ChatGPT生成的创意，调用ChatGPT插件、其他AI工具或在专业人士帮助下，生成艺术作品。运用这些艺术作品烘托教学氛围，调动大学生的多重感觉通道接收教学信息，使大学生在仿真情境中内化知识，使高校思政课讲授方式更加多元。

第二，从达到上述效果的可能用时看，与当下通用的教师能力提升赋能教学方式优化相比，运用ChatGPT提高跨学科知识学习能力和教学情境创设能力，将较大地节约高校思政课教师的时间。通常来说，高校思政课教师会通过参加培训、阅读书籍或看视频自学等方式，提高自己的多元能力。而ChatGPT辅助下的能力提升方式，省去教辅资料查找、学习强化、理解记忆等中间环节，向高校思政课教师呈现跨学科案例和教学情境创设素材，帮助高校思政课教师掌握跨学科知识学习能力和教学情境创设能力，以低门槛、易操作的方式，缩短高校思政课教师多元能力提升的时长。

（三）作为解疑释惑工具的 ChatGPT 能助力高校思政课功能职责优化

高校思想政治工作是正面引导与解疑释惑相统一的过程，“解疑释惑”是高校思想政治工作的基本功能和职责。① 高校思政课作为高校思想政治工作的重要组成部分，也应优化高校思政课的“解疑释惑”功能和职责，即对教学内容进行正面传授、引导和传播的同时，从反面或问题视角对教学内容加以补充和强调，以增强教学工作的深刻性和针对性。作为解疑释惑工具的 ChatGPT，为高校思政课承担更多“解疑释惑”职责、丰富答疑形式带来了机遇。

第一，从效果维度看，其一，ChatGPT 能解答大学生多层面疑惑。大学生在学习思政课时，会在知识领悟、思想道德、学习方法等层面存在疑惑。对知识点领悟上的疑惑，ChatGPT 能作出一定的回答。对思想道德方面的问题，ChatGPT 能在基本遵守人类共同价值的基础上，回答无害问题，拒接有害问题，总体消除大学生疑惑。对高校思政课“为什么学”“怎样学”等有关学习方法和态度的问题，ChatGPT 能作出较高质量的回答。其二，多层面疑惑的消除，为大学生深度学习思政课提供支持。各类疑惑的及时消除能帮助大学生树立学习信心，不会因某一知识点未掌握而失去学习兴趣；有关旧知识学习的障碍排除后，能帮助大学生更好地学习新知识；而大量掌握知识并对知识进行反思后，大学生将逐渐养成创新思维、批判性思维等高阶思维能力，逐渐形成问题解决能力。

第二，从达到上述效果的可能用时看，高校思政课教师和 ChatGPT 的合作，能更及时、更高效地消除大学生学习疑惑。在没有 ChatGPT 的辅助时，对高校思政课学习中的疑惑，大学生通过与同学讨论、向教师求教、在书籍报刊网络上查找答案等方式解决。向教师求教很难即刻收到答案，与同学讨论、自行查找答案

① 刘建军：《习近平对高校思想政治工作解惑功能的全面阐述》，《思想理论教育导刊》2017 年第 10 期。

相对耗时，而 ChatGPT 作为教师的智能教学助手和学生的“智能导师”，总是 24 小时待命，在网络接入条件具备的前提下，不知疲倦、即问即答地消除大学生思政课学习中的疑惑。即便 ChatGPT 无法给出满意答案，也可以在与 ChatGPT 交互并获得一定知识积累和启发后向高校思政课教师求教，以提高与高校思政课教师交流的效率。

（四）作为教学评价工具的 ChatGPT 能助力高校思政课反馈过程优化

巴班斯基强调，教授最优化需要在“不降低教学内容复杂性的前提下，对学生采取有区别的帮助方法”①。习近平总书记要求“坚持改革创新，推进大中小学思想政治教育一体化建设，提高思政课的针对性和吸引力”②。对于高校思政课来说，要做到区别帮助大学生、提高教学针对性，应加强对学情和学习结果测评。通过教学测评，反馈现阶段教学结果，为下一步优化教学策略提供依据。作为教学评价工具的 ChatGPT，能帮助高校思政课教师优化教学反馈过程。

第一，从效果维度看，其一，ChatGPT 能辅助高校思政课教师完成不同阶段的测评。高校思政课教师可以运用 ChatGPT 生成调查表或调查问卷，在期初、期中、期末或课程准备、实施、结束阶段，对大学生的学习基础、学习需求、学习期待、知识掌握程度、素质提高状况等进行调查和测评，了解教师教学信息“输出”和大学生教学信息“输入”之间的差距，发现教师授课和学生学习中存在的问题。其二，不同阶段测评的反馈数据，有利于高校思政课教师优化教学策略。期初的调查有助于高校思政课教师掌握不同班级、不同专业学生对高校思政课前置性课程学习状况，并根据学生知识储备情况，针对性安排各章节讲授重点。期中的调查或测评有助于高校思政课教师掌握前半学期教学状况，在后半段教学中发

---

① ［苏］巴班斯基、［苏］波塔什尼克：《教育过程最优化问答》，利兰译，北京师范大学出版社 1985 年版，第 72 页。

② 《加快建设教育强国 为中华民族伟大复兴提供有力支撑》，《人民日报》2023 年 5 月 30 日。

扬成绩、克服不足，提升思政课教学的实效性。而期末的教学反馈，则为下一学期或下一学年教学内容、教学方法、教学形式、教学风格优化提供参考。其三，通过教学测评，帮助高校思政课教师了解大学生的学习"惑在何处"。高校思政课教师了解大学生的学习疑惑后，可以针对特定章节疑问发生率、同一知识点疑问发生频次，适当调整正面引导和反面解惑的课时安排，在"引导"中"解惑"或在"解惑"中"引导"，用多样化策略使高校思政课教学更具针对性。

第二，从达到上述效果的可能用时看，在 ChatGPT 辅助下完成对"教授效果"和"学习效果"的测评和反馈，耗时相对较少。ChatGPT 介入高校思政课教学评价之前，要达到上述要求，高校思政课教师需要花费大量时间和精力，收集已经开展过的教育教学调研问卷，学习别人如何设计调查问卷或访谈提纲。然后在调研工具辅助下设计调查问卷，对高校思政课教师讲授情况和大学生学习情况进行调查、评估。而在 ChatGPT 辅助下，高校思政课教师不必耗费大量时间大规模收集问卷信息，无需耗费大量精力反复设计和修改问卷，只需向 ChatGPT 下达明确指令，由其完成问卷或访谈提纲的生成和迭代。在问卷文本生成后，用问卷星编制问卷、发布问卷，将编制好的问卷链接或二维码分享至班级群，让大学生反馈学情，而高校思政课教师在问卷星后台即可实时跟踪学生反馈。整个教学测评的设计、实施、反馈，操作相对简单，耗时较少。

二、ChatGPT 赋能高校思想政治理论课教学过程优化的挑战研判

ChatGPT 的使用能为高校思政课教师优化教学过程提供便利，为大学生学习思政课提供帮助。但 ChatGPT 的技术不确定性、高校思政课教师和大学生使用 ChatGPT 时可能出现的一些状况，对高校思政课教学过程优化构成挑战。

（一）非均衡使用 ChatGPT 使高校思政课教学过程优化效果易呈现"马太效应"

善用 ChatGPT 的高校思政课教师和不懂使用 ChatGPT 的高校思政课教师，二

者的教学过程优化效果易呈现“马太效应”。ChatGPT 发布以来，部分高校思政课教师已经试用了国内版 ChatGPT，而有的高校思政课教师仍处于已听说但未使用或未听说状态。部分有教学优化意识且善用 ChatGPT 的高校思政课教师会放大 ChatGPT 的语言处理、数据处理优势。运用 ChatGPT 提供教学思路、加速教材体系向教学体系转化，在保证授课内容与马克思主义理论体系、高校思政课教材体系一致的基础上，优化教学风格和教学设计；运用 ChatGPT 提供的文案，生成符合思政课教学规范的视频、图片，优化高校思政课教学内容呈现形式；运用 ChatGPT 学习跨学科知识，运用跨学科案例，优化思政课讲授方法；在 ChatGPT 和问卷制作工具辅助下，及时反馈学情，优化教学策略。一些有教学优化意识却尚未使用 ChatGPT 的高校思政课教师，可能仍在耗费大量时间和精力，通过网络、书籍报刊等途径获取教学信息、优化教学内容，提升跨学科知识学习能力和情境创设能力、优化教学方式。部分教学过程优化意识薄弱且尝试新技术意愿较低的高校思政课教师，大概率仍在沿用过去的讲授风格，他们的课堂可能仍存在对教学内容“未能有效地加工组织”、教学方法“没有充分考虑他们(大学生——引者注)的学习需求”、课堂教学氛围“不够浓厚”的问题。① 在党和国家高度重视思政课建设的背景下，每位高校思政课教师都应积极承担起教学过程优化的使命。但高校思政课教师的教学过程优化意识、运用新技术手段意愿和能力总是存在差异，善用 ChatGPT 等教育技术优化教学过程的教师也许能设计出更符合“Z 世代”大学生需求、更能引起大学生共鸣、更具针对性的教学方案，其教学过程优化效果逐渐呈现积累优势。因而在以 ChatGPT 为代表的各类人工智能加持下，高校思政课教师教学过程优化的效果极易出现强者越强、弱者越弱的“马太效应”。“马太效应”的出现对高校思政课教学水平的整体提升是不利的。因为木桶效应在高校思政课教学水平整体提高中始终起着作用，所有教师都紧跟时代发展、积极优化教学过程，才能提升高校思政课教学的整体水平。

① 姚利民：《高校思政课教学质量的现状与提升策略》，《大学教育科学》2019 年第 5 期。

(二)过度运用 ChatGPT 使高校思政课教学过程优化易出现路径和技术依赖

教学过程优化涉及教授优化和学习优化两个环节。在教授和学习中，高校思政课“双主体”易在 ChatGPT 的辅助下取得成绩，这便会强化他们对 ChatGPT 的使用。而一旦这种强化使用超过一定限度，朝着过度使用甚至固化使用方向发展，反而会对“双主体”产生负面影响，进而影响教学过程优化的最终效果。

第一，对 ChatGPT 的过度使用将造成运用 ChatGPT 优化教学过程的“路径依赖”，造成对其他教学辅助工具的不信任或排斥，形成惯性依赖 ChatGPT 推进教学过程优化的思维定式和行为习惯，这将使开放的高校思政课教学过程优化系统逐步变为封闭状态，使高校思政课教学过程优化被锁定在过度依赖工具、离开机器辅助人类教师只能低效率优化教学的状态。

第二，对 ChatGPT 的过度使用将形成运用 ChatGPT 优化教学过程的“技术依赖”。“教学，每日每时的教学，都是一种创造。”①开展教学活动，需要教师根据教学目标，设计出符合课程要求和学生需求的高质量教学方案，并运用自己的教学智慧有效输出知识和信息。教学的各个环节都需要教师用好人类多元智能，创造出适合课程、适合学生、适合自身的教学优化方案。但 ChatGPT 的介入，使高校思政课教师感受到 ChatGPT 强大的信息获取、信息加工、解疑释惑等能力，这会促使高校思政课教师让渡部分创造力，由 ChatGPT 代替自己生成创意性教学方案，久而久之自身有可能会疏于学习、疏于自我提高、形成学习惰性，造成自身思考力、创造力和决策力下降，并更多地只愿依附于各种技术，依赖各种技术优化教学的低效能状态。

(三)ChatGPT 应用素养缺乏使高校思政课教学过程优化易遭受错误信息干扰

ChatGPT 的训练数据主要来源于网络资源，而网络资源的质量却良莠不齐，

① 钟启泉：《现代教学论发展》，教育科学出版社 1988 年版，第 211 页。

这便导致 ChatGPT 生成的答案质量不一。如果高校思政课教师缺乏数字素养、过分相信 ChatGPT 生成的答案，不经核实就随意使用 ChatGPT 生成的答案，反而容易给高校思政课教学设计优化带来负面挑战。

第一，不核实信息的真实性将导致教学可信度下降。ChatGPT 在辅助教学时对每个学科的适用性存在显著差异。对外语教学等意识形态性较弱、需要大量英语语料支持的学科，ChatGPT 具有良好的适用性。笔者对使用过 ChatGPT 的用户进行调查后发现，ChatGPT 对高校思政课这类意识形态性较强、需要大量中文语料支撑、需要中国领导人讲话和政策文件支持的学科，适用性略低。尤其在“习近平新时代中国特色社会主义思想概论”“毛泽东思想和中国特色社会主义理论体系概论”“中国近现代史纲要”课中，当需要精准回答中国共产党历史上某一事件的发生时间、发生过程时，ChatGPT 有时无法作答或给出前后矛盾的答案。教师和学生在开展高校思政课教学和学习时，如果盲目信任 ChatGPT 的答案，不核实答案真实性，则极易受到错误信息的干扰。

第二，信息核实能力不强将导致错误信息泛滥。ChatGPT 在回答问题时，总是以较为肯定的语气向用户反馈答案，给用户一种 ChatGPT 的答案具有权威性的感觉。高校思政课教师和大学生要运用 ChatGPT 进行政治理论知识的学习，必须有深厚的马克思主义理论功底、较强的知识辨别能力、敏锐的政治判断力作支撑。高校思政课教师在不具备上述能力的情况下，直接采纳 ChatGPT 提供的教学信息，可能会因部分错误信息的出现而影响高校思政课的政治性、思想性和严谨性，出现高校思政课知识体系受到冲击、教师威信下降、教师因使用错误信息受到教学惩处等情况。大学生在不具备以上能力的条件下将 ChatGPT 作为学习助手，则会使大学生受到错误政治信息误导，混淆有关政治知识，影响大学生对政治理论的认可。

(四) ChatGPT 的价值负载使高校思政课教学过程优化易受到西方价值观冲击

ChatGPT 教学运用的目的是优化教学过程，但 ChatGPT 是一种由西方国家研发和主导的技术，它无法真正做到“价值中立”。因为，以 ChatGPT 为代表的生成式人工智能的“语料库和数据库”“算法”和“应用场景”具有“意识形态性”，ChatGPT 接受了以英语语料为主的数据资源“喂养”，由它生成的部分答案可能带有西方价值观色彩。而我国价值观与西方价值观具有一定的差异，“ChatGPT 的西式特点可能带来意识形态渗透风险”①，使西方价值观以隐蔽的方式向大学生传播，不利于大学生社会主义核心价值观的培育，不利于大学生形成对马克思主义理论体系的认同。此外，“性别歧视、种族主义、地域歧视和年龄歧视等不当言论可能隐含在其（ChatGPT——引者注）训练的数据中”②。接受了偏见性、歧视性数据“喂养”的 ChatGPT 极有可能生成带有偏见和歧视的答案。高校思政课教师在未仔细判断或判断不明的情况下，将 ChatGPT 生成的、带有偏见和歧视的信息放在课堂中进行讲授，不利于大学生接受“构建人类命运共同体”“构建新型国际关系”等教学内容，不利于大学生认同中国共产党的治国理政方略。而大学生如果长期接触 ChatGPT 生成的带有暴力色彩的答案，则会增加大学生心理问题发生率，增加大学生出现情绪调节困难、恶性模仿暴力行为、价值观扭曲的风险。

三、ChatGPT 赋能高校思想政治理论课教学过程优化的进路探寻

高校思政课教学过程优化是一个开放的复杂系统，它总是同外界进行着物质、能量和信息交换。ChatGPT 教育应用的全速推进，给高校思政课教学过程优化带来了机遇和挑战。高校思政课教师不能以鸵鸟心态回避 ChatGPT 类人工智能产品对教学过程优化的价值和潜在影响，而应理性分析 ChatGPT 类人工智能辅助

① 王少：《ChatGPT 介入思想政治教育的技术线路、安全风险及防范》，《深圳大学学报（人文社会科学版）》2023 年第 2 期。

② 周洪宇、李宇阳：《ChatGPT 对教育生态的冲击及应对策略》，《新疆师范大学学报（哲学社会科学版）》2023 年第 4 期。

教学的可能性，正视 ChatGPT 类人工智能对高校思政课教学过程优化的正向作用和负向影响，并在 ChatGPT 类人工智能逐渐嵌入大学生思想政治教育的背景下，找到高校思政课教学过程优化的应对之策。

(一) 建立 ChatGPT 应用情境与应用限度耦合的高校思政课教学过程优化模式

习近平总书记强调，“思政课的任务是传导主流意识形态”①。高校思政课要完成这一任务就必须保证教学内容的权威性、政治性和可靠性。而 ChatGPT 在回答和生成政治性问题时，存在诸多错误信息、出处不明、无法根据党和国家重要文献作答、缺乏对中国实情关照等情况。高校思政课教师在不同场景中运用 ChatGPT 时要注意使用限度。就如：第一，在运用 ChatGPT 获取教学补充材料、教学案例、教学思路时，应谨慎使用。在高校思政课这类低容错性的课程中，对教学素材要谨慎选取、对教学素材来源要仔细辨识。不能因 ChatGPT 回答问题时的肯定语气和自信态度，而放弃对答案真实性和可信度的核验。第二，在运用 ChatGPT 生成教学进度、辅助教学评价等与意识形态关系较弱的工作时，可以尽量使用。用 ChatGPT 辅助高校思政课教师完成部分简单性、重复性、操作性较强的工作以减轻教师工作负担，使高校思政课教师有更多的时间从事科研、解答学生疑惑、设计高质量课程方案。第三，可以积极使用 ChatGPT 生成音乐、图片、视频、思维导图。通过积极创设教学情境、运用思维导图辅助教学，提高大学生学习积极性和效率，优化教学内容呈现形式和知识点讲授方式。

(二) 培育“双主体”理性认识和使用 ChatGPT 的高校思政课教学过程优化素养

ChatGPT 在国外的教育教学中取得了一定效果，表现出较强的可用性。国内

---

① 习近平：《思政课是落实立德树人根本任务的关键课程》，人民出版社 2020 年版，第 19 页。

正在加紧中国本土化 ChatGPT 类人工智能产品研发，已经发布的文小言(原文心一言)等人工智能产品也表现出支持教学的一定能力。人工智能的发展动向表明，生成式人工智能辅助教师教授优化和学生学习优化将成为一种趋势。为规避当前使用 ChatGPT 产生的安全风险和知识污染风险、适应未来符合我国意识形态要求的中国版 ChatGPT 类产品辅助教学，应从“知识”“能力”“思维”“应用”“态度”上，① 提升高校思政课教师和大学生的人工智能素养。在知识方面，“双主体”应适当了解 ChatGPT 类人工智能的应用领域和社会影响。在能力方面，“双主体”应培养利用 ChatGPT 类人工智能获取授课和学习信息、处理各类评估数据、解决“教”与“学”中各类问题的能力。在思维方面，“双主体”应培育批判性思维、对机器生成的答案进行质疑，高校思政课教师应建立人机协同育人思维、运用跨学科知识讲活思政课思维。在应用方面，“双主体”可以利用“ChatGPT+其他人工智能”辅助“教”“学”“评”“辅”“研”，但应树立网络信息鉴别意识、求证意识、批判意识；对自己不熟悉或不确定的知识和信息，向权威人士求教，到党和国家重要文献中求证；要遵守使用人工智能的法律和伦理规范；而高校思政课教师则要向大学生明确使用 ChatGPT 辅助学习的规范，包括在撰写作业时，注明是否使用 ChatGPT 等；高校思政课教师在优化过程性考核时，应避免布置过于简单的知识性作业，尽量布置需要查阅党和国家重要文献、需要在理解马克思主义经典作家观点基础上，阐明见解的理解性作业。在态度上，帮助“双主体”认识 ChatGPT 类人工智能的两面性、认识到运用这些产品可能引发的伦理风险、正视未来可能的人机协同育人趋势。

(三)提升教师综合且不易被 ChatGPT 取代的高校思政课教学过程优化能力

高校思政课教学过程优化是高校思政课教师在各种能力协调配合下，系统考

---

① 郑勤华、覃梦媛、李爽：《人机协同时代智能素养的理论模型研究》，《复旦教育论坛》2021 年第 1 期。

虑高校思政课培养目标、教学任务、教学规律、教学原则、学情等因素，制定出能“提高教学的效率，获得最佳的教学效果”①的教学方案，并实施这个方案的活动。高校思政课教学过程优化，不仅需要高校思政课教师做到“政治要强”“情怀要深”“思维要新”“视野要广”“自律要严”“人格要正”，② 还要求高校思政课教师具备并提升开展教育教学活动的一般性基础能力、教育能力、班级管理能力、教学能力、教师自我完善和发展的能力。③ 由于 ChatGPT 模仿并延伸了部分人类智能，具有了高校思政课教师开展教学过程优化活动的思维、记忆、书面表达、评价学生、指导学生等能力，甚至在跨学科知识存储能力、信息整合能力、答案生成能力、答案迭代能力等方面比一般高校思政课教师更为优秀。但 ChatGPT 不具备或不完全具备音乐智能、空间智能、人际认知智能、自我认知智能、博物学家智能、存在智能和身体—动觉智能，这使得 ChatGPT 在高校思政课教学过程优化中不具备观察、口语表达、体语表现、书写、面对面交往、亲身操作与示范等能力。尤其在高校思政课教师应该具备的坚定政治立场和政治信仰、高度政治敏锐性、超强政治鉴别力、深厚马克思主义理论功底等方面，ChatGPT 的表现不尽如人意。高校思政课教师在运用 ChatGPT 优化教学过程时，应将其作为辅助工具，而不应完全依靠其优化教学过程，不能用“批判的武器”代替“武器的批判”。要做到此，就需要高校思政课教师着力提高自己的综合能力，尤其是 ChatGPT 等人工智能不具备、不易取代的多元能力。以自身能力的提高，在未来“人师”和“机师”的协作中获得更多优势。

ChatGPT 发布至今，其教学工具价值得到了社会的普遍认可，其教育影响力正在向多学科渗透。鲜有学者从高校思政课教学角度探讨 ChatGPT 的价值。其实 ChatGPT 作为多元能力加持下的教学信息获取工具、能力提升工具、解疑释惑工

① 房玖、汤俪瑾、黄金满：《思想政治理论课教学过程的优化》，安徽师范大学出版社 2018 年版，第 61 页。

② 习近平：《思政课是落实立德树人根本任务的关键课程》，人民出版社 2020 年版，第 12～16 页。

③ 罗树华、李洪珍：《教师能力学》，山东教育出版社 2000 年版，第 25 页。

具和教学评价工具，其教育运用会给高校思政课的教学内容、教学方式、功能职责、反馈过程变革带来“减负增效”效应，而这种“减负增效”效应在巴班斯基的理论视野中，具有了教学过程优化的作用。ChatGPT 对高校思政课教学过程优化的价值如果得到重视并被合理运用，则会使高校思政课教学过程优化迎来新机遇。但 ChatGPT 的工具价值如果被不当使用或过度使用，又会给高校思政课教学过程优化带来风险。在此情形中，高校思政课教师应坚持辩证思维、战略思维和底线思维，用好 ChatGPT 对高校思政课教学过程优化带来的机遇，警惕和规避 ChatGPT 对高校思政课教学过程优化带来的风险挑战，在 ChatGPT 等人工智能重塑教育生态的变局中，开创高校思政课教学过程优化的新局面。

（苏艳春，陕西师范大学马克思主义学院博士研究生）

生成式人工智能赋能课程内容与思政元素耦合的评价与对策

金国峰　潘英杰

推进课程思政建设，是落实习近平总书记在全国高校思想政治工作会议上强调的“守好一段渠、种好责任田，使各类课程与思政课同向同行、形成协同效应”的重要举措，旨在使德育与智育相统一，推动实现全员全过程全方位育人。以 ChatGPT 为代表的生成式 AI 对高等教育领域产生了巨大冲击，生成式 AI 改变了传统的教学模式，给课程思政建设带来新的机遇和挑战。建构以立德树人为核心的全覆盖式课程思政体系，需要聚焦课程思政建设的硬件资源和重视课程思政的软件资源。① 一方面，生成式 AI 可以帮助高校教师做好课程思政建设的顶层设计和具体方案；另一方面，生成式 AI 可以成为高校教师提升课程思政建设素质与能力的工具。高校教师如何认识并充分开发利用生成式 AI 的优势和价值，急需展开讨论。《高等学校课程思政建设指导纲要》提出要建立健全多维度的课程思政建设成效考核评价体系和监督检查机制，研究制定科学多元的课程思政评价标准。② 对生成式 AI 赋能课程内容与思政元素耦合度的评价展开研究，有利于拓展课程思政建设新思路，为 AI 时代课程思政的高质量发展提供参考，有助

① 冯刚、吴成国、李海峰：《新时代高校思想政治教育前沿研究》，人民出版社 2022 年版，第 234 页。

② 教育部：《高等学校课程思政建设指导纲要》，http://www.moe.gov.cn/srcsite/A08/s7056/202006/t20200603_462437.html，访问日期：2024 年 1 月 20 日。

于促进思想价值引领深刻融入每门课程，进而推动高等教育立德树人根本任务的贯彻落实。

一、相关概念与文献综述

课程思政是通过对课程本身内容、结构和模式的改革和优化，将思政元素所蕴含的国家认同、政治认同、文化认同以及道德修养、人格教养和知识培养有机融通，形成专业知识与思想文化耦合共生的育人目标旨归。① 课程是学校为达成培养目标所应选择的教学内容和学科总和的进程与安排，既是实现教学育人的重要载体，也是贯彻立德树人的实践路径。课程思政可以理解为课程内容和思政元素的耦合，如图 1 所示。

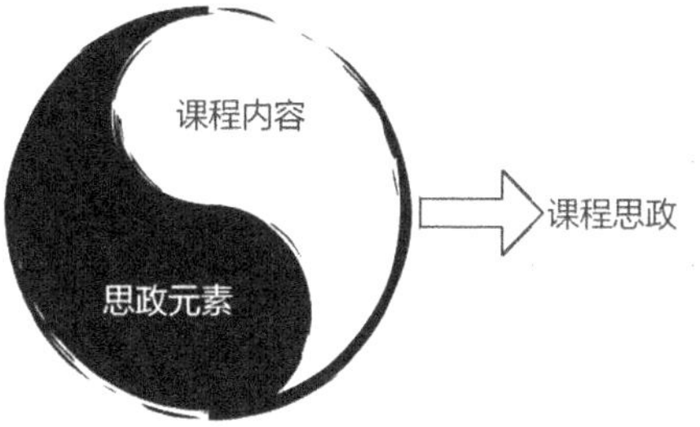

图 1　课程思政耦合示意图

课程思政建设评价广义上是指如何评价学校课程思政建设的整体情况，狭义上是某一门或某一类课程的课程思政建设情况的评价。② 本研究属于狭义的课程思政建设评价。

谢幼如等将技术与教学的双向赋能思想相结合，探讨高校课程思政的实际需求与数字变革下的教学职能匹配性，建立大学课程思政人机协作诊断评估体系，

① 曲建武、许传洲：《科学把握课程思政的内在要求》，《思想理论教育导刊》2022 年第 7 期。

② 李艳：《基于有效教学理论的高校课程思政质量评价体系构建研究》，《广西社会科学》2023 年第 7 期。

最终形成课程思政四维多模评估体系，为大学课程思政的实施与评估提供了一个新的理论视野与新的实践范式。① 面对人工智能时代的教育信息化发展趋势，针对当前高校课程思政工作，将其与专业教育相分离的问题进行了深入研究，并将其重点放在对课程思政进行辅助的研究上，从而建立起一套针对智能时代的课程思政的设计理念。② 刘祥玲表示，在实施过程中，以教师为主体，以智能化为基础，以数据驱动为基础，以强化评估为基础，以信息化为基础，以提升教学效果为导向，最终提升教学质量。③ 吴轲威等表示，通过对高校学生的问卷调查，将描述性分析、因素分析和回归分析相结合，对其进行数据分析。④ 于亚新等在大数据和智能背景下重构了数据科学的思想系统，探索了在大数据和智能化背景下指导学生建立数据科学的思想系统，使专业知识的学习更好地拓展到了理想信念的多维度。⑤ 现有研究鲜有研究生成式 AI 对课程思政建设形象的研究，大部分研究聚焦广义人工智能。本研究首创利用双重差分模型进行评价生成式 AI 赋能课程内容与思政元素耦合度的评价，对推动利用人工智能技术推进课程思政建设提供数据支撑。

二、研究设计

（一）课程内容与思政元素耦合的内容解析

为促进课程内容与思政元素的耦合，实现课程思政高质量建设，《高等学校

① 谢幼如、邱艺、章锐等：《数字化转型赋能高校课程思政的实施进路与评价创新》，《中国电化教育》2022 年第 9 期。

② 谢幼如、邱艺、黄瑜玲等：《智能时代高校课程思政的设计理论与方法》，《电化教育研究》2021 年第 4 期。

③ 刘祥玲：《教育数字化转型中高校课程思政的困境与应对》，《中国电化教育》2022 年第 8 期。

④ 吴轲威、黄军伟：《技术赋能线上课程精准思政：满意度及实效性分析》，《教育学术月刊》2022 年第 5 期。

⑤ 于亚新、丁义浩：《以课程思政重塑大数据与智能时代的数据科学思维体系》，《中国高等教育》2020 年第 8 期。

课程思政建设指导纲要》明确要求：“要创新课堂教学模式，推进现代信息技术在课程思政教学中的应用，激发学生学习兴趣，引导学生深入思考。要健全高校课堂教学管理体系，改进课堂教学过程管理，提高课程思政内涵融入课堂教学的水平。”①因此，课程思政的教学要运用生成式 AI 等现代信息技术，改善课程内容与思政元素耦合度不高的现状，拓展课程思政建设方法和途径，从而不断提高思政元素内涵融入课程内容的水平。教师应根据不同课程的特点，结合生成式 AI 生成内容，精心进行课程设计，把思政元素有机融入课程内容，真正使课程思政以润物无声的细腻、以春风化雨的甘甜、以盐溶于水的真味，实现对学生的思想引领、知识启迪、灵魂塑造和价值培育。将思政元素与课程内容进行有机融合，让课程思政提升至“随风潜入夜、润物细无声”的境界，达到对学生进行思想引领、知识启迪、灵魂塑造和价值培养的目的。

（二）生成式 AI 赋能课程内容与思政元素耦合的课程样本选择

经过几十年的发展，我国目前形成了 13 个学科、门类齐全的多学科建设体系，本研究以管理类、经济类课程为例进行评价。选择的课程为实训类课程，其不同于理论类课程，天然地缺失课程思政的设计，选择的课程为企业模拟经营实训、财经数据分析实训、I 实习实践课程、财务大数据、Python 与大数据金融应用、RPA 财务机器人应用实践等 6 门课程。生成式 AI 应用于课程思政建设开始于 2022—2023 学年第二学期，为在时间上覆盖，选择 2022—2023 学年 6 门课程 576 份教案的课程思政设计评价的效果。其中，应用生成式 AI 前与应用生成式 AI 后的时间跨度均为 16 个教学周。

（三）变量说明

被解释变量为课程内容和思政元素的耦合水平，符号为 coccie，后面将对测

① 教育部：《高等学校课程思政建设指导纲要》，http://www.moe.gov.cn/srcsite/A08/s7056/202006/t20200603_462437.html，访问日期：2024 年 1 月 20 日。

度方法与数据来源作详细说明。处理变量的符号为 did，即应用课程(treated)×应用时间(time)。应用课程为应用生成式 AI 进行课程思政设计的课程，共 5 门。当样本为应用课程时，treated = 1，否则 treated = 0。应用时间为应用生成式 AI 进行课程思政设计后，即从 2022—2023 学年第二学期教学周第一周开始计算，因为生成式 AI 是由美国人工智能研究实验室 Open AI 基于大型语言模型原理于 2022 年 11 月 30 日发布，即当时间为 2022—2023 学年第二学期教学周第一周及之后时，time = 1，否则 time = 0。

为降低遗漏变量导致的估计偏误问题，选择了以下代表性控制变量：①任课教师的受教育程度，符号为 *elt*，即任课教师取得的最高学位。②任课教师从教经验，符号为 *tet*，代表教学经验丰富程度、从事教学工作的时间长度。③接受课程思政相关培训的次数，符号为 *iptrc*，代表对课程思政的了解程度，随着培训次数的提高，通常会提高教师对课程思政设计的能力。以上控制指标或原始数据均来源于教师资料，变量定义与说明如表 1 所示。

表 1　变量定义与说明

变量类型	符号	变量说明
被解释变量	*coccie*	课程内容和思政元素的耦合水平
处理变量	*did*	应用课程(treated)×应用时间(time)
控制变量	*elt*	任课教师的受教育程度
	tet	任课教师从教经验
	iptrc	接受课程思政相关培训的次数

政策实施的效果通常是学界、业界和政策界最关心的事情，但政策的效果评估非常具有挑战性。政策效果评估中最主流的方法就是找到一部分受到政策影响的个体(处理组)，和一部分没有受到影响的个体(控制组)，用政策实施前后处理组的结果差异与控制组的结果差异进行比较，比较的净差值即为政策效果，这种方法也被称为双重差分法(Difference in Differences，DID)。双重差分法是应用

经济学领域最常用的识别方法。学者们通常采用更灵活的双向固定效应模型来呈现双重差分估计量的结果。① 本研究将鼓励应用生成式 AI 赋能课程内容与思政元素的耦合作为政策进行检验。生成式 AI 赋能课程思政耦合的应用相当于一次“准自然实验”，双重差分法能够有效排除随机因素对结果的影响并缓解内生性问题，比较适合本文的研究。双重差分法必须满足共同趋势假定，否则容易造成样本的“选择性偏差”、降低模型结果可靠性。倾向得分匹配通过从控制组找到与处理组具有类似特征的样本构造反事实事件，有利于克服“选择性偏差”将倾向得分匹配与双重差分法结合，既能降低“选择性偏差”，也能较好地解决内生性，实现对“政策处理效应”的有效识别与评估，因此拟采用双重差分倾向得分匹配法。

(1)进行倾向得分匹配处理。以 treated 作为被解释变量，构建 logit 模型进行回归，采用 1：1 最近邻匹配法进行匹配得到一组新的观测样本，如式 1 所示。

$$\text{logit}(\text{treated} = 1) = \alpha_0 + X'_{it}\gamma + \varepsilon_{it} \qquad \text{式}(1)$$

其中，treated 表示是否为应用课程，若为应用课程，treated=1；否则 treated=0。X'为上面选择控制变量的向量。

(2)双重差分模型构建。根据新观测样本构建模型，如式 2 所示

$$\text{coccie}_{it} = \beta_0 + \beta_1\,\text{treated}_{it} + \beta_2\,\text{time}_{it} + \beta_3\,\text{did}_{it} + X'_{it}\gamma + \varepsilon_{it} \qquad \text{式}(2)$$

其中，treated_{it} 表示样本是否为应用课程，$\text{treated}_{it}=1$ 代表应用课程，纳入处理组，$\text{treated}_{it}=0$ 则代表非应用，纳入控制组。time_{it} 为时间变量，若生成式 AI 已应用，则 $\text{time}_{it}=1$，否则 $\text{time}_{it}=0$。did_{it} 为双重差分变量，$\text{did}_{it}=1$ 时，表示样本是应用课程且生成式 AI 已应用。β_3 为双重差分估计系数，其符号为正且统计显著时，表示生成式 AI 促进了课程内容和思政元素的耦合。

(四)变量描述性统计

变量描述性统计见表 2 所示。匹配前样本观测值为 432 个，其中处理组样本

① 许文立：《双重差分法的最新理论进展与经验研究新趋势》，《广东社会科学》2023 年第 5 期。

为 96 个，控制组样本为 336 个；在通过倾向得分匹配后样本观测值为 427 个，其中处理组样本为 96 个，控制组样本为 331 个。从双重差分变量看，did 的均值由匹配前的 0.067 上升为匹配后的 0.069，这是由倾向得分匹配删除的全部为控制组样本引起的。

表 2 应用生成式 AI 赋能课程思政耦合评价模型相关变量描述性统计

	变量	观测值	均值	标准差	最小值	最大值
匹配前	*coccie*	432	70. 24	10. 42	60	100
	did	432	0. 067	0. 234	0	1
	elt	432	2. 16	0. 892	0	3
	tet	432	3. 87	1. 254	0	20
	iptrc	432	2. 73	0796	0	10
匹配后	*coccie*	427	70. 63	10. 45	60	100
	did	427	0. 069	0. 239	0	1
	elt	427	2. 16	0. 892	0	3
	tet	427	3. 87	1. 254	0	20
	iptrc	427	2. 73	0. 796	0	10

三、课程内容和思政元素测度与实证分析过程

(一) 课程内容和思政元素耦合水平测度方法

真正的课程思政绝不仅仅是将教学内容和思政元素进行单纯的叠加和组合，它将思政元素与课程内容相耦合，将各学科的专业特征、知识结构、思维方法和价值观相耦合，将思政元素进行深度发掘，与课程内容进行有机融合，从而实现一种无形的教育环境，达到潜移默化的育人效果。

课程内容和思政元素之间存在着一种互相推动、互相促进的关系。这与系统

动力学中的协同内涵相似，系统协同是一种事物共同发展与提高的现象，协调度模型用于衡量系统之间彼此和谐一致的程度，因此可利用协调度模型测算课程内容和思政元素的耦合水平。

首先，构建课程内容和思政元素的耦合度模型，如式(3)所示。

$$O = \sqrt{(C_1 \times C_2) / \left(\frac{C_1 + C_2}{2}\right)^2} \qquad \text{式(3)}$$

式中，O 表示课程内容与思政元素的耦合度；C_1 表示课程内容子系统，从课程容量、课程专业、课程影响 3 个角度选取了原始指标；C_2 表示思政元素子系统，从前沿程度、理解程度、思政效果 3 个角度选取了原始指标，所选取的指标均为正向指标，通过主成分分析法，根据方差贡献率得到 C_1 和 C_2，对 C_1 和 C_2 进行归一化处理，再进行耦合度的计算。

其次，在耦合度的基础上构建课程内容和思政元素的协调度模型，如式(4)所示。

$$\begin{cases} D = \sqrt{O \times T} \\ T = \alpha C_1 + \beta C_2 \end{cases} \qquad \text{式(4)}$$

式中，D 表示课程内容与思政元素的耦合水平，记为协调度指数；T 表示课程内容与思政元素的综合协调水平；约束条件为 $\alpha + \beta = 1$；根据 C_1 表示课程内容子系统和 C_2 表示思政元素子系统相应权数得到，C_1 和 C_2 权重相等，分别为 0.5。

(二)课程内容和思政元素耦合水平测度方法

1. 总体趋势分析

第 1 学期第 1 教学周到第 2 学期第 16 教学周，课程内容和思政元素耦合水平的变化趋势如图 2 所示。课程内容和思政元素耦合水平有明显上升，第 2 学期第 16 教学周的简单平均值相对于第 1 学期第 1 教学周提升了 42.43%，其中第 1 学期第 1 教学周到第 1 学期第 16 教学周趋势比较平稳，自第 2 学期第 1 教学周开始，上升趋势明显加快，这与应用生成式 AI 赋能课程思政建设力度基本一致。

自 2022 年末 ChatGPT 让生成式 AI 进入公众视野以来，技术变革势不可挡，为教育开辟了新天地，生成式 AI 凭借自身强大的语言大模型优势能够使课程内容与思政元素更加契合，从而为课程思政赋能。

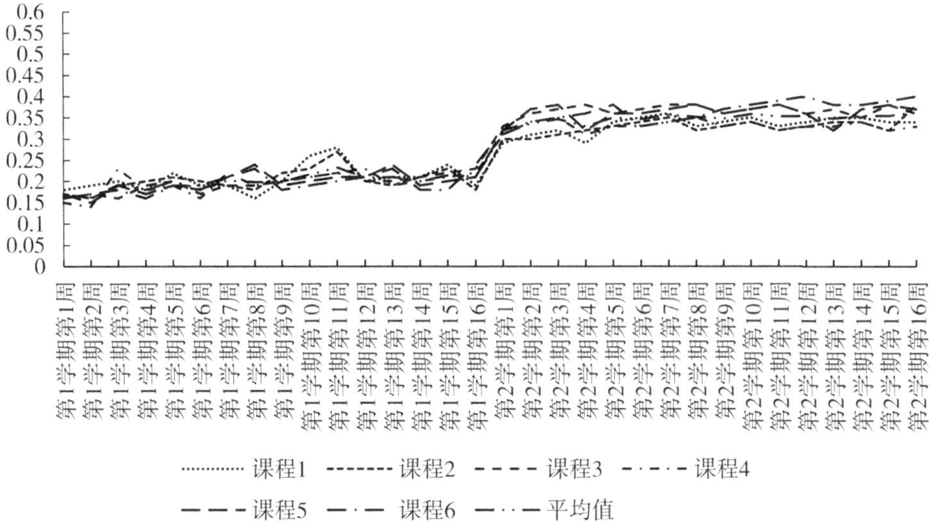

图 2　课程内容和思政元素耦合水平的变化趋势

2. 应用生成式 AI 赋能课程思政影响程度的统计分析

将首次应用生成式 AI 进行课程思政撰写的课程作为整体进行统计分析，如图 3 所示。应用生成式 AI 赋能课程的课程内容与思政元素耦合度更优，在第 2 学期第 1 教学周前，应用课程比非应用课程要高 35%～55%，从第 2 学期第 1 教学周开始应用生成式 AI 赋能课程思政逐渐发挥作用，到第 2 学期第 16 教学周，应用生成式 AI 赋能课程思政耦合度比控制课程高 125%，这表明应用生成式 AI 进行课程思政建设在一定程度上促进了课程内容与思政元素的耦合。有学者认为，生成式 AI 在课程教学方面扮演着重要作用，为合理计量生成式 AI 对课程内容和思政元素耦合的影响，接下来通过双重差分方法进行实证检验。

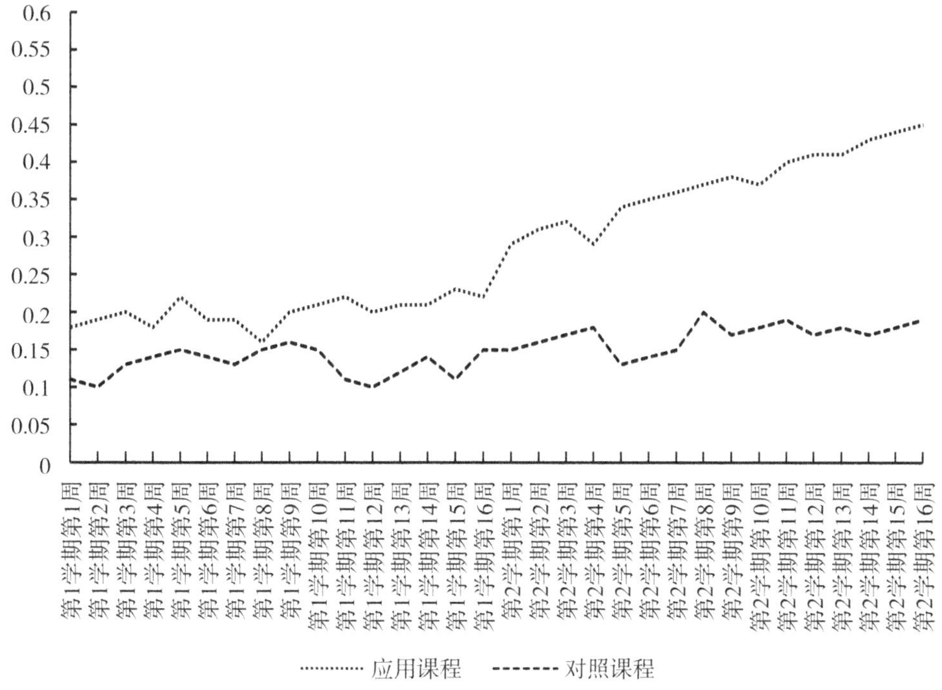

图3　课程内容和思政元素耦合水平的变化趋势

(三)倾向得分匹配法的双重差分法实证结果分析

1. 进行倾向得分匹配的必要性

根据以上步骤，采用logit回归计算倾向得分匹配模型的倾向得分，通过回归结果发现：任课教师的受教育程度、任课教师从教经验、接受课程思政相关培训的次数对处理变量treated有显著影响，显著水平为1%，应用生成式AI课程组在任课教师的受教育程度、任课教师从教经验、接受课程思政相关培训的次数方面表现更好，有必要进行样本匹配。

2. 倾向得分匹配法的双重差分法实证分析

生成式AI赋能课程思政促进课程内容和思政元素的耦合度的效果评估倾向得分匹配法的双重差分法的回归结果如表4所示。

表 4　应用生成式 AI 赋能课程思政耦合评价模型相关变量描述性统计

contefi	(1)	(2)	(3)	(4)
time	0. 044*** (2. 822)	0. 003** (0. 228)	0. 079*** (3. 530)	0. 019*** (0. 654)
treated	0. 046*** (1. 347)	0. 002** (0. 357)	剔除 (.)	剔除 (.)
did	0. 064*** (8. 485)	0. 017*** (9. 18)	0. 064*** (25. 25)	0. 032*** (13. 545)
elt		0. 008*** (14. 891)		0. 007*** (15. 361)
tet		0. 032*** (41. 354)		0. 132*** (35. 245)
iptrc		-0. 002*** (-13. 845)		0. 000** (6. 822)
_cons	0. 278*** (15. 254)	0. 183*** (46. 859)	0. 214*** (101. 363)	0. 196*** (26. 817)
回归类型	OLS	OLS	FE	FE
时间效应			控制	控制
N	427	427	427	427
R^2	0. 314	0. 625	0. 610	0. 684
F	65. 754	126. 524	37. 958	45. 357

注：**、***分别表示在 $p<0.05$、$p<0.01$ 水平下差异显著，( )内为 t 值。

四、结论与对策

(一)结论

首先，第 1 学期前 6 个教学周以来，课程内容和思政元素耦合水平表现出明显的上升趋势，但左偏严重。大部分课程耦合度偏低，促进课程思政和思政元素结合的建设仍任重而道远。其次，统计与实证发现生成式AI显著地提高了应用课程的课程内容和思政元素的耦合度，应用课程第2学期教学周4~10周耦合度提高幅度比非应用课程提高幅度平均要高10个百分点。应用生成式AI有利于弥补匹配欠佳、“两层皮”缺陷，促进课程内容和思政元素的耦合。最后，课程思政是一项育人育才的系统工程，只有科学把握课程思政的内在要求，才能明确课程内容与思政元素耦合的目标，理解课程内容与思政元素耦合的内涵，丰富课程内容与思政元素耦合的理论，创新课程内容与思政元素耦合的体系。

(二)对策

(1)生成式AI缺乏马克思主义的系统理论，仍需要马克思主义学院或思想政治理论课教研室与其他二级学院建立对口协作关系，进行经验分享、师资培养等工作，以高质量的课程思政为引领，打造课程思政精品在线课程，组织课程思政教学比赛等。建立一个课程思政教育耦合系统，不仅是一个课程内部结构的不断耦合，各个元素之间的互动也是一个持续优化的过程，还需要学生、专业课教师、思想政治理论课教师、院系与学院等多个方面进行有效的支持和有效的耦合作用。所以，在课程的设置上，要将显性教育和隐性教育相融合，解决思想问题和实际问题，课程内容的传授和思政元素的传授相融合，重视学思相融、知行合一，建立一套科学、合理的课程思政育人体系。

(2)围绕立德树人的核心目标，科学设计高校课程思政体系。要使课程思政建设适应时代发展的需要，应用生成式AI对各种学科的思政元素进行有效的开发和利用。将各种课程本身的优点和特色有机融合起来，在每一门课程的教育教学中都要有一种引导的理念和价值观，这样才能让正确的理念和价值观走进学生的脑海和心灵。在此基础上，我们提出了构建全过程的思想政治教育模式。以辽宁工程技术大学为例，学校“培养理想信念坚定，具有太阳石精神、家国情怀和国际视野的应用创新型人才”的人才培养目标与“特色鲜明的国内高水平研究应用型大学”的办学定位相适应，共同凸显“应用”与“创新”特质。

（3）课程思政建设的基础在课程，根本在思政，关键在教师。着力提升高校教师应用生成式AI推进课程思政建设的素质和能力，发挥教师的主体作用，促进课程思政体系的建设与实施。要充分尊重教育者必先受教育的规律，为高校教师提供充足的提升课程思政建设素质与能力的平台和机会，通过资源共享、互动交流等活动帮助其熟练掌握应用生成式AI，不断提升专业课教师推进课程思政建设的积极性和主动性。同时，通过应用生成式AI专题培训，逐步提升高校教师推进课程思政建设的能力与素质。竭力打造一支素质高、能力强的课程思政教师队伍，为推进全覆盖式的课程思政体系建设储备充足的人力资源。

（金国峰，辽宁工程技术大学马克思主义学院教授；潘英杰，辽宁工程技术大学工商管理学院博士研究生）

试论短视频融入高校思政课教学的双重效应及优化策略①

樊瑞科　刘苗苗

高校思想政治理论课(以下简称"高校思政课")是落实立德树人根本任务的关键课程。习近平总书记强调:"要用好课堂教学这个主渠道,思想政治理论课要坚持在改进中加强,提升思想政治教育亲和力和针对性,满足学生成长发展需求和期待。"②当前,伴随网络信息化发展和文化视觉化转向,以时长较短、内容丰富、即时便捷、交互性强、智能化高等为鲜明特征的短视频方兴未艾,其正在深刻改变我国的媒介格局与文化生态。据第52次《中国互联网络发展状况统计报告》显示,截至2023年6月,短视频用户规模为10.26亿人,占整体网民的95.2%。由此观之,"刷短视频"已经成为大众的新风尚,俨然成为"00后"大学生群体学习、生活的新常态,正在成为影响高校思政课教学实效的新境遇。如何正确看待短视频融入高校思政课教学的现实影响并积极探求其优化策略,成为一项值得关注的新课题。

一、短视频融入高校思政课教学的价值意蕴

习近平总书记强调:"改革创新是时代精神,青少年是最活跃的群体,思政

① 基金项目:河北省研究生示范课程项目"马克思主义中国化的历史进程及规律"(KCJSX2024066);河北省社科基金一般项目"数智技术赋能我国网络意识形态风险治理研究"(HB23MK003)。

② 《习近平谈治国理政》第二卷,外文出版社2017年版,第378页。

课建设要向改革创新要活力。”①面对大学生“刷短视频”的热潮，短视频融入高校思政课教学具有鲜活而独特的时代意蕴。

（一）短视频有利于增强高校思政课教学的视觉思维

理念是行动的先导。先进的教学理念是提升高校思政课教学实效的认知前提。“教学理念是从先进的教学理论中演绎出来的有关教学活动的理性认识，是‘教学应该怎样以及为什么需要如此’的理想化认识，反映着人们对教学实践的价值期待和理想追求。”②从高校思政课教学的传统理念看，基于师生群体在理论认知程度和信息占有方面的势位差距，我们通常将思政课堂视为单向灌输、强制传授的时空场域，教师是理论传授的绝对主体，学生是被动的理论接受者。“我讲你听”“我打你通”是这一理念的生动写照，“满堂灌”“填鸭式”成为高校思政课堂的突出问题。文本语言成为传统教学理念的主要载体，其在彰显严肃性、权威性和主导性的同时也隐含着抽象性、单向性、强制性的认知局限，一定程度上增加了受教者的认知负荷，降低了教学内容的亲和力和吸引力。

高校思政课教学作为一项非常有创造性的工作，要求教师应不断更新教学观念，为教学改革注入鲜活的时代因素。从文化发展趋势看，当代文化发展呈现出愈发鲜明的视觉化潮流。正如美国学者丹尼尔·贝尔所言：“当代文化已渐渐成为视觉文化而不是印刷文化。”③由此可见，感性化、形象化、多义性的视觉语言逐渐成为人们认识世界、观察社会和透视自身的话语范式和认知工具。当前，方兴未艾的短视频逐渐成为视觉语言的新样态，是“看的艺术”的新表征。“无论是白昼还是黑夜，无论是在都市的霓虹下还是乡间的小路上，‘刷短视

① 中共中央党史和文献研究院编：《论党的宣传思想工作》，中央文献出版社2020年版，第383页。

② 段作章：《教学理念的内涵与特点探析》，《教育导刊》2011年第11期。

③ ［美］丹尼尔·贝尔：《资本主义文化矛盾》，严蓓雯译，江苏人民出版社2012年版，第112页。

频’都已成为现代人日常生活的常态。”①有学者甚至用“短视频时代”来形容由短视频营造的崭新媒介环境、文化景观以及由此引发的社会变革。短视频作为视觉文化的先锋形式和流行样态，无疑为更新高校思政课的教学理念提供了新视角。在短视频时代，高校思政课教师应在锤炼文本语言的基础上主动增强视觉思维，在确保讲授内容的政治性、学理性基础上善于利用短视频赋予思政课堂更为鲜活的时代形象与更为灵动的教学思维，让高高在上、抽象晦涩的教学内容变得更为可感可知、可爱可亲。总之，优质短视频有机融入高校思政课教学，将有效改变过去那种以文本语言为主的单调的教学模式，为提升教学实效提供新思路。

（二）短视频有利于丰富高校思政课教学的感性资源

丰富的教学资源是讲好高校思政课的基础条件。教学资源是指能够辅助教师课堂教学的各种素材、案例等的要素集合。尽可能多地掌握并合理应用教学资源是衡量教师教学能力的重要维度，也是提升课堂教学成效的应有之义。过去常言，要给学生一碗水，教师先要有一桶水，凸显了教学资源对于课堂教学的重要性。特别是在信息不断涌现、知识加速更新的数字时代，教师的知识储备程度和信息获取能力直接影响课堂教学的实际效能。现在看来，“一桶水”的要求已经远远不够，教师要有“一潭活水”。因此，掌握丰富的教学资源，拥有扎实的学识功底便成为教师的基本素养。“在信息时代做好老师，自己所知道的必须大大超过要教给学生的范围，不仅要有胜任教学的专业知识，还要有广博的通用知识和宽阔的胸怀视野。”②在学校思政课教师座谈会上，习近平总书记更是将“视野要广”视为新时代思政课教师的必备素养。

---

① 朱天、齐向楠：《媒介化视野下短视频的概念想象、逻辑延伸与价值审视》，《新闻与传播评论》2022年第6期。

② 习近平：《做党和人民满意的好老师——同北京师范大学师生代表座谈时的讲话》，《人民日报》2014年9月10日。

习近平总书记认为："讲好思政课不容易，因为这个课要求高。"①这里"不容易"的一个重要原因便在于对教师掌握和应用教学资源的能力提出了很高要求。高校思政课虽然门数有限，但包含的内容精深广博且处于不断更新的态势。"教材必须经常修订，教案必须经常更新，课堂教学必须使用最新的话语。在思政课教学中，不可能像有的专业课程那样，多年使用一个固定的讲稿。这就使许多教师疲于应付，从而影响到教学效果。"②当前，以抖音、快手等为代表的短视频应用迅猛发展、快速普及，成为深受大众欢迎的"流量之王"。短视频正在深度嵌入大众日常生活，成为人们抒发情感、感知现实与思考人生的新兴媒介。时事热点、实用知识、技能展示、趣味娱乐、炫酷科技、美妆达人等都成为短视频负载与传播的感性素材和生动资源。由此观之，短视频是丰富高校思政课教学资源的一座"富矿"，值得关注和开发。

以哈罗德·伊尼斯(Harold Innis)、马歇尔·麦克卢汉(Marshall McLuhan)、尼尔·波兹曼(Neil Postman)等为代表的媒介环境学派认为，媒介与社会发展、文化演变存在相互建构的复杂关联，媒介具有强大的社会控制和文化塑造功能。例如麦克卢汉主张"媒介即讯息"的观点，他认为："任何媒介(即人的任何延伸)对个人和社会的任何影响，都是由于新的尺度产生的；我们的任何一种延伸(或曰任何一种新的技术)，都要在我们的事务中引进一种新的尺度。"③这一论断启示我们，作为新媒介的短视频具有赋能人们认识社会和改造世界的潜在价值。因此，高校思政课教师合理使用短视频，有利于增强教学资源的时代感、现实性和吸引力。

(三)短视频有利于改善高校思政课教学的说理方式

有效的教学方式是讲好高校思政课的必然要求。习近平总书记强调："思政

① 中共中央党史和文献研究院编：《论党的宣传思想工作》，中央文献出版社2020年版，第378页。

② 刘建军：《师说：新时代思政课》，天津人民出版社2023年版，第70页。

③ [加]马歇尔·麦克卢汉：《理解媒介——论人的延伸》，何道宽译，译林出版社2011年版，第18页。

课的本质是讲道理，要注重方式方法，把道理讲深、讲透、讲活，老师要用心教，学生要用心悟，达到沟通心灵、启智润心、激扬斗志。”①思政课教学改革既要关注“道理”本身，也要注重“说理方式”。针对教育教学的信息化趋势，习近平总书记在全国高校思想政治工作会议上强调：“要运用新媒体新技术使工作活起来，推动思想政治工作传统优势同信息技术高度融合，增强时代感和吸引力。”②当前，“视频化生存”逐渐成为大学生生活的新常态，“知识可视化”成为大学生学习的新境遇。这就要求高校思政课教学也要因势而谋、应势而动、顺势而为，不断创新教学手段和教学方法，增强教学过程的亲和力、吸引力，提升学生课堂参与的主动性、积极性。

“视觉化也叫图像化，指运用语言、图形、音乐等多重元素的组合，通过激活受众的形象思维和视觉期待，使其多感官共同参与理解和接受信息，从而达到提升传播效果的目的。”③在数字时代，随着各种新兴媒体的蓬勃发展和社交平台的广泛应用，高校思政课的教学载体和媒介环境正在发生深刻变革。短视频作为知识视觉化的新型媒介，以其传播内容的丰富性、传播介质的轻量化、传播方式的碎片化、传播技术的智能化、传播主体的个性化等优势在众多网络应用中脱颖而出，成为众人追捧的“流量明星”。优质短视频有机融入高校思政课教学，将有利于推动教学内容由“抽象论述”转向“形象嵌入”，教学方式由“严以施教”转向“轻盈教化”，价值影响由“显性塑造”转向“隐性滋养”，教育话语由“宏大论说”转向“日常对话”。这就要求我们积极顺应当下“图像时代”对教育教学提出的新要求，通过短视频有机融入，提升高校思政课教学的形象化、精准性、沉浸感，不断赋能高校思政课教学改革创新，进一步彰显思政课作为立德树人主渠道的重要作用。

① 《习近平在中国人民大学考察时强调 坚持党的领导传承红色基因扎根中国大地 走出一条建设中国特色世界一流大学新路》，《人民日报》2022 年 4 月 26 日。

② 《习近平谈治国理政》第二卷，外文出版社 2017 年版，第 378 页。

③ 程立涛：《知识视觉化与思想政治教育“说理方式”的转换》，《教学与研究》2023 年第 6 期。

二、短视频融入高校思政课教学的现实挑战

“在我们这个时代，每一种事物好像都包含有自己的反面。”①短视频在赋能高校思政课教学改革的同时，也对其提出了新挑战。

（一）“去中心化”的传播偏向弱化高校思政课教学的政治属性

高校思政课具有鲜明的政治属性。在高校课程体系中，虽然思政课与其他课程一样，也具有相应的知识体系和教学过程，但与其他课程最大的不同在于其具有鲜明的政治属性。“思政课归根结底是为意识形态服务，为国家意志服务，政治性是它的根本属性。”②习近平总书记强调，思政课的任务是传导主流意识形态，政治引导是思政课的基本功能。无疑，以马克思主义为指导的社会主义意识形态是高校思政课要传导的“主流意识形态”。高校思政课无论怎么讲，在进行马克思主义理论宣传教育、落实立德树人根本任务上始终是不可动摇的。因此，高校思政课教学具有确定性、严肃性、权威性的课程特征，从传播学视角看，高校思政课教学具有突出的“中心化”传播特征。

“所谓偏向（bias）即媒介传播中倾向于或侧重于某一方面具有一定规律性的偏重。”③加拿大传播学者伊尼斯认为，基于自身的物质技术特性，媒介传播存在时空性偏向，其对社会文明演变产生了潜移默化的影响。“所谓媒介或倚重时间或倚重空间，其含义是：对于它所在的文化，它的重要性有这样或那样的偏向。”④他认为，一种媒介经过长期使用后，能够在一定程度上决定它传播的知识

① 《马克思恩格斯文集》第2卷，人民出版社2009年版，第580页。

② 乔蕤琳、孔婷：《论马克思主义历史决定论思想对坚持高校思政课政治性的理论意义》，《黑龙江高教研究》2019年第8期。

③ 陈刚：《意见的公共表达：公共争议的传播偏向与话语民主化》，《南京社会科学》2011年第8期。

④ ［加］哈罗德·伊尼斯：《传播的偏向》，何道宽译，中国人民大学出版社2003年版，第27页。

的特征。作为新媒体，短视频的首要特征在于“短”。这既指其播放时长之“短暂”，也反映其负载内容之“短小”。就传播偏向而言，在宏大叙事和微观视角的主题选择中，短视频更加倾向于后者。与报纸期刊、影视广播等传统媒体相比，短视频一改过去那种自上而下、单向灌输、等级森严的“中心化”传播模式，呈现出技术平权、用户至上、内容繁杂的“去中心化”传播偏向。短视频作为包罗万象的应用平台，正在形塑一道“每个人都是主角，人人都有麦克风”的靓丽景观。作为短视频用户的主体，大学生群体更是热衷于利用短视频记录生活、辅助学习、了解时政、娱乐消遣等。短视频已成为大学生接受海量信息、交流思想、价值养成的重要媒介。短视频草根性、碎片性、分享性的“去中心化”传播特征与高校思政课教学权威性、主导性、统摄性的“中心化”传播属性相冲突。短视频所承载的海量信息、繁芜内容、异质观念对高校思政课教学所要传导的主流意识形态极易形成冲击和干扰，弱化思政课鲜明的政治属性。

（二）“泛娱乐化”的感性内容消解高校思政课教学的学理特质

高校思政课具有深刻的学理特质。思政课，尤其高校思政课不是一门简单生硬的政治课，而是以理服人的政治课。“强调思政课的政治引导功能，并不是要把课讲成简单的政治宣传，而要以透彻的学理分析回应学生，以彻底的思想理论说服学生，用真理的强大力量引导学生。”①同时，习近平总书记关于“思政课的本质是讲道理”的论断则进一步明确了高校思政课突出的学理属性，确认其马克思主义理论的学科定位。马克思主义理论教育，特别是党的创新理论成果，构成了高校思政课的核心内容，这些内容直接地具有强烈的理论性。此外，高校思政课还涉及历史性内容、现实性内容等，也间接地具有一定的理论属性，服务于一定的理论观点。抽象凝练、精深广博、严整系统反映了高校思政课教学的学理特质，进一步彰显了“教”与“学”的困难程度。

① 中共中央党史和文献研究院编：《论党的宣传思想工作》，中央文献出版社 2020 年版，第 383 页。

虽然短视频凭借其感官娱乐化的传播特征为高校思政课提供了丰富的感性资源和鲜活的教学素材，通过接地气、生活化的优秀作品助力思政课“活起来”，降低其教学难度。但就现实而言，短视频也呈现出“泛娱乐化”的极端倾向，罹患“娱乐至死”文化症候。早在20世纪后半叶，尼尔·波兹曼就认为，在大众文化尤其是电视媒体勃兴的美国社会，一切严肃的公共话语都退变为娱乐方式，其对大众媒体“娱乐至死”的传播倾向进行了深刻揭批，表达了对“我们将毁于我们所热爱的东西”的深沉忧虑。当前，短视频以平权化的技术赋能和日常化的内容优势，逐渐成为风靡大众尤其是大学生群体的网络应用，深度融入大学生的学习和生活，成为其延伸的肢体。一项针对大学生群体使用短视频的调研显示，在问及“您使用短视频App的原因是什么”的问题时，选择“娱乐放松”的占73.16%，选择“打发时间”的占50.57%。① 由此可见，娱乐消遣是大学生使用短视频的主要目的。娱乐虽无罪，但必须警惕短视频娱乐过度化。当“娱乐至死”成为大学生应用短视频时奉行的圭臬，沉湎于短视频带来的纯粹感性刺激、低层物质欲求和不良情感体验，不再追求理想信仰、普遍真理与终极价值，极可能蜕化为马尔库塞笔下的“单向度的人”。总之，短视频“泛娱乐化”的感性内容极易弱化高校思政课教学的学理性、深刻性特征，消解其理论的彻底性和内容的说服力。

（三）“数智极化”的技术霸权扰乱高校思政课教学的价值取向

高校思政课具有突出的价值取向。“办好思政课，最根本的是要全面贯彻党的教育方针，解决好培养什么人、怎样培养人、为谁培养人这个根本问题。”②这一论断既体现了思政课的政治属性，也表明了其价值取向。德国教育家雅思贝尔斯（Karl Jaspers）认为：“教育必须有信仰，没有信仰就不能称其为教育，而只是

① 艾楚君、孙淑雅、马钰莹：《短视频对青年大学生价值观的影响及应对策略——基于10305名青年大学生的调查研究》，《中国青年研究》2023年第11期。

② 中共中央党史和文献研究院编：《论党的宣传思想工作》，中央文献出版社2020年版，第377~378页。

教学的技术而已。”①由此观之，坚持知识性与价值性的辩证统一是教育教学的普遍规律，高校思政课更是如此。思政课，特别是高校思政课不仅是理论传授的课程，更是育人塑人的工作。因为这门课面对的是处于人生“拔节孕穗期”的青少年群体，而他们是最需要精心引导和栽培的对象。习近平总书记强调，塑造学生价值观是思政课的使命。强调高校思政课的价值取向问题既彰显了该课程的政治属性与马克思主义的价值旨归，又体现了我国以德为先的育人理念和学生的主体地位。这就要求高校思政课教学改革必须注重以社会主义核心价值观凝心聚力，以党的理论创新成果铸魂育人，不断提升大学生“四个自信”与“四个认同”，帮助其扣好人生的第一颗扣子，追求“沟通心灵、启智润心、激扬斗志”的育人价值。

“火药把骑士阶层炸得粉碎，指南针打开了世界市场并建立了殖民地，而印刷术则变成新教的工具，总的来说变成科学复兴的手段，变成对精神发展创造必要前提的最强大的杠杆。”②技术进步对社会变革具有强大的赋能效应，但如果将这种效应绝对化，极易催生技术决定论的霸权思维，致使技术从服务人的工具变成奴役人的主宰。当前，短视频的勃兴离不开大数据、云计算、人工智能等新一代数智技术的支撑作用。在短视频时代，基于数智技术的自身局限或者研发者、使用者的不当应用，极可能造成“数智极化”的风险，造成数智技术工具理性与价值理性的失调。在高校思政课教学中，以数智技术为基座的短视频，在提升课堂教学的个性精准度、具身沉浸感和互动分享性的同时，也容易在大学生群体中催生观点极化的“数智茧房”问题、价值区隔的“数智气泡”效应、共识难聚的“数智孤岛”现象以及感性狂欢后的“数智焦虑”心理等技术风险。例如，“短视频平台根据用户的使用习惯和个人偏好等行为数据进行机器学习和智能推荐，能够得到用户偏好和使用习惯的精准画像。据此，平台会迎合用户的心理需要推送其感兴趣的内容，让用户在不断的视觉狂欢和观感刺激中沉迷。”③因此，在短视频融

① ［德］卡尔·雅斯贝尔斯：《什么是教育》，邹进译，生活·读书·新知三联书店 1991 年版，第 44 页。

② 《马克思恩格斯文集》第 8 卷，人民出版社 2009 年版，第 338 页。

③ 魏鹏程：《短视频泛娱乐化对高校思政教育的挑战及应对策略》，《传媒》2023 年第 7 期。

入高校思政课教学中，如何突破数智技术编织的隐性牢笼，在强调技术赋能的同时，更加关注思政课教学的价值凝聚作用，成为我们必须面对并着力解决的难题。

（四）“价值分化”的纷繁思潮降低高校思政课教学的引导能力

高校思政课教学具有强大的政治引领力。从根本上说，“统治阶级的思想在每一时代都是占统治地位的思想。这就是说，一个阶级是社会上占统治地位的物质力量，同时也是社会上占统治地位的精神力量”。① 就课程本身而言，高校思政课作为传导主流意识形态的重要课程，理应以课堂为阵地不断强化主流意识形态对纷繁复杂的社会思潮和多样多变的价值观念的引导能力。尤其在“两个大局”同步交织、相互激荡的国内外背景中，我国改革开放进入攻坚期和深水区的新时代境遇下，多样化社会思潮对大学生马克思主义信仰的确立与巩固提出了严峻挑战。高校思政课教师在课堂教学中应以马克思主义为指导，通过有高度、有深度、有情怀、有温度的教学方式帮助大学生明辨是非、解疑释惑、坚定信仰、强化担当，不断提升高校思政课教学的引导能力。

习近平总书记强调：“思政课要在传播马克思主义立场、观点、方法的基础上用好批判的武器，直面各种错误观点和思潮，旗帜鲜明进行剖析和批判。”②从媒介视角看，视觉文化已经成为当今社会的主导力量，同时视觉文化正在经历由实向虚、虚实交融的时代转向。“视觉文化是一种新东西，就因为它把视觉聚集为一个意义生产和竞争的场所。”③作为视觉文化的新表征，短视频也成为多样化社会思潮与异质性意识形态斗争的竞技场，呈现出“众神狂欢”“群魔乱舞”的价值纷争，其对高校思政课教学的引导能力提出了严峻挑战。当前，受资本驱动、

① 《马克思恩格斯文集》第1卷，人民出版社2009年版，第550页。

② 中共中央党史和文献研究院编：《论党的宣传思想工作》，中央文献出版社2020年版，第384页。

③ ［美］尼古拉斯·米尔佐夫：《视觉文化导论》，倪伟译，江苏人民出版社2006年版，第7页。

技术赋魅、社会俗化、西方渗透等诸多客观因素的影响，加之大学生群体自身存在的社会阅历较少、价值观念不成熟等主体认知局限，各种错误社会思潮以及非主流价值观念借助各种短视频平台滋生蔓延，潜移默化影响大学生的精神世界和理想信念，不断消解高校思政课教学的引导能力。正如有学者指出："一些别有用心的短视频账号经过精心包装和巧妙设计，让历史虚无主义、极端民族主义、新自由主义等社会思潮披着靓丽的外衣借由短视频平台蔓延、扩散，对大学生进行意识形态渗透及价值植入，一定程度上削弱了主流价值的权威性和辨识度，干扰了青年大学生对主流意识形态的认同。"①

三、短视频融入高校思政课教学的优化策略

面对短视频为高校思政课教学所营造的崭新媒介环境与新兴文化境遇，我们应在辨识短视频融入高校思政课教学双重效应的基础上，积极探索其优化策略。

(一)加强内容建设，提升短视频融入高校思政课教学的资源供给

法国学者让·拉特利尔(Jean Ladriere)认为，"不能低估图像文化，尤其是动态图像文化，由于它们通过图像作用于情感，从而已经并将持续对表述与价值系统施加深远的影响"②。作为视觉文化的新表征，短视频在促进文化交流、信息传播的同时，也呈现出鲜明的意识形态属性，是丰富高校思政课教学的鲜活资源。这就需要我们善用短视频推进高校思政课教学资源的改革。

一是坚持正确的价值取向。在高校思政课教学中，师生群体在选取网络短视频或者创作短视频作品时，应始终以社会主义核心价值观为根本遵循，坚持政治性、价值性、真实性、趣味性的有机统一，将"有意义"且"有意思"的作品纳入

① 王肖：《大学生短视频热现象的原因分析、潜在风险及应对策略》，《思想理论教育》2021年第1期。

② ［法］让·拉特利尔：《科学和技术对文化的挑战》，吕乃基等译，商务印书馆1997年版，第124页。

课堂教学。二是善用丰厚的文化资源。高校思政课教学短视频资源的开发利用，应充分发挥我国丰富且深厚的文化优势。这就需要引导师生群体选取或创作能够体现中华优秀传统文化精髓的短视频资源，凸显思政课的“民族底蕴”；做好红色文化资源的开发和应用，增强短视频融入思政课教学的“革命底色”；精选或创造承载社会主义先进文化的视频资源，彰显短视频融入思政课教学的“时代精神”。三是彰显鲜明的问题意识。马克思曾指出：“问题是时代的格言，是表现时代自己内心状态的最实际的呼声。”①短视频的开发和应用必须彰显鲜明的问题意识，真正做到反映时代主题、观照现实生活和贴近学生实际。“将当下最新的热点话题通过视频展示和教师有针对性的讲解相结合，培养大学生运用所学理论正确认识社会热点问题的能力，将国家和社会命运与自身的时代使命紧密联系，促使学生争做时代先锋。”②

(二)聚焦关键环节，优化短视频融入高校思政课教学的实施过程

教学实施是指施教者针对受教者的特点，依据教学实施计划并借助多样化教学手段落实教学内容和完成教学任务的运行过程，是实现教与学有效转化的重要方式。教学过程的有效实施是提升高校思政课教学效能的集中体现。短视频有机融入高校思政课教学，需要聚焦教学实施的关键环节，以期提升教学实效。

一是在导课中开好头。万事开头难，好的开始是成功的一半。对于教学过程而言，精彩生动的导课能够第一时间引发学生关注，营造良好的教学情境，从而达到事半功倍的教学效果。高校思政课教师可通过播放优秀短视频或分享学生原创短视频的方式导入课程，进而迅速抓住学生眼球，使其迅捷、准确接收教师的教学意图，让学生带着兴趣、思考进入教学过程。二是在授课中显亮点。当前，案例式教学已成为高校思政课教学的重要方式，也成为在教学中呈现亮点的重要手段。短视频融入思政课教学应主要针对理论性强、抽象度高的重难点内容以及

① 《马克思恩格斯全集》第1卷，人民出版社1995年版，第203页。

② 潘红涛：《主旋律短视频融入高校思政课教学方式初探》，《思想理论教育导刊》2021年第3期。

学生广泛关注的现实热点问题等，找准时机进行适时嵌入，辅之以学生积极讨论与教师深度解读，以期不断增强学生的课堂参与度，提高其对重难点内容的认知理解，形成教学过程中的亮点。三是在结课时重升华。在高校思政课教学过程中，结课是教师总结授课内容、巩固学生对教学内容的接受程度、深化学生思想政治素养的关键环节。将短视频有机融入结课环节能够发挥“画龙点睛”的倍增效应。如教师在讲授《习近平新时代中国特色社会主义思想概论》第四章“坚持以人民为中心”时，在结课时通过播放时政微视频《人民至上》，引导学生增强对“江山就是人民，人民就是江山”的深刻感悟，对“全面落实以人民为中心的发展思想”的理性认知以及对中国共产党人民情怀的自觉认同。

（三）凝聚强大合力，彰显短视频融入高校思政课教学的协同效应

习近平总书记强调，“学校思想政治工作不是单纯一条线的工作，而应该是全方位的”，要“发挥融入式、嵌入式、渗入式的立德树人协同效应”。① 充分发挥短视频对高校思政课教学改革的赋能作用，需要构建社会支持、学校主管、教师主导与学生主体的育人格局，充分彰显多元联动的协同效应。

一是社会力量尤其是各类媒体应坚持社会效益优先原则，提供积极健康、向上向善的优质短视频资源。高校思政课教学改革离不开社会力量支撑和社会环境影响，各类媒体平台尤其是党和国家的主流媒体，应充分发挥主力军作用，提供更多更好的精品力作。商业媒体也应在社会责任与经济效益之间寻求最佳结合点，坚守社会公德底线与国家法规红线，创作、传播充满正能量的优秀作品。二是各个高校应发挥直接的领导责任，成为推动短视频有机融入高校思政课教学的主管力量。各个高校可通过宣传部、学工处、校团委、教务处等职能部门举办短视频创作竞赛，为思政课教学提供鲜活素材，邀请资深专家或业内人士进行相关的专题讲授、培训等以提升广大师生的视频素养和审美能力。各个高校应支持

① 中共中央党史和文献研究院编：《论党的宣传思想工作》，中央文献出版社 2020 年版，第 389 页。

马克思主义学院以制度化形式鼓励思政课教师利用短视频提升育人成效的相关工作，如在职称评定、年度考核、评奖评优等方面予以适当倾斜。三是思政课教师应发挥主导作用，不断提高短视频融入课堂教学的本领。教师应通过精心选择短视频资源，科学设计短视频融入时机，增加大学生短视频创作与分享在日常考核中的比重等方式增强短视频赋能效应。四是大学生群体应在教师指导下，广泛收集、精心挖掘与教学相关的短视频资源，主动参与校内外相关竞赛，如通过参与教育部主办的领航计划“我心中的思政课”微电影竞赛彰显学生的主体作用。

（四）发挥技术优势，增强短视频融入高校思政课教学的数智赋能

“随着信息化不断发展，知识获取方式和传授方式、教和学关系都发生了革命性变化。”①伴随着大数据、云计算、人工智能等数智技术的迭代更新，信息化手段成为驱动教育教学改革的新动力，高校思政课也不例外。2019 年国务院办公厅、中央办公厅联合印发的《关于深化新时代学校思想政治理论课改革创新的若干意见》中提出“推动人工智能等现代信息技术在思政课教学中应用”的明确要求。这就需要我们顺应数智化趋势，优化短视频融入高校思政课教学的技术赋能。

一是国家职能部门应加强顶层设计，规制数智技术在短视频中的应用限度。中央网信办应充分发挥领导统筹能力，协同相关职能部门加强对数智技术在短视频应用中的立法、监督等治理效能。二是短视频平台应坚持“技术向善”价值取向，提供更多更好的优质资源。针对当下数智技术的异化风险，短视频平台应通过优化大数据技术应用、建立短视频分级制度、改进智能推荐算法、完善防沉迷系统以及健全风险提醒机制等规制不良短视频的制作与传播，为高校思政课教学提供优质资源。三是教育主管部门应发挥领导和组织职能，支持高校创建数智平台。例如，由教育部牵头，遴选有基础、有条件的高校建设一批国家级虚拟仿真

① 习近平：《在北京大学师生座谈会上的讲话》，《人民日报》2018 年 5 月 3 日。

思政课体验教学中心，北京理工大学“VR重走长征路”、石家庄铁道大学“西柏坡+”等虚拟仿真项目为学生提供了个性化、沉浸式的教学体验。“教育部会同中央网信办等，组织开展‘大思政课’网络主题宣传活动，鼓励师生围绕思政课教学内容创作微电影、动漫、音乐、短视频等，建设资源共享、在线互动、网络宣传等为一体的‘云上大思政课’平台”等相关举措①也有利于增强高校思政课教学的吸引力、亲和力。

（五）培育综合素养，锤炼短视频融入高校思政课教学的主体能力

高校思政课教学具有鲜明的政治性、深刻的理论性、强烈的现实性以及突出的价值性等课程属性。这种特殊性、复杂性对教师综合素质提出了较高要求。善用短视频赋能高校思政课教学改革需要不断提升教师的媒介素养、视觉素养与审美素养，从而增强短视频辅助教学的自觉性、主动性和创造性。

一是增强教师的媒介素养。“现代社会中的意识形态分析必须把大众传播的性质和影响放在核心位置，虽然大众传播不是意识形态运作的唯一场所。”②高校思政课教师应主动顺应媒介化趋势，增强自身使用和创作短视频的媒介素养。这就需要教师主动了解短视频的传播特征、运行机理、技术常识等，增强短视频的应用意识，提升短视频的鉴别能力以及培育短视频的创作本领等，从而科学把握短视频融入课堂教学的张力。二是增强教师的视觉素养。“当代文化从语言主因型向图像主因型的转变，对主体的意识形态和认知方式产生了重大影响；人们越来越倚重于通过图像来理解和解释世界。”③针对文化视觉化趋势，高校思政课教师应积极更新教学观念，摒弃那种对视频素材的“排斥心理”或“畏难情绪”，增强短视频融入课堂教学的主动意识，彰显以“图”载“道”、以“视”育“人”的独特

---

① 《教育部等十部门关于印发“全面推进‘大思政课’建设”的工作方案的通知》，http://www.moe.gov.cn/srcsite/A13/moe_772/202208/t20220818_653672.html，访问日期：2022年8月10日。

② 约翰·B.汤普森：《意识形态与现代文化》，高铦等译，译林出版社2005年版，第286页。

③ 周宪：《视觉文化的转向》，《学术研究》2004年第2期。

功效。三是增强教师的审美素养。"美是纯洁道德、丰富精神的重要源泉。"①思政课教师应不断提升自身的审美意识和把关能力，自觉抵制那些违背政治原则、僭越德法底线以及具有"三俗"倾向的短视频资源，优选那些格调高雅、通俗易懂、鲜活生动的短视频素材，追求以美储真、以美引善的育人效果。

（樊瑞科，石家庄铁道大学马克思主义学院副教授；刘苗苗，石家庄铁道大学马克思主义学院硕士）

① 中共中央党史和文献研究院编：《论党的宣传思想工作》，中央文献出版社2020年版，第350页。

五

思政课教学理论

思政课教学的改革与创新

王炳林

一、五年来思政课发生巨变

五年来思政课发生了历史性的巨变、革命性的重塑，为今后思政课的教学奠定了扎实的基础。

第一，“3·18”重要讲话以来，思政课的定位更加明确，思政课是铸魂育人的关键课程。习近平总书记的高度重视营造了思政课教学前所未有的良好氛围。

第二，条件保障更加充足，各方面人财物的保障和课题的支持等更加充裕。

第三，教师队伍建设出现量与质的变化，数量上由原来的 7 万多人增加到 12 万多人，五年来平均每年增加 1 万多人。老教师还在继续耕耘，成长期的优秀中青年教师在各种教学展示中也展现出高超的教学技能和良好的教学效果。

第四，思政课教学的资源丰富，我们强调“课程思政”“思政课程”，强调大中小学思政课一体化，强调各种资源的整合，又如近日教育部和国家文物局公布了首批国家革命文物协同研究中心名单，提供了人文基地。

第五，教学方法丰富多彩，有相关研究总结目前各式各样教学方法多达 20 余种，如案例教学、个性访谈、互动体验等，使得思政课堂教学展现出丰富多彩的局面。

二、思政课向改革要动力要质量

自我革命是中国共产党保持先进性和纯洁性的重要途径。思政课同样需要改革创新。就思政课现状来说，成就是巨大的，问题挑战是现实的。

第一，教学质量是否需要通过加法才能得到提升，以及课时较多同其他专业之间的矛盾如何解决，是目前需要面对的问题。

第二，内容交叉重复。如纲要课和概论课都以中国共产党的一百年为核心内容，讲历史必须讲理论，不讲理论则无法强调“四个选择”；讲理论必须讲历史，不讲历史没有依据则无法说透理论。两方面的重复如何给学生解释，这一矛盾不解决，课程效果会遭受质疑。

第三，教师课业负担较大。目前教师面临着学科建设与本硕博一体化培养的任务，对老师的专业要求高，教师完成论文课题指标的时间被庞大的课时量挤压。

这些问题都是思政课持续发展必须关注的问题。问题的解决要靠改革获取动力。

第一，下决心调整课程、压缩课时。邓小平说：“学马列要精，要管用的。”①要充分考虑培养学生的知识体系和方法论。每一门课程的开设都有必要性、合理性、重要性，但是如果各个课程都强调自身很重要，那么改革就难以为继。因此，要用系统思维从大局去考虑。

第二，必修课和选修课有机结合。目前规定的必修课数量很多，适当传授学生立场、观点、方法以及理想信念是最重要的，这部分讲好后根据年级、学校特点，适当让学生在选修课中选择感兴趣的课程，可能效果会更好。

第三，必修课和系列讲座有机结合。调动各方面的力量举办相关内容的系列讲座，推动大思政课建设，将校内外专业讲座纳入课程，课时数适当压缩、必修

① 《邓小平文选》第三卷，人民出版社1993年版，第382页。

课适当减少。学生在定期的系列讲座中自主选择聆听，兴趣有所提升、知识有所收获，效果比起重复的课堂教学可能更好。

三、讲好思政课要调动师生的积极性

习近平总书记说："办好思想政治理论课关键在教师，关键在发挥教师的积极性、主动性、创造性。"①要想讲好思政课，我常讲九字真经：做研究、抓重点、讲故事。

首先，没有研究，就无法讲深讲透、深入浅出。所以要选择一个研究的方向，触类旁通，成为这方面的专家。

其次，面面俱到是不可能的，一定要抓重点，每一门课程当中、每一个课堂当中、每一节课当中都应该有重点。如果每个课都讲到几点，学生的印象也不会深。

再者，讲故事，充分运用生动的事例、党的历史故事、现实社会的故事、学生生活的事例。习近平总书记常讲焦裕禄的故事带来的影响，一个故事影响一生，这就是故事的力量。

以上是针对老师如何调动积极性的建议。另外，学好思政课关键在学生。老师讲好思政课，若是学生不听，也不会知道老师讲的是什么。所以现在强调调动学生的积极性，主要方法就是"三多"——多提问，要有效提问，进行情景式提问；多展示，提供交流展示的机会；多活动，开展实践教学活动。

在这样一个良好的氛围、强有力的学科推动下，只要我们注重改革、调动各方面的积极性，相信我们的思政课就会越讲越好。

（王炳林，高校思政课教学指导咨询委员会委员、北京师范大学马克思主义学院教授）

① 习近平：《办好思想政治理论课关键在教师》，《人民日报》2019年3月19日。

思政教学中的几点困惑

胡大平

一、作为思政教师的困惑

从全球角度来说，我们处在“百年未有之大变局”，一个字——乱。例如俄乌问题、巴以问题，这些问题在同学中引起了相当广泛的讨论并存在观点冲突。而这些问题出现在我们思政教师面前，其实我也很困惑。很多时候，一些问题并没有知识学上的真理和我们价值观念的可靠支撑。面对这样的问题应该怎么办？面对极端和多变的环境，思政教师面对的问题到底是什么？从思政教育过去的教训来看，有几点需要我们老师去回应。

第一，我们无法从知识学上去摆出中立的价值，不能采取无视的立场。思政课切忌教师态度冷冰冰，思政课一定要有温度。

第二，思政老师不能只是简单重复既有的大纲和教材，不能按照学生看到的文字内容照念。思政课切忌说官话。一说官话，老师与学生之间的关系就远了。同时，思政工作中最基本假设的人与人之间的信任感也消失了。

第三，思政老师不能随波逐流。老师必须有自己的主张、立场和价值判断，否则学生将无法给予老师完全的信任。思政老师更不能任性，不能为了表达自己的个性就随便发表评论。思政老师代表了一个群体，而不仅仅是个体。

面对今天的学生，要做什么样的人？做一个现代的中国人，应该拥有什么品质与立场？这些问题都需要更深入地讨论。

二、关于因专业分工导致的专业局限性的困惑

以习近平新时代中国特色社会主义思想概论课为例，思考思政教师应该如何面对自己对相关领域了解不足的问题。

每个教师并不是全能的，每个专业之间都有专业度区别。而习近平新时代中国特色社会主义思想是要回答中华民族伟大复兴在这个时代遇到的方方面面问题。现有教材的17个章节，因为我对法治的理解不够深，所以全面法治讲不好；外交、国防这方面做得少，我无法驾驭这些专题；生态文明专题我可以讲，但是没有其他老师讲得好。

因此，南京大学在试点的基础上采取了特别的做法：评选出29位习近平新时代中国特色社会主义思想概论特聘教授。如南京大学邀请东部战区副司令员进行全校大班上课，效果很棒。又比如南京大学邀请任洪强院士讲生态文明专题，他比我校所有思政老师都讲得好，因为他参与了国家的重大科技问题，在环境专题方面是专家。

但是，面临这个情况，教育部说不符合标准，要求拆分大班、中班上课。拆分以后就带来了一个很大的问题：要求思政教师在知识学、社会历史等方面转变为全能型的教师。目前的教育形势给我们提出了要求，我们应该如何回应？

另外，教育部严格规定了授课范围、规范，从教材到PPT，从知识到能力，从讲义到案例。那么，思政教师应该如何提升吸引力？如果在既有的时间范围内，把所有的PPT内容都灌输给学生，自己就成了传声筒。如果思政教师把自己当成了传声筒，就失去了思政教师的尊严，更遑论去产生什么影响力。学生们不愿意面对这样的老师，这也不是我们期待的思政老师。稍作延伸：思政课堂不是简单传递知识的课堂，而是价值判断的课堂。没有碰撞就不可能面对学生真实的思想现状，没有碰撞就不能体现思政教师的魅力和意义。

三、作为院长的困惑

“3 · 18”重要讲话以来，南京大学一直围绕高校思政课的改革创新，围绕大思政课、大中小学思政课一体化建设（以下简称“大中小一体化”）等这些任务展开大量工作。我的困惑是：如果我们的责任田都没有种好，哪有能力和精力去耕别人的地？

在“思政课程”与“课程思政”问题方面，如果我们课堂还有漏洞，思政课本身还没有达到习近平总书记的要求、社会的期待和我们自己觉得应发挥的水平，那么大家就忙于社会实践，应该如何处理这个问题？

还有更关键的问题是，高校已经感觉到压力很大，还要和中小学一起联合，从现实的实践操作角度来说很棘手。一方面，中小学对大学提出独特的期待，很多活动需要大学去参加。另一方面，包括教育基层、地市级的教育行政部门，对目前大中小一体化的要求，他们的想法和教育部存在不一样。这些都是我们必须面对的事实。

作为院长，正业是什么？我有所反省：如何捍卫好自己的课堂，如何把课堂教学本职工作做好？如果老师们不安心把精力放在课堂上面，或许思政课面临的漏洞会越来越大。

此外，2023 年我处理了 3 起来自学生的投诉，其中不乏学生对老师的诬告与丑化。背后暴露出来的问题是，“天、地、君、亲、师”这种中华文明文化的自信和根基之一出现了漏洞。如果一个民族中老师的地位消失了，那么这个民族就有危险。因此，我们应该冷静地去思考教育对象的问题，不应该一味指责教育对象和批评社会，这样只会加强我们的思想症结，毕竟“有教无类”。

如何让思政老师专注于教学？以上困惑与思考，缘于当今复杂的环境、教育管理和对象的变化，迫使我们思政教师去思考如何做好一名思政教师，如何学会去教思政课。借用一句话来表达个人观点：少点花样，多点干货。

（胡大平，南京大学马克思主义学院院长、教授）

关于思政课讲好道理及其原则遵旨

白显良

2022年4月25日，习近平总书记在中国人民大学考察时提出，“思政课的本质是讲道理”。要上好思政课，无疑要在讲究方式方法、讲好道理上下功夫。

一、思政课要讲好什么样的道理

首先，思政课要讲好揭示人类社会发展规律、社会主义建设发展规律、共产党执政规律的真道理。思政课作为马克思主义理论教育教学的主渠道，要讲出马克思主义真理的味道。

其次，要讲好回答时代之问、实践之问、历史之问、人民之问、人生之问的大道理。思政课不能只给学生以小确幸，一定要就一些重大而根本的问题解疑释惑。

再者，思政课要讲好深刻透彻、系统整体、富含学理、充满哲理的深道理。思政课教学要用透彻的理论去征服学生。

最后，思政课教学要讲好贴近时代、贴近实践、贴近实际、贴近大学生的活道理。思政课教学要接地气，就像习近平总书记说的那样，要让马克思讲中国话，让大专家讲家常话，让基本原理变成生动道理，让根本方法变成管用办法。①

---

① 参见习近平：《习近平关于社会主义文化建设论述摘编》，中央文献出版社2017年版，第100页。

二、思政课讲好道理的原则遵旨

第一，思政课要讲好道理，要坚持道、学、术的统一。思政课教学，教无定法，贵在得法，思政课教学有方法、技巧、技术、艺术的讲究。但是光有技术，而把思政课当作一个技术活，也是不对的。思政课教学还要有学，有学问、学理，要把道理讲好。思政课还要有道，比方说教师的站位、情怀、对规律的把握等，都属于道的层面。

第二，思政课教学要坚持情、理、实的统一。思政课教学要有情感的介入。同时，讲道理，我们是要讲理论的，不能没有道理和理论，也就是说我们要以情动人的同时还要以理服人。用事实说话，这里的实，既是事实，也是实际，还是实践。思政课教学要坚持理论与实际、理论与实践的结合统一。所以我们如何用事实说话，如何以情动人，如何以理服人，是要在思政课教育当中去反复追求的事情，要去把握其内在的规律性。

从这方面来讲，实际上也有很多具体的规律值得我们去探索。比方说情感到底在思政课教学当中是发挥一个什么样的作用？如何发挥好情感在思政课教学当中的作用？到底是一个添加剂、催化剂，还是一个什么样的角色？思政课教学在学生头脑里所引起的这种化合反应到底是一种什么样的反应？是一个什么样的过程？我想这些可能也是值得我们去研究和探讨的问题。

第三，思政课教学要坚持宏、中、微的统一。我们要有大视野、大情怀、大格局，培养引导学生有大担当，从大处着眼。另一方面来讲，思政课教学也要从小处着手、从细节着手。掰开了、揉碎了，重新把它讲透了，很多道理就入情入理了。我们既要有宏大的视野，宏、高、远的立意，高站位，也要横贯中西，联通古今，同时还要着眼于学生的困惑，从小事小情这些细节入手去讲好。不过二者之间是辩证的，比方讲细的道理的时候，不能因为细节而消解宏大、弱化价值。不能说要有大视野大格局，我们就忽视细节，也不能因为要重视细节，所以就陷入细节，陷入历史虚无主义。

第四，要坚持知、性、行统一。思政课教学和别的教学不一样。讲物理与化学的老师，把理论、知识、公式、定理讲得明白清楚，学生听懂了，就是个好老师。但是，思政课教学不是这样，思政课教学是要让有理想的人去讲理想、有信仰的人去讲信仰、有情怀的人去谈情怀。如果一个思政课老师，讲的是一套，做的是一套，那么这样的思政课教育也不可能有多大的说服力、感染力、影响力，是不可能讲好道理的。

（白显良，海南师范大学副校长、西南大学教授）

新时代高校思政课高质量发展正在进行时

蔡文成

习近平文化思想是和思政课、思政课师生联系最密切最重要的一个思想。可以说，习近平文化思想的确立，为新时代思政课的改革创新、高质量发展提供了价值引领、文化导引和方法指引。无论是实现为党育人、为国育才、立德树人的目标，还是以文化人、以文育人，增强师生文化自信，都离不开习近平文化思想的指引。习近平文化思想为新时代思政课提供科学指南和根本遵循。

一、思政课改革发展是一个过程

第一，发展、改革都是一个过程，无论怎么评价，我们现在确实处在一个很好的时期。思政课从量变到质变也正在进行，我们身边各方面的变化都在发生。这个过程很难，很苦，让人压力很大，但总得往前走。

第二，思政课改革发展从内涵到外延也在发生着很多变化，特别是大中小学思政课一体化建设(以下简称“大中小一体化”)。这种一体化理念的提出，实际上就是说我们开始意识到这些问题，不断地在内涵方面进行了提炼加深。

第三，思政课改革发展从局部到整体也在发生着变化。局部方面从师资队伍到教师们的条件资源都在变化，也可能是从微观到宏观都在发生着变化。那么有些是微观方面的变化，有些是宏观方面的变化，比如整个社会的认知。思政课从内容到形式的改革创新如火如荼。

第四，从制度到环境的变化发展。特别是一系列国家制度的出台，改变着思政课整个教书育人的环境。至少从家庭、学校、社会各个层面，思政课的整个环境发生了根本改观。

第五，从条件到资源方面，我们的资源越来越丰富。本人是有 20 多年思政课经验的老师，深刻感受到了这种变化。

二、思政课发展过程中的问题与解决关键

思政课高质量发展需要的是一体化发展。一体化发展过程现在需要做好的是大中小一体化建设，思政课老师也都要参与大中小一体化建设过程。最主要的举措是国家要做好顶层设计，教育部、中宣部等相关部门也要做好顶层设计，统筹领导大中小一体化建设。这不是说大学教师跟着中小学老师搞活动、搞体系、搞备课，也不是中小学老师跟着大学老师天天开会搞研讨。实际上就是各自守好各自的一段。

大中小一体化建设为什么难？因为当下的情形是各管一段，从根本上很难实现一体化。作为院长，本人也感受到，要在一个学院把本硕博搞成一体化是很困难的。“习近平新时代中国特色社会主义思想概论”课程的内容，与研究生的“中国特色社会主义理论体系概论”课程内容基本一致；本科生在学习与备考时，已经巩固了习近平新时代中国特色社会主义思想，到硕士阶段还要再上一遍；博士生的“中国马克思主义与当代”课程里如果没拉开层次，学生又要上一遍。因此，在国家重视、思政课处于大好发展之际，顶层设计工作不可或缺。

（蔡文成，兰州大学马克思主义学院院长、教授）

在复杂现代性处境下推动思政课建设

庞立生

一、要深刻把握思政课建设的复杂现代性处境

习近平总书记关于世界和时代发展有重要的战略性判断，就是百年未有之大变局。我所理解的大变局不是一般的变化，也不是哪个领域哪个方面的变化，而是一种格局的调整、体系的重塑，乃至人类文明形态的历史性变革。思想政治教育、思政课建设，都处于这种复杂的百年之变的现代性处境之中。

马克思对现代性有一个基本的把握，即以物的依赖性为基础的人的独立性。以物的依赖性为基础的人的独立性必然造成两种基本的矛盾：一个是对物的依赖、追求、占有和享受与人的物化之间的矛盾；一个是社会的一体化与个体独立性之间的矛盾，这种矛盾与现代性的四大要素（资本的逻辑、现代的科技、大众的文化、消费的实践），构成了价值观教育的复杂现代性处境。

在这种复杂的现代性处境中，思政课建设、思想政治教育要处理现代性与后现代性、传统与现代、个体原则与社会原则、理想原则和现实原则等一系列复杂的矛盾。这就需要我们深刻认识到，无论是思想政治教育还是思政课建设，都处于一种复杂的现代性主义之中，要认识到思政课建设是一项长期的、艰巨的、复杂的工程。

二、自觉理解和贯彻落实思政课建设的实践观点

思政课本质是一种价值观的教育，要引领学生的价值观。学生的价值观究竟从何而来？马克思提出了一系列重要的本质性的观点。在《关于费尔巴哈的提纲》中，马克思强调："全部社会生活在本质上是实践的。凡是把理论引向神秘主义的神秘东西，都能在人的实践中以及对这个实践的理解中得到合理的解决。"①在《德意志意识形态》中，马克思也强调："不是意识决定生活，而是生活决定意识。""人们的存在就是他们的现实生活过程。"②思政课的本质是讲道理，讲的是家国情怀的大道理，是启智润心的真道理，是立德树人的硬道理。把道理讲深讲透讲活是否就能达到思政课教育真正切入学生的精神世界，乃至引领学生价值观的目的呢？其中还蕴含着一系列复杂的矛盾。马克思的实践观点指出，一个人的价值观以及他所出现的价值问题，实际上是他特定的社会存在以及他特有的社会生活实践，在价值观念上的表现、折射和回升。价值观所出现的问题，实际上也深深嵌入在复杂现实的社会问题之中。

关于价值观的教育，有两个基本的观点。

第一，价值观的教育不是空洞抽象的，它既不是一个自在自发的自然发生过程，也不是一个抽象的观念灌输和理论认知过程。想仅仅依靠思政课建设就一劳永逸地解决立德树人乃至价值观引导的问题，是不切实际的。要重视思政课所承担的落实立德树人根本任务关键课程的关键性作用，也要理解和把握思政课作用的基本条件。思政课要通过讲道理铸牢学生成长成才的世界观、人生观、价值观的科学思想基础。这是思政课发挥作用的一个重要前提条件，如何发挥思政课建设有效的关键性作用，这个问题非常重要。

---

① 《关于费尔巴哈的提纲》，《马克思恩格斯选集》第一卷，人民出版社 2012 年版，第 135 页。

② 《德意志意识形态》，《马克思恩格斯选集》第一卷，人民出版社 1995 年版，第 72～73 页。

第二，基于思政课建设所需要确立的实践观点，要充分发挥思政课的问题导向作用，做到问题精准、内容精当、过程精心。只有经历思想的淬炼，专业的训练，实践的锻炼，乃至社会生活的历练，才能百炼成钢，才能内在地真实地建立起一个人的价值观。在这个意义上，习近平总书记提出的大思政课论断，不仅指课堂教学形态发生的变化，而且指思政课建设理念的深刻变化。

三、着力夯实思政课建设特有的文化底蕴

习近平总书记强调，思政课是一门政治性与学理性统一、知识性与价值性统一的关键课程，是落实思想政治教育的显性课程。同时，习近平总书记也指出，思政课的学术深度、广度和含金量不亚于其他任何一门哲学社会科学，这实际上对思政课提出了很高的要求。如何既注重思政课的政治性，同时又保有其应有的思想品质，这对思政课教师提出了很高的要求。在政治性、科学性之外，思政课还具有人文性，因此需要夯实思政课建设人文的文化底蕴。

第一，不仅要从政府国家社会主流意识形态核心价值观的立场出发来看待思政课的关键性地位和作用，而且需要从人的观点出发，从学生成长成才的需求出发，从学生的精神世界和精神生活方式出发，来理解学生所处的精神生活的现代性主题，关心学生在精神生活领域所发生的深刻复杂的变化。

第二，习近平总书记提出的“两个结合”特别是马克思主义基本原理与中华优秀传统文化相结合，也为思政课建设提供了重要的指导思想。思政课不仅要以理服人，以情感人，更重要的是以文化人。这就要求赋予思政课建设一种文化底蕴，升华为一种文化品质。从中华优秀传统文化的角度来说，道理是种在人心中的。梁漱溟先生将文化理解为人类生活的样板。文化在人的事业发展过程中起着非常重要的内在机理性作用，进一步发挥思政课所具有的以文化人的作用，不断夯实思政课建设所具有的文化底蕴，提升思政课应有的人文性品格，对于思政课建设至关重要。

（庞立生，东北师范大学马克思主义学部部长、教授）

中共党史党建学如何为思政课提供坚实支撑

王　刚

思政课教师需要历史主要是中共党史的支撑来进行授课。如果教师讲"一国两制"，却不知道"一国两制"的演进历史，邓小平是如何提出这一构想，以及"一国两制"后续的发展；讲全面从严治党却不知道党的建设史的脉络；讲全面深化改革却不知道改革开放的历史，就无法将思政课讲授到位。未来马克思主义学院将会呈现中共党史党建学一级学科设置与马克思主义理论学科这两个学科共同支撑思政课教学的局面。中共党史党建学可以而且应该为思政课提供坚实支撑。

一、理论支撑

中共党史党建学为思政课提供的理论支撑，涉及无产阶级政党理论、中共党史党建学的文献学、中共党史党建的方法论、中共党史党建的发展史、中共党史、习近平总书记关于党的建设的重要思想、习近平总书记关于党的自我革命的重要思想等一系列理论。

思政课教师如果具备了理论支撑，那么在讲习近平新时代中国特色社会主义思想、全面从严治党、党的建设等内容时，会更加有底气。

二、中共党史支撑

思政课教师如果有比较好的党史底蕴，讲党史故事非常精彩，大家都喜欢听，那么他背后的底蕴从何而来？肯定来源于其深厚的党史积淀和积累。

所以像中国共产党的通史、中国共产党的专题史、中国共产党的党建史，世界无产阶级的政党史；中国共产党史的主题主线、主流本质；正确的党史观；党的重大历史事件、党史人物和重要会议等这些内容，可以为思政课教学提供一个完备的历史支撑。

比如，讲全面深化改革时，按教材要从新时代的全面深化改革讲起，但如果要让学生弄清楚，老师可以从 1978 年改革开放讲起，从为什么改革，讲到改革过程中取得什么样的成就，然后再来讲在改革过程中面临什么样的困境，自然而然引出来全面深化改革的主题。只有了解相关方面的历史，把握住了历史发展脉络以后，才能知道从改革到全面深化改革内含的历史逻辑，而这种历史的逻辑刚好是老师需要讲述给学生的。

再比如，以中国式现代化推进中华民族伟大复兴是习近平新时代中国特色社会主义思想概论课程教学专题中一个非常重要的专题。习近平总书记在 2023 年 2 月 7 日的讲话中明确指出了中国共产党百年史上探索中国现代化道路的历程。他从 1840 年讲到 1921 年，这个时期内仁人志士对中国现代化道路的探索都失败了，探索中国现代化道路的历史责任就落在了中国共产党身上。习近平总书记从 1921—1949 年、1949—1978 年、1978—2012 年、2012 年至今这四个历史阶段，宏阔地将近代以来中国人探索现代化道路的历史叙述出来。结合中国共产党探索中国现代化道路的百年历史，再去讲以中国式现代化推进中华民族伟大复兴专题时，老师们也会更得心应手。

三、党的领导和党的建设知识支撑

第三种支撑涉及习近平总书记新思想当中的两大重要思想，一个是习近平总书记关于党的建设的重要思想，另一个是习近平总书记关于党的自我革命的重要思想。党的领导的理论与实践，党的领导制度与方式，党的各种理论建设和党内的法规，党的领导人的重要著作，党的建设史，还有党的建设成就等，这样一些内容可以为思政课提供支撑。比如，讲党的全面从严治党时，党的领导理论、党的建设理论都可以在课堂上充分运用。

四、党务工作理论与实践支撑

第四种支撑涉及党的主要工作中的党的组织、统一战线、宣传、社会工作，包括党的基层组织建设工作内容。比如党的二十大报告提出的在新经济、新社会组织当中的党的建设问题，党的党务工作理论与实践就为其提供了支撑。再比如，在教育、科技、人才专题，尤其是人才专题里面，同样涉及党的理论与实践方面的支撑。

其他方面例如党内法规，思政教师可以在道法课上讲解。在新思想的文化建设专题可以展示党的文化支撑，包括党的生态文化、党的文化领导权问题等。

五、总结

总之，我认为中共党史党建学这一级学科的设立可以为我们思政课提供一个理论方面、历史方面的支撑，尤其是党的历史方面支撑、党的领导建设知识支撑，以及党务工作和理论实践支撑。

未来，马克思主义理论学科提供强大的马克思主义理论方面支撑，中共党史党建学科提供强大的历史支撑，史论结合，双向奔赴，从而共同提高思政课教育教学的实效性。

（王刚，南京师范大学马克思主义学院院长、教授）

以教育家精神推进思政课的课程文化变革

戴　锐

一、思政课教学和研究为什么要关注文化

文化本身是思政课教学的一个重要概念，要理解课程文化必须做好课程教学研究，即课程论。课程理解是不同课程教学形态的认识基础，是课程论的一个重要主题。如何认识课程决定着我们如何对待一门课与如何设计教学，目前国内此类研究进展主要集中在中小学领域，高校思政课教学研究基本还未起步，在较大程度上缺乏课程理解的意识，在教学实践中缺乏课程理解的重要环节。具体来看，思政课教学和研究关注文化的原因主要有以下几点：

第一，文化是课程吸引、影响学生的重要途径，尤其在思政课领域意义更为重大，更易吸引学生，影响更大，更为有效。

第二，文化是教师的主体性和教师价值的集中体现。首先，体现为教师教育教学的风格、个性、特色。其次，表现为教师价值实现的其他方面，如教学效果。再次，课程文化是思政课未来发展的必然取向。而目前我们对课程的认识有限，在课程和课程教学方面，更多的是同质化的程序主义的课程开发和实施。

第三，教育规律本身规定我们必然要走向异质性的多元主义的课程理解和实践。目前，许多教师开展的思政课同课异构实为一种尝试。

第四，思政课的文化特性和课程文化决定我们必须关注文化。思政课的文化成分较为复杂，包括政治文化、伦理文化、法制文化等，而教材所传达的只涵盖政治、伦理、法制等方面的知识。如何让文化进入课程，使之更好地发挥教育作用，是必须思考的一个问题。

二、怎样推进思政课的课程文化变革

第一，主导文化与主流文化相结合。课程文化可划分为主导文化与主流文化，目前思政课教材实际上只涵盖主导文化。课程的文化结构应该以学校学科文化为本，以民族文化为底色，以行业及人群亚文化为特色。从主导文化到主流文化，再到积极亚文化(如青年文化、行业文化、区域文化)等积极的成分都应该进入课程，并进一步结合融入学校文化(如教师文化、课程文化、校园文化)。思政课程文化的意义在于顺利实施课程和教学效果的提升，保存利用、发展文化的社会责任以及思政课的文化特色。此外，思政课程文化还具有教育史、社会生活史的意义。

第二，中国特有的教育家精神的文化内涵。主要有两个层次：一是教师文化，要求教师应该具有什么样的道德情操与理想信念。二是课程文化。强调在课程中体现社会责任，包括对教学过程、教学内容和师生关系等方面的文化要求，这从理论上超越了教学行为规范、教师伦理与学校教育。

三、建构什么样的思政课的新的课程文化

第一，思政课的反思性文化，强调以教师的反思教会学生的反思。这种反思包括行为反思、教师对教学的反思、教师所进行的社会反思等，从个体、教学、社会等多个层面让学生学会去反思。

第二，思政课的创造性文化，强调以教师的创造激发学生创造。教师需要创造性地运用教育规律，提出自己的创造性观点，以创造的品质为学生示范。这不

仅包括教师对自身知识的管理，还强调教师的专业敏感性、教育机制和实践智慧。

第三，思政课的个性化文化，强调以教育的个性培育学生的个性。思政课应该有一元多样的教学追求。教育本身是一种创新劳动，它的创造性即在于差异性(主要表现在语言、流程、技术等设计的个性化上)，同时，在内容上需要具有一致性(包括观点、态度、价值观和行为取向等)。

思政课的课程文化总体上应该是以主导性为基本要求，以教师个性和创造性为基本前提的差异化的课程和教学形态。只有这样，才是真正建设成功的思政课程。

(戴锐，河海大学马克思主义学院院长、教授)

关于“两个结合”融入高校思政课教学的思考

刘力波

习近平总书记强调：“‘两个结合’是我们在探索中国特色社会主义道路中得出的规律性认识”，“是我们取得成功的最大法宝”。① 在思政课教学改革中应该研究为什么和怎么样把“两个结合”融入高校思政课教学，这是我们切实提升用习近平新时代中国特色社会主义思想铸魂育人水平的应然之举。

一、多维理解“两个结合”融入高校思政课教学的价值意蕴

从历史维度来看，“两个结合”是对党百年奋斗历史经验与成就的理论总结，是对马克思主义中国化时代化规律的把握，是对伟大胜利密码的揭示。因此，将“两个结合”融入高校思政课将为在增强历史自信的基础上抓好“后继有人”根本大计提供坚实支撑。

从现实维度来看，新思想的创生机理、历史成就、历史性变革、深层原因等内容，都通过“两个结合”得到鲜活展现。因此，将“两个结合”融入高校思政课，能够为增强大学生建设中国特色社会主义的使命担当，提供科学的思想引领。

从未来维度来看，“两个结合”是对坚持发展中国特色社会主义、推进马克

① 习近平：《在文化传承发展座谈会上的讲话》，人民出版社 2023 年版，第 5 页。

思主义中国化时代化路径的揭示。因此，将“两个结合”融入高校思政课能够为大学生投身向第二个百年奋斗目标进军的新征程，提供重要的方法论指导。

二、将“两个结合”融入高校思政课的目标架构

将“两个结合”融入高校思政课的核心目标是提升用习近平新时代中国特色社会主义思想铸魂育人的水平。

在知识目标上，要使学生把握“两个结合”的科学内涵、历史进程、目标要求、时代价值等方面的内容，领悟其重要的理论内涵。

在能力目标上，要强化学生真正投身于“两个结合”的自觉意识，提升推动马克思主义中国化时代化的行动能力。

在价值目标上，要引导学生增强“四个自信”，抵御历史虚无主义、文化虚无主义，发扬历史主动精神，坚定“两个结合”所彰显的立场和态度。

三、将“两个结合”融入高校思政课的重要原则

第一，在形式与内容的融入过程中，紧扣用习近平新时代中国特色社会主义思想铸魂育人的主题。

第二，全面准确把握“两个结合”的科学内涵与内在要求，准确把握“第一个结合”与“第二个结合”的辩证关系，不能偏废其一。

第三，各门思政课程整体推进、协同推进，避免无序重复。

四、将“两个结合”融入高校思政课的路径

第一，进行新课程开发，推动旧课程升级，加强必修课与选修课等综合建设，将“两个结合”贯穿课程体系建设的全过程。

第二，找准“两个结合”与教材内容优化的连接点。不同课程有着不同的侧

重点。“习近平新时代中国特色社会主义思想概论”课侧重于对创新理论的讲授；“思想道德与法治”课侧重于对中华优秀传统文化的创新性发展与创造性转化的讲授；“中国近现代史纲要”课侧重于对其出场的历史逻辑与历史经验的讲授；“马克思主义基本原理”课侧重于对其哲学基础与内在规律的讲授；“毛泽东思想与中国特色社会主义思想体系概论”课侧重于对其艰辛历程与伟大成就的讲授。

第三，以学生为中心，优选教法，综合采用专题式教学、问题链教学、情景式教学等方法。

第四，善用大思政课，引导学生具身感受“两个结合”的魅力，增强其实践体悟。

第五，建立健全机制保障。完善教学评价机制，保障融入的实际效果；优化队伍建设机制，巩固融入的师资基础；向大中小学思政课一体化建设拓展，促进各学段的协同发展。

（刘力波，陕西师范大学马克思主义学院院长、教授）

明道、信道与传道

朱　喆

2016年，习近平总书记在全国高校思政工作会议上强调，教师是人类灵魂的工程师，承担着神圣使命。传道者自己首先要明道、信道。高校教师要坚持教育者先受教育，努力成为先进思想文化的传播者、党执政的坚定支持者，更好担起学生健康成长指导者和引路人的责任。

习近平总书记的讲话将高校教师称为传道者，要求我们首先要明道、信道，只有这样才能够更好地立德树人。中国特色社会主义大学的教师的神圣使命就是要明道、信道和传道。思政课老师作为高校教师的重要组成部分，更应当明晰明道、信道与传道的大义和要义。对于思政课老师而言，所谓道就是马克思主义之道，就是中国特色社会主义之道，这是毫无异议的，不是歪门邪道，不是旁门左道。

一、明道

最关键的是明、信和传的问题，关于明道，明道就是要弄明白，研究清楚我们所信所传的道是什么，也就是我们要研究清楚马克思主义是什么？为什么？中国特色社会主义是什么？为什么？宋代儒学大家朱熹说："小学者，学其事；大学者，学其小学所学之事之所以。"①小学是事，大学是发生此事之理，所以作为

① 《朱子语类》卷七·学一，中华书局1986年版，第124页。

大学的思政课老师要完成立德树人根本任务，首先就要通过学原著悟原理，弄明白马克思主义是什么，为什么，以及中国特色社会主义是什么，弄明白为什么我们只有践行马克思主义，用马克思主义来指导我们的人类实践，才能实现人的自由全面的发展，才能实现人的解放。那么，要研究清楚，要弄明白这个道理，确实需要我们静下心来。大学应该是能够让人静下心来的地方，老师静心地教，学生静心地学，避免老师心神不定，学生心神不宁。老子在《道德经》里面讲“重为轻根，静为躁君，是以君子终日行不离辎重”，要真正弄明白我们所信的所传的道，就是要静下心来，要研究。

二、信道

关于信道，信就是信任，信仰，相信。信仰既是主体对某一个对象物的信任关系，也是这个对象物对主体的价值所在。所以信仰是我们在生活中对我们所持的某些长期而且必须加以捍卫的根本信仰。跟明道相比，信道更进了一个层次，可以说明道是信道的前提基础，信道是明道的可能结果；明道是觉悟是认知，信道是践行是实践。所以，从思政课老师来讲，从思政课的教学实践来讲，信道的主体是思政课老师和青年大学生。高校老师，特别是思政课老师的思想政治状况，无疑具有很强的示范性。作为思政课老师，要坚信马克思主义基本原理的科学性、真理性和正义性。要坚信中国特色社会主义理论体系，它是具有时代性、科学性、正义性的理论，是指导中国共产党和中国人民实现中华民族伟大复兴的正确理论。要坚信中国特色社会主义道路是人类文明进步的道路，是我们实现人民美好生活的正确道路，等等。所以高校思政课老师只有信道笃行，言而有信，知道笃行，大学生才能够感兴趣。一个高校思政课老师只有做马克思主义理论的信仰者、社会主义核心价值观的践行者，才有可能理直气壮地说服学生，就是“吐辞为经，举足为法”，以身示范。

三、传道

关于传道，党的十八大以来，特别是3·18座谈会以来，全国高校思政课老师付出了艰辛的努力，共同的追求、共同的目的就是传播好马克思主义，坚持中国特色社会主义制度。思政课还是立足于讲道理，这是习近平总书记讲过的“讲好道理”。所谓理论，倒过来就是论理。理论课，就是讲道理的课。马克思主义理论是马克思主义对世界、社会、人生发展的一套道理。《梦溪笔谈》里面有记载，宋太祖问开国大臣赵普“天下何物最大?”赵普说：“道理最大。”纵观中外的思想史、理论史，理论家们、思想家们都是致力于说出一个根本道理，才能够在思想史上、理论史上奠定自己的地位。比如说老子讲一个“无”的道理，孔子讲一个“仁”的道理，并且他们围绕这个“无”和“仁”构建了一个贯通的世界图式，一套理论体系，形成一套生活方式，由此影响或者说形塑了数千年中国人和中国文化。

古代中国应该说从孔老以后的思想家们、理论家们都是延续孔子和老子，讲“仁”讲“无”。朱熹、王阳明讲新儒学，民国时期以来的像冯友兰先生、贺麟先生讲新心学等。在马克思主义产生以前，西方也是一样。西方有众多的思想家、理论家，像亚当·斯密把自然规律运用于经济生活，提出一条关于资本主义发展规律的道路。黑格尔讲精神现象学，用绝对精神来解释这个世界，其中深刻的辩证法思想成为马克思主义理论的重要思想来源。马克思主义理论、辩证唯物主义和唯物史观，解释了人类社会和人类历史的发展。

传道最重要的是涉及讲道理的方式和话语的选择，讲道理的最佳方式就是让道理自然地展开，将自身展示出来。孔子说：“天何言哉？四时行焉，百物生焉。”实际上是说，理在事中。讲道理，特别要注意处理好理与事的关系，理在事中和事中有理或者理在事先。所以，我们在讲道理的时候要注意以事说理或以理说事。以事说理的时候要用正反事实来阐释说明我们要讲的道理；以理说事，是我们在分析评判事物现象的时候，观察这个世界的时候，我们都是有理论支持的依据的，也就是马克思主义的立场观点和方法。传道的语言问题，选择问题，马克思在《1844 年经济学哲学手稿》里面就讲，语言是思维的本身的要素，是思想的生命的要素。马克思、恩格斯在《德意志意识形态》中讲，语言是思想的直接现实。当然，马克思、恩格斯主要是从语言与思维意识的关系的角度来谈语言问题，但这种思想对我们传道的语言选择仍然有重要的启发。

（朱喆，武汉理工大学马克思主义学院院长、教授）

理顺关系，形成合力，推进思政课更好更强发展

李俊奎

2022年9月，教育部国务院学位办发布了研究生教育学科专业目录，在法学门类下，设立了一个中共党史党建学一级学科。随着学科的设立，高校思想政治理论课的整个体系实际上形成了一个闭环，即回答了中国共产党为什么行。社会主义中国共产党为什么好，社会主义为什么行，归根结底还是马克思主义行。随着学科的设立，闭环就真正地完成了。那么完成以后下一步怎么做呢？我想谈三个方面的理顺。

一、从学科层面理顺

无论是马克思主义理论学科的设立，还是中共党史党建学学科的设立，都是为了有效地支撑思想政治理论课的教学。那么现在随着中共党史党建学的设立，原来2008年在马克思主义理论学科下设立的中国近现代史基本问题研究这样一个学科就略显尴尬，无论是从理论上来讲还是从实践上来讲。

在中共党史党建学的学科设立以后，是否可以考虑把中国近现代史基本问题研究这个二级学科，应该归到中国史的归到中国史，应该归到中共党史的归到中共党史，从学科上把关系理顺。

二、从课程层面理顺

我们都知道，现在大学里常规上有5门必修的思想政治理论课，然后在重点马院四史还要选一个学分，在贵州，还有一个学分的省情课，共计7门思想政治理论课。

随着中共党史党建学的设立，是否可以考虑把“中国近现代史纲要”和“毛泽东思想和中国特色社会主义理论体系概论”这两门课合并成一门课，比如合并成中国共产党党史这门课。把这两门课合成一门课，那么在一定程度上减少思想政治理论课在大学里整个培养方案的学时数量。

南京理工大学作为一个工科学校，本科生4年需要修的总学分是165学分，思想政治理论课占17学分，超过了10%。贵州师范大学学生4年需要修160个学分，思想政治理论课17学分，因为是全国重点马院，还要开省情课，共计19个学分，占到了12%。

三、从内容层面上理顺关系

课程合并以后，思政课有马克思主义基本原理、中国共产党历史、习近平新时代中国特色社会主义思想、思想道德修养、形势与政策5门课，减少3个学分。内容独立，理论与历史分开讲授。不再强调融入，融入就会出现每门课都要涉及一些内容的情况。通过内容调整以后，每门课讲各自独立的内容，“习近平新时代中国特色社会主义思想概论”这门课程单独开设就不一定要求在其他的几门课程里都融入，这是我的三点建议。

随着中共党史党建学的设立，马克思主义理论学科和中共党史党建学两个学科“双剑合璧”，能够更好地支撑思想政治理论课的建设。

（李俊奎，贵州师范大学马克思主义学院院长、教授）

思政课教师应自觉做好“经师”和“人师”的统一者

王洪树

习近平总书记在“3·18”重要讲话中强调“办好思政课关键在教师”。师范专业出身，我始终铭记“学高为师，身正为范”。习近平总书记在中国人民大学考察时也专门指出：“培养社会主义建设者和接班人，迫切需要我们的教师既精通专业知识、做好‘经师’，又涵养德行、成为‘人师’，努力做精于‘传道授业解惑’的‘经师’和‘人师’的统一者。”①

一方面，思政课教师应做好“经师”。近年来，四川大学马克思主义学院在教师队伍方面扩展迅速，教师们来自不同的专业，教师的马克思主义经典文献素养也难免参差不齐。从这个意义上说，为了上好思政课，所有教师都应该仔细研读马克思主义及其中国化的经典文献、中华优秀传统文化的经典文献以及马克思主义相关学科知名专家学者的代表著作。但是基于现实情况，我们观察到：在本硕博的专业培养过程中，要求对硕士和博士进行经典考核，考核难度也逐步增加。而部分年龄较大的教师对于经典学习缺乏热情与动力，部分中青年教师由于课程教学量大及繁杂的社会相关事务，缺乏时间与精力从事相关学习，进而导致在课堂教育过程中缺乏教学深度与推理演绎，未能把教学建立在科学知识的基础之上。做好思政课教师，要做到习近平总书记指出的“把读马克思主义经典、悟

① 《新时代教师要做“经师”和“人师”的统一者》，《中国教育报》2022年4月29日。

马克思主义原理当作一种生活习惯，当作一种精神追求，用经典涵养正气、淬炼思想、升华境界、指导实践”。①

另一方面，思政课教师还应做好“人师”。俗语有言：“亲其师，重其道。”然而在现实生活中，个别教师视学生为资源，甚至在科研过程中克扣学生劳务费，引起学生不好反应。此外，部分教师在教书过程中难以做到因材施教，对学生也缺乏有效的人文关怀。尤其是个别教师在学生求学过程中收受礼物，更是身不正，理不直，气不壮。思政课教师要做好“人师”，首先，在政治上要强，在大是大非面前保持政治清醒，勇于并善于甄别、回应当下的一些问题。再者，情怀要深，心中始终装着国家和民族，以自己的高尚情怀去感染学生；自律要严，要积极地传递正能量，让有信仰的人去讲信仰。

“经师”与“人师”二者实际上是一个有机的统一体。习近平总书记指出，要“真学、真懂、真信、真行”，以知导行，以心固知，知行合一。因此在“经师”和“人师”统一这个问题上，教师应该用高尚的人格感染学生，用真理的力量感召学生，以深厚的理论功底赢得学生，以责任使命集合学生，进而使思政课老师无论是在教学还是在平常的道德引导过程中都能理直气壮地开展思政课教学。

（王洪树，四川大学马克思主义学院副院长、教授）

① 习近平：《习近平在纪念马克思诞辰200周年大会上的讲话》，《人民日报》2018年5月5日。

学校思想政治理论课教师座谈会五周年来高校思政课的深刻变化和发展趋势

佘双好

为纪念习近平总书记发表思政课讲话5周年，通过回溯5年来高校思政课的深刻变化来展望未来的发展趋势。

总结这5年来高校思政课取得的历史性成就和历史性变化，可以从以下8个方面来谈。这8个方面具有层次性，其中3个方面讲的是整个教育战线，教育系统从顶层设计到各种保障制度、各种活动，涉及教育政策的变化与教育的推进。另外5个方面是指整个思政课的战线，广大的思政课老师发生的深刻变化。5年对于历史的发展是一瞬间，在人的一生中也是一个小小的浪花，“两岸猿声啼不住，轻舟已过万重山”。这5年发生的深刻变化，为下一步的思政课改革创造了非常好的起点。

那么，未来我们的思想政治理论课到底怎么发展？本人总结了5个方面的发展趋势，也是一个回溯和反思。

一、从外力推动、政策保护到内生发展

我们这样的社会主义大国，我们的思想政治理论课，不论怎样强调其重要性，中央给予再多的保障也是不为过的，所以还是需要外力来推动。我们的条件、环境、平台远远没有达到课程应该的重视程度，教育部应该向有关方面争取

更合理的政策来推动。

从管理学的双因素理论上来讲，政策的保障与外在的扶持，只能使思想政治理论课教师止步于满足，达不到激励。真正的激励还是要靠思政课老师调动自身的积极性主动性和创造性，即要有内生动力。内生动力通过外在条件的保障，总会达到一定程度，真正内在的潜力非常大。

现在也有不少老师或不少学校，因为思政课的保障制度非常好，产生了依赖的心理、“等靠要”的心理。为避免出现这种低水平的情况，思政课应该参与学校范围内的大竞争，用竞争来激发思政课及其教师生存的动力。实际上跟其他学科竞争后，思政课及其教师没有受到冲击。因此各个学科之间内生的竞争动力可以促进自我发展。

相反，如果说仅仅在马克思主义学科内部来寻求保护，有可能导致自我萎缩、自我循环。所以我现在不担心以后我们得不到政策保护的问题，而是非常担心在政策的保护下，我们的自我循环开始恶性循环，最后跟全国的整个社会科学战线差距越来越大，因此确实要有一个内生动力的发展。

二、从外延拓展到内涵发展

这几年来，思政课的发展，在社会大课堂现实、虚拟理论实践、大中小学等各个方面得到了显著拓展。

各方面的推进是必要的，但是拓展到一定程度以后，要把推进工作真正聚焦到思政课本身的内容上，外在力量最终落在思政课自身的提升与发展上。

三、从教学形式到教学内容

思政课教学实践中，很多教学手段、教学方法、教学技能、教学技术已经大范围地在思政课堂上运用了，思政课教师也使出浑身解数以提升教学效果。不过，在整个教学中，学科建设自身的资源情况，就是教学内容本身，或者是思想政治理论课的首要任务，即用习近平新时代中国特色社会主义思想铸魂育人，才是思政课的关键点。如果脱离内容的发展，追求形式上的花哨，最终思政课的内涵和品质还是不能得到提升。

四、从外在评价到内在评价与多元评价

现在教育行政主管部门强调抬头率、点头率，就实际而言，抬头率、点头率没什么意义，有很多学生课堂上纵使埋头专注自己的事情，也并非没有听课。

单纯追求这种外在评价，反而使思政课老师焦虑，产生迎合学生听课的念头。要明确学生不认真听课主要是学生的问题，不一定是教师们的问题，思政课老师要有信心，要有底气。只要老师按照思政课的目标要求，认真履行职责，肯定自己的内在评价即可。习近平总书记反复提及自信问题就是这样的情况。现在不少的年轻老师容易被外在的情形影响，学生在课堂上摇头会影响这些老师的情感。

总之，教师不要怕学生不喜欢思政课，教师要有自信，这是内在的平等。

五、从重点发展到均衡发展

重点马克思主义学院率先发展，要兼顾向整个战线均衡发展，包括各个课程也要实现从重点发展到均衡发展的转变，实现从自我发展到领航发展的转变。以前武汉大学马克思主义学院提出过一项马克思主义理论学科领航计划，但后来有人质疑武汉大学马克思主义学院马克思学科是“小马”，拉不动“中马”更拉不动“大马”。最后这个领航计划就不了了之了。

思想政治理论课多年来主要关注自我发展，缺乏对整个人文社会科学、对整个国家社会发展的引领作用。习近平总书记讲话已经五周年了，为思政课发展积累了足够的动能。因此，思政课不要整天在自己的圈子“自嗨”，要走出自己的圈子，朝着学科和整个社会风尚引领发展。

（佘双好，武汉大学马克思主义学院教授）

论中共党史党建学科对高校思政课教学的学理支撑

蒙　慧　王雅菲

2022年，国务院学位委员会、教育部印发《研究生教育学科专业目录(2022年)》，对学科门类、一级学科与专业学位类别进行调整与补充，其中，将“中共党史党建学”设置为一级学科。之所以设立这一学科，一方面从学科的现实定位来看，它不仅是实现知识体系的结构性整合、构建中国特色哲学社会科学的战略任务，同时也是坚持和加强党的全面领导、坚持全面从严治党、坚持党的自我革命的迫切需要；另一方面从课程设置与人才培养角度来看，中共党史党建学具有政治性、理论性和现实性强等特征，这恰好契合了学科的资政育人功能，尤其是中共党史党建学建设和发展要遵循学科建设规律和思想政治理论课教育教学规律。与此同时，对于高校思想政治教育来说，也是其重要资源。可以说，它是明确高校思想政治理论课(以下简称思政课)课程性质(即兼具政治性和理论性)、界定科学的课程体系和提升课程内容科学性的重要理论来源。包括在对“培养什么样的人、如何培养人、为谁培养人”这一根本问题的回答上，中共党史党建学科建设也是为其提供了坚实的学理支撑。

一、问题的提出

思政课是落实立德树人根本任务的关键课程，一直以来受到党和国家的高度重视。2019年在学校思想政治理论课教师座谈会上，习近平总书记就“为什么要办好思政课”“如何办好思政课”等系列问题作出重要指示，为新时代思政课建设提供了方向与指南。当前，高校思政课建设已经从外延式发展转向为内涵式发展。为进一步加强高校思想政治理论课建设，不仅需要深化自身改革创新，还需要依靠学科建设推动高校思政课教学工作，这不仅是本领域学科建设的初衷，也是贯彻“政治性与学理性相统一”的要求。例如，马克思主义理论学科，自设立以来，便有效支撑了我国高校思政课建设，学科建设也逐渐走向成熟。相比新设立的中共党史党建学，如何支撑思政课教学，依然是一个亟待关注的领域。从当前思政课教学面临的形势和任务看，提高教学质量和育人水平，迫切需要中共党史党建学科建设的有效支撑。当然，这也是设立这一学科的重要任务之一，即为高校思政课建设提供坚实有力的学科支撑，尤其是如何以学理支撑高校思政课教学，以增强其科学性、规范性和实效性。面对这些问题，学界展开了丰富的研究。

一是中共党史党建学的学科定位。2022年9月，国务院学位委员会、教育部印发《研究生教育学科专业目录（2022年）》《研究生教育学科专业目录管理办法》，正式公布“中共党史党建学”作为法学门类下的一级学科。中共党史党建学作为新设立的一级学科是一个有机整体，中共党史、党的建设分别是学科的“两翼”，共同统一于中共党史党建学“一体”之中。① 整体来看，它是以中国共产党为研究对象，以中国共产党历史与现实为基础，考察和研究中国共产党百余年奋斗的历史进程、重大成就、基本经验和自身建设规律的一门学科，下设中共党史党建学理论、中国共产党历史、党的领导和党的建设、党务工作理论与实践等四个二级学科。其中，政治性、理论性、实践性、现实性、科学性是中共党史党建学的基本学科特点。

二是中共党史党建学科支撑高校思政课教学的研究。继中共党史党建学科成立以来，以中共党史党建学科支撑高校思政课教学的研究也逐渐出现。从目前情

① 王庭大、董天美：《中共党史党建学学科建设的几个问题》，《党建》2023年第12期。

况看，由马克思主义学院作为实体单位来筹建与建设中共党史党建学一级学科，使马克思主义理论与中共党史党建学相辅相成、以两个一级学科来共同支撑高校思想政治教育，这是全国相关高校的基本做法(刘红凛，2023)。因此，学者们主要参照马克思主义理论学科，集中从学理支撑、科研支撑、人才支撑以及平台支撑等方面具体展开中共党史党建学科支撑高校思政课教学的研究(刘力波、赵潜，2022)。

三是中共党史党建学科支撑高校思政课教学的价值功能。首先是资政育人的价值功能。有学者认为中共党史党建学科因自身研究对象——中国共产党的独特性而展现出党性与科学性高度统一的独特品格，因此具有资政育人的功能(耿化敏，2017；徐振江、柴奕，2019；程美东，2020)。其次是方法论功能。有学者认为，党史教育具有方法论的功能和属性，从而凸显出思政教学与研究的学科特征与科学属性(黄岭峻，2020)。因此，要坚持宏大叙述与微观叙事相结合、抽象理论与具体实践相结合、情感教育与理性培育的有机结合等方法路径，使得大学生树立正确的历史观(郑洁，2020)。最后是综合功能。有学者指出充分发挥其应有的综合功能，有利于高校思政课建设创新课程体系、深化教学内容改革(宋俭，2020)。

四是中共党史党建学科支撑高校思政课教学的路径。中共党史党建学科一级学科设置后，明确了其对高校思政课的支撑关系，是提升思政课质量的必然逻辑。随着中共党史党建学科的设立，有关党史党建学科支撑思政课建设的研究有所增加，但由于该学科设立时间较短，不足两年时间，因此，其如何支撑高校思政课教学的现实路径也处于前期探索阶段，相关研究成果数量偏少。已有研究一方面普遍认为党史党建学科和马克思主义理论学科两个一级学科相互促进，共同服务于思政课教学(王炳林，2022；李飞龙，2022)，共同支撑高校思想政治理论课建设(肖贵清，2022)，因此更多是借鉴马克思主义理论学科的做法。另一方面一些学者也提出了一些具体举措：例如，增强党史党建学科的学术性，为提升高校思政课的实效性提供学理支撑(宋学勤、杨宗儒，2022)；以党史党建学自主知识体系的建构拓展深化思想政治理论课教学研究的内容，丰富创新思想政治理论课教学研究的方法，强化思想政治理论课教学研究的问题导向；加强课程设置和人才培养平台建设以发挥其学科支撑作用(杨凤城，2021)；扩展思维视野、延伸思维深度，为思政课教学效能的提高奠定重要基础(张亲霞，2020)，等等。可见，上述研究为中共党史党建学科支撑高校思政课教学研究提供了一定的基础，但需要指出的是，高校思政课坚持政治性与学理性相统一，主张以透彻的学理分析回应学生，以彻底的思想理论说服学生，以真理的强大力量引导学生。而专门针对中共党史党建学科以学理支撑高校思政课教学的相关研究却又少之又少，总体上处于“亟待关注”的状态。综上，笔者尝试从微观角度出发，着眼于学理支撑这一角度，对中共党史党建学科对高校思政课教学提供学理支撑的价值功能、具体表现以及存在问题进行阐释，在此基础上，提出完善路径，以实现高校思政课政治性与学理性的统一。

二、中共党史党建学科为高校思政课教学提供学理支撑的必要性

任何富有魅力和价值的课程，都离不开相应的学理支撑。尤其是高校思政课本身就兼具政治性和学理性，但在教学实践中，经常存在以下两种情况：一是在课程性质定位上，仅强调政治性而忽略学理性，进而影响了教材理论性提升等问题的产生；二是在课堂讲授中，只讲政治上的大道理，讲不透大道理背后的历史规律、理论真谛与辩证逻辑，直接影响了思政课的教学效果。中共党史党建学一级学科作为高校思政课的学科依托，极大地推动中共党史与党建相关研究的深化和创新，并对当今时代所面临的各种新问题给予科学、完整的解答，为高校思政课教学提供了坚实的学理支撑。因此，需要进一步提升其学科优势和特色，以此为高校思政课实现政治性与学理性的统一夯实学科支撑和保障。

(一)有助于增强思政课课程体系和教学内容的学理性

一般意义上的“学理性”是指科学的原理或法则所具有的性质、特点，反映

的是这些原理或法则的构成要素及其活动的关系属性。中共党史党建学科为思政课教学提供学理性支撑，具体可表现为以下几个方面：首先，明确高校思政课的课程性质。高校思政课的课程定位需要从我国社会制度的性质和育人目标的要求来把握。社会主义的办学方向和落实立德树人根本任务决定了高校思政课程本身具有鲜明的意识形态属性和立德树人的价值功能。课程设置的目的也旨在通过马克思主义理论成果和党的路线、方针及政策的普遍教育，引导学生坚定马克思主义信仰和中国特色社会主义共同理想，进一步提高政治认同、制度认同。而党史党建学科，本身就是逻辑自洽的、系统的理论体系，学理性是它的本质体现。因此，通过加强党史党建一级学科的建设，能够明确思政课程的学科属性和理论定位。其次，界定科学的课程体系。通常，学科建设应以优化(适应)思政课程体系为目标，中共党史党建学科即是如此，不仅以马克思列宁主义、毛泽东思想、邓小平理论、“三个代表”重要思想、科学发展观、习近平新时代中国特色社会主义思想为指导，同时还适应了时代和实践发展的现实需求，承担着人才培养、科学研究、资政建言和文化传承创新的使命任务。并且，为了起到较好的支撑作用，设置中共党史党建学理论、中国共产党历史、党的领导和党的建设、党务工作理论与实践四个二级学科。这与高校思政课程体系整体上实现了同频共振，无论是一个学科的课程体系所包含的知识体系、方法论体系还是价值体系方面皆有所体现，① 为高校思想政治理论课教育教学提供学理支撑。第三，提升课程内容的科学性。在课程论中，教材是教学的直接依据，教材内容编写被认为是一个非常重要的问题，因为“它不但大大地影响教学效率，而且深深地左右主要的‘教育(或行为)’改革发生在学习者身上的程度”。同样，思政课教学内容的设计必然也需要与之相适应的教材作为支撑。从传授知识的角度来看，它与所有课程教材一致，是教师进行教学的依据，是学生学习的参考，是管理者规范教学的标准。但同时，思政课又有着区别于一般课程教材的显著特征，即坚持政治性与学

① 程美东：《关于中共党史党建学二级学科及课程设置的几点思考》，《光明日报》2023年7月19日。

理性。从现有思政课程来看，诸如“中国近现代史纲要”“毛泽东思想和中国特色社会主义理论体系概论”等课程教材的编写实际上都离不开中共党史党建学科的学理支撑。所以说，通过党史党建学科建设，可以进一步明确部分思政课教学内容的学理内涵。综上，党史党建学科作为我国特有的一门政治性、科学性和理论性很强的学科，加强学科建设，有助于增强高校思政课课程体系和课程内容的学理性。

(二)有助于增强学生的理性思维能力和价值识别力

由于大学生面对极为复杂的社会经济、政治、文化等现实背景，加之社会阅历、人生经验等具有明显的局限性和有限性，其理性辨别是非能力、判断善恶能力、抵制外部影响能力和自我选择能力容易受到外界环境的干扰。① 而高校思政课作为落实立德树人根本任务的关键课程，是培养学生崇高理想信念的主渠道。可以通过系统化理论教育，引导学生科学剖析多元社会思潮的本质内涵和理论内核，提高学生运用马克思主义唯物史观研判和抵御错误社会思潮的能力，增进社会主流意识形态认同感，培养理性思维和科学观念。新时代把中共党史党建学设置为法学门类下的一级学科，这是党和国家意志的体现与学科使命使然。中共党史党建学注重中国共产党的历史及其自身建设研究的全面性、系统性、整体性，旨在研究中共党史党建重大理论和实践问题及其教育教学的实践和规律，其根本研究方法是辩证唯物主义和历史唯物主义。无论是中共党史党建学研究还是学科建设，都是顺应党和国家事业发展要求，立足于中国共产党百年奋斗的理论与实践来确立基本原则与基本遵循。因此，以中共党史党建学科为高校思政课教学提供一定的学理支撑，可以对教学内容进行理性的分析和有价值的阐释，例如中国共产党的性质宗旨、初心使命和基本理论、基本路线、基本方略，中国共产党领导中国人民进行革命、建设、改革的历史进程，新时代党和国家事业取得的历史性成就、发生的历史性变革，党的百年奋斗重大成就和历史经验，马克思主义中

① 盖逸馨：《讲好思政课，增强主流意识形态认同》，《光明日报》2023 年 1 月 17 日。

国化时代化的历史进程、基本规律和所形成理论成果的主要内容、历史地位和指导意义，等等，从而促使学生很好地运用马克思主义立场、观点、方法分析理论与实践问题，增强自身的理性思维力和价值识别力，能够在分析现实问题中学懂理论，形成思维观念，取得成长与进步。

（三）有助于通过内在的逻辑和理论力量实现“以理服人”

高校思政课根本属性决定了其本质是“讲道理”，想讲清、讲深、讲透，必须要注重学理性分析，通过学理回应学生，使其知其然知其所以然，从而增强说服力和解释力。正如马克思指出：“理论只要说服人，就能掌握群众；而理论只要彻底，就能说服人。”①而思政课要增强思想性、理论性，并不意味着只是作抽象的概念判断推理的逻辑演绎，或者只是流于形式地讲述基本原理，而是要坚持问题导向，注重方式方法的探索和创新，将其基本观点放到一定的历史环境所产生的问题背景中考察，不仅讲述这一基本观点形成的逻辑必然性，即它同思想史的关系，更要讲述它形成的历史必然性，即它同所涉及的时代问题的关系，从而使大学生深切体会到理论成果的重要观点得以形成的历史和逻辑的统一。这也已然成为提升高校思政课建设质量、增强高校思政课教学实效性的重要因素。当然，不仅是从方法论、一般方法和具体方法等思想层次来提高，还要注重理论层次的发展，即符合课程的性质、目标和内容特点以及教育教学规律的要求等。结合中共党史党建学科特点来看，这是完全符合思政课教学的这一系列内在要求。让学生能够明白问题提出的根据以及问题背后所隐藏着的价值立场。例如对于中国共产党为什么“能”这一问题的理解，不能浮于表面，而要从其艰辛历程、历史经验、优良传统等方方面面去领悟，引导学生辩证认识“现存”的问题，从中辨明大是大非。这样，才能真正帮助大学生悟出中国共产党为何能带领人民将一个个不可能变成了可能，迎来中华民族从站起来、富起来到强起来的伟大飞跃；支撑中国共产党为什么能的力量所在，等等，为大学生的一生成长奠定科学的思

① 《马克思恩格斯选集》第一卷，人民出版社2012年版，第9~10页。

想基础。从这个层面来理解，党史党建学科为高校思政课教学提供学理支撑，能够促使思政课形成一种内在的逻辑与理论力量，进而深入学生心灵，达到“以理服人”。

三、中共党史党建学科为高校思政课教学提供学理支撑的问题与挑战

中共党史党建学科无论是属性还是功能方面，都与思政课具有高度同质性。自设立以来，它们都始终以学理支撑高校思政课教学，不断推动其走向内涵式发展道路，增强了思政课思想性、理论性和亲和力、针对性。但目前来看，因党史党建学科设立时间较短，大多数高校在学科设置与建设上还面临诸多挑战，特别是在对思政课建设提供学理支撑方面也存在很多亟待解决的问题。

(一)相关课程设置还未形成体系

中共党史党建学是对中国共产党党史党建进行整体性和一体化研究的一级学科，下设四个二级学科，分别是：一是中共党史党建学理论。旨在系统和整体地研究中共党史党建学的学科体系、学术体系和话语体系，是对中共党史党建学科认识论、本体论和方法论的一体化研究。二是中国共产党历史。旨在考察和研究中国共产党百余年奋斗的历史进程、重大成就、基本经验和历史规律。三是党的领导和党的建设。旨在研究坚持和加强党的全面领导的重大理论和实践问题，以及党自身建设的根本目的、基本方针、战略布局、重点任务、实践要求等。四是党务工作理论与实践。旨在研究党务工作理论与实践的基本问题，研究党务工作的基本方法，总结党务工作的基本经验，揭示党务工作的基本规律。毋庸置疑，中共党史党建二级学科体系的科学性会影响思政课程设置的合理性、实效性。从目前来看，高校思政课格局是“05 方案”定型的，主要开设五门思想政治理论课，即“思想道德修养和法律基础”“马克思主义基本原理概论”“毛泽东思想和中国特色社会主义概论”等不同课程。从 2020 年开始增设了“习近平新时代中国特色社

会主义思想概论”课，就课程定位而言，高校思政课对本科、硕士和博士生的定位不同，只有明确培养对象及目标才能在课程设置上更具针对性，既构建起“本—硕—博”贯通的课程体系，又突出针对性、专业性，并在必修课、专业课和选修课设置上具有系统性。当然，还要考虑到教师的匹配度，如此才能实现党史党建二级学科与思政课程设置的精细化衔接和融合。但就目前来看，这些课程内容自身存在一定的交叉，同时因党史党建学科涵盖相关领域的二级学科架构刚确立不久，所以各个高校如何在思政课课程设置中将党史和党建有机融合以及具体开设哪些关联课程还未实现完全吻合，包括二级学科之间的逻辑关系如何，以什么教材为教学依据和学科标准仍然很模糊，相关课程名称也有待完善，基本处于“各自为战、各搞一套”的状态。因此，如何处理“叠”和“离”的关系，值得探讨。

（二）教学内容的学理性有待加强

以马克思主义为指导思想、以中国共产党历史全过程及党的自身建设史为研究对象的中共党史党建学是一门政治性很强的学科，被赋予重要的意识形态功能，从而导致在教学过程中部分教师只讲政治不重学理，政治话语缺少逻辑根基，观点阐释缺少科学理论支撑，照本宣科、深度不够、缺少令人信服的真理力量，使得思政课缺少了“说理”的味道，更多变成了“说教”。我们知道，高校思政课要“以学理讲政治”。讲好思政课，思想性和政治性是前提，学理性是关键。而就目前来看，教学内容的学理性还需要加强。一是体现在教学内容未与时俱进、动态更新。高校思政课教学具有很强的时效性，要及时将党的最新理论成果与教学相融合，用马克思主义中国化最新成果丰富教学内容，为学生阐疑释惑。同时，也要根据教育对象的不同，合理安排教学内容，使大学生形成全面、系统的理论认知体系。但目前情况是中共党史党建学科刚设立不久，因此，将其融入思政课教学的过程也才刚开始，未能在教学内容上与时俱进。二是教学内容与形式尚未形成相互支撑。在高校思政课教学过程中，如何基于教学内容选择有效的教学方法，既是一个理论问题，也是一个实践问题。打造高水平思政“金课”，需要集中力量打磨好教学内容。没有优质的教学内容，再华丽的教学形式也无济于事。从当前来看，更多的是枯燥的既定知识宣讲和空洞的说教。三是教学内容承载教学资源未形成整合。① 思政课教学内容是一个动态的生成过程。也就是说，教学内容要依托教材但并不局限于教材，这就决定了在思政课教学过程中，教师要根据教学实际，合理整合教学资源，丰富思政课教学内容。这里的教学资源包括案例、视频、教学课件等。需要指出的是，中共党史党建学在融入思政课教学过程中，无论是资源的选取还是应用方面，仍以传统的形式展开，需要进一步调整和优化。除此之外，从目前情况看，教学内容所依托的教材体系也尚未得到完善。除了全国党建研究会组织编写的《中国化的马克思主义党建理论体系概论》(党建读物出版社 2021 年)、中国法学会与中共中央办公厅法规局组织编写的《党内法规学》(高等教育出版社 2020 年)两本教材外，中共党史党建学的基本教材近乎空缺②，亟待补充。

(三)教学方式的科学性有待增强

教学方法是高校思政课教学活动中的重要因素，是实现教与学相统一的桥梁和纽带，是实现教材体系向教学体系有效转化的关键环节。任何教学方法都是为内容服务的。如何从问题出发，授业解惑，因材施教，这是当前思政课教学方法改革的重大课题。一般而言，教学方式受教学内容的广度和深度、课程的结构及其复杂程度、科学技术发展而出现的教学手段和设备提供的可能性的影响。高校思政课要增强思想性、理论性和亲和力、针对性，就要求思政课教师采取多种形式、方法，把“道”讲通、把“理”讲透，促使教师的教学从知识讲授到价值引导、从理论把握到方法自觉的转换与深化，让深邃的理论、高远的理想与大学生的学

① 刘力波、赵潜：《关于马克思主义理论学科与思政课融合建设的思考》，《中学政治教学参考》2022 年第 3 期。

② 刘红凛：《中共党史党建学的学科定位与建构理路》，《南京大学学报(社会科学版)》2023 年第 5 期。

习、生活紧密相连、息息相关。① 目前，高校多集中于思政课教学组织形式的改革，虽然传统的“灌输式”“一言堂”的情况有所改善，但有的教师仍然偏重概念、理论的阐述，在课堂上照本宣科，对教材内容缺乏消化、吸收和再加工的过程，只注重教学计划和进度的完成，忽视了教学的实际效果。虽然有时教师也运用课堂讨论、社会调查等多种方式，并采用了电视录像、多媒体教学等手段，但还没有形成多元的、个性化的教学模式。还有的教师教学没有针对性，对学生所想的、所关注的社会热点、疑点问题采取回避态度，对学生的思想状况和思想特点了解不够，没有把握住大学生的思想脉搏。可见，当前的教学方法与教学内容未形成有效衔接，因此需要根据教学实际，不断摸索和反思，总结运用适合教学对象、教学情境的教学方法，以此与教学内容相呼应，最大限度增强教学说服力、感染力。

四、中共党史党建学科以学理支撑高校思政课教学的完善路径

增设“中共党史党建学”为一级学科，标志着中共党史党建学科建设进入了新的历史阶段。如何加强学科建设，促使未来更好地为思政课提供学理支撑，值得思考与关注。

（一）借鉴、总结其他学科为高校思政课教学提供学理支撑的相关经验

党史党建学科成立不到一年时间，因此，为高校思政课教学提供学理支撑的经验较为有限。我们可以借鉴马克思主义理论等相关学科为高校思政课提供学理支撑的成功经验。一是马克思主义理论一级学科。这一学科之所以发展迅速得益于思政课程的支撑和加持，包括马克思主义理论的学科布局就是围绕着公共思政

① 李继兵：《切实发挥高校思政课教师的关键作用》，《光明日报》2019 年 7 月 31 日。

课程及其教学工作而完成的，它的学科点就设在思政课教学科研机构。特别是马克思主义理论一级学科及其所属二级学科的确定，为思政课在课程内容设置、教材体系建设以及教学方式方法等方面提供了重要的学理支撑。例如，为配合推进高校思政课教材建设，打造培根铸魂的精品教材，推动教材与课程同向同行。2022年教育部印发《新时代马克思主义理论研究和建设工程教育部重点教材建设推进方案》，助推了马克思主义理论及相关学科的发展，也逐步形成了充分反映马克思主义中国化最新成果、中国特色社会主义实践经验、各学科领域最新进展的哲学社会科学教材体系；二是“中共党史”和“党的建设”二级学科为高校思政课提供学理支撑也提供了不少经验。特别是“中共党史”和“党的建设”二级学科，在明确思政课程性质、界定科学课程内容以及创新教学方式方法等方面，为高校思政课提供了坚实的学理支撑。例如，通过学科建设，在研究方法、史料挖掘及党史资源运用方面综合发力，融合现代信息技术，把党史的最新研究成果及时充实到思政课教学中，丰富教育教学内容。因此，要处理好中共党史党建学科与其他学科的关系，实现党史党建学科同马克思主义理论等学科一起并行发展，共同为思政课教学提供学理支撑。例如，中共党史是中国近现代史中最辉煌最重要的部分，中央曾明确提出要使中共党史成为“中国近现代史纲要”课程的学科支撑，事实上也是，中共党史学科与中国近现代史基本问题学科的交叉、融合度最强。与此同时，积极借鉴和充分汲取马克思主义理论、政治(政党)学等学科的理论模型、研究方法和话语体系等，努力建立与其他学科领域的合作关系，从而“打造有意义、有共识的‘党史党建学科群’”，强化其与思政课课程体系、课程内容、教学方法等之间的理论支撑逻辑。

(二)基于中共党史党建学科二级学科分类，推进思政课程体系改革

建立完备的课程体系是中共党史党建学科发展的关键。前面已经提及，中共党史党建学一级学科绝非党史、党建的简单相加，而是一个关联性学科重新整合进而产生“化学反应”和学术合力的过程，“是一种结构性、体系性重构”，这就

涉及二级学科的科学设置问题。当前急需解决的是，根据中共党史党建学科四个二级学科的学科内涵和研究范围，调整党史公共思政课程，促使两者相互对应。在此基础上，做好思政课程的一体化统筹改革。毕竟“教学科目直接影响教学、科研机构的设置与发展”。因此，需要优化、改革思政课程体系，针对中共党史党建学科设置相应的核心课程和主干课程。例如，中国共产党的历史和国家、人民的历史早已融为一体，应当对涉及党的历史的课程进行一体化统筹改革，旗帜鲜明地将党史作为公共思政课程体系的重要组成部分。在保持现有五门公共思政课程数量不变的前提下，将“中国近现代史纲要”“毛泽东思想和中国特色社会主义理论体系概论”以及部分“四史”课程等一起整合为“中国共产党历史”，并将“习近平新时代中国特色社会主义思想概论”课程增补进来，从而形成一套完整的课程体系。除此之外，还应当注重本硕博一体化培养。① 当前中共党史党建学只有硕士学位和博士学位的课程设置和基本要求，缺少本科学士学位的培养，因此，今后要加强本科课程体系的设置与完善，形成本硕博一体化的培养模式。

（三）推动党史党建学科统编教材的编写工作，提升课程内容科学性

“没有基本的教材，学科建设就没有基本的支撑”，应尽快推动一批中共党史党建学科统编教材的编写工作，甚至可考虑将教材的编写工作纳入“马克思主义理论研究和建设工程”，形成一套具有中国特色、符合中共党史党建学科性质的系统教材体系，有效满足高校思政课的实际需要，提升课程内容的科学性。例如，目前，中国人民大学中共党史党建学院已经开始第一批 7 本中共党史党建学科教材的编写工作，并且是由几所学校集体攻关、共同编写，这些都是可以借鉴的做法。与此同时，及时更新教育教学内容，做好理论阐释与引导。《关于深化新时代学校思想政治理论课改革创新的若干意见》指出，“坚持思政课建设与党的创新理论武装同步推进，全面推动习近平新时代中国特色社会主义思想进教材

① 夏正启：《中共党史学科建设的回顾与展望》，《学习时报》2023 年 10 月 2 日。

进课堂进学生头脑，把社会主义核心价值观贯穿国民教育全过程”。面对国内国际发展新形势、意识形态领域新态势，将党的理论创新成果全面贯穿、有机融入各门思政课程，使思政课立时代之潮头、发思想之先声、强理论之供给，成为以创新引领思政课高质量发展的必由之路。要全面贯彻党的教育方针，落实立德树人根本任务，坚持把党的理论创新成果的教学与研究作为重中之重。① 一方面，以马克思主义学院为支撑，围绕坚持和发展中国特色社会主义的重大理论问题、现实问题和实践问题，做好研究和阐释工作，为高校思政课的教育教学内容提供多角度学术支持。另一方面，要强化课程体系和教材体系建设，将学科成果运用到课堂和教材中，切实提升课程的思想性、政治性和教材的时代性、可读性。如此方能以透彻的学理分析回应学生，以彻底的思想理论说服学生，以强大的真理力量引导学生。

(四)充分发挥和彰显学科优势，创新思政课教学方式方法

党史党建学科同其他各学科一样，要遵循学科建设的一般规律，即要“加强学科的自我规范、自我完善，保持和提升学科自身建设的科学性、思想性和理论性”，这样才能充分发挥和彰显学科优势，创新思政课教学方式方法。一是需要加快构建符合自身特性和规律的党史党建学科“三大体系”，不断强化研究学科建设资源转化为教育资源的实现途径，进而将学科优势转化应用于思政课教学中，以学理来揭示教学规律，不仅实现了教材体系向教学体系有效转化，同时也创新了教学方式方法，促使思政课教学呈现全新的“打开方式”。二是要促进教研相长。主要体现在将中共党史党建学科研究的成果积极运用到思政课教学中。中共党史党建学科研究的成果，来源于实践又指导实践，具有很强的系统性、理论性和前沿性，在回应社会热点难点问题、解疑释惑等方面具有十分重要的作用。同时，思政课教学只有增强教学内容的学理性、系统性，才能更好地引导大学生从思想上深入理解教学内容，增强对相关教育内容的认同，促进相关教育内

① 王易：《推进新时代思想政治理论课高质量发展》，《红旗文稿》2022 年第 6 期。

容的内化和外化。由此，中共党史党建学科的研究成果不仅不能在教学中被忽视甚至“束之高阁”，反而应充分运用于高校思政课教学。三是整合创新教学方法。所谓思想政治理论课教学方法的整合创新，就是根据课程特点及教学要求，以唯物辩证法关于全面的、联系的和发展的观点为指导，运用恰当的方式，将不同的教学方式方法予以有机组合，建构起功能更加完善、强大的教学方法系统，以求得最佳教学效果的创新活动。① 这就意味着今后要着眼于课程总体要求和整个教学过程，优选功能不同的主要环节性方法并予以系统组合，建构一套科学有效的教学方法体系，推动教与学方式的变革与创新。

（蒙慧，兰州大学马克思主义学院教授；王雅菲，青海师范大学马克思主义学院讲师）

① 毛建群：《思想政治理论课教学方法整合创新研究》，《思想政治教育研究》2014 年第 3 期。

中国共产党人精神谱系融入高校思想政治理论课的逻辑理路

梁　丹

习近平总书记在党的二十大报告中强调："弘扬以伟大建党精神为源头的中国共产党人精神谱系，用好红色资源，深入开展社会主义核心价值观宣传教育，深化爱国主义、集体主义、社会主义教育，着力培养担当民族复兴大任的时代新人。"①2021 年 9 月 29 日，第一批纳入中国共产党人精神谱系（以下简称"精神谱系"）的伟大精神正式发布。高校思想政治理论课（以下简称"思政课"）是落实立德树人根本任务的关键课程，将精神谱系有机融入高校思政课教学势在必行，充分理解和深刻把握精神谱系融入高校思政课的逻辑理路，擘画思政课赓续传承精神谱系的演绎图景，有助于全面落实立德树人根本任务、打好铸魂育人的"主动仗"。

一、以理服人：植根历史深处，挖掘滋育中国共产党人精神谱系的"基因链"

精神谱系融入思政课首先要解决"何以生成"这一首要问题，从源头上挖掘精神谱系的生成基因，从而彰显理论的真理性、增强理论的说服力。精神谱系以

① 习近平：《高举中国特色社会主义伟大旗帜 为全面建设社会主义现代化国家而团结奋斗——在中国共产党第二十次全国代表大会上的报告》，《人民日报》2022 年 10 月 26 日。

马克思主义、中华优秀传统文化和伟大建党精神为生成基础，在百年接续奋斗中构筑起一座座独特的精神丰碑，是马克思主义中国化的最新理论成果。

(一)基因标识：马克思主义信仰是中国共产党人精神谱系的政治灵魂

马克思主义是科学的理论，深刻揭示出人类社会发展的一般规律，对人民的自由与解放、世界的进步与发展具有根本性的理论指导价值，是中国共产党的指导思想，为中国共产党人树立科学信仰打下了牢靠的认识根基，对马克思主义的信仰是中国共产党信仰力量的鲜亮底色。精神谱系是中国共产党人在不同历史时期高举马克思主义真理旗帜、坚持把马克思主义的崇高信仰融入中国革命、建设、改革和新时代的具体实际而形成的“精神大厦”，深刻体现着马克思主义的立场、观点和方法，鲜明浸润着马克思主义世界观、人生观和价值观，以马克思主义作为崇高信仰，中国共产党人认识世界、解释世界、改变世界就有了指南与纲领，就能够从信仰的精神高度科学把握中国革命、建设与改革的正确道路。从毛泽东思想到中国特色社会主义理论体系再到习近平新时代中国特色社会主义思想，中国共产党始终坚持马克思主义崇高信仰的科学引领，丰富了信仰的时代内涵、提升了信仰的价值魅力、扩大了信仰的主体基础，不断凝聚起共产党人坚定而执着的信仰力量。在马克思主义信仰的指引下，中国共产党由弱小走向强大、从稚嫩走向成熟、由革命走向执政。从井冈山以“农村包围城市、武装夺取政权”揭开中国革命星火燎原的大幕到遵义会议第一次独立自主解决路线、方针和政策问题，从延安整风确立实事求是的思想路线到西柏坡党的七届二中全会筹建新中国，从中华人民共和国成立到社会主义制度初步确立，再到开启改革开放和社会主义现代化建设新征程，从改变中国一穷二白落后面貌到全面建成小康社会，中国共产党人始终坚守马克思主义信仰，铸就了井冈山精神、遵义会议精神、延安精神、西柏坡精神、改革开放精神、脱贫攻坚精神等一系列伟大精神，马克思主义的坚定信仰、共产主义的坚定信念使精神谱系有了“根”和“魂”，为精神谱系的构筑赓续指明了正确方向。

（二）基因互动：中华优秀传统文化与中国共产党人精神谱系相互依存

伟大文化孕育伟大精神，中华民族五千多年的悠久历史孕育了中华优秀传统文化，积淀了中华民族最深沉的精神追求，为精神谱系的构筑提供了文化土壤，是精神谱系永葆生机活力的根基命脉。精神谱系与中华优秀传统文化相互依存、相互促进，精神谱系以中华优秀传统文化为滋养构筑而成，中华优秀传统文化在精神谱系的构筑中浴火重生、实现了其在新时代的创造性转化和创新性发展。博大精深的中华优秀传统文化是滋养精神谱系的重要来源，如《礼记·儒行》中“苟利国家，不求富贵”的一心为公；文天祥《过零丁洋》中“人生自古谁无死，留取丹心照汗青”的舍生取义；曹植《白马篇》中“捐躯赴国难，视死忽如归”的大义凛然；李大钊《厌世心与自觉心》中“国人无爱国心者，其国恒亡”的忧患意识等，构成了精神谱系的文化基因和文化内核。中华优秀传统文化提倡的一心为公、舍生取义、大义凛然、忧患意识等价值理念是精神谱系中爱国主义、英勇奋斗、牺牲奉献、以人民为中心等内容特质的文化基因。精神谱系中的每一座精神丰碑都传承和发展了中华优秀传统文化，成为维护国家主权、领土完整和民族复兴伟业的精神引领；每一种精神背后，都有无数气壮山河的英雄人物和众多感人至深的故事，折射出中华优秀传统文化的价值结晶和时代品格。中国共产党人从中华优秀传统文化中汲取养分，带领人民创造了新民主主义革命的伟大成就、创造了社会主义革命和建设的伟大成就、创造了改革开放和社会主义现代化建设的伟大成就、创造了新时代中国特色社会主义的伟大成就，书写了中华民族几千年历史上最恢宏的史诗。从历史的源头回望，中华优秀传统文化涵养了中国共产党人的精神坐标，是精神谱系与生俱来的文化基因和独特标识，是深刻把握精神谱系跨越百年的构建和流变不可忽视的精神养分，中华优秀传统文化的魅力之光让一系列伟大精神传承弘扬、熠熠生辉。

(三)基因传承：伟大建党精神是中国共产党人精神谱系的源头活水

源自中国共产党建党实践的伟大建党精神是精神谱系的开辟起点，具有独特的历史象征地位。以1921年7月中国共产党第一次全国代表大会的召开为标志，一个全新的马克思主义政党宣告成立，伟大建党精神也由此诞生，代表着党开天辟地的创建，成为精神谱系的历史开篇。伟大建党精神是精神谱系的核心脉络，深刻揭示了党的使命和宗旨，精神谱系的形成和发展始终依附于中国共产党百年奋斗的使命和宗旨与实践主题，即“为中国人民谋幸福，为中华民族谋复兴”①，这一初心使命贯穿了党的百年奋斗史，也贯穿了精神谱系的形成史和构建史，如果将党的精神谱系比作一棵枝繁叶茂的大树，伟大建党精神就是这棵树的根和干，始于开端之处，体现于过程之中。伟大建党精神是精神谱系的思想源泉，伟大建党精神在传承和弘扬中催生了精神谱系的系列伟大精神，从新民主主义革命时期形成系列革命精神、确立精神谱系的鲜红底色，到社会主义革命和建设时期发扬艰苦奋斗精神、奠定精神谱系的深厚基础，再到改革开放和社会主义现代化建设新时期培育改革开放精神、实现精神谱系的创新发展，最后到中国特色社会主义新时代弘扬伟大奋斗精神、完善党的精神谱系的整体架构，中国共产党在百余年奋斗中孕育、构筑的精神谱系正是伟大建党精神的派生、丰富和发展，是党在不同历史时期、肩负不同时代使命而弘扬伟大建党精神的具体体现。伟大建党精神是精神谱系的精神实质，是中国共产党理想信念、价值宗旨、品格作风的高度凝练，而精神谱系的形成和发展始终离不开我们党的社会实践，也就必然传承这个实践主体的思想观念和性格特质，亦即中国共产党人的理想信念、价值宗旨和品格作风，诞生于不同时代、包含不同内容的一系列伟大精神，在伟大建党精神的基础上一脉相承，从不同方面体现了伟大建党精神的基本内涵。

① 习近平：《在庆祝中国共产党成立100周年大会上的讲话》，《人民日报》2021年7月2日。

二、以史育人：纵览百年历程，厘清中国共产党人精神谱系发展的“路线图”

精神谱系融入思政课还要解决“从哪里来”这一基本命题，从历史进程中厘清发展的历史脉络和历史规律，坚持“史由证来、论从史出”，进而做好“以史育人”的大文章，引导青年学生学史明理、学史增信、学史崇德、学史力行。精神谱系的塑造与发展贯穿救国、兴国、富国、强国的伟大实践，与党的百年奋斗历程相生相随、相伴而行。

（一）“浴血奋战、百折不挠”：新民主主义革命时期精神谱系的路线标识

新民主主义革命时期，中国共产党人历经28年的艰辛探索，走出了一条马克思主义与中国革命相结合的正确道路，实现了民族独立和人民解放，为实现中华民族伟大复兴创造了根本社会条件。在这一历史进程中，无数革命先烈用生命和鲜血锻造了以“浴血奋战、百折不挠”为主题的精神坐标，成为精神谱系中起始性、奠基性的精神内容。新民主主义革命初期孕育的伟大建党精神拉开了精神谱系的历史序幕；土地革命时期，中国共产党历经大革命失败和第五次反“围剿”失败两次生死攸关的严峻考验，党中央所在地随着革命形势发展而辗转南北，中国共产党领导根据地军民遇挫弥坚，心怀革命必胜信念，以“为有牺牲多壮志，敢教日月换新天”①的革命意志和奋斗精神，汇聚成无坚不摧的精神力量，孕育了井冈山精神、苏区精神、长征精神、遵义会议精神、老区精神、照金精神等精神坐标；抗日战争时期，中国共产党建立了抗日民族统一战线，在同日寇斗争中发挥了中流砥柱的作用，形成了以爱国主义为核心的抗战精神、东北抗联精神和

① 习近平：《在庆祝中国共产党成立100周年大会上的讲话》，《人民日报》2021年7月2日。

太行精神，在大后方国统区尖锐对立的政治斗争中形成了代表共产党高洁品格的红岩精神；延安时期横跨全民族抗日战争时期以及解放战争的初期阶段，这一时期，中国共产党坚定执行党的思想路线和政治路线，在极其艰苦的条件下不懈斗争，形成了以“解放思想、实事求是”为本质的延安精神，以此为核心孕育出南泥湾精神、张思德精神等，随着革命进程的不断推进和群众运动的深入开展，原有革命精神得到延续深化，形成了“谦虚谨慎、艰苦奋斗”的西柏坡精神等；此外，在新民主主义革命的建设实践中，还形成了一批彰显先进群体意识的精神坐标，如“党群同心、军民情深、水乳交融、生死与共”的沂蒙精神、“坚守信念、胸怀全局、团结奋进、勇当前锋”的大别山精神等。尽管伟大精神的具体内涵不同，但都烙印着“浴血奋战、百折不挠”时代主题的印记，通过不同表述深深铭刻于每一项伟大精神的命名中。

（二）“自力更生、发愤图强”：社会主义革命和建设时期精神谱系的路线标识

社会主义革命和建设时期，精神谱系体现了对“史”和“时”的继承发展与多维创新，在纵向逻辑上，深化拓展了新民主主义革命时期的伟大精神；在横向逻辑上，构建了与特定历史条件下世情、国情与党情相契合的精神坐标，其演变轨迹彰显了中国共产党人坚持与时俱进的精神特质。这一时期的中国共产党人精神谱系样态丰富多彩，形成了以“自力更生、发愤图强”为主题的精神坐标，是党在这一时期精神风貌的良好展现。中华人民共和国成立之初面临着复杂严峻的国内外形势，从国际环境看，美国带领西方国家开启对中国的政治孤立和经济封锁，并公然干涉中国内政。1950 年 6 月，朝鲜内战爆发，美国干涉朝鲜并公然入侵台湾海峡，阻挠中国的统一大业，危急时刻党中央作出了“抗美援朝，保卫国家”的重大决策，中国人民志愿军在异常残酷的战争中发扬了不畏艰难、舍生忘死的精神，维护了国家尊严和世界和平，形成了集爱国主义、革命英雄主义和国际主义于一体的抗美援朝精神。从国内环境看，中华人民共和国成立初期经济萧条、百废待兴，社会主义制度未得到根本确立，中国共产党进入社会主义道路的

艰辛探索时期。这一时期，在中国共产党的坚强领导下，中国人民艰苦奋斗、自力更生，凝聚起了社会主义革命和建设的强大精神力量，形成了一大批伟大精神，如以历史事件命名的西迁精神，以典型地域命名的红旗渠精神、北大荒精神、塞罕坝精神、“两路”精神、大庆精神，以英雄模范命名的雷锋精神、焦裕禄精神、孔繁森精神、王杰精神，以科研攻关主题命名的“两弹一星”精神，这些精神坐标在推进社会主义建设的奋斗中生成，具有卓绝的实干品格，彰显了“自力更生、发愤图强”的时代主题，为精神谱系注入了新的精神内涵。

（三）“解放思想、锐意进取”：改革开放和社会主义现代化建设新时期精神谱系的路线标识

改革开放和社会主义现代化建设新时期，精神谱系得到了进一步的赓续传承，并在时代发展中不断升华。全体中华儿女在党的领导下解放思想，乘风破浪，勇敢地面对改革开放以来的各种风险挑战，形成了以“解放思想、锐意进取”为主题的精神坐标，为精神谱系注入了崭新内容和时代色彩。1978 年 12 月，在党和国家面临何去何从的重大历史关头，党的十一届三中全会顺利召开，全会确立了“解放思想，实事求是”的指导思想，深刻总结了社会主义建设进程中正反两面的经验，批评了“两个凡是”的错误方针，实现了思想、政治、组织等领域的全面拨乱反正，作出了把党和国家的工作重点转移到社会主义现代化建设上来和实施改革开放的重大战略决策，是党历史上生死攸关的转折点，中国从此走上了改革开放的正确道路，成功开创了中国特色社会主义，形成了勇于开拓创新的改革开放精神、特区精神。1989 年党的十三届四中全会后，开创了全面改革开放的新局面，成功把中国特色社会主义推向了 21 世纪，实现了中国人民从站起来到富起来的伟大飞跃。这一时期，中国共产党团结带领全国人民积极投身改革开放，我国各个行业、各个领域、各个地区的现代化建设持续推进，形成了载人航天精神、青藏铁路精神、女排精神、劳模精神等体现全党全国各族人民智慧与力量的伟大精神；这一时期，党和人民经受了公共卫生突发事件和多次重大自然灾害的磨砺，全党全军各族人民万众一心、众志成城，团结奋战，同灾害进行

殊死搏斗，尽最大努力保证了人民群众的生命财产安全，形成了伟大的抗洪精神、抗击“非典”精神和抗震救灾精神。这些精神坐标在改革与建设的伟大实践中孕育而成，集中体现了“解放思想、锐意进取”的时代特性，既是中国共产党人精神品格、精神财富的集中统一表达，也为其注入了敢闯敢拼、勇攀高峰的精神元素，进一步发展充实了精神谱系的内容体系。

（四）“自信自强、守正创新”：新时代中国共产党人精神谱系的路线标识

党的十八大标志着中国特色社会主义进入新时代，以习近平同志为核心的党中央团结带领全党全国各族人民，守正自强、砥砺奋进，战胜国内外各种风险挑战，进行了具有许多新的历史特点的伟大斗争，在探索实现中华民族伟大复兴和社会主义现代化的进程中开启新篇章，推动党和国家事业发生历史性变革、取得历史性成就，形成了以“自信自强、守正创新”为主题的精神坐标。党的十八大以来，以习近平同志为核心的党中央把脱贫攻坚摆在治国理政的突出位置，作为全面建成小康社会的底线任务，以精准扶贫、精准脱贫为基本方略，组织开展了脱贫攻坚人民战争，锻造了伟大的脱贫攻坚精神；在面对突如其来的新冠疫情冲击中，党中央坚持人民至上、生命至上，开展了抗击疫情人民战争、总体战、阻击战，铸就了伟大抗疫精神；在迈向航天强国的征途中，科研人员团结协作、勠力创新，铸就了科学家精神、探月精神、新时代北斗精神等具有时代特点的伟大精神；为了有效应对世界百年未有之大变局，积极推动“一带一路”倡议，推动构建人类命运共同体，形成了丝路精神；在40多年的改革开放伟大实践中，一批又一批有胆识、勇创新的企业家在党的领导下把实现人生理想、企业愿景与推动党和国家的改革开放事业紧密联系起来，形成了企业家精神；此外，我们深入推进新时代党的建设新的伟大工程，孕育了“为民服务孺子牛、创新发展拓荒牛、艰苦奋斗老黄牛”的“三牛”精神。这些精神坐标是在进行伟大斗争、建设伟大工程、推进伟大事业、实现伟大梦想的实践过程中不断凝练的，集中体现了“自信自强、守正创新”的时代特征。随着新征程的开启，精神谱系将在实践中不断实

现创生性发展，在继承中得到延续，在弘扬中实现创新，凝结出新的精神成果。

三、以行践学：奋进时代征程，用好中国共产党人精神谱系蕴含的“传家宝”

精神谱系融入思政课的最终目的在于铸魂育人，要用好精神谱系蕴含的“传家宝”，将其作为提升青年精神素养的重要源泉和天然营养剂，使“听党话、跟党走”的信念内化于心、外化于行，在“以知促行、以行践学”中传承红色血脉，践履知行合一。精神谱系在青少年立大志、明大德、成大才、担大任等方面发挥着不可替代的价值功能。

（一）立大志：以坚定的理想信念引领青年学生志存高远

理想信念是中国共产党人精神上的“钙”。自中国共产党成立之日起，为伟大的共产主义崇高理想奋斗、为中国人民谋幸福、为中华民族谋复兴便成为一代代共产党人坚定不移的信念和终生不渝的目标。自此，中国革命有了坚定的理想信念，为了实现这个理想信念，中国共产党人不懈奋斗，照亮了中国革命的前程，实现了中国革命的伟大胜利。一代代中国共产党人坚守住了理想信念的精神阵地，汇聚起强大的精神力量，成为中国共产党人扬帆远航的思想之舵。习近平总书记指出：“青年的理想信念关乎国家未来。青年理想远大、信念坚定，是一个国家、一个民族无坚不摧的前进动力。”①这就要求高校思政课要在培养青年大学生理想信念上多下功夫，用好精神谱系中的理想信念因素来教育和引领当代青年大学生补“钙”治“病”，培养学生“想为”“敢为”“能为”的信念和能力，牢固树立为共产主义奋斗终身的“大志向”，从内心深处厚植对党的信赖，坚定对马克思主义的信仰、对中国特色社会主义的信念、对中华民族伟大复兴中国梦的信心，传承红色基因，成为走在时代前列的奋斗者、时代责任的担当者。

① 习近平：《在纪念五四运动100周年大会上的讲话》，《人民日报》2019年5月1日。

(二)明大德：以无私的奉献精神引领青年学生崇德修身

立党为公、忠诚为民的奉献精神是共产党人的精神底色，中国共产党自诞生之日起就明确了其作为工人阶级的先锋队的角色定位，以实现共产主义为最高理想和最终目标，坚持全心全意为人民服务。党章明确规定，共产党员必须“坚持党和人民的利益高于一切，个人利益服从党和人民的利益，吃苦在前，享受在后，克己奉公，多做贡献”①。入党誓词中更是明确提出：“为共产主义奋斗终身，随时准备为党和人民牺牲一切，永不叛党”②，这些性质规定决定了共产党员讲奉献不是可有可无的选择，而是必须履行的义务。中国共产党百年奋斗的光辉历程就是一部共产党人为中国人民、为中华民族赤诚奉献的恢宏史诗。奋进新征程，中国共产党将带领人民进行具有许多新的历史特点的伟大斗争，不可避免会面临这样或那样的风险与挑战，甚至会遇到难以想象的惊涛骇浪，越是在风急浪高之时，越须彰显无私奉献的精神力量。青年一代是担当民族复兴大任的时代新人，要始终牢记初心使命，要从党的百年奉献史中汲取前行的力量，时刻牢记“为党和人民牺牲一切”的铮铮誓言，以精神谱系中“无我”的状态淬炼无私奉献精神，在新征程上创造出无愧于党、无愧于人民、无愧于时代的业绩。

(三)成大才：以开拓的创新精神引领青年学生成长成才

中国共产党是富有开拓创新精神的马克思主义政党，发扬创新精神是中国共产党进行伟大斗争、建设伟大工程、创造伟大事业、成就伟大梦想的重要精神密码，发扬创新精神既是共产党人鲜明的政治品格，也是共产党人强烈的责任担当。精神谱系中的工匠精神演绎了“能人所不能”的精湛技艺；科学家精神实现了重大科技成果从零星到井喷、从量变到质变的跨越；新时代北斗精神完成了关键核心技术攻克和机器部件国产化研制的突破，跨越了一座又一座科技高峰，这

① 《中国共产党章程》，人民出版社2022年版，第26页。
② 《中国共产党章程》，人民出版社2022年版，第29页。

些都彰显了中国共产党人开拓进取、敢为人先的创新精神，激励着中华儿女发愤图强、勇往直前。“科技兴则民族兴，科技强则国家强”，当今世界，新一轮科技革命蓄势待发，一些重大颠覆性技术创新正在创造新产业新业态，世界科技的竞争归根结底是创新的竞争，掌握全球科技竞争先机本质上就是占据创新先机。青年大学生是改革创新、开拓进取的主力军，思政课要以精神谱系中的创新精神引领大学生树立全球视野、把握时代脉搏，准确判断科技突破方向，深入贯彻新发展理念，以敢为天下先、追求卓越的创新精神增强改革创新的责任感，树立大胆探索未知领域的信心和勇气，提高改革创新的能力与本领，努力成为科学探索和改革创新的时代先锋，吹响建设世界科技强国的号角。

（四）担大任：以赤忱的为民情怀引领青年学生勇担重任

人民立场是中国共产党的根本政治立场，中国共产党始终秉持全心全意为人民服务的宗旨，坚持一切为了人民、一切依靠人民，不断把为人民造福事业推向前进。回顾党的百年奋斗史，从嘉兴红船到中国号巨轮，党在不同历史时期培育、形成的精神谱系内容丰富、各具特色，但都彰显了中国共产党人以人民为中心、与人民心心相印、与人民同甘共苦的为民情怀，以人民为中心的价值追求是共产党人永恒不变的责任担当，精神谱系的构筑正是党同人民群众并肩作战、同甘共苦的真实写照。践行初心方能行稳致远，担当使命方能一往无前。新征程上，应以精神谱系中的为民情怀引领广大青年自觉肩负使命、厚植为民情怀，以“俯首甘为孺子牛”的气节风骨站稳人民立场，知所趋、知所避、知所守，把成长成才的根深深扎在人民群众之中，将小我融入大我，把青春奉献给祖国，在党和人民最需要的地方绽放绚丽的“青春之花”，以为民之心力行为民之举，以“天将降大任于斯人”的勇毅果敢自觉担负实现中华民族伟大复兴的重任，心怀“国之大者”，不负“民之所望”，事不避难，义不逃责，践行“请党放心、强国有我”的铮铮誓言。

四、结语

精神谱系融入高校思政课内蕴理论基因、历史脉络和实践意蕴的逻辑发展理路，是溯历史之源、立现实之基、启未来新篇而面向培育担当中华民族伟大复兴历史重任的时代新人而提出的精神密码。“我们党立志于中华民族千秋伟业，必须培养一代又一代拥护中国共产党领导和我国社会主义制度、立志为中国特色社会主义事业奋斗终身的有用人才”①，“青年兴则国兴，青年强则国强”，思政课要以精神谱系作为铸魂育人的宝贵资源，将精神谱系作为培养中国特色社会主义事业的合格建设者和可靠接班人的精神指引，让思政课在新时代绽放出活力和生机。

（梁丹，南京理工大学马克思主义学院博士研究生，新疆教育学院马克思主义学院讲师）

① 《习近平谈治国理政》第三卷，外文出版社2020年版，第328~329页。

六

思政课教学设计

思维教学——思政课改革的创新路径

刘志礼

习近平总书记在“3·18”重要讲话中对思政课教师提出了“思维要新”的要求，强调思政课要教会学生科学的思维，教什么、怎么教，最终都要落脚到帮助学生确立正确的理想信念与正确的思维方法、思想方法上来。五年来，我国思政课改革取得了较多成果，同时仍有较多困惑与难题需要进一步克服。

一、思维教学的内涵基础

习近平总书记强调，教学创新要给学生深刻的学习体验。对此，应着重在思维教学上进行探索。从思维与存在的关系角度来看，思维教学是一个能动的、创造性的、主观的、积极的教学过程与教学活动，是一个育人的过程。

二、科技进步对思政课教学的影响

从实践来看，思维教学的基础就是科技进步，尤其是今天的数字技术。数字技术改变了中国式现代化的进程、格局，回顾历史，每一步现代化的进程都是由科技进步来推动的。数字技术改变了党的理论创新的进程和方式，改变了理论传播的方式、方法、路径。习近平新时代中国特色社会主义思想实际上就是在一个数字化的时代产生的马克思主义中国化时代化的最新的理论成果。党的理论创新的每一个进程与成果都有科学技术、科技进步、科技革命、产业变革的支撑，乃至如今教育数字化转型的支撑。因此，就思政课教学而言，理论传播、理论教育、思想武装或者理想信念的教育都涉及所处背景与条件的推动。从党的创新理论的变革来看，思政课的改革应该更加注重对学生的思维方式、思维理念、思维的品质和思维能力的培养和提升。把思政课从讲的道理到思想方法、从公式化的照本宣科的知识搬运的方式转向一种范式的创新，从思想的结果或理论成果转向教授或传播思想的过程、思想方法本身。

三、大连理工大学马克思主义学院对思维教学的探索

大连理工大学马克思主义学院在多年的教学改革过程中探索了小班教学、中班教学、案例教学，也建立了全国第一家习近平新时代中国特色社会主义思想的情景教室。在这些既有基础之上，将进一步从思维方式、思维理念等方面进行思政课改革的探索与尝试。目前思政课程数量多、内容多、交叉重合多，因此在教学过程中，将在符合国家规定的基础之上逐步对课程的内容、体系、结构作进一步的整合与凝练。在课堂教学过程中体现思维教学，将习近平总书记强调的习近平新时代中国特色社会主义思想的世界观、方法论和贯穿其中的立场、观点、方法，尤其是“七大思维”等作为教学内容的重点。

（刘志礼，大连理工大学马克思主义学院院长、教授）

“中华民族共同体概论”课的教学与创新

王　秋

“中华民族共同体概论”课已经经过了民族院校和部分普通高校的试点工作，从这个学期开始要被纳入思政课进行建设。相关文件里有一条要求是课程要以讲座课的形式，要面向所有学生。本文拟从习近平总书记关于传统文化的一些相关论述来看“中华民族共同体概论”课的教学与创新。

一、习近平总书记关于传统文化的相关重要论述对于开设“中华民族共同体概论”课具有直接指导意义

（一）中华优秀传统文化的创造性转化与创新性发展

习近平总书记关于传统文化是高度重视的，很多专家对他的论述也都作了一些阐述，本文着眼于对立统一性的范畴。从党的十八大开始，习近平总书记关于传统文化的一个重要论述是对中华优秀传统文化传承与发展的实施工程的意见，关键词就是中华优秀传统文化的传承与发展，与此密切相关的，那就是中华优秀传统文化的创造性转化与创新性发展，它是一对具有内在一致性的范畴。

对传统文化的态度，从进入现代社会之后，从马克思主义的立场，先后经历

了批判继承、“双百”方针、马克思主义和中国哲学的学者提出综合创新以及后来又有学者提出“马魂、中体、西用”，到现在习近平总书记提出“创造性转化与创新性发展”。“双创”的基本内涵就是，如果离开了创造，传统文化就没有办法实现从古代到现代和当代的转化；如果离开创新，传统文化就是一个衰死的文化，而不是一个活的文化生命体。以国家干部的培训讲国学课为例，如果以读经的方式来讲国学课，显然是不恰当的。但如果是以读经典的方式来讲，对它进行创造性转化与创新性发展的阐释和解读，那么它是有意义的。创造性转化与创新性发展，成为我们在新时代推进中华优秀传统文化继承和发展的一个重要的文化发展机制。

（二）马克思主义与中华优秀传统文化相结合

与此密切相关的，我们进一步地提出马克思主义和中华优秀传统文化是什么关系，习近平总书记提到了“第二个结合”，马克思主义是魂脉，中华优秀传统文化是根脉。

实际上要探讨的核心问题是什么？就是反观马克思主义中国化的历史，我们走过了马克思主义与中国实际相结合的历史，它是从我们服务于当时的社会和国家需要的角度来谈的。实际上当时的马克思主义也在和中华优秀传统文化进行结合，但它主要结合的方式是用批判继承的方式进行的。在当时的时代如果不批判，就没有办法去除传统文化不适应时代的内容，但如果不继承优秀传统文化，马克思主义就失去它坚实的文化基础。

（三）中华民族现代文明与人类文明新形态

进入新时代，形成和发展了习近平新时代中国特色社会主义思想，创新了人类文明的新形态。从习近平新时代中国特色社会主义思想这个角度来看，中华民族现代文明构成了它的中国篇，人类文明新形态构成了它的世界篇。

二、“中华民族共同体概论”课程的核心目标是铸牢中华民族共同体意识

习近平总书记关于传统文化有这样一系列重大的论述，落实到思想政治教育体系当中，尤其是思想政治理论课，本质是讲道理。更进一步的，思政课如果从政治的角度来看，核心的一个目标就是要实现统一思想、统一意志、统一行动。按照这样的原则，再来看即将要新增加的“中华民族共同体概论”这门课，它的核心目标就是要铸牢中华民族共同体意识，目前这是我们党的民族工作的一个主线。

主线中有几个关键词：第一个就是我们怎么看待从古代到当代的中国历史，尤其是多民族交互作用发展的历史，强调的是“三交”，即交往、交流和交融。第二个是民族发展的历史中，它的主基调是“三和”，即和睦相处，和衷共济，和谐发展。在2019年全国民族团结进步表彰大会上，习近平总书记明确提出来，我们要坚持“四个共同”和“四个与共”。“四个共同”就是我们怎么看待中华民族的文明史，它是共同开拓辽阔疆域(空间维度)、共同书写悠久历史(时间维度)、共同创造灿烂文化(文化整体的角度)、共同培育伟大精神(指导理论或者主导理论的角度)。“四个与共”是怎么看待民族的发展史，强调是休戚与共、荣辱与共、生死与共、命运与共的历史。所以从习近平总书记关于中华优秀传统文化的相关重要论述看新增设的“中华民族共同体概论”的思政课，它的核心就是围绕着铸牢中华民族共同体意识。

三、认识“中华民族共同体概论”课程的教材

怎样来认识“中华民族共同体概论”课程的教材，怎样来认识它的教学和创新，我认为主要有三点。

第一，这个教材被认为是一部具有里程碑意义的教材，也就是说它已经从原

来的思想政治理论课上升到铸牢我们的中华民族共同体意识的一门课。

第二，我们要提高对这门课的政治认识，这个教材的政治站位相较于“统一思想、统一意识、统一行动”还要更高一些，它更加注重的是各民族的共同性，即中华民族共同体。

第三，这门课围绕着铸牢中华民族共同体意识的课程设置的目的，是未来推进习近平新时代中国特色社会主义思想，尤其是其中关于文化思想、关于民族问题的相关认识的一个新的理论来源。马克思主义理论学科的基本特点就是要求我们要聚焦思政课的重点和难点问题开展研究。同样，我们要围绕“中华民族共同体概论”课教学的重点和难点开展理论研究，所以它是我们未来深入推进习近平新时代中国特色社会主义思想研究的一个重要的理论来源。

（王秋，黑龙江大学马克思主义学院院长、教授）

大学生思政课深度学习的发生机制及其实现路径①

潘　莉　卞程秀

2022年4月，习近平在中国人民大学考察时强调："思政课的本质是讲道理，要注重方式方法，把道理讲深、讲透、讲活，老师要用心教，学生要用心悟，达到沟通心灵、启智润心、激扬斗志。"②思想政治理论课(以下简称"思政课")作为落实立德树人根本任务的关键课程，承担着对青年大学生价值引领，培养德智体美劳全面发展的社会主义接班人的重要任务。如何"及时更新教学内容，丰富教学手段，不断改善课堂教学状况，防止形式化、表面化"③，以高质量的思政课教学促进学生从"要我学"向"我要学"的转变、在整个思政课学习过程中能具有"强烈的学习内驱力"，"更有内在兴趣、注重理解、强调意义、集中注意于学习内容各部分之间的联系以及系统地陈述问题或概念的整体结构假设",④ 并实现"对知识综合运用"，在深度理解课程内容的基础上将其转化为个人知识、在转识成智中提升迁移运用能力和思想政治素质，是一个值得研究的重要问题。

---

① 基金项目：国家社科基金高校思政课研究专项"促进深度学习的高校思想政治理论课教学方法论研究"(23VSZ037)。

② 习近平：《坚持党的领导传承红色基因扎根中国大地　走出一条建设中国特色世界一流大学新路——在中国人民大学的讲话》，《人民日报》2022年4月26日。

③ 习近平：《思政课是落实立德树人根本任务的关键课程》，《求是》2020年第17期。

④ Marton F, Saljo R. On Qualitative Difference in Learning: Outcome and Process. *British Journal of Educational Psychology*, 1976(46): 4-11.

一、大学生思政课深度学习的内涵与特征

20世纪50年代，美国学者弗伦斯·马顿(Ference Marton)和罗杰·萨尔乔(Roger Saljo)进行了一系列大学生阅读能力实验，发现被试学生在学习过程中存在浅层学习和深度学习两种不同方式。其中，浅层学习仅停留在记忆、领会层次，而深度学习不仅涉及记忆更指向认知层次的理解、应用、分析、评价和创造。2012年，美国深度学习倡导者的核心机构“美国国家研究委员会”(NRC)将深度学习能力设计为三个维度，即认知领域、人际领域、个人领域，并通过实施“深度学习网络”等实践项目探究如何通过优化师生情绪状态、提供有意义学习材料、基于项目的学习、表现性评价和信息技术赋能等促进学习动机、增加学习投入，增强公民的社会参与意识和对历史文化传统的记忆等。

在当前大学生思政课实际学习中，部分大学生存在学习动机不足、学习投入不够、学习方式偏重碎片化记忆、学习过程偏于被动应付和学用脱节、知行转化障碍等浅层学习状况，与党和国家期待有差距，也与大学生自身健康成长需求不符，迫切需要向深度学习转变。而以情感高投入、过程深度参与、智能高阶发展、为迁移而学等为丰富内涵的大学生思政课深度学习，其本质是不再视学习内容为外在于自身的客观知识体系，而是通过积极主动学习、自觉将其纳入自身发展成长标准。从学习过程而言，大学生不再是被动接受式学习，而是作为主体积极参与学习过程，学习主体以及师生之间相互交流、相互启发、相互协作，进而获得启迪和成长的意义性学习；从学习效果而言，大学生思政课深度学习不再是简单的信息加工式的符号学习，而是能同时在情感、技能、行为等方面得到提升，能够将学习内容纳入自己的认知结构，成为行为标准，并在生活情境中迁移运用，实现符号学习、逻辑学习和意义学习的统一。

综合来看，大学生思政课深度学习的特征主要表现为：第一，学生深度参与学习过程。以学习者为中心主体、以知识符号与知识逻辑为指向、以指向世界全体的个体化价值生成的目标导向，是思政课深度学习的基本特征。第二，注重知

识内容的联系与构建。深度学习强调多学科知识以及新旧知识间的联系、整合与构建。知识之间是一个相互联系的网络，深度学习即运用新概念与已知概念之间的联结，从而在理解与批判的基础上，将新概念整合纳入自身认知结构，形成对知识的理解和主体构建。第三，重视学习结果的迁移与运用。学习者能够运用所学知识解决实际问题。学习者具有创造性，能够运用马克思主义理论知识解决社会现实中的非良构问题。

二、大学生思政课深度学习的发生机制

机制原指机器的构造和运行原理，后扩展至有机体的构造、功能等。“在社会科学领域，机制用以表示一个复杂社会系统的复杂因素之间相互作用的方式，尤其是精微的相互作用方式。”①大学生思政课深度学习的发生机制，是指在思政课学习过程中，大学生深度学习状态由哪些因素引发、如何不断深化维持并取得深度学习效果的发生运行机制，主要有基于生活经验的情境学习机制、促进认知结构的问题驱动机制、联结社会纽带的文化实践机制等。

（一）基于生活经验的情境学习机制

“个体的智慧和认识是通过与环境相互作用而得到生长和发展的”②，学习不是学生发展的客体性存在，而是学生内在的主体性建构过程。在思想政治理论课深度学习发生机制中，学习者不是被抽象化的、普遍的、一般机械的学习者，而是处于与世界交互之中的，具有鲜活具体的情感观念、个性特征、生活经历、理性能力的个体。这些内在于学习者的生活经验，是大学生开展思政课学习的起点，也是他们认识、理解和领悟思政课知识的基础和前提。“真正深刻的德育机制，可能需要从生活中的组成部分——生活经验中来寻找。”③基于生活经验的情

① 杨芷英：《思想政治教育心理学》，中国人民大学出版社 2019 年版，第 50 页。

② 施良方：《学习论》，人民教育出版社 2001 年版，第 169 页。

③ 刘长海：《经验德育：一种基于杜威哲学的德育思路》，《教育研究》2019 年第 6 期。

境学习机制，是指学习者身处富含生活线索的教育情境时，会接触到与自己生活经验相关的信息，激发其头脑中生活经验的视觉记忆和长时记忆，帮助其还原知识产生的生活化原貌，分析知识的生活化表现，进而不断澄清对某一知识概念的认识、理解和感悟。

一方面，情境的物质实体性质能激发学习既往记忆，沉浸其中实现深度学习。由教室、教师、学习媒介、融媒体所构成的学习情境，具有形象化、鲜活性和直观性，能刺激和调动大学生的多感官体验，激发学生的学习兴趣，激活先在生活经验，引发学习者与其生活经验的视觉记忆，帮助学习者提取长时记忆，使学习者在与环境的互动中，产生对自身情感、想象和生活世界的追问，实现对思政课学习情境的投入和理解。

另一方面，情境的生活关联性和社会属性能具象化抽象理论，引发学生对知识的生活化理解，生成个人知识。从生物学角度讲，人的认知能力是适应环境要求的必然结果，人的认知过程即是从不平衡到平衡，在与环境的互动中不断建构的过程。大学生日常生活中的恋爱、人际、学业、就业等方面的思想困惑问题，是其生活经验的重要组成部分，也反映其成长发展需求。融合生活事件和道德情感的思政课教学情境，能将相对抽象的思政课知识还原为具体的现实生活，增进学习沉浸感，激发大学生的情感、情绪、兴趣、想象等，引发大学生对思政课知识的生活化体验、感受、理解、迁移，获得对思政课知识的意义性理解和生活化运用。

（二）促进认知结构的问题驱动机制

皮亚杰认为，图式是动作的结构，是人在认识周围世界的过程中形成的动态的、可变的认知结构，是组织、描述和揭示学习经验的概念网络和命题网络，“在同样或类似的环境中由于重复而引起迁移或概括”①。作为人头脑中认知网络的基础，知识结构是知识的多维分类和关系建构，是学习者将知识按照

① ［瑞士］让·皮亚杰·英海尔德：《儿童心理学》，吴福元译，商务印书馆1980年版，第5页。

一定的组合方式和比例关系，建构成具有动态、开放、多层次特点的知识构架，具有整体性、有序性、立体性、开放性。深度学习理论研究者比格斯把学生对某个问题的学习结果由低到高划分为前结构、单点结构、多点结构、关联结构和抽象拓展结构五个层次，认为深度学习即是复杂性知识结构学习，是“深入知识内核的学习”，而“问题解决是深度学习的实现路径”。① 促进认知结构的问题驱动机制是以问题联结客观知识与学生头脑中的知识网络，诱发大学生进行内在思考、帮助学生掌握思政课知识的“基本结构”，形成应用、分析、评价、创造的高阶思维能力，将课程知识转化为个人知识，并内化到自身生命成长过程。

首先，问题能激发学生头脑中的图式，促进新旧知识联结。思政课教学中好的问题的提出，能将新知识与学生头脑中已有知识建立实质性联系，进而打开学生的知识窗口，激发学生头脑中的图式，引发学生的认知冲突，促进学生对问题进一步思考和回答，最终实现高水平知识加工，帮助其进入知识新境界，掌握“复杂知识的基本结构”，形成理解性、批判性、生成性学习。

其次，问题的提出与解决能通过逻辑思辨训练，促进学生思维能力提升。赫斯特从发展人智力和理性水平出发，强调知识形式教育；康德在此基础上指出知识形式最关键的部分是“论证逻辑”和“辩证逻辑”。马克思继而提出包含归纳与演绎、分析与综合、抽象与具体、逻辑与历史相统一、矛盾普遍性与特殊性相统一的辩证逻辑方法。问题的提出和解决就是思维训练过程，通过问题，学生学会了“理解他人的论证和观点；批判性地审视这些论证和观点；形成和阐述自己有理有据的论证和观点”②，不仅具有结构性知识，还具有非结构性知识，能够运用应用、分析、综合、评价的高阶思维能力解决非良构领域的复杂问题。

① 张立国、谢佳睿、王国华：《基于问题解决的深度学习模型》，《中国远程教育》2017年第8期。

② ［美］格雷戈里·巴沙姆等：《批判性思维》，舒静译，外语教学与研究出版社2019年版，第13页。

再次，通过意义建构，嵌入学生生命成长过程。知识的价值系统唯有为学习者掌握，才能内化到自身生命成长过程中，帮助其生长。“从教育的角度看，知识问题不是一个知识产生的问题，而是与学生发展过程相关联的知识再生产问题。”①知识的意义系统由学生自己构建，而“不是用来让学生直接接受的”②，真正的学习是指“青少年受永不满足的好奇心的驱使，不断去吸收他们看到的、听到的、读到的一切有意义的东西”③，并且这些知识会成为他们的一部分。与大学生生活实际相关联问题的解决，能促进大学生对自身及自身与外部世界关系的反思，即在对符号知识、逻辑知识归纳整合后，能将知识转化为对学习者内在的、个体的理解，获得个人独有领悟，从而实现生命成长。

（三）联结社会纽带的文化实践机制

维果茨基文化历史理论强调，“人所特有的心理过程结构最初必须在人的外部活动中形成，然后才能转至内部，成为人的内部心理过程的结构”④。“知识的学习既不能孤立地脱离实践而发展，也不能脱离知识的外在规定性而随意主观地互动”，“实践过程是符号学习向深层意义提升的机制”。⑤ 联系社会纽带的文化实践机制是以典型、合理、生动的社会实践让学生将所学运用于社会实践并检验，践行和体认马克思主义理论和思政课知识，在理实融合中提升知识迁移能力和综合素质。

首先，在社会实践中感悟文化传承。布鲁纳认为，人类理解世界有两种视角，一种是数学逻辑的视角，另一种是文化逻辑的视角。大学生思政课深度学习

---

① 郭元祥：《知识的教育学立场》，《教育研究与实验》2009 年第 5 期。

② 郭元祥：《深度教学——促进学生素养发育的教学变革》，福建教育出版社 2021 年版，第 78 页。

③ ［美］罗杰斯等：《自由学习》，王烨晖译，人民邮电出版社 2015 年版，第 41 页。

④ 王光荣、杨晓萍：《文化的阐释：维果茨基学派心理学解读》，《宁夏大学学报（人文社会科学版）》2009 年第 4 期。

⑤ 杨钦芬：《教学的超越——教学意义的深度达成》，福建教育出版社 2019 年版，第 204 页。

是意义性、价值性学习，学习的目标需要从知识传递层面上升到文化实践层面。通过丰富的社会实践，大学生得以探索知识情景中蕴含的文化因素，激发大学生对知识文化的情感共鸣，触发其对知识文化价值意义的追寻，培养学生对传统文化、革命文化、社会主义先进文化的感受与内省，并以文化塑造灵魂、塑造生命，增强大学生对国家认同和文化身份的认同，自觉将自己命运与国家命运紧紧联系在一起，从而肩负起中华民族伟大复兴事业。

其次，在社会实践中形塑优化价值观。文化实践体验是一个循环往复、螺旋上升的过程，德国哲学家狄尔泰认为“体验”是本体论意义上的“生命体验”，具有生命性、个体性、情感性。体验学习即教育者运用相关校内外资源，组织学校志愿活动、社会服务活动或企业活动等，一定的文化体验活动帮助学生获得感悟，并将个体经历和感受逐步内化，在实践中提升学生的社会化水平和政治自觉，培育学生社会主义核心价值观信仰和行为，从而提升思想政治素养。

三、大学生思政课深度学习的实现路径

学习不是从孤立的书本和教室里获得，而是在一定的社会和文化情境中发生的，有赖于学习者主体的高度参与。因此，创设有助于大学生深度学习的真实学习情境，满足学生成长需要，增进学生成长动力是深度学习的前提条件；构建基于大学生问题解决的深度学习一般过程，运用多次的高水平知识加工，发展高阶思维能力是深度学习的中心环节；搭建促进大学生社会联结的文化实践平台，在社会实践和体验中增进大学生思想政治素养是深度学习的目标指向。

（一）创设有助于大学生深度学习的真实学习情境

“学习是学习者在原有知识经验基础上，在一定的社会文化环境中，主动对新信息进行加工处理，建构知识的意义（或知识表征）的过程。”①创设真实的与大

① 莫雷、张卫等：《学习心理研究》，广州人民出版社2005年版，第138页。

学生现实生活相联结的学习情境，一方面能激发学生的情感与想象，启发学生对知识的反思与建构、迁移与运用；另一方面，将知识与现实生活相联系，回归生活，帮助大学生更加全面地认识知识的生成、价值和运用。

首先，情境要与社会生活高度相似。杜威作为西方经验主义教育思想代表人物，较早就提出了“从做中学”的思想，即从生活经验入手探索学习的途径和方法。生活中的各种情境即是“个人和各种事物以及个人和其他人之间进行着的交互作用”①。在思政课教学中创设的教学情境，要注重从解决社会生活中的问题等入手，提取与社会生活相关的情境主题，包括国际时讯、国内时政、流行文化、民生问题、新闻热搜等，创设与社会生活高度相似的生活情境，进而通过情景剧表演、案例讨论、辩论赛、实物观摩、实地参观访问、社会调查等形式，带领学生进入真实场景，在个体与情境的不断交互作用下，进行主动学习、沉浸性学习和意义学习，用正面的、理性的学校教育实现对社会生活问题的解答，形成丰富体验感受和对知识的批判性学习。

其次，要与大学生生活高度贴近。思政课教学要将课程内容与大学生日常生活相结合，“停止把教育纯粹当作后来生活的准备，把它打造得具有当前生活的全部意义”②。围绕大学生生活相关的情境主题，包括学习生活、工作生活、社会生活中熟悉的人、事、物，以及真实发生的生活事件、学习工作经历、社会参与活动等，进行系统科学的情境设计，使其与大学生的个人兴趣、学业兴趣、情境兴趣相契合，给予大学生舒适安全、积极主动、有归属感的学习情境，利于其自觉主动融入，获得生命成长的意义。

再次，与思政课教学内容高度关联。教学内容是情境设计的根本来源。思政课教学围绕大学生思政素养和能力发展，以培养大学生成为社会主义合格建设者和接班人为主要目的，教学内容包括大学生的品德言行养成、意志锻炼，大学生历

① ［美］杜威：《我们怎样思维·经验与教育》，姜文闵译，人民教育出版社 2005 年版，第 262 页。

② ［美］杜威：《杜威全集》（第 4 卷），王新生、刘平译，华东师范大学出版社 2010 年版，第 44 页。

史观、历史思维、历史方法，大学生对社会问题的分析判断能力、应对能力，以及大学生马克思主义理论思维能力等。在思政课教学中，教师要筛选出教学的重难点问题、线索问题、关联问题，并紧密结合教学内容进行情境设计，“将知识以整体、网状、结构化的形式有机嵌入整体化的先在教学情境之中”①，帮助大学生在生动、形象、感性、明确、具有探究性和建构性的情境主题中实现深度学习。

（二）以高阶思维培养为目标，开展问题合作式学习

习近平总书记强调“要抓好马克思主义理论教育”，“教育他们学会运用马克思主义立场观点方法观察世界、分析世界”。② 基于问题解决的深度学习模型聚焦学生最近发展区，由问题入手，帮助学生展开思维训练与批判，学会运用马克思主义立场观点方法分析问题、解决问题，促进学生知识逻辑和思维能力的不断提升。在思政课教学中，教师要善于设置不同问题，以提问的方式暴露学生认识上的矛盾，帮助学生发现自己的问题，并以逻辑层次推进对话的深度，在复杂性问题解决中提升学生高阶思维能力，实现深度学习。

首先，要妥善设置复杂性问题学习任务。马顿和萨尔乔通过研究证实，可以通过“在学习过程中设置不同性质的问题，影响学生加工水平和结果。具象的、细节性提问引向浅层学习，抽象的、整体性提问引发深层加工”。③ 思政课学习中，教师“提出和解决高水平的问题可以深化学生对知识的理解，丰富新旧知识之间的联系，有利于知识的整合和灵活迁移”。④ 一个好的“问题”必须具备真实性、结构不良、开放性、反复性等特征。⑤ 学生是发现者，在问题解决中，大学

① 颜晓程：《深度学习视域下的教学情境反思与建构》，《当代教育科学》2022 年第 11 期。

② 习近平：《在北京大学师生座谈会上的讲话》，《人民日报》2018 年 5 月 3 日。

③ 付亦宁：《深度(层)学习内涵：内涵、流变与展望》，《南京师大学报(社会科学版)》2021 年第 2 期。

④ 张建伟：《基于问题解决的知识建构》，《教育研究》2000 年第 10 期。

⑤ 连莲：《国外问题式学习教学模式述评》，《福建师范大学学报(哲学社会科学版)》2013 年第 4 期。

生通过搜集资料、讨论分析方案、以自由发散的思维发现问题中隐含的各种关系，“建构起相关的原理性知识，形成对某种概念、规律和关系的理解”①，最终在思维提升中获得问题解决方案。

其次，构建学习共同体，开展问题学习的对话与合作。构建相互协同、相互关爱、相互启发的学习共同体，促进师生、生生的对话、交流与合作，使共同体成员从“相互说”转变为“相互学”，使共同体的每位成员既是独立的个体，又是集体中的一员。学习过程中，学习共同体具有共同的学习目标，成员间通力合作，围绕问题开展自主探究、合作式学习，进行学科知识解构；进而对学习内容进行深层次思考，并进行思维加工和知识建构。

再次，循序渐进推进问题解决过程，促进高阶思维。问题解决“多指在真实复杂的环境下运用所学知识解决一个具体的问题”②，其间经历了准备阶段、发展阶段、促进阶段和总结阶段。科学规范、循序渐进地推进问题解决过程，对于促进大学生思维发展和学习深度非常重要。一是准备阶段，在学生现有发展水平和潜在发展水平之间的“最近发展区”上，通过问题引起学生认知困惑，最大限度地调动学生潜力，实现从一个最近发展区到下一个最近发展区的发展。二是发展阶段，即以培养高阶思维为目标，帮助学生发现问题，并识别出新的问题。先简单问题后复杂问题，在问题的梯次解决中提高学生能力；而复杂问题解决是在简单学习的基础上，通过多重规则操作完成任务，获得一个完整、综合的知识结构。三是促进阶段，即学生在搜集整理和分析整合资料的基础上提出问题解决的假设。在问题对话中，锻炼思维、发展思维，尤其是运用马克思主义基本原理和方法解决问题的思考、分析、综合、评价的逻辑思维能力。四是总结阶段，即师生对假设作出连续检验和评价，同时培养学生具备解决问题的多种方法和策略，提高解决问题的技巧和策略。

（三）搭建促进大学生社会联结的文化实践平台

“知识的学习既不孤立地脱离实践而发展，也不能脱离知识的外在规定性而

① 张建伟：《基于问题解决的知识建构》，《教育研究》2000 年第 10 期。

② 张立国：《基于问题解决的深度学习模型》，《中国远程教育》2017 年第 8 期。

随意主观地互动……实践过程是符号学习向深层意义提升的机制。”①基于大思政课教学理念，协同团委、教务等不同部门，通过与社会服务机构、企事业单位、城市社区、农村乡镇合作并发合作项目，整合社会资源为教学资源，组织学生参与社区服务、公益活动、志愿者服务等实践项目，在社会大课堂中帮助学生将理论知识运用于社会生活实际，增强学生的综合素养和社会责任感。

首先，具体体验。学生亲身参与学校提供的承担社会角色、进行社会实践的机会，既包括课内进行的练习和模拟活动，如专题学习、社会调查、校园社团活动、生活实践等，也包括校外实践中的实际应用，尝试将所学知识和技能迁移到不同的情境，将学到的知识与新的情境相结合，灵活运用所学知识解决实际问题，增强情绪感受和实践能力，提升其综合素质和知识迁移能力。

其次，反思观察。在经历了具体实践后，学生可以对所获得的经验进行反思观察，思考其中的意义、价值和后果，在这个过程中，个体尝试理解事件和现象，寻找其中的关联，与学习同伴或教师讨论交流等，进而通过总结和归纳深化对知识的理解和应用，将实践经验和理论知识相联系，形成综合的认知结构，同时形成活动总结，提交实践活动报告。

再次，抽象概括。大学生在观察和反思的基础上，将观察到的事物和概念联系起来，并形成新的理论模型和概念，通过概念化和理论框架的构建来解释和理解经验，形成学科知识的理论化、系统化理解。教师在学生实践活动报告的基础上，开展第一阶段活动评价认定，帮助学生修正和改进，巩固活动品质和效果。

最后，主动检验。通过再次参加不同社会实践活动或社会服务项目，大学生尝试新的行为方式解决问题，进行实际操作等应用和检验新近形成的理论和概念，验证和调整自己的理解，形成其综合素质和知识迁移能力的全面提升。

总之，立足大学生思政课浅层学习问题解决，面向深度学习实现需求，不仅要从理论上思考大学生思政课深度学习内在发生机制，从实践层面创设良好学习

---

① 杨钦芬：《教学的超越——教学意义的深度达成》，福建教育出版社 2019 年版，第 204 页。

情境、开展问题合作式学习、搭建文化实践平台等，同时要在实际教学过程中能因应大学生思政课深度学习的普遍共性特征和个体差异性，实现程序性与生成性、规范性与灵活性的有机统一，从而在循环改进、螺旋上升中以深度学习驱动、包裹浅层学习，推动学习效果层进式提高、整合式优化，使大学生切实成长为让党放心、爱国奉献、担当民族复兴大任的时代新人。

（潘莉，合肥工业大学马克思主义学院教授；卞程秀，合肥工业大学马克思主义学院博士研究生）

提升“习近平新时代中国特色社会主义思想概论”课案例教学质量探索[①]

支继丹

“习近平新时代中国特色社会主义思想概论”课(以下简称“概论”课)是落实好立德树人根本任务的关键课程之一。中国特色社会主义新时代，“概论”课在全国已全面开设，如何高质量开好该课程已成为学界热点议题。案例教学是高校思政课育人的重要形式。应探索提升案例教学模式实效的新方法，深入推进高校以习近平新时代中国特色社会主义思想铸魂育人，渗透式推进青年学生用马克思主义中国化最新成果武装头脑，引导青年学生知行合一。

一、意义重大：推进“概论”课案例教学质量的时代价值

“概论”课案例教学立足人民至上立场，根据教学内容选择特定案例，运用辩证唯物主义和历史唯物主义基本方法，“以案论理、活化教学内容，讨论为主、调动学生的主体性，问题分析、提高学生掌握并应用所学理论分析、解决实际问题的能力”②，引导大学生完成思想理论知识的内化，提升思政教学的针对性与实效性。

---

① 基金项目：教育部人文社科青年项目“新时代中国特色社会主义民生经济制度优势与理论创新研究”(18YJC710023)；吉林省总工会劳动关系专项研究课题“共享发展理念下和谐劳动关系评价体系与实现路径研究”(2016LD007)。

② 戴艳军：《思想政治教育案例分析》，高等教育出版社2001年版，第13～15页。

（一）发挥案例教学优势，落实立德树人根本任务

“概论”课适应了新形势下高校办好思政课立德树人关键课程的时代呼唤和现实需要，为切实解决好培养什么人、怎样培养人、为谁培养人这个根本问题作出了新探索。案例教学为思政课架起理论联系实际的桥梁，是对大学生开展思政教育的新实践，“概论”课作为承担立德树人根本任务的关键课程，更看重理论的深度和厚度，肩负着传播真理、传播思想、塑造灵魂、塑造新人的重任。正如习近平总书记所言，“要以透彻的学理分析回应学生”，“通过满足学生对知识的渴求加强价值观教育”，“要在传播马克思主义立场、观点、方法的基础上用好批判的武器”，“要用科学理论培养人，重视思政课的实践性”。① 案例教学服务于“立德树人根本任务的关键课程”的基本定位，紧紧围绕习近平新时代中国特色社会主义思想，结合课程具体教学目的，准确把握习近平新时代中国特色社会主义思想“十个明确”“十四个坚持”“十三个方面成就”的主要内容，以百年党史深入理解习近平新时代中国特色社会主义思想的价值意蕴，教会大学生将掌握的马克思主义理论转化成“思想武器”，主动将自身发展融入党和国家重大发展战略，有效指导学习与工作实践。因此，案例教学发挥着服务于国家方针和服务于学生的育人效果。

（二）营造情境教学氛围，提升学理的亲和力、针对性

高校思政课教师拥有“思想锐度”，在授课过程中有针对地挑选教学案例，用睿智的思想和观点将理论话语转化为生活话语，并体现价值的引领作用。于“情”于“理”是“概论”课案例教学的应有之义，也是实现案例课程亲和力、针对性这一目标的必然要求。案例情景表达的实质是以理论问题为深层原因、以时间上的冲突反映出的理论难题，通过围绕案例的讨论与研究，敢于同主导思想和价值观念论战，充分呈现和归纳学理层面的规律，凸显思想和价值观的现实指导意

① 习近平：《思政课是落实立德树人根本任务的关键课程》，《求是》2020年第17期。

义。专业思政课教师遵循案例教学的基本思路，通过阐释习近平新时代中国特色社会主义思想的人民立场，运用多样化的情感教学方式方法，用理论指导现实问题的阐释，构筑课程的理论框架、引育学生的理性思维，锻炼学生探究和剖析问题的能力，提升大学生对中国理论和中国道路的政治认同和情感认同。最终实现大学生理论理性和情感理性的统一，厚植大学生的国家情怀。

（三）双向协同配合，提升课程群整体合力

“概论”课从无到有、从有到优的建设过程，既要有专业深度的研究，也要有主体主动的协同。“概论”课有其特殊规定性，应当基于整体性视域，厘清该课程与其他思想政治理论课、与各专业课之间的内在逻辑关联，做好教学分工和协调配合，加强思想政治理论课体系建设，增强思政课程与课程思政协同的大思政体系建设，提高协同育人效果。具体说来，“马克思主义基本原理”课为深入理解习近平新时代中国特色社会主义思想的理论逻辑提供基础，“中国近现代史纲要”课为深刻认识习近平新时代中国特色社会主义思想的历史逻辑提供依据，“毛泽东思想和中国特色社会主义理论体系概论”课为全面把握习近平新时代中国特色社会主义思想的理论逻辑、实践逻辑、价值逻辑提供依托，“思想道德与法治”课则是推进习近平新时代中国特色社会主义思想铸魂育人的重要课程。

马克思主义主张以实践活动为基础的主体性原则。“概论”课案例教学坚持“以教师为主导和学生为主体”基本遵循，既考验高校教师对教学的控场能力，又锻炼大学生的主动参与能力。高校教师的主导作用体现在把握教学目标，在大学生收集案例、演示案例和总结案例的整体过程中，引导教学案例选取、指引案例理论阐释、指导案例归纳性总结，尽量避免实践教学空泛化、程序化、娱乐化现象。大学生在选取、解读和阐释案例中提升对教学的参与度，引导学生自主剖析和思辨，增强大学生的信息分辨能力和问题解决能力。

（四）融合信息技术，获取丰富的教学资源和有效的案例评估

信息技术极大地改变了大学生获取知识的方式。大学生作为知识技能的载

体，依托全新的信息化平台服务于“概论”课案例教学，提供符合时代新要求、紧追社会热点问题的最新案例教学资源，搭建师生教学研讨的交流空间，盘活传统资源和开发数据资源。现在，现代化教学已经迈出了一大步，一部分高校利用信息资源的开发积累了比较丰富的网络案例教学资源，学生使用手机进行考勤、分组、辩论等。案例评估检验案例教学的育人成效。在“概论”课案例教学中，教学实施者选择案例以针对性、现实性、科学性等为指标，在案例内容、教学设计等环节进行改革；对受教者开展问卷、访谈等调研方式，充分反映受教者对案例教学的诉求和建议，促进教学过程的持续优化和教学质量的提升。

二、困境审视：理清“概论”课案例教学的现实问题

马克思指出：“问题是时代的格言，是表现时代自己内心状态的最实际的呼声。”①这一论述阐明了把握问题对于正确认识现实发展的关键作用。换而言之，分析现实发展的内在动因，应当坚持从实际出发，直面具体问题。“概论”课建设的进阶动力，正是源自高校育人实践中客观存在的现实问题。影响案例教学实效的因素较多，“教学案例与内容的吻合度、与时代的契合度、与生活的贴近度等都会影响案例在教学过程中作用的发挥”②。所以，“概论”课案例教学实效发挥受到案例选择尺度、理论和案例的融合深度、教师对案例的理论驾驭高度、教学空间和领域广度的影响。

1. 维度难界定

面对世界百年未有之大变局和实现中华民族伟大复兴的战略全局，我们党带领中国人民取得的伟大成就和变革为高校思政课案例教学提供了丰富而生动的现实素材和资源。但是目前，“概论”课案例教学中经典案例建设跟进不及时，案例多为抽象而缺乏应用，案例教学资源供给与在时代发展中有效开展价值引导的

---

① 《马克思恩格斯全集》第1卷，人民出版社1995年版，第203页。

② 史宏波：《理论联系实际在高校思想政治理论课教学中存在的问题及对策》，《思想理论教育导刊》2018年第10期。

诉求之间存在差距。归其原因，教师未能对教学目标具体细化，缺乏对教学内容的全面认识，进而造成案例选择目的性不明确和体系化不完整。

首先，案例教学要求择取案例的真实性。在挑选案例时教师需要保证案例的真实可靠，投入一定量的精力全面掌握案例的背景、价值和影响力。在充分掌握案例全貌的基础上，案例应契合教学内容具有相关性、典型性和启发性，通过分析和归纳验证理论的正确，以达到形式和内容的统一。其次，案例教学要求择取案例的正向引导性。高校思政课教学不是为了哗众取宠，盲目迎合大学生的需求和娱乐，其教学目的是提升学生思想水平、树立正确的政治意识，那么授课的内容不仅仅是要保证真实，还要考虑到内容是否起到了正向的引导作用。时下，案例教学标准化设计有待加强，在哪些内容需要运用案例教学、运用什么样的案例、什么是案例的标准规范等系列问题上缺乏共识。教师偏好引入过多案例，弱化理论讲授内容，偏离了思政课的教学主旨；教师选取的案例脱离教材严重，说明不了问题，破坏课程的整体性，达不到授课效果；有些案例选取内容不科学，揭露社会黑暗面传播负能量较多，偏离了思政课教学的初衷；有些案例讲授深奥晦涩或浮于表面，很难引导学生深入理解案例背后的本质问题；有些案例讲授夸大其词、过分解读，讲授过程中融入较多的个人主观意见，影响学生客观地看待问题，甚至会引起部分学生的“共鸣”，使得思政课教学效果大打折扣。

2. 深度融合难

首先，案例教学凭借生动、形象、直观的教学方式深受师生认可，但案例表达形式单一，没有理论作支撑，或者理论和案例没有深度融合，缺乏剖析新时代中国特色社会主义伟大成就的背后原因，很难凸显案例教学的现实意义。思想政治理论课的案例教学是实践性与理论性的统一①，案例与理论相吻合，理论贯穿案例教学整个过程，学生开展对案例的讨论，讨论中回归理论，进而形成从理论出发，深化认识这一过程体系。也就是说，离开理论的案例教学，往往会导致讨

① 孙柳：《思政课应重视案例教学》，《光明日报》2009 年 4 月 8 日。

论与课堂内容脱节或背离。其次，在案例教学实施的过程中，注重保持不同学科教师沟通的顺畅，尽量选取新案例来吸引学生。深化和升级案例教学模式，实战体验式案例教学与情景模拟相融合，能够大大提高学生的理解力、感知力、吸收率，能使案例教学达到事半功倍的效果。然而，在实践中，有些授课教师没有真正理解案例教学与情景模拟等模式深度融合的精髓。实际上，案例教学与其他模式的融合是一项系统融合，不仅仅是形式上的融合，还包括精选与情景相融合的案例、案例情境创设、学生在案例情境中扮演角色、教师如何通过案例情景启迪学生、透过案例情景看本质、知识点的挖掘等诸多要素。①

3. 高度难提升

供教师开展案例教学的素材点多面广，教师必须在自身对相关理论和教学目标进行透彻把握的前提下，用特定情境对学生关注的理论和现实问题进行引导阐释，从而将教材体系转化为教学体系，这对思政课教师的理论水平与教学能力提出了更高的要求。

首先，在思政课教学的内容上，案例教学往往千篇一律——交代背景、分析案例、说明问题，通过案例教学使学生往往只掌握了“是什么”“为什么”，但没有“怎么做”的思考。这表明案例教学内容的高度不够，主要体现在：教师没有独特的知识点，内容说服力不够；案例与实际生活相差太远，影响力不够；教师对自身相关理论和教学目标的把握不透彻，基础理论功底弱，阅读和思考不到位，以至于选取案例时片面、单一，没有多角度看问题。教师往往道理讲得很多，但在营造特定情境对学生关注的理论和现实问题进行引导阐释时，方法和形式不够吸引人，欠缺让学生深刻理解授课内容的有效方法。其次，在思政课教学的形式上，案例教学需要教师有极强的引导、调动和组织能力，能够开拓创新案例教学的形式和内容，案例教学也不仅仅拘泥于案例式讲授，可以调动学生进行自主学习、分组讨论，采取学生主导、教师引导的新型案例教学形式。

---

① 寇桂香、李珍珍、沈珂：《案例教学与情景模拟深度融合的教学模式研究》，《卫生职业教育》2019 年第 19 期。

但在教学实践中，教师为保证课堂纪律，平稳授课，往往采取保守、固定的案例教学形式①，导致案例教学的高度难以提升。部分教师在数字思维、数据思维与教学目标手段融合等方面的意识和能力不足，运用数字技术平台开发教学资源、拓展教学场域的能力和水平有待进一步提升。

4. 广度难拓展

对案例教学体系建构的重要性认识不足。案例使用局限在教研室或任课教师个人教学领域，同一主题下优质教学案例资源的有序整合有限，案例库建设相对滞后，时代性、科学性不足，尚未形成规模化的案例教学体系。对实践基础上方法论的总结不足。案例教学标准化设计有待加强，哪些内容需要运用案例教学、运用什么样的案例、案例的标准规范是什么等问题还缺乏共识。

首先，传统思政课教学形成了教师主导、单向交流、内容固化的范式，造成学生思维受限，缺乏想象力和创新力。在面对新的授课形式时，很难畅所欲言、开拓思维，也使得在案例教学过程中学生分析能力、快速反应能力和独立思考能力不足。其次，教师往往忽略了因材施教，根据不同学生的特点，运用不同的方法来发挥学生的优势、挖掘他们的潜能，导致教师在知识的传输过程中效果不一，很难在广度上拓展。最后，案例教学重在讨论过程，寓原理于讨论之中，这就使得案例教学的结果不能追求正确答案，过程的收获大于结果的获得。但往往教师会设置限定问题，甚至会设置限定答案，使得学生为保证答案标准化而放弃了多角度思考和多种观点阐述，严重限制了学生探索问题的广度和深度。

三、原则定位：提升“概论”课案例教学质量的指导原则

1. 案例教学与课程建设价值的耦合

案例教学是通过对思想政治教育现实素材的反思和抽象概括，将一些感性认

① 郑淑芬：《案例教学法的作用、实施环节及需要注意的问题》，《教育探索》2008 年第 4 期。

识借助文本语言呈现为理性知识的增值过程。显然案例教学以知识活化为存在价值。马克思主义价值论认为，价值是主客体之间基于实践的一种意义关系，是客体对主体的积极作用。① 高质量开好“概论”课的案例教学与课程建设主体存在一定的意义关系。一是契合“概论”课的教学目标。国家教材委员会制定的《习近平新时代中国特色社会主义思想进课程教材指南》明确指出，大学阶段学习习近平新时代中国特色社会主义思想，重在形成理论思维，实现从学理认知到信念生成的转化，增强使命担当。系统梳理习近平新时代中国特色社会主义思想案例资源，提升案例的理论深度，彰显马克思主义立场、观点和方法的伟大，切实提高大学生的思想认识和政治素养，“以透彻的学理分析回应学生，以彻底的思想理论说服学生，用真理的强大力量引导学生”②。二是凸显“概论”课的内容体系。习近平新时代中国特色社会主义思想进课程教材，其主要内容有习近平新时代中国特色社会主义思想的核心要义、理论与实践贡献、方法论和历史地位，展现出教学内容的体系化、学理化特征。因此，案例教学在遵循融入方式的基础上，精心提炼出案例与习近平新时代中国特色社会主义思想的契合点，实现案例与教学内容的完整掌握、融会贯通。案例选择时要凸显理论思辨和实践指导意义，避免案例教学的空泛化与娱乐化倾向。案例教学便是案例选取遵循贴切教学目标和升华教学内容原则，用理论阐释指引现实问题，“理论联系实际是学习马克思主义理论的根本方法，也是高校思政课教学的基本遵循”③。三是提高“概论”课的教学实效。囿于“概论”课的教学时间和实践限制，案例教学以问题解答增强师生互动。一方面，集体讨论问题和演绎理论推理，营造出教学相长的良好氛围，进而提升教学的吸引力、亲和力；另一方面，教师引导学生理解和掌握马克思主义立场、观点和方法，帮助大学生夯实分析和解决问题的理论功底。

---

① 《马克思主义大辞典》，崇文书局 2018 年版，第 91 页。

② 习近平：《思政课是落实立德树人根本任务的关键课程》，《求是》2020 年第 17 期。

③ 金艳、周静文：《高校师生经典案例在思政课教学中的运用》，《中国高等教育》2019 年第 24 期。

2. 案例教学与课程育人原则的适配

思政课是高校立德树人体系中的重要一环，案例教学突出对学生的政治引领和价值引导。高质量开好“概论”课实质是持续推进育人实践。“概论”课坚持马克思主义在意识形态领域的指导地位、培养中国特色社会主义事业建设者和接班人的高度，借助时政热点和名人事迹等案例资源向学生灌输社会主导的意识形态，通过提高学生学习和运用的自觉性、主动性，增强其为强国建设、民族复兴贡献青春力量的使命感，进而实现提高人的思想政治素质为社会全面进步服务这一目标。“在主体价值层面实现思想政治理论课案例教学法研究和思想政治理论课教学目标的内在关联与沟通”①，案例教学透过其事件背后所倡导的价值观廓清学生思想迷雾，引发学生共鸣和促成价值观认同，进而在社会规范内约束行为，这是提升案例教学效果的关键。

3. 案例教学与课程教学理论的统一

理论指导实践才能发挥价值。认识的继续是“抓着了世界的规律性的认识，必须把它再回到改造世界的实践中去”②。这启示我们，高质量开好“概论”课关键一步是如何能动地改造课程教学实践。案例教学弥补思政课教学空间和时间限度，紧紧围绕课程体系设置案例问题，依据方法论认知理路“提出问题—分析问题—解决问题”的过程。首先，提出问题是“概论”课案例教学的重要基础。为确保提出的问题合理有效，应运用矛盾分析法，坚持两点论和重点论的统一，“以重大问题为导向，抓住关键问题进一步研究思考”③。其次，分析问题是“概论”课案例教学的核心环节。选择的教学案例贴近课程内容，紧紧围绕一个核心问题进行逻辑演绎。“真理从来是在诘问和辩难中发展起来的”④，为什么案例会发生？案例背后的事实和道理是什么？这些问题在“概论”课教学中尤为关键。一

① 施春华、尹凤芝：《加强对思想政治理论课案例教学特质的研究》，《山东社会科学》2013 年第 5 期。

② 《毛泽东选集》第 1 卷，人民出版社 1991 年版，第 292 页。

③ 《习近平著作选读》第 1 卷，人民出版社 2023 年版，第 161 页。

④ 习近平：《思政课是落实立德树人根本任务的关键课程》，《求是》2020 年第 17 期。

是要系统揭示问题对应的理论逻辑、实践逻辑、历史逻辑、价值逻辑，讲深“概论”课的学理性；二是要通过对环环相扣的问题进行抽丝剥茧，启发学生透过现象看本质，讲透“概论”课的深刻性；三是要坚持“内容为王”，辅之以方法载体创新，讲活“概论”课的趣味性。再次，解决问题是“概论”课案例教学的旨趣所在。关于思政课教学，“无论怎么讲，最终都要落到引导学生树立正确的理想信念、学会正确的思维方法上来”。这也是“概论”课教学的应有之义。让学生在问题探究中获取“概论”课教学知识点的核心目标，即以习近平新时代中国特色社会主义思想为价值指引，产生“以理服人、以文化人、以情动人”的教学效果。

四、路径探索：提升“概论”课案例教学质量的实践策略

案例教学实质是“学生”“教师”“案例”“理论”要素不断融合的过程，只有两个或多个要素同时优化，才能达到教学相长的效果。案例教学要适应新时代把党性与人民性贯穿于习近平新时代中国特色社会主义思想建设全过程的核心特征，打造新时代思政课智慧课堂，以理论与实践相结合为基础，以贯彻党的方针、政策为导向，以案例教学为手段，以分析现实问题和理论需求为重点，以信息技术为驱动，以培养全面发展的人才为目标。

（一）贴合课程体系，搭建案例教学新场域

在充分认识该课程特殊性的基础上，对该课程加强顶层设计，在教学研究、资源建设、多主体共建等层面做好课程体系建设，充分发挥该课程的领航作用。

第一，树立课程的研究型教学导向。讲深讲透习近平新时代中国特色社会主义思想，不仅要求研究教学理念、教学模式、教学策略等教学设计本身，还要求研究课程、研究教材、研究学生。一是研究课程，即要研究大中小学、本硕博不同阶段习近平新时代中国特色社会主义思想相关课程，包括课程目标、课时、教学模式、考核方式等；二是研究教材，参照教育部组织编写的大中小学《习近平新时代中国特色社会主义思想学生读本》，不仅要研究大中小学、本硕博不同阶段相关课程教材编排的基本逻辑和重点难点，更重要的是及时更新关于习近平新

时代中国特色社会主义思想的最新内容、最新论断这一“动态”教材；三是研究学生，即做好学情研究，包括学生思想状况、专业背景、学习习惯等，动态开展教学反馈和效果评估，不断改进教学方式方法、创新教学内容。

第二，加强课程资源建设。推进资源共享，落实大中小学习近平新时代中国特色社会主义思想相关课程一体化建设；合理化资源分配，协调好“概论”课与本科及研究生阶段其他思政课程的教学安排；优化资源整合，实现高校“概论”课这一思政课程与课程思政资源协同建设。

第三，加强课程多主体共建。推进实现该课程建设全校上下齐抓共管的局面，各高校党委要进一步提高政治站位，把建设好该课程以及构建以该课程为核心的思政课程群作为“一把手”工程来抓，充分发挥思想政治工作领导小组及各成员单位的职责使命推动课程建设，在经费支持、师资培养、平台建设等方面给予充分保障。例如，学校应推进各高校之间、校内思政课程与专业课程之间、马克思主义学院内部和各课程组内部形成从宏观到中观再到微观的集体备课模式，实现内容更新、问题沟通、资源共享、经验分享、共同推进的备课效果；校院两级领导班子成员主要负责人要带头参加该课程教师集体备课，带头走进课堂，带动全校切实将“概论”课建设作为重大政治任务抓出实效。

(二)打磨教学内容，凸显课程现实关涉性

“课程设计可分为宏观、中观和微观三个层次，课程的真正实施有赖于教师在中观和微观层面的再设计。”①从课程内容本身来看，习近平新时代中国特色社会主义思想内容体系庞大，且在实践中不断生成、发展，只有采用专题教学，才能在有限的课时内把握其理论整体性、内在逻辑、核心要义、理论特质、重大意义等。从课程开设情况来看，目前各高校全面开设“概论”课，但具体教学安排不同，教学效果不一。因此，应按照教育部关于本课程专题设计的内容逻辑、教学逻辑，根据各高校教学实际，进一步做好相关教学专题设计和具体内容打磨。专题设计所涉及的内容应包括逻辑框架、具体问题两个方面。一是专题设计的逻

---

① 李蕉、王博伟：《完善思想政治理论课教师队伍后备人才培养制度的新思考》，《思想理论教育导刊》2021年第11期。

辑架构应体现习近平新时代中国特色社会主义思想的整体性，即一方面设计“总论”专题，并在总论中体现“四重逻辑及其统一”，另一方面在各个其他专题中以理论、历史、实践、价值为内在维度贯穿内容设计。二是在专题设计的具体案例设置方面，应在协调与其他课程教学关系和做好课时安排的基础上，设计涵盖习近平新时代中国特色社会主义思想的主题、主线、主要内容的“问题群”，建构具有逻辑关联的“问题链”，并设计总结专题，从而形成“总论—各个专题—总结”的整体逻辑架构。在此基础上，理论联系实际，不断加强专题内容打磨、更新，使大学生在有限的课时内，通过专题学习真正做到融会贯通、学以致用。

（三）转变教学范式，释放案例教学效能

第一，要充分发挥教师的主体性。“办好思想政治理论课关键在教师，关键在发挥教师的积极性、主动性、创造性。”①充分发挥教师的主体性，即要求教师在教学活动前、教学活动中和教学活动后发挥积极性、主动性、创造性。在教学活动前，教师应充分做好教学准备活动，实现备课程、备方案、备原著、备学情、备方法统一的教学设计。在教学活动中，学校有针对性组织思政课教师开展案例教学方面的集体备课、专题培训、经验交流等活动，引导教师在生动的教学情境中深入分析和仔细揣摩“如何教”和“如何学”，强化教师的教学实践锻炼。教师应基于准备充分的教学设计，从每个专题的重点“问题”出发，精心安排教学活动，推进课堂内涵式教学。一方面，教师在教学内容讲解、教学重点呈现、教学难点剖析等方面引导学生，发挥主动性和主导作用；另一方面，教师在提出“问题”、分析“问题”、回应“问题”的过程中，要创新方式方法，让学生高效参与教学活动。

第二，要积极激发学生的主体性。发挥学生在学习过程中的主体性是提高思想政治理论课教学实效性的重要一环。学生的主体性，指学生是学习主体、反思主体、获知主体、评价主体。积极发挥学生的主体性，即要促进学生在课程学习中主动地学、思考着学、享受中学，并通过理性评价“自身学”与“教师教”，最终形成理论理性和实践自觉。在课程教学开展过程中，学生可以通过发挥主体

① 习近平：《思政课是落实立德树人根本任务的关键课程》，《求是》2020年第17期。

性，积极思考课程基于“四重逻辑及其统一”形成的整体架构、专题间的逻辑关联以及各专题内容设计的基本要点，总结课程内在规律，推动理解课程、认同课程、参与课程进而实现课程的目标。

第三，要加强教师和学生之间的互动交流。思政课程教学实效性的真正体现应是教师“教有所获”、学生“学有所成”，教师和学生双向获得感同步提升。这就要求激发教师和学生的主体能量，实现“双向奔赴”。这既需要教师的主动引导，通过设计专题讨论问题、布置经典阅读分享、安排实践调研及展示等，让学生有机会成为课堂主体，也需要学生积极的行动配合，通过对“问题链”回应的“我”说、“我”讲、“我”答等各种形式与教师展开对话。在课后，教师通过线上线下渠道，及时接受学生的各种反馈，解决学生无限困惑与课上时间有限之间的矛盾，不断满足学生学习需求，建立起师生高效交流的“互动链”。

第四，要释放案例教学新效能。好的案例往往能使学生印象深刻，学习积极性增强。案例越经典，印象越深刻，对相关知识和理论也就掌握得越透彻。因此，所选案例要具有代表性和典型性，通过对所选案例的学习和分析，使学生不仅能够掌握基本理论知识，同时也提高了学生的实践能力，拉近了思想政治理论与现实生活的距离，增加了学生的生活体验。以案例教学为抓手，充分利用教学中学生的反馈，掌握其学习效果、关注热点、理论吸收，驱动案例教学优化与完善。捕捉学生的信息需求，通过个性化专属化案例推送，提升供需匹配度；发现学生反馈的思政课教学疑点难点漏点，选取匹配的案例，助推精准化案例教学；关注学生对案例的理解，树立正确的舆论导向，引导学生客观地分析问题。

（四）创新教学方法，多维度提升教学质量

坚持理论讲解和实践调研相统一，运用最新实践案例融入教学，通过实地调研及成果展示推进教学，实现该课程教学理论深度和现实厚度相统一；坚持核心主旨一致和实现方式多样相统一，有效处理该课程教学阶段、教学内容以及教材的特殊性；坚持灌输和思维启发相统一，提高该课程教学的知识、能力和价值目标的有效实现。

第一，要优化方法策略。综合运用包括启发式、互动式等教学方法，通过正面灌输、价值澄清、思考讨论、情景模拟、影像教学、实践课堂等，寻找理论话

语、学术话语与生活话语特别是学生话语的契合点，构建课程教学立体化的互动模式，营造师生互动氛围，推动师生之间实现和谐的思想交流与沟通。

第二，要坚持多维度施策，培养学生全过程学习理念。除了课堂教学之外，应注重加强 VR、AR 等新技术手段的运用，充分运用网络新媒体和网络学习社区平台，构筑多维数字场景的教学场域，促进网络育人常态化、实效化。引导学生课下积极开展自我学习提升，结合当前时政热点，主动阅读相关文献、积极学习相关在线课程资源，培养理论问题意识和实践问题意识，做到全面系统学、及时跟进学、联系实际学，真正做到入脑入心、见行见效。

《高等学校课程思政建设指导纲要》明确指出，高等学校人才培养是育人和育才相统一的过程。抓好高校思政课教学建设，要解决好专业教育和思政教育“两张皮”问题，这就要求教师切实增强课程思政意识，建立价值塑造、知识传授和能力培养融为一体的育人理念。具体到高校思政课案例教学，教师应将案例教学模式融入思政课，加强教师自身文化素养的提升、思维的开拓创新，以实现高效教学、魅力教学。教师在案例教学中起到引领、示范的作用，只有引领方向正确、示范作用良好，才能增进学生之间的协作，完成好案例教学。育人者自育，只有教师的教学水平有所提升，教学高度、深度、广度不断拓展，学生的理想信念、学习动力和综合素养才能得以提升。通过教师思维的拓展、能力的提升，不断增强思政课的思想性、理论性和亲和力、针对性。教师循循善诱，才能够引导学生以积极的心态深入学习和思考，增强其爱国、爱党、爱社会主义的真情实感。

案例教学有其内在的逻辑，从教学内容选定，教学案例匹配，案例分析题设计，教学案例呈现，课堂讨论、点评和总结到最后生成案例分析报告、课后教学回顾，各环节无缝衔接，呈现了完整的案例教学体系。案例教学丰富了思政课的教学模式，使课堂教学更加生动、活跃；提升了思政课的教学效果，使课堂教学更具有亲和力、吸引力、感染力；支撑了思政课的理论教学，使课堂教学更加具有论证性和针对性。

（支继丹，海南师范大学马克思主义学院讲师）

中国式现代化融入“马克思主义基本原理”课的前提、路径和意义

靳帅帅

习近平总书记在二十届中央政治局第四次集体学习时的讲话中指出：“党的创新理论在不断发展，党的二十大提出了一系列重大思想、重大观点，党的二十大以来在阐述党的二十大精神过程中又提出了一些新观点，特别是提出并系统阐述了中国式现代化这个重大理论和实践问题，进一步丰富了新时代中国特色社会主义思想。这方面的学习贯彻才刚刚开始。”①在高校，思政课是贯彻落实党的创新理论的主阵地，将党的最新理论成果，尤其是中国式现代化这一重大理论和实践成果融入“马克思主义基本原理”（以下简称“原理”）等多门思政课教学，是当前高校思政课教学与时俱进的应有之义。习近平总书记在学校思想政治理论课教师座谈会上的讲话中就指出：“当前形势下，办好思政课，要放在世界百年未有之大变局、党和国家事业发展全局中来看待，要从坚持和发展中国特色社会主义、建设社会主义现代化强国、实现中华民族伟大复兴的高度来对待。”②这一论断为中国式现代化融入“原理”课教学提供了方向指引。

一、中国式现代化理论体系融入“马克思主义基本原理”课的意义

中国式现代化理论体系是中国化马克思主义理论的最新成果，将之融入“原

① 习近平：《在二十届中央政治局第四次集体学习时的讲话》，《求是》2023年第10期。
② 习近平：《论党的宣传思想工作》，中央文献出版社2020年版，第375页。

理”课不仅激活了中国式现代化的马克思主义理论底色，为“原理”课教学增添了新内容，更为马克思主义基本原理增添了时代色彩，为学生认识中国、认识现代化提供了马克思主义思维方式。习近平总书记指出，办好人民满意的教育，以支撑引领中国式现代化为核心功能。① 从办好思政课的角度看，习近平总书记的重要论述指明了思政课在迈向社会主义现代化强国过程中必然要肩负的时代使命，“原理”课作为学生认识、理解、认同马克思主义的重点思政课程更应率先、主动、自觉践行这一使命。因此，中国式现代化理论体系融入“原理”课教学既有更新内容的课程要求、促进教学相长的实践要求，更有时代责任和政治要求。

（一）深入贯彻落实党的创新理论的政治要求

思政课肩负着贯彻党的理论、路线、方针、政策的政治任务。在各个历史时期，思政课都高度强调政治性，授课内容都与社会主义革命和建设密切相关。在新民主主义革命时期，抗日军政大学、陕北公学就开设了“党的建设”“中国革命运动史”等课程；中华人民共和国成立后，高校开设“中国革命史”“马列主义基础”“政治经济学”等课程；改革开放后，党中央出台多部文件，对思政课建设提出明确要求。党的十八大以来，党中央将办好思政课提升到落实立德树人根本任务的高度，习近平总书记更是指出，“思政课建设我必须更多强调”，“办好思政课，是我非常关心的一件事”。② 中国式现代化理论体系是党理论创新的最新成果，党的二十大报告提出要“以中国式现代化全面推动中华民族伟大复兴”，因此，将中国式现代化融入“原理”课、推动中国式现代化理论体系“进教材、进课堂、进头脑”首先是贯彻党的创新理论的政治要求，贯彻这一政治要求是培养一代又一代社会主义建设者和接班人的重要保障，中华民族千秋伟业必须寄希望于拥护党的领导和社会主义制度，立志为中国特色社会主义事业奋斗终身。

① 习近平：《扎实推动教育强国建设》，《求是》2023 年第 18 期。

② 习近平：《思政课是落实立德树人根本任务的关键课程》，《求是》2020 年第 17 期。

（二）与时俱进不断更新教学内容的课程要求

不断更新教学内容是保持“原理”课教学过程时代性、创造性的“源头活水”。中国式现代化有“三新”：一是理念新。中国式现代化既体现了中国共产党在建设社会主义的过程中不断把握现代化建设规律的理论自觉，也体现了中国式现代化建设过程中始终坚持一切从实际出发的实践自觉。二是理论新。中国式现代化既具有世界现代化的共同特征，又具有突出的中国特色，这突破了现代化理论中始终存在的“西方中心论”倾向，为构建与建设社会主义现代化强国相匹配的中国式现代化理论体系提供了全新的理论框架。三是道路新。中国式现代化新道路拓展了发展中国家走向现代化的途径，给世界上那些既希望加快发展又希望保持自身独立性的国家和民族提供了全新选择。“原理”课具有较强的理论性，教材虽然会应时而变，但其核心内容一般为学界公认，基本不会有大的变化，想要把“原理”课讲懂、讲新、讲活必须始终紧跟时代。中国式现代化的“三新”反映了时代变化过程和思想进化过程，能够激活马克思主义基本原理中的核心内容，这既能让学生体会到“原理”课的现实向度，也有助于改变对“原理”课的刻板印象。

（三）学思践悟促进教学相长的实践要求

办好思政课的关键在教师。相对于其他教师，党和国家对思政课教师提出了更高要求。习近平总书记指出思政课教师政治要强、情怀要深、思维要新、视野要广、自律要严、人格要正，这“六要”集中体现在思政课教学过程中。因此，思政课教师必须不断改进课程内容，把党和国家对自身的严格要求落实到课程教学中，以课程面貌展现自身气象，以课程效果展现自身价值。就中国式现代化融入“原理”课来说，“原理”课教师至少需要做到“四要”：一要精准把握课程内容，“吃透”马克思主义基本原理；二要学习和研究与中国式现代化相关的问题，探究其与“原理”课的契合点和融合路径；三要更新教学内容，将新内容恰当地展现在课程教学过程中；四要检验教学成效，通过多方评价、多种评价综合分析课程实效。在这一过程中，“原理”课教师不仅能够学思想、悟原理，提升自身理论素养，还能观中国、看世界，增强自身教学经验。此外还要看到，学校是意识形态工作的前沿阵地，思政课必须发挥学校思想政治工作“排头兵”的作用，思政课教师则发挥着防止前沿阵地被敌人占领的关键作用。中国式现代化虽然已经取得历史性成就，但中国的现代化过程还未完成，党和国家还必须直面现代化过程中更为艰难复杂的问题。如果思政课教师不能跟上时代、无法解答这些问题，不仅有损思政课教师的形象，更有损思政课效果，在学生心中留下“阴影”。因此，将中国式现代化融入“原理”课能够维护“原理”课教师的学者、师者形象。

二、中国式现代化融入“马克思主义基本原理”课的前提

中国式现代化及其理论体系中蕴含着马克思主义基本原理的时代表达，与马克思主义基本原理的三个基本组成部分(马克思主义哲学、马克思主义政治经济学和科学社会主义)存在紧密的理论契合点。这些理论契合点或体现于中国式现代化生成的历史进程中，或体现于中国式现代化的独特优势上，它们能够成为“原理”课教学中的例证，这是中国式现代化理论体系融入“原理”课的基本前提。

(一)中国式现代化与马克思主义哲学的契合点

首先，中国式现代化是符合中国国情的现代化，它不是对西方现代化的移植与模仿，而是中国共产党带领中国人民历经千辛万苦找到的正确的现代化道路。这表明，我们想问题、办事情都要以具体的时间、地点和条件为转移，一切从实际出发，发扬历史主动精神，不断创新。中国式现代化“不是从天上掉下来的”，它是近代中国多次现代化“试验”失败后产生的新事物。近代中国有三次现代化“试验”，分别是洋务运动、戊戌变法和辛亥革命。洋务运动是封建统治阶级的自救运动，希冀通过引进西方的先进技术“自强”“求富”，这种移植式的现代化方案不仅受到传统思想和封建制度的顽强抵制，更因内忧外患而破产。戊戌变法和辛亥革命是对西式现代化的模仿。以康梁为首的维新派和以孙中山为代表的革命派都看到了资本主义制度的先进性，希望通过在中国建立资本主义制度以改变

任人蹂躏的状况。可是他们没能充分发动民众，自身缺少坚强的依靠力量，虽然启发了民智，取得了一定积极成果，可最终还是没能将中国带入现代化的轨道。这三次失败的“试验”表明，资本主义现代化不适合当时的中国。接踵而来的第一次世界大战以及之后中国在巴黎和会上的遭遇更让国人看到了资本主义列强的真实嘴脸。与之相对，十月革命胜利后的苏俄宣布废除与中国的不平等条约，这让先进的中国人本能地亲近社会主义，开始考虑中国走社会主义道路的可能性。随着马克思列宁主义在中国的传播和中国共产党的建立，中国革命有了新的方向和更先进的领导力量。近代以来中国现代化之所以始终无法走上正轨，根本原因在于中国始终处于半殖民地半封建社会之中，要想真正走上现代化道路，必须建立起独立的民主共和国，这是进行现代化的前提条件。在中国共产党的坚强领导下，中国人民经过28年浴血奋斗终于建立了中华人民共和国，为现代化建设奠定了根本政治前提和制度基础。经过经济恢复和社会主义改造，社会主义制度在中国正式确立，中国成功走上了社会主义现代化道路。从“四个现代化”到“小康社会”再到“社会主义现代化强国”，中国走通了属于自己的现代化道路，为想要加快发展但又不想失去自身独立性的国家和民族提供了新的经验借鉴，这从正面印证了现代化建设一定要符合自身国情，要勇于创新、善于创新，把握历史大势，发扬历史主动。

第二，中国式现代化根本区别于资本主义现代化，中国式现代化的五个显著特征蕴含着以人民为中心的价值取向，实现了对以资本为本位的资本主义现代化的全面超越。这表明，任何成功的实践都是真理与价值的辩证统一、合规律性与合目的性的辩证统一。现代化概念诞生于冷战时期，目的是为以美国为首的发达国家争取到更多发展中国家盟友，以加强资本主义阵营的优势地位，防范和遏制共产主义扩散。因此，现代化不仅是一个理论命题，还蕴含着深刻的意识形态意味，具有特定的价值意蕴和实践追求。以中国为代表的广大发展中国家一旦在理论和实践上落入了西方现代化的多重陷阱，不仅会走上不适合本国发展的现代化“歧路”，更会在西方意识形态攻势中处于不利地位。中国共产党坚持独立自主探索创造中国式现代化，打破了西方对现代化理论的垄断，在把握现代化一般规律的基础上凸显中国特色，从而赢得了意识形态主动权。就价值意蕴上讲，中国式现代化贯穿着人民至上的价值理念，这至少体现在以下5个方面：物质层面上对全体人民共同富裕的不懈追求，政治层面上对全过程人民民主的贯彻落实，精神层面上对社会主义精神文明和对全体人民精神生活共同富裕的扎实推进，生态层面上对社会主义生态文明建设的持续发力，国际层面上对世界性问题和人类命运的关切。从实践追求上讲，中国式现代化具有不落一人的实践特征和造福人民的不懈追求，这至少体现在以下三个方面：一是中国式现代化是人口规模巨大的现代化，“我国14亿人口要整体迈入现代化社会，其规模超过现有发达国家的总和，将彻底改写现代化的世界版图，在人类历史上是一件有深远影响的大事”①。二是中国式现代化促进了中国人民的全面发展，为中国人民创造了更为坚实的物质基础、更为主动的精神力量、更为美丽的生态环境、更加广阔的发展空间。三是中国式现代化是走和平发展道路的现代化，中国式现代化“依靠全体人民的辛勤劳动和创新创造发展壮大自己，通过激发内生动力与和平利用外部资源相结合的方式来实现国家发展”②，将现代化的根基建立在人民群众的劳动创造上，这不仅避免了冲突和战争，而且为现代化的持续发展创造了条件。

第三，中国式现代化既具有世界现代化的一般特征，又具有鲜明的中国特色。这表明矛盾的普遍性和特殊性是统一的，普遍性寓于特殊性之中，特殊性通过普遍性表现出来。从普遍性方面看，现代化是一个过程性概念，它是传统社会向现代社会的转变过程。这一过程需要先进阶级的领导，以实现工业化、城市化为整体目标，资本、科学技术和市场在这一过程中发挥着关键作用。中国式现代化首先具有现代化的普遍特征，它是中国社会由半殖民地半封建社会迈向新民主主义社会和社会主义社会的必经之路，中国共产党是中国式现代化的领导力量，中国人民是中国式现代化的主体。中华人民共和国成立70余年来，中国已经全面建成小康社会，拥有完整的工业体系，城镇化率超过50%。从特殊性方面看，一是中国式现代化创新了物质生产制度，以建立社会主义市场经济体制激发物质

① 《习近平谈治国理政》第四卷，外文出版社2022年版，第123页。

② 习近平：《中国式现代化是强国建设、民族复兴的康庄大道》，《求是》2023年第16期。

生产内在动能，以实现全体人民共同富裕为目标追求。二是中国式现代化为人的全面发展创造了条件，追求物质文明和精神文明协调发展，扎实推进人民精神生活共同富裕，注重人与自然和谐共生，为人摆脱“物的依赖关系”和“人的依赖关系”提供了可行路径。三是中国式现代化具有人类视野，在埋头自身发展的同时不断为解决世界性难题作出更多更大的贡献。

除上述三点以外，中国式现代化与马克思主义哲学还有很多契合点，比如中国式现代化不断创造性运用战略思维、创新思维、辩证思维、历史思维、底线思维推进改革、解决问题；坚持人民主体思想，始终为了人民、依靠人民、造福人民；运用联系和发展的眼光看问题，坚持系统谋划、顶层设计等。这些契合点既可以作为讲授案例帮助学生理解中国式现代化的哲学意味，也可以作为课后问题加深学生对“原理”课中马克思主义哲学部分的掌握程度。

（二）中国式现代化与马克思主义政治经济学的契合点

第一，中国在现代化过程中始终坚持以公有制为主体，多种所有制经济共同发展的基本经济制度，这既是符合中国当下生产力发展水平的制度选择，又突出了中国式现代化的社会主义特征。马克思主义政治经济学认为，经济制度不仅涉及所有制形式、分配关系，更涉及不同群体在社会中的经济地位和社会地位，社会主义社会和未来共产主义社会都实行公有制，它消除了剥削关系存在的所有制根源，为构建实质平等的社会关系奠定了物质和制度前提，从而为人摆脱各种形式的依赖关系走向自由全面发展创造了条件。社会主义改造完成后，我国一度实行单一的公有制，为我国发展生产力、建立工业基础发挥了重要作用，也为我国走出西方经济封锁、提升综合国力和国际地位创造了条件。马克思主义所说的公有制建立在生产力高度发达的基础上，中国在现代化过程中结合国情创造了混合所有制形式，既能够充分调动不同经济主体生产的积极性，又能够发挥各类生产要素的积极作用，从而促进生产力的快速发展，不断向更高水平的公有制迈进。

第二，中国在现代化过程中创造了社会主义市场经济体制，创新了经济组织形式，在发挥市场作用的同时实行强有力的宏观调控，这既充分利用了价值规律，又看到了价值规律的局限性，为市场的更好运行提供了制度保障。市场是商品流通的场所，它不仅能够调动和配置内部资源，还能够引进和利用外部资源。市场运行规则是基本的经济组织形式，良好的市场规则不仅能够为现代化提供有效的资源配置方式，加快生产力的发展，还能够促进社会公平、改变人的思想观念。因此，市场化是现代化的一个缩影，确立适合中国国情的市场运行规则是推进中国现代化的应有之义。中国没有盲目照搬西方的市场运行规则，而是在摸索中确立了社会主义市场经济体制。一方面，社会主义市场经济体制将社会主义与市场经济相结合，将计划和市场看作是经济的调节方式，实现了制度创新和理论创新；另一方面，社会主义市场经济体制转变了政府的“守夜人”功能，使得政府能够通过经济手段、法律手段、行政手段实行宏观调控，实现了稳定市场秩序和维护公平正义目标。

第三，中国在现代化过程中始终坚持把发展的立足点掌握在自己手中，主动应变、稳中求变，坚持贯彻新发展理念、构建新发展格局，这是中国在准确把握当代资本主义发展新特征的基础上作出的战略谋划。随着信息技术不断取得突破式进展，当代资本主义生产方式越发数字化、智能化，经济结构越发金融化、虚拟化，劳动方式和生产组织越发信息化、标准化，社会阶层结构日益复杂化，原先劳资二元结构转变为“食利者—职业经理人—工人”的多重结构。以美国为首的发达资本主义国家还不断利用技术优势制造技术鸿沟，推行“信息帝国主义”“数字帝国主义”，千方百计阻碍发展中国家和平发展，无限加剧国际政治经济秩序的不稳定性，不断诱发新的国际问题和全球性矛盾。然而，这些新变化只是资本主义在既定框架下的自我更新和进化，并未改变资本主义作为剥削制度的实质，也并没有改变资本无限增殖的本性。在资本主义呈现出新样态的背景下，中国式现代化必须坚持独立自主、自力更生，“既不走封闭僵化的老路，也不走改旗易帜的邪路，坚持把国家和民族发展放在自己力量的基点上，坚持把中国发展进步的命运牢牢掌握在自己手中”①。

与坚持和运用马克思主义基本原理不同，中国式现代化续写了马克思主义政

① 《习近平著作选读》第1卷，人民出版社2023年版，第22页。

治经济学的新篇章，它不仅在数字时代捍卫了马克思主义劳动价值论和帝国主义理论的科学性，还创新了马克思主义政治经济学关于公有制实现形式、经济组织形式的理论，更创造性地提出驯服并利用资本、保护生态环境就是保护生产力等一系列新论断。将中国式现代化融入“原理”课马克思主义政治经济学部分，不仅能够让学生串联起马克思主义政治经济学的核心内容，更能够扩展学生的理论视野和历史视野，增强学生对马克思主义理论和中国特色社会主义制度的自信。

（三）中国式现代化与科学社会主义的契合点

第一，中国式现代化坚持了科学社会主义基本原则，坚定走社会主义道路，始终坚持以马克思主义为指导，不断发展社会主义事业。科学社会主义基本原则是社会主义事业发展规律的集中体现，阐明了社会主义代替资本主义的历史必然性。中国式现代化对科学社会主义基本原则的坚持主要体现在三个方面：一是坚持党的领导和社会主义方向。在政治经济相对落后的国家建设社会主义事业具有长期性和艰巨性，在资本主义和社会主义两种制度共存时代建设社会主义又充满着复杂性，必须有坚强的领导核心发挥组织引领作用才能推动社会主义事业前进。中国共产党始终是中国式现代化的领导力量，党开创了中国特色社会主义事业，历史性地奠定了领导核心地位，在执政实践中始终高举中国特色社会主义伟大旗帜，坚持并不断发展中国特色社会主义，使得中国进入了中国特色社会主义新时代，社会主义在我国焕发出强大的生机与活力。二是坚持无产阶级专政。无产阶级专政体现了社会主义国家的根本政治属性。中国在现代化过程中始终注重维护和发展最广大人民的根本利益，不断巩固无产阶级专政，这主要体现为：在经济层面坚持走共同富裕道路，不断满足人民群众的美好生活需要；在政治层面坚持发展全过程人民民主，坚持权为民所用、利为民所谋；在文化层面坚持和发展马克思主义，巩固中国人民团结奋进的共同思想基础；在社会层面坚持以人民为中心，切实解决人民群众急难愁盼问题；在生态层面坚持人与自然和谐共生，不断推进可持续发展。三是坚持共产主义远大理想。理想信念是中国共产党人的政治灵魂，实现共产主义是共产党人的不懈追求。习近平总书记指出：“既不能离开发展中国特色社会主义事业、实现民族复兴的现实工作而空谈远大理想，也不能因为实现共产主义是一个漫长的历史过程就讳言甚至丢掉远大理想。”①党在领导中国式现代化的过程中，坚持根据实际情况推进社会主义事业、在发展中不断向共产主义靠近，比如中国式现代化过程中对共同富裕的追求，虽然目前来看，距离真正实现共同富裕还有相当一段路程，但相比建党以前、新中国成立以前已经走了很远，目前我国在推进全体人民精神共同富裕上取得了较快进展，浙江省已经设立共同富裕试验区，致力于试验推广共同富裕经验。除了在具体领域向共产主义迈进，中国文明也发生了历史性变革。中国式现代化开创了人类文明新形态，这一文明形态既与传统封建文明形态有本质区别，又不同于现代资本主义文明，是超越了传统文明和现代资本主义文明的中国特色社会主义文明形态，它介于现代资本主义文明和共产主义之间，是向共产主义过渡的文明形态。

第二，中国式现代化坚持把科学社会主义基本原则与中国具体实际相结合、与中华优秀传统文化相结合，发展了科学社会主义基本原则。科学社会主义基本原则并不是一成不变的“教条”，它必须与本国实际和具体实践相结合。中国式现代化对科学社会主义原则的发展主要体现在三个方面：一是发展了科学社会主义基本原则中关于无产阶级的地位和历史使命的思想。中国民族资本主义“先天不足、后天畸形”，资产阶级和无产阶级分化慢，而农民受“三座大山”的压迫，具有相当程度的革命性。中国共产党在革命过程中都高度重视农民问题，创造性地将贫下中农认定为无产阶级的一部分，提出工农联盟思想，为中国革命胜利奠定了阶级基础。中华人民共和国成立后，无产阶级概念逐渐被含义更为广泛的人民概念取代，为中国的现代化建设团结了更多可以团结的力量。新时代以来，习近平总书记进一步提出以人民为中心的发展思想，指出人民性是马克思主义政党的根本政治属性，必须坚持人民至上，“站稳人民立场、把握人民愿望、尊重人民创造、集中人民智慧”②，将人民放在中国式现代化发展全局的核心地位，人

① 习近平：《论坚持党对一切工作的领导》，中央文献出版社 2019 年版，第 225 页。

② 《习近平著作选读》第 1 卷，人民出版社 2023 年版，第 16 页。

民肩负着建设中国式现代化、推动人类文明新形态走向成熟的历史任务。二是发展了科学社会主义基本原则中关于无产阶级革命和无产阶级专政的思想。无产阶级革命是以政治革命为核心的社会革命，其根本问题是国家政权问题。无产阶级革命胜利只是“万里长征第一步”，更为关键的是巩固和建设无产阶级专政。中国共产党通过现代化过程维护无产阶级革命成果、巩固无产阶级专政，在现代化过程中注重发挥党对一切工作的政治领导，树立总体国家安全观，坚定维护人民群众根本利益，不断加强党的建设，推动国家治理体系和治理能力现代化。三是发展了科学社会主义基本原则中关于坚持科学理论指导和发展先进文化的思想。思想引领方向，方向决定道路。社会主义事业必须有科学理论的指导，否则就可能走向“邪路”，文化战线也必须有正确思想的引领，否则就可能泛起糟粕。中国共产党在现代化过程中始终坚持以马克思主义为指导，将马克思主义基本原理与中国具体实际相结合、与中华优秀传统文化相结合，不断推动马克思主义中国化、时代化，形成了马克思主义的中国篇章，确立了马克思主义在意识形态领域指导地位的根本制度，坚持以马克思主义引领社会思潮，大力发展社会主义先进文化。

坚持和发展科学社会主义基本原则是中国式现代化对科学社会主义理论的重大贡献，但真正理解这部分内容对学生来说有一定难度，这对教师的理论功底和教学技巧有一定要求。习近平总书记指出：“我们党始终高举中国特色社会主义伟大旗帜，既坚持科学社会主义基本原则，又不断赋予其鲜明的中国特色和时代内涵，坚定不移地走中国特色社会主义道路，确保中国式现代化在正确的轨道上顺利推进。”①这一重要论述将科学社会主义基本原则与中国式现代化有机联系在了一起，可以作为学生理解这部分内容的纲领。

三、中国式现代化理论体系融入“马克思主义基本原理”课的路径

中国式现代化理论体系的提出是党的理论创新重大成果，但将中国式现代化

① 习近平：《中国式现代化是中国共产党领导的社会主义现代化》，《求是》2023年第11期。

融入“原理”课程教学时要分清主次关系，应以中国式现代化为案例讲解“原理”内容，以“原理”课为载体扩充、阐释中国式现代化理论和实践，必须把“原理”课的核心内容讲深、讲透。在具体的教学实践中可以灵活运用问题导向法、文本阅读法、实践调查法、评价测验法等方法实现上述教学目标。

(一)以问题为导向开展理论教学

“原理”课内容本身具有一定理解难度，以问题为导向讲解理论是激发课堂活力、引起学生兴趣的有效方法。在“原理”课中融入中国式现代化内容时可以有针对性地设计一些与中国式现代化相关的问题，引导学生用“原理”课所学知识解答。例如，可以在“事物的普遍联系和变化发展”一节中提问“如何理解现代化的共同特征和中国特色?”可以在“正确认识当代资本主义的新变化”一节中提问“中国式现代化相比于资本主义现代化具有哪些优势?”可以在“科学社会主义基本原则”一节中提问“社会主义现代化具有哪些特征?”可以在“共产主义远大理想和中国特色社会主义共同理想”一节中提问“中国式现代化的未来将会是什么样子?”在“原理”课上运用问题导向法提问、讲解中国式现代化相关内容时要注意以下三点：第一，分清问题难度，适时提问讲解。“原理”课课时少、内容多、难度大，在课堂上运用问题导向法时不宜给出过难的问题，应以学生已经学过的课程内容为基本标准区分问题难度，选择多个难度适中的问题作为备选问题，将难度稍大的问题作为课后思考题或合作学习问题。当堂提问不宜过多，以三至五个为宜。教师在提问之后应及时引导，在学生作答的基础上进一步讲解分析，确保学生能够理解答案和解答方向。第二，把握问题尺度，不宜过窄过散。一方面，中国式现代化理论和实践中体现的马克思主义基本原理相当丰富，在选择问题时应具有一定开放性，答案和思考范围过窄的问题不容易起到引起思考的效果；另一方面，问题也不宜过大，作答范围过于广泛的问题不但会占用过多时间，学生还会因为答案过于分散而难以把握。围绕章节标题拟定问题可以避免问题过窄，限定思考范围能够避免问题过大。在备课时教师可以事先解答备选问题，斟酌之后再进一步选用。需要注意的是，问题和思考方向一般以正向、积极内容为主，对于争议性问题、敏感性问题、非专业性问题一般要予以回避。第三，注意问题效度，紧跟理论前沿。问题都具有一定时效，“原理”课作为思想政治理论课中的一门，应始终关注党和国家最新动向，紧跟时代脉搏、聚焦热点问题。自习近平总书记在庆祝建党一百周年大会上的讲话中首次公开提出“中国式现代化”这一概念以来，党和国家关于中国式现代化的新论述层出不穷，在将中国式现代化融入“原理”课时应注重将党和国家的新观点、新论断加入课程教学过程中，以最新内容回应、解答问题。

（二）以文本为依托构筑思想脉络

马克思主义基本原理源于马克思主义经典著作，研读经典著作是“原理”课教学不可或缺的重要环节，深入研读经典著作才能领会其中蕴含的基本原理。中国式现代化是马克思主义基本原理与中国具体实际相结合的产物，师生在运用基本原理分析、解答与中国式现代化相关的问题时应有意识地融入经典著作内容，这既是体现学科特性和思维方式的“看家本领”，也是凸显思想政治理论课政治性的基本要求。在引用、解读经典著作时应该注意以下三点：第一，要能说明问题。引用经典不是为了凸显经典作家“无所不知”，而是为了展现经典作家思考和解决问题的方法。中国式现代化是当代中国马克思主义理论发展的产物，反映的是当代中国的社会现实，它既没有现成的“模版”，也不是资本主义现代化的“翻版”，因而与经典作家的论述存在一定的时空差距，但是经典作家的论述之所以“经典”就在于思考和解决问题的方法具有独到之处，因此引用经典的首要目的是用经典中蕴含的方法说明和解决中国式现代化发展过程中遇到的问题，这也是阅读经典、引用经典的用意所在。第二，要能突出原理。“原理”课上融入中国式现代化的相关内容，主角是马克思主义基本原理，因此引用经典应该展现原理内容，以原理为骨架分析中国式现代化的相关问题。这一过程中马克思主义基本原理充当了联系经典作家与中国式现代化的桥梁，这种中介关系突出了原理的不可替代性。第三，要能反映现实。经典理论的提出都有深刻的现实背景，当今时代仍处于马克思主义所指明的历史时代，现实总是惊人的相似，因此在引用经典、解释经典时必须关注经典作家面对的现实背景，这些背景同样能够成为联系经典文本与当代现实的桥梁。在教学实践中，深度阅读和分析文本的机会十分有限，因此课堂引用经典文本不同于一般的理论论证，它还应该带有一定的现实指向性，而选择具有深刻现实背景的经典文本能够很好地契合教学实践。

（三）以实践为指向应用所学知识

实践是人改造客观世界的活动。马克思主义具有鲜明的实践性，其中蕴含的世界观和方法论直接为无产阶级革命和社会主义建设提供了理论武器。中国式现代化同样是理论与实践的统一体，它既是中国现代化经验的理论凝练，又是中国式现代化建设的实践准则。“理论若不和革命实践联系起来，就会变成无对象的理论，同样，实践若不以革命理论为指南，就会变成盲目的实践。”①因此，在“原理”课教学过程中融入中国式现代化相关内容应该坚持理论与实践相统一，把马克思主义基本原理与中国的现代化实践相联系，运用基本原理分析解决中国现代化过程中的实际问题。考虑到学生实践经验较少，“原理”课中的实践指向应注意把握以下三点：第一，发挥学生专业优势。“原理”课作为通识课是每个学生的必修课，在课程的实践面向上可以发挥不同专业学生的优势。比如，理工科学生对科技前沿有更多接触，对发明创造、科技创新有更精准的把握，教师可以引导此类学生发挥专业优势，让学生在以专业知识为切入点引入中国式现代化的同时运用基本原理统摄实践教学环节。这种实践教学环节使“原理”课与不同专业相联系，容易使学生具备专业自豪感。第二，贴近学生日常生活。“原理”课学生人数较多，一般不能组织大型实践活动，但“原理”课中许多内容与生活联系十分紧密，可以将教学实践融入学生日常生活，将生活中的鲜活事例作为实践教学的一部分。比如在讲到“社会存在与社会意识”一节课时就可以运用口述法和调查法，引导学生探究不同地区学生社会意识的差异，教师还可以将之作为长期项目，鼓励学生探究现代化不同时期同一地区学生社会意识的变化。此类实

① 《毛泽东选集》第1卷，人民出版社1991年版，第293页。

践任务学生易上手、资料易获取，实践成果真实性有一定依据。第三，引导学生接触社会。运用所学知识分析解决社会问题是教学实践的落脚点。中国式现代化具有诸多优势，但中国在现代化发展过程中仍旧面临许多具体的社会问题，比如大学生“追星”问题、毕业生就业问题、年轻人“恐婚”问题等，这能够成为学生运用理论的着力点。在当今这个数字时代，高度发达的网络催生了前所未有的信息交互速度，学生能够很容易关注到这些社会问题。同时，许多现实问题具有一定的复杂性，需要冷静地理论审思，这能够成为学生运用马克思主义基本原理的着力点。因此，运用基本原理分析中国现代化过程中的现实问题具有可行性。需要注意的是，问题的选择应与学生有一定关联性，以学生正在面对或将要面对的问题为宜。学生能够通过分析和解答问题的过程更为深入地把握原理，也能在理论探讨的过程中从不同角度了解和认识中国式现代化。

（四）以评价为手段激发探索潜能

评价是教学过程的重要环节，课堂出勤、随堂提问、合作学习、课后作业、期末测验等都可以是评价的组成部分。在教学过程中评价具有不可替代的重要功能，它提供了一个相对客观的区分标准，能够帮助学生自我定位、自我完善，也能够为教师评价学生提供客观依据。由于评价直接与学生的切身利益相关联，通过各种评价手段将中国式现代化融入“原理”课具有更高的效率。比如可以在合作学习和课后作业中融入与中国式现代化相关的问题，可以在考试中推出与中国式现代化相关的试题，等等。在运用评价手段时要注意以下三点：第一，多种评价以保证客观性。考虑到个人因素和不可抗力的存在，不能以单一评价定义学生的课程学习状况；退一步讲，单一评价本身也难以囊括课程学习的各个方面。因此，应该运用多种方式对学生的课程学习进行评价以确保评价的全面性、客观性。比如可以赋予自主学习、合作学习、课程论文、期末测验以不同的分值比重，通过加权求和确定学生最终成绩。第二，多重评价以保证公平性。评价主体不能仅仅是教师，学生也应该参与评价过程。这不仅能够发挥学生的主体作用，增强学生之间的相互学习借鉴、沟通交流，还能够减少不客观的评价，从不同评价主体的评价中更加全面地认识学生的学习成效。比如，在合作展示评价中教师、助教、学生均可给出评价意见。第三，正面评价为主以保证积极性。评价有高低之分，但考虑到课堂属于公开场合，评价宜以平和、正面、鼓励性内容为主，不宜进行过于激烈的否定性评价，如确有需要应与学生单独谈话。评价的目的不仅是检验学习成效，更是助力学生求知、探索，考虑到大学生具有很强的自我认知和评价能力，评价更宜树立榜样以激励学生向之看齐。

四、结语

将中国式现代化融入“原理”课不仅具有可行性，而且具有迫切性。当前对中国式现代化和思政课建设的宣传解释多、实际推进少，对中国式现代化和思政课的单一研究多、融合研究少，对中国式现代化融入思政课的应然设想多、切实动作少。这“三多三少”不利于思政课走实走新，也不利于中国式现代化入脑入心。习近平总书记指出：“我们办中国特色社会主义教育，就是要理直气壮开好思政课，用新时代中国特色社会主义思想铸魂育人，引导学生增强中国特色社会主义道路自信、理论自信、制度自信、文化自信，厚植爱国主义情怀，把爱国情、强国志、报国行自觉融入坚持和发展中国特色社会主义、建设社会主义现代化强国、实现中华民族伟大复兴的奋斗之中。”①推动中国式现代化融入“原理”课需要广大一线教师坚定自信、鼓足干劲，齐心协力、久久为功。进一步讲，中国式现代化不仅能够融入“原理”课，同样也能够融入其他思政课，甚至进一步融入专业课、实践课，让深入学习贯彻中国式现代化蔚然成风、走向实处。

（靳帅帅，武汉大学马克思主义学院博士研究生）

① 《习近平谈治国理政》第三卷，外文出版社 2020 年版，第 329 页。

论新时代大学生思想政治理论课获得感及其提升策略

——基于北京交通大学“马克思主义基本原理”课程的实证研究①

杨瑞婷　唐　鑫

大学生思政课获得感，是评价高校思想政治教育教学成效的关键标准。大学生思政课获得感可以定义为大学生的“课前预期”在课程活动中被“课程收获”满足之后产生的心理体验，是一种带有动力性质的积极情感体验。②“课前预期”即大学生听课前的马克思主义相关知识储备、与实际生活相联系的思想动态与对课堂内容、形式的心理期待；“课程收获”即学生在课程结束后在理论知识、观念价值、思辨能力等方面的实际锻炼与提升。学生在思政课中的“课程收获”与其“课前预期”之间的差距大小(即“获得感”的大小)，既能反映高校思想政治理论课的成效，又能够为提升思想政治教育教学质量水平指明方向。

本文以北京交通大学“马克思主义基本原理”（以下简称“原理”)课程为例，

---

① 基金项目：北京市高等教育学会面上项目“以提升大学生获得感增强思政课实效性的路径研究——以北京交通大学为例”(MS2022002)。

② 参见石文卓：《高校思想政治理论课获得感的影响因素分析》，《思想理论教育导刊》2019年第8期；洪晓楠、邱金英：《大学生思想政治理论课获得感的内涵、特征、影响因素及增强对策——以马克思主义基本原理概论课为例》，《现代教育管理》2021年第1期；张艳丽、何祥林：《新时代增强大学生思想政治理论课获得感的思考》，《中国高等教育》2019年第6期。

采用问卷调查和面对面访谈相结合的调研方式，通过重点关注课程前后学生的心理状态和实际体验，对比分析学生对课程的期望、收获与反馈，进而为提升学生获得感、提高高校思想政治教育教学质量提出合理化建议。

一、课前预期：当代大学生对思政课的心理期待

（一）基本信息与调查对象分析

作为教育部直属高校之一，北京交通大学以交通科学与技术为特色、多学科协调发展，重视学生能力综合发展，将校园交通文化、北京特色教育资源与新时代交大人的生动实践相结合，是具有代表性的调研对象。“马克思主义基本原理”课程是普通高等学校思想政治理论课的重要组成部分，全面讲授以马克思主义哲学、马克思主义政治经济学、科学社会主义三大主要组成部分为代表的马克思主义的基本原理，注重对学生世界观、人生观、价值观、理想信念的塑造与基础思辨能力的提升，集思想性、政治性、理论性与实践性于一体。作为基础理论课程，课堂讲授面临着“把道理讲深、讲透、讲活”①的多重困难，在思政课程中具有独特研究价值。

本次调研主要以书面问卷形式展开，共收回问卷 411 份，有效问卷 377 份。其中男生占 47. 35%，女生占 52. 65%；在专业方面，工科类、理学类、文史哲学生分别占 29. 51%、33. 86%、38. 36%；性别与专业方面在比例上较为均衡，各项结果和分析具有一定普遍性。

（二）大学生对马克思主义的认识渠道与了解程度

如图 1 所示，从对马克思主义的认识渠道来看，81. 3%的学生依靠课堂讲

---

① 《习近平在中国人民大学考察时强调 坚持党的领导传承红色基因扎根中国大地走出一条建设中国特色世界一流大学新路》，《人民日报》2022 年 4 月 26 日。

授，40.4%依靠视频、文学影视作品等了解马克思主义，选择通过“经典著作、专家讲座”和“参观博物馆、纪念地”的分别有36.3%和30.9%，通过微信朋友圈分享、亲戚朋友交流的分别有7.5%和7.3%。也就是说，大学生对马克思主义的了解主要依靠课堂学习，媒体传播与实践体验发挥辅助作用。在这些渠道中，学生主要是作为被动接收方，缺乏主动交流与生活化的互动。造成这种情况的原因，一是社会生活中缺少理论学习氛围，同时马克思主义理论的宣传工作存在着不够“接地气”等问题；二是在“信息茧房”之下，容易造成个体视野的固化，网络渠道主流媒体的传播往往受到平台“精准推送”的限制，对学生来说不易接收；三是各类网络视频与片段经常存在误解、曲解、片面化等错误传播马克思主义理论知识的问题。

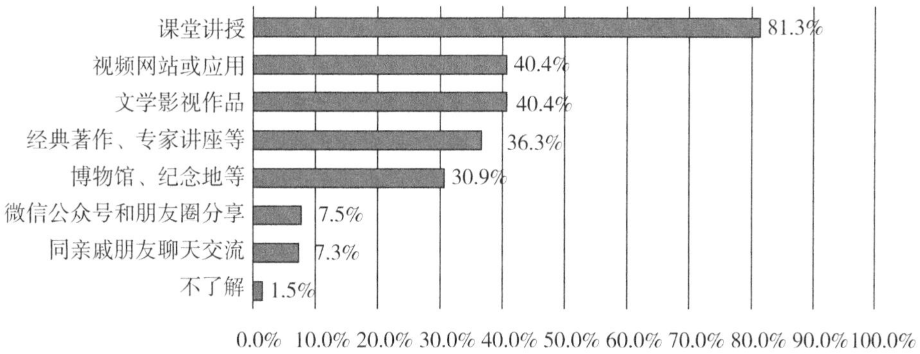

图1　大学生思政课获得感课前调研——了解马克思主义的渠道

如图2所示，从对马克思主义理论著述的认识程度来说，调查显示“了解过少数节选和片段”的学生最多，占64.2%，而“完全没有看过”的学生有20.7%，大致或认真看过马克思主义完整原著篇目并有个人见解的学生共占14.9%。这一方面反映出学生通过国家和社会等渠道的思想政治教育体制机制，能够或多或少地接触到马克思主义经典著作，另一方面也反映出学生对马克思主义的了解呈现出碎片化、片段化特点，满足于或停留于“一知半解”的层次，缺乏对马克思主义理论的系统认知和深入思考，更难以体现在个人见解和理论应用层面上。

上述问卷结果，既凸显出学校思政理论课程存在的必要性和重要性，也反映出科学宣传马克思主义理论过程中有诸多问题，说明在马克思主义理论教学之中，需要强调对理论的系统讲授、对原著的深入学习，以及对学生错误认知的及时纠正。

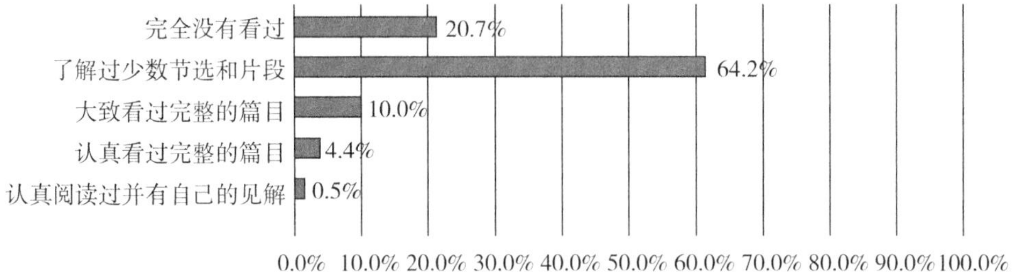

图 2　大学生思政课获得感课前调研——对马克思主义的认识程度

(三)大学生对于开设“原理”课程的意义和价值认知

如图 3 所示，90. 7%的大学生首先认同自身学习马克思主义的有用性和“原理”课程的必要性，其中认为有功利性意义的占 23. 8%；认为有功利以外的积极意义并已经体会过分别占 47. 4%和 19. 5%；而认为没有用、有不算积极的作用的学生仅占 7. 8%，即大学生总体上认同马克思主义对自身发展的作用与价值，尽管对于“在功利以外的积极意义”上认同的同学较多，但有相关直接体验的却比较少；与此同时，一部分同学更认同其功利性作用，即将“原理”课程学习与成绩学分、政治身份、就业创业、职业发展等问题挂钩。可以看出，大学生在对马克思主义积极意义的认知上，表现出一定的盲目性与功利性倾向，盲目性主要是指学生受社会主义与爱国主义教育大环境的熏陶，虽然并不十分清楚马克思主义基本原理的科学内涵，但依然感性地相信马克思主义的重要意义和价值；功利性则在于学生更重视“专业课”的学习，很难发现思政理论课程对增进个人利益有什么好处，而且一定程度上也是在通过这一事实标准来衡量思政理论课的作用。这样的课前心理基础，容易使得学生在课堂上的理论学习仅仅停留在字面意义上，造成学生只是为了应付考试而机械地复刻词句表述，十分不利于激发学生学习兴趣、深化对理论的理解与运用，更不利于学生树立理想信念，发挥理论对个人行动的指导作用。

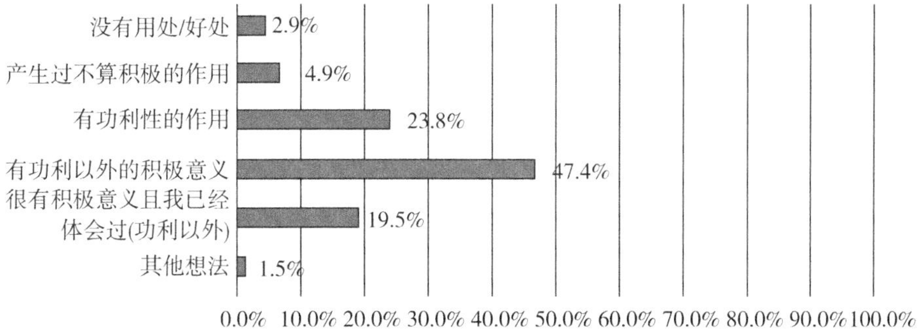

图 3　大学生思政课获得感课前调研——对马克思主义的作用认知

(四)大学生对于开设“原理”课程的态度和心理预期

大学生对思政课的态度与心理预期，是建立在大学生自身生活经历与理论认知的基础上，以自身的成长发展为目的而对思政课产生的期望，这种期望是大学生自身主体需求的反映。在思政课学习过程中，这种需求主要包括：功利性需求、求知性需求、体验性需求、释疑解惑性需求和自我发展性需求等。① 在针对大学生在课前对“原理”课程的态度和心理预期的调研中，主要分为“影响学生参与课程的因素”与“学生对课程开展内容、形式等各方面的期望”两部分。

如图 4 所示，关于影响大学生参与课堂学习的因素，“课堂内容是否吸引人”和“课程成绩考核与学分获得”的影响程度有 66. 4%和 62. 5%。当代大学生有机会通过各种渠道接触到海量的信息，视野相对比较开阔、思维更加活跃，对马克思主义理论有一种“困惑与期待并存”的态度。数据表明，学生主要在成绩和学

① 何珊：《新时代大学生思政课获得感的生成与提升》，《社会科学家》2022 年第 9 期。

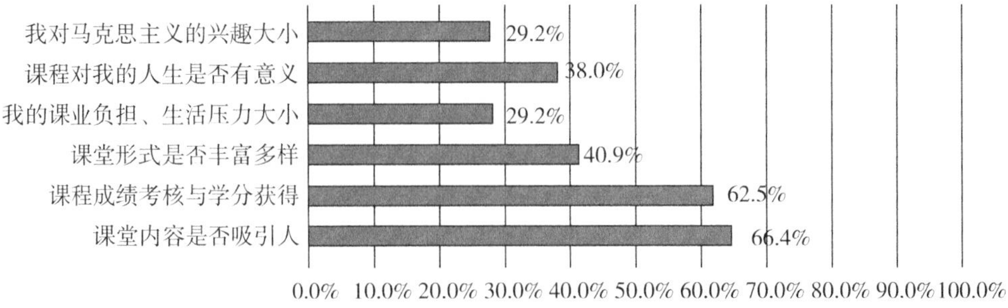

图 4　大学生思政课获得感课前调研——影响学生参与"原理"课程的因素

分等外在驱动因素下参与课堂，出于完成出勤率、达到毕业条件的目的"去听课"；但即便如此，高质量的课堂内容依然会吸引学生的注意力，即紧扣学生感兴趣的话题、回应学生的需求与困惑的课堂教学内容，创造出了驱动学生"想听课"的内生力量。40.9%的学生认为"课堂形式是否丰富多样"因素比较重要，"课业负担、生活压力大小"则有 29.2%，这两种影响因素总体来说比例不高，可以看出尽管大学生的生活丰富多彩、专业课程任务繁重，但思政课的学习与作业等并不必然成为学生的负担，相反，学生更期待课堂中丰富的教学形式和精彩的课堂体验。大学生正处在愿意接受新事物、新思想的年龄段，思政课需要善于发现并利用学生的"猎奇"心理来抓住学生积极参与课堂的契合点。最后，从"原理"课堂的根本内容——马克思主义来看，学生中认为马克思主义对人生有意义而影响上课态度的有 38.0%，因为对马克思主义的兴趣而影响上课效果的有 29.2%，其中同时选了二者的学生占比为 12.9%，1/3 的学生表示对马克思主义感兴趣，但比例要低于认为"马克思主义对人生有意义"的学生。综上，大学生的世界观、人生观、价值观的塑造，往往会受到原生家庭、教育经历、社会大背景等因素的深远影响，大学生普遍对马克思主义的意义认同度较高，但本身兴趣相对较低；一般会在学分、纪律等外力的驱动下参与"原理"学习，受制于日常课业负担压力与生活压力，导致学习积极性相对较低，但最终的实际学习态度却深受课堂具体展开的内容与形式的影响。

根据北京交通大学的课程设置，"原理"课程的开设时间在大学二年级，这时学生已经有了一定的思政理论课课程基础和听课体验，对于思政课程的呈现形式和课堂效果也已经形成了一定的想法，因此，这就有可能使我们从学生视角，来揭示他们对于提升思政课的质量这一问题的理解。

如图5所示，从“教师”维度来看，58.2%的学生希望“提高教师授课感染力”，34.6%的学生希望“提高教师的学术水平和知识广博程度”，其中22.6%的学生同时选择了两者。究其原因，一方面，当代大学生成长于和平安定、国富民强的社会大环境中，随着科技发展与时代进步而不断接受新事物，对多元观点具有较强包容性，特别是随着信息时代的深入发展，当代大学生的知识储备比较丰富、涉猎广泛，对时事政治、社会新闻等有着自己的思考，因而对教师的基本理论水平、知识广博程度、理论应用能力，以及对于社会热点的了解程度，都提出了较高要求。教师也许无法照顾到每一个学生的问题、无法回应所有学生的需求，但回避问题、含糊其词必然影响学生对教师的信任，进而影响其对课堂的态度。另一方面，当代大学生的情绪价值需求较高，注重“沉浸式”的情感体验，但是由于思政课的理论性较强，学生难以在高强度的理论学习下保持长时间的注意力集中，教师作为课堂内容的输出方，有必要通过热情的课堂讲授来提升感染力，但不少思政课堂教学缺乏一定的趣味性，部分教师授课平铺直叙、热忱不足，难以调动起学生的积极情绪。

从“课堂形式”维度来看，42.3%的学生希望“丰富讲授形式”，20.0%的学生希望“增加课堂互动交流”。在学生对提升课堂质量的期望中，对于课堂形式的期望比例并未低于对教师的期待，表明讲授形式是学生评估自身思政课获得感的重要参考因素。相对而言，学生希望课堂形式多样，但选择增加互动交流的学生较少。出现这种情况的可能原因是：一方面，由于思政课内容具有较强的理论性，对于专业相对固定、学习内容比较局限的大学生，尤其是没有文史类专业基础的理工科学生来说，在没有“高考指挥棒”的大学课堂中，知识维度的获得感退居次要地位，课堂的体验感变得更为重要。善用教学工具、直观体验丰富的课堂，很大程度上能够激发学生兴趣、吸引学生注意力，从而提升学生在课堂中行为体验的获得感，也就加强了学生对课堂内容、理论知识的记忆和感悟；另一方

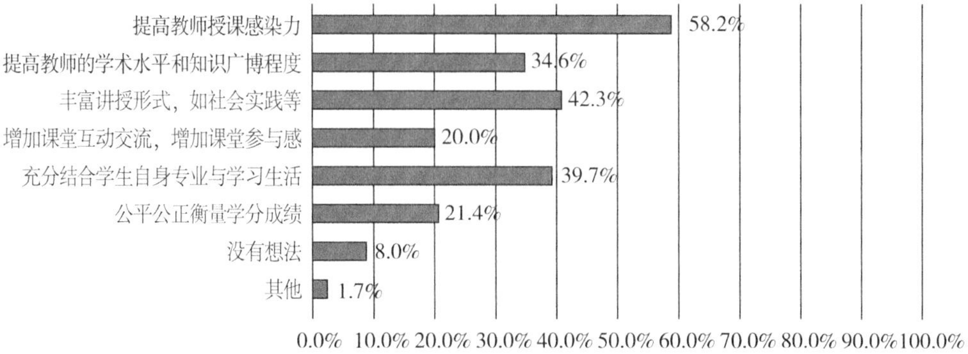

图 5　大学生思政课获得感课前调研——学生对“原理”课的期望

面，学生平时缺乏对马克思主义的了解，上课时就会更缺乏即时思考联想和语言组织的能力，同时还有由于我国教育大环境等复杂因素作用下所形成的种种心理，导致学生对课堂互动的期望较低。这要求思想政治教育教学要在问题设置、互动方法、教师反馈等各个方面综合把握学生心理状态和知识水平，问题设置要既具有思考性，又贴合学生生活；既具启发性，也具包容性。

除此以外，理论与理论、理论与现实之间的比较分析与对照，对学生有着天然的吸引力。将马克思主义理论与学生专业、日常生活相结合，不仅是吸引学生注意力、满足好奇心的重要方式，也是有效提升课堂质量的重要方向，对教师能力水平提出了现实要求。学生提出该诉求的原因较多，首先，基于个人专业角度，学生希望学习支配自然界和人类社会发展的一般规律与分析方法，多维度理解本专业知识，以马克思主义的世界观重新审视日常所学，打破知识壁垒，生发出多层次的理解。其次，基于学习“原理”课程的角度，理论化内容既要系统学习，也要结合生活实际运用分析，经过社会实践的检验，加强理论说服力，提升理论功能性，使学生体验到运用知识分析解释世界的乐趣。最后，基于学生学习心理与成长规律，以掌握的知识论证新现象，以科学的世界观分析历史事件或人物，显然更符合学生接受知识的渐进性、层次性规律，使得理论知识更易理解与记忆，令学生更有满足感、获得感。

二、课后反馈：当代大学生对思政课学习成果的实际反馈

在思政课教学结束后，学生自然而然地会将课堂收获与课前期望进行对比与评价，当“实际收获”多于或等于“心理预期”时，学生就会产生一种主观的积极感受，即“获得感”。因而在学期授课结束、学生完成期末考核后，通过问卷调查，进一步了解学生在课程认知、课堂内容、课程组织与设置等方面的变化和收获，与课前调查形成对照，分析大学生思政课获得感的生成规律与提升策略。

（一）结课后大学生对课程认知度和认同度的获得感

从图6不难看出，大学生普遍对“原理”课、思政课持正面态度，“在课程结束后变得更正面”与“原本持正面”态度的总和共达到96.3%。究其原因，既是学生从大学以前的教育经历中同样在接受思想政治教育，给学生留下了正面的初始印象；也有家庭、学校、社会环境等方面的影响。在课后访谈中，学生提到正是家庭中的长辈亲属向自己传递了积极的家国情怀和理论信仰，或是在日常生活、媒体宣传中感受到积极的力量。关于学生对课程认知的获得感，选择“变得更正面”的学生占59.5%，持正面态度且没有改变的学生占36.8%。这表明，经过“原理”课程的讲授，大多数学生加强了对思政课的正面认知，经过理论的系统学习，在思想观念方面获得感较强，课程开设意义显著，学生只有意识到马克思主义理论的真理性与有用性，树立基本的理论认同感，才能在未来面对社会热点

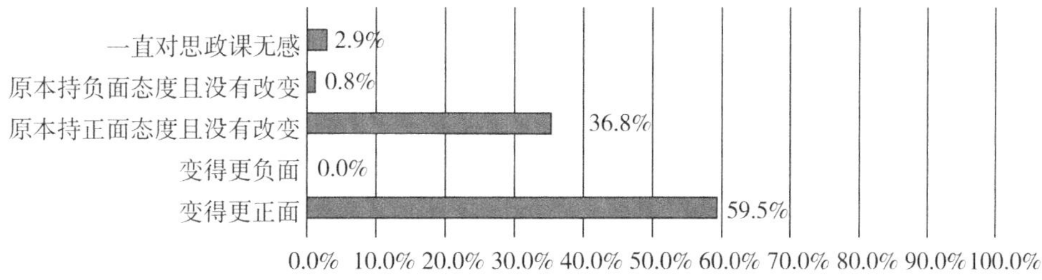

图6　大学生思政课获得感课后调研——学生对“原理”课程的认知态度

问题、涉及国家利益时站在正确立场上进行辩证思考与深入探究，将课堂内的被动接受延伸至课堂外的自主思考。

(二)结课后大学生对课程内容认知的获得感

结课后大学生对课程内容认知的获得感，主要分为内容的接受程度与相应的兴趣激发程度，即学生当下对理论内容的记忆情况及其原因与在未来主动学习马克思主义的可能性大小。如图7所示，从学生在“原理”课程后印象深刻的内容角度看，相较而言，学生对马克思主义哲学的印象更为深刻，其中对“辩证唯物论”与“唯物辩证法”有印象的学生分别占40.7%、41.5%，对“实践论、认识论、价值论”等内容印象深刻的学生最多，为45.2%，而选择“历史唯物主义”的学生有30.7%。这种情况主要与课时多少、授课时间、学业压力等有关。首先，“原理”课程与学生日常所学课程差别较大，又与生活现象、日常思考相联系，学生对于新课程的兴趣浓厚，前期注意力较集中，后续呈现相对下降趋势。其次，马哲部分内容丰富、课时较多，在课程前期讲授，学生印象更为深刻；而政经与科社部分，课时较短、讲授时间相对靠后，不感兴趣的学生渐渐进入“疲倦期”。最后，课程开展到后半学期时，学生进入期末“考试周”，课业繁忙，听课时的注意力被考试分散，因而对后期的课堂内容印象较弱。

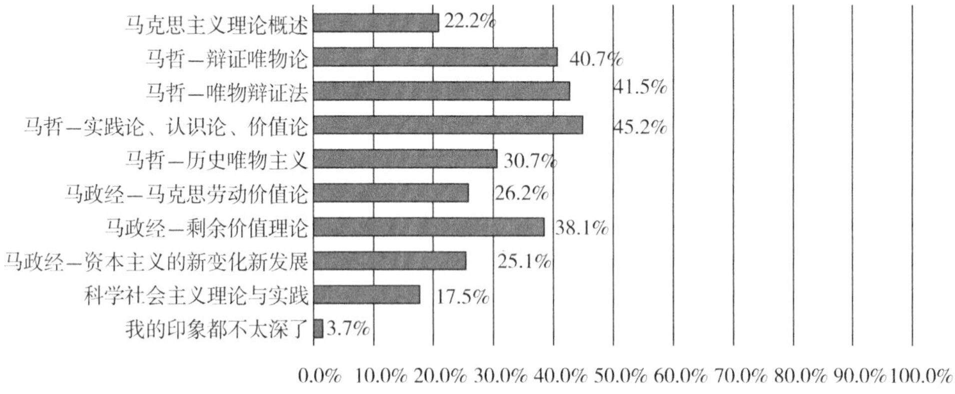

图7 大学生思政课获得感课后调研——学生对“原理”课程中印象深刻的内容

从图7整体来看，学生对课堂内容印象深刻，在各个部分都有记忆点，反馈情况良好，“完全没有印象”的学生只有3.7%；但在“能否回忆起上课内容”这一问题中，回答“能”与“不能”的学生基本上各占一半。将上述数据与问卷调查中“写一个课堂中你印象最深刻的内容，例如理论、案例、音视频等”这一问题的答案、一对一访谈等结果相结合，分析看似矛盾的数据。学生在课后的收获主要是对“马哲”“马政经”等理论框架的初步了解和整体印象，以及对马克思主义真理性、科学性的情感认知和价值认知，而对于具体理论观点的印象较模糊，除了一些朗朗上口的词句，例如“对立统一”“底线思维”“人民是历史的创造者”等，也无法在课程结束后回忆起具体内容；同时，学生印象深刻的往往是精彩奇特的案例分析与特殊的课堂体验，在印象深刻的内容中出现频率较高的回答有画作欣赏、波粒二象性、世界上最早的壁画、一起唱国际歌等。上课不只是课本内容与理论知识的讲授，还包括情感体验、互动交流、答疑解惑。精彩的案例与生活、艺术、科学等紧密关联，也与马克思主义理论密切相关。教师在授课中化抽象的理论为具象的案例，赋予事物发展以理论逻辑、用历史发展阐释理论，学生对案例的感受与印象，从一定意义上看，这本身就已经包含了对具体理论观点的接收与记忆，也包含了对理论结合实际、理论分析方法的学习，这也是大多数大学课程的共同现象，究其原因，在没有预习的情况下，学生无法立即准确把握一门全新课程的重难点，只能根据教师的逻辑思路和讲解顺序学习，缺乏举一反三式的疑问、独立思考和关联对比，而大学课程也不会通过多次重复内容直到完全记住理论的方法来教学。应该说，大学课程的学习方式和学习目标本身根本不同于初高中“死记硬背式”的学习，其根本目标不在于要求学生对于课本内容的机械记忆，而在于提升观念认知、培养思考能力、激发学习兴趣、适应自主学习等，那么与此相适应，课程总体设置、课程考核形式都应与高中有所不同，而上述看似相悖的结果也就与大学生的学习记忆情况相符合，即对于马克思主义三个主要组成部分都加深了整体记忆和理解，但难以回忆起明确具体的课堂内容。

如图8所示，关于学生在课程结束后是否有兴趣继续了解学习马克思主义相关内容，由图例1全部学生来看，表示没有兴趣的学生仅占2.7%，数量较少，

“原理”课堂对学生的启发和引导效果显著。而在后文图 10“学生在‘原理’课程中的整体收获”中，仅有 12. 7%的学生选择在课程结束后激发了对马克思主义的兴趣，筛选这部分学生在本题中的回答，可以看出，一方面，在图 8 中对某一内容感兴趣的学生总共有 97. 3%，而在图 10 中仅有 12. 7%的学生选择“激发了我继续了解马克思主义的兴趣”，两者对比说明学生在图 8 一题中的选择是相对性的，学生仅仅选择了相比其他内容来说最喜欢、最感兴趣的内容，是对课堂中某一内容讲解的认可，这种兴趣实际上并不能代表学生未来主动学习的驱动力，仅 12. 7%真正激发兴趣的学生存在课后自主学习的较大可能性。另一方面，学生感兴趣的内容比较一致，这一数据分布也相对符合图 7 学生印象深刻的内容在各章节的分布，即印象深刻的内容更容易激发学生兴趣，而对于课堂上没有接收到的知识，学生在课后更难以产生主动学习的兴趣，因而能够给予学生深刻记忆进而激发学生学习兴趣的课堂讲授至关重要。

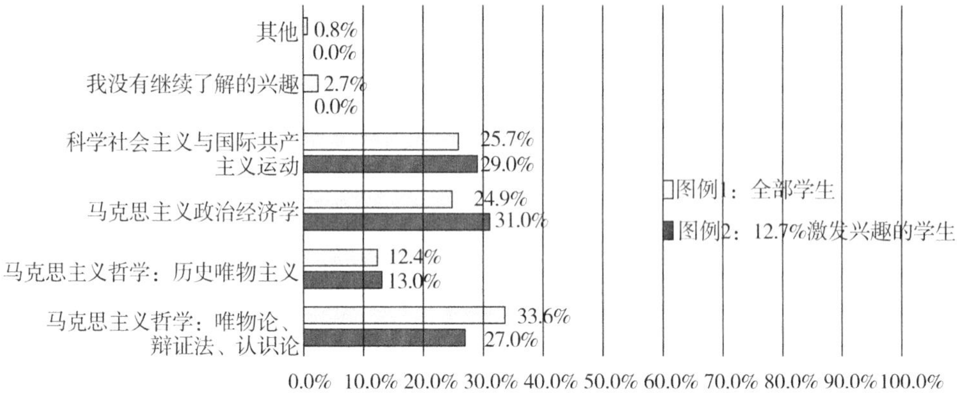

图 8　大学生思政课获得感课后调研——学生在“原理”课程后希望继续了解的内容

（三）结课后大学生对课堂组织与设置维度的获得感

结课后大学生对课堂组织与设置维度的获得感，主要包括教师吸引力维度和课堂形式吸引力维度，即学生对于课堂中教师行为的满意程度与课堂形式的满意程度，两者是否达到了学生课前的“期望获得”。

学生在“原理”课程中对教学组织和教学形式的获得感，能够反映出以下两个方面。一方面，获得感的高低体现了学生在课堂中对教师、内容、形式等关注程度的高低，是学生对喜爱的课堂形式的表达。依据图9显示，学生对教师专业水平、讲授风格、用心程度，课堂氛围等感知较强，注重课堂“体验感”，对课堂组织形式与教师团队提出了要求。结合访谈问答进一步分析可以得出，学生能够清晰感知到教师的上课态度与专业水平，感知结果会在相当程度上影响学生出勤率、专注力等听课态度，学生在感受到教师的认真负责时，会更尊重教师，往往也会更加重视相应课程，并自觉参与课堂活动。另一方面，获得感的高低体现了学生对课堂教学、内容、形式的满意程度，即与自己的心理预期相符合的程度，能够展示出课堂效果的突出优势与潜在问题。学生获得感高，则表明吸引力强，符合学生预期；获得感低，对学生吸引力弱，则表明课堂设置在该环节有所欠缺，不能满足学生的期待。在本次调查的“原理”课程中，学生在教师吸引力维度的获得感总体上高于在教学组织与实施上的获得感，即普遍肯定该课程的教师学术水平与教学风格，但教学方法的吸引力稍显不足。也就是说，在一门课程中，学生感知最深刻的是教师的最终呈现效果，学生较为喜欢教师平易近人、知识面广博、课堂氛围舒适；对涉及艺术音乐与自然科学的视频、有关马克思主义与生活的联系等来源广泛的内容印象深刻。

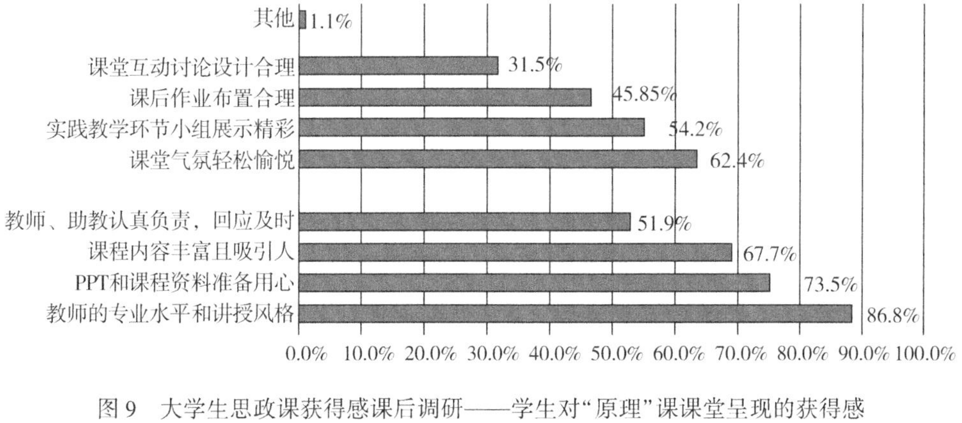

图9 大学生思政课获得感课后调研——学生对“原理”课课堂呈现的获得感

教师对课堂、对学生的积极态度，往往能够增强学生对课堂的感知与收获。有学生提出，老师面对回答问题的学生能够做到情绪稳定、一视同仁，正视学生的每一次表述，包容各个角度的思考，随机应变地给予每个学生正向激励和中肯回复，能够大幅提升课堂体验感和满足感。学生认为活泼愉快的思政课能够改变自己对思政课的“刻板印象”，改变了对人文学科“照本宣科”的传统看法，进而激发对思政课课堂的兴趣，改变上课的态度。除此以外，学生对课堂提出了一些意见与建议，有学生希望增加课堂游戏等互动，为课堂添加趣味性；有学生希望能够为回答问题的学生加分，既为学生发言提供激励，也进一步完善课堂评分机制；还有部分同学希望可以留下开放式回答、充满思考价值的课后作业，加深课堂学习内容与生活实际的结合。

(四)结课后大学生对“原理”课的整体收获

关于学生在“原理”课程结束后的整体收获，主要有掌握理论知识、坚定理想信念、激发学习兴趣、感受情绪氛围等方面，可进一步分类为理论知识学习与行为情感体验两种。首先必须明确，每一种课堂收获与体验都是有意义的，每个学生在听课时侧重点不同、产生的疑问不同、参与程度与参与时间不同、关心的事物和思考的角度不同，因而每个学生的收获必然也是不会完全相同的。每一名大学生都是有着独特成长历程、不同人生体验和独立思考能力的成年人，对于思想政治理论课，根据自身以往的学习经历与生活经验，学生对于理论内容和价值观点有不同的理解，他们往往会根据个人需求听课，进而获得并吸收自己认可的答案，因此最终呈现出来的学生收获不同。

由图 10 可知，大多数学生的课程收获主要集中在理论知识方面，说明课堂知识讲授充分，但学生体验感、课堂感染力不足。48.7%的学生最主要的收获是马克思主义的理论内容，这种情况符合“原理”课开设的首要目标，课程内容的收获是必要的知识储备和认识基础，只有先吸收了理论内容，在未来遇到特定情境时才能调取知识、分析现状、得出判断，既是对知识体系的价值认同，更是对理论的合理运用与深化。同时，理论知识的习得只是思政课的教学目标之一；由理论内容的认知认同上升为情感体验与理论信仰，才是思政课的独特目标，也是根本目的。

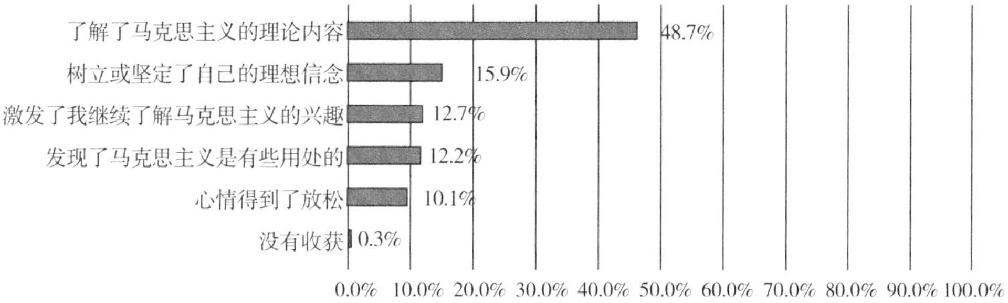

图 10　大学生思政课获得感课后调研——学生在“原理”课程中的整体收获

三、提升大学生思政课获得感的主要策略

除学生对于“原理”课的整体收获外，问卷还设置了针对整体思政课的相关问题，学生结合以往学习过的思政课程，表达了各自的观点。整体来看，学生对思政课的满意程度较高，最不满意、最希望改进的主要有授课内容太多可以精简(15.3%)，授课形式有点单一(11.9%)，课堂气氛沉闷、不够活泼(11.6%)；相对来说不满意程度较低的有授课内容较简单(0.8%)、课程作业花费太多时间与精力(2.1%)。结合问卷最后一题“请写下对课堂的意见与建议或对老师想说的话”，学生对于思政课的期待主要是将理论生活化、生动化(见图 11)。

如前文所述，大学生对思政课课程价值的认知度均较高，但情感体验较低；认同理论内容但学习兴趣不高，对马克思主义有一种纯粹的、浮于表面的但又赤诚的信仰，但缺乏理论支撑；对教师个人素养与风格水平要求较高，希望教师认真负责，但需求不尽相同；在课堂形式与辅助材料、课程作业上，学生追求课堂体验但往往更被学分与成绩驱动，对思政课学习缺乏主观能动性。结合问卷调查结果与面对面访谈的整理内容，可以从教师、内容、形式三个维度改善与增强学

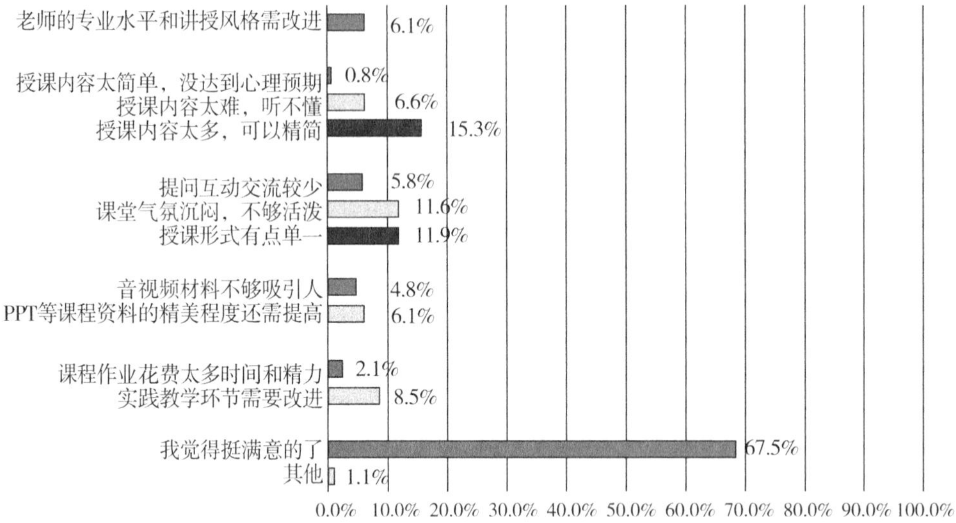

图 11　大学生思政课获得感整体调研——学生认为思政课还需要改进的地方

生思政课获得感。

(一)增强大学生思政课获得感关键在于教师

思政课是教师和学生主客体互动的过程，既是理论知识与观点态度在主客体间传递的过程，也是信仰力量与真诚感情在主客体间相互感染的过程。总的来说，思政课中学生比较依赖教师，教师的积极性、主动性和创造性对于教学效果至关重要，增强大学生思政课获得感关键在于教师。习近平总书记指出："坚持主导性和主体性相统一。思政课教学离不开教师的主导，同时要坚持以学生为中心，加大对学生的认知规律和接受特点的研究，发挥学生主体性作用。"①

首先，教师的政治立场和理论信仰是学生获得感产生的前提。思政课是理论性与政治性相结合的特殊课程。如果教师政治信仰模糊、理论观点缺乏，就会体

① 《习近平主持召开学校思想政治理论课教师座谈会强调：用新时代中国特色社会主义思想铸魂育人 贯彻党的教育方针落实立德树人根本任务》，《人民日报》2019 年 3 月 19 日。

现在课堂的细节中，可能导致学生出现不屑一顾、心理逆反、认同障碍等问题。思政课教学是一个价值传递和信仰塑造的复杂过程①，只有教师做到真懂真信、言行一致，才有可能带动学生真学真用。

其次，教师的理论功底和专业能力是学生获得感提升的关键。作为课堂主导者、内容输出者和形式设计者，教师的职业素养能够决定学生课堂体验感的上限，越是理论知识渊博、知识面广博、善于表达，越能充分赢得学生的认可，满足学生生发于课本、拓展于生活的实际需求与困惑。

最后，教师的人格魅力和道德素养是学生获得感增强的根本。善于反思、敢于认错、态度真诚、举止亲和等，无不是言传身教。作为学生的引路人，教师在课堂中展现出来的人格魅力既能够展现出强大的感染力，更能够为学生带来深远持久的影响。调研中，学生对教师“授课感染力”的预期占比达到了58.2%，充分说明只有尊重学生、关注学生，契合学生对于品德高尚又真诚热烈之师的心灵追求，才能够提升学生课堂体验感和幸福感。

（二）增强大学生思政课获得感根本在于内容

内容是思想政治教育课堂的核心，思政课堂聚焦马克思主义的科学理论，又高度关注社会现实，内容常讲常新，因而在课堂中，处理理论内容与授课内容、基本原理与生活实际、理论深度与信仰高度的逻辑转换、穿插传递、升华回归，吸引学生目光、讲好中国故事，是提升学生思政课获得感的根本所在。

首先，内容的针对性和时效性是学生获得感产生的基础。在对“原理”课的课前期望中，希望“充分结合学生自身专业与学习生活”的学生占比39.7%，反映出学生对教学内容针对性的独特期待。思政课要因材施教，避免千篇一律，一方面要针对大学生的专业背景和身心发展的阶段性特征，结合不同院校、不同专业学生的现实需求、发展需求，有针对性地设计教学活动，不能死板教条、机械

① 阎国华、闫晨：《高校思政课获得感的师生互促视角探究》，《思想理论教育导刊》2022年第6期。

重复课本内容；另一方面要充分体现时代特征，结合理论知识回应学生对国内国际热点事件的关切，满足学生对新鲜事件的兴趣与需要，既要充分发挥正能量的引领作用，避免学生被纷繁复杂的网络信息迷惑，又要敢于直面问题，拓宽课堂设计领域，给学生全新的思维模式。①

其次，内容的真理性和科学性是学生获得感产生的根源。一方面，马克思主义具有真理性魅力，马克思主义是正确反映了人类社会发展规律的科学理论。高校思政课要“用真理的力量感召学生”②，防止内容表面化。另一方面，思想政治教育的独特魅力在于把马克思主义的真理魅力展现出来。通过科学合理的统筹设计，科学安排教学内容，注重用经典著作解释理论原理和政策观点，增强说服力、权威性，帮助学生提升对思政课的全面认识。

最后，内容的思辨性和批判性是学生获得感产生的动力。思政课要以理服人，不仅要正面回答问题，而且要讲清楚问题背后隐藏着的思维逻辑和价值立场，一方面要帮助学生及时了解党和国家发展动向，正确看待世界格局的变化，用马克思主义的世界观、方法论来分析理论，解决现实问题，更加辩证地看待世界。另一方面要直面错误观点和思潮，对社会矛盾作旗帜鲜明的剖析与批判，引导学生辩证认识现存的问题，从中辨明大是大非，在批判假、恶、丑现象中弘扬真、善、美。

（三）增强大学生思政课获得感需要优化教学形式

学生的课堂获得感十分依赖课堂内外的环境与听课过程的形式体验。学生对形式的想法和需求较多，且由于不同的专业与个性，学生的要求不尽相同，面对这种情况，采用集中教学的思政课堂不可能完全满足每一位学生的需求与想法。在思政课教学中，课堂形式发挥着独特的作用，形式是教师呈现课堂内容的载

① 王自芳：《试析学生思政课获得感的提升路径》，《学校党建与思想教育》2020 年第 14 期。

② 《习近平主持召开学校思想政治理论课教师座谈会强调：用新时代中国特色社会主义思想铸魂育人 贯彻党的教育方针落实立德树人根本任务》，《人民日报》2019 年 3 月 19 日。

体，形式多样、善于沟通、注重实践等教学形式能够在授课内容一致的基础上提升课堂吸引力与感染力，提升学生获得感。

首先，多样化的教学形式是提升学生获得感的基础。调研显示，影响学生学习“原理”课程的因素中形式丰富多样占比达 40.9%，课程结束后认为授课形式比较单一的学生有 12.0%。课堂形式应该根据学生专业背景、成长时代、现实问题等调整，充分运用新媒体资源。对于文科背景的学生，应该注重其自我表达，开展辩论、即兴演讲、时政述评等给学生展示自己的活动，发挥学生能动性；对于理工科背景的学生则应更注重讲解中的逻辑思路，使其信服理论内容。除此之外，运用新媒体新技术，以及翻转课堂、案例教学、引入歌曲和朗诵等，都是创新课堂形式、吸引学生目光、提升学生获得感的有效方式。

其次，沟通式课堂是增强学生获得感的一大源泉。调研中，一部分学生认为“课堂气氛沉闷，不够活泼”(11.6%)，说明学生具有参与课堂讨论交流的愿望。沟通式课堂既注重教师讲故事般的输出方式，也注重学生对问题的判断思考与语言表达，更注重师生之间的互动。具有研讨氛围的课堂非常考验教师把握课堂节奏、渲染课堂氛围、理解学生表达、分析时事新闻的综合能力。在课堂问答中，教师与学生形成实时思想互动，教师既能够理解发现学生的关注重点与认知偏差，又可能获得课堂讲授内容与组织设置的新思路。只有问题具有启发性、课堂氛围放松、教师反馈真诚，才能让习惯于应试教育的大学生放下心理“包袱”，勇于以主人翁的姿态参与课堂。

最后，实践式、体验式教学是学生获得感提升的保障。思政课获得感既需要将基础理论内化于心，也需要通过实践体验外化于行。实践体验教学应整合校内校外、线上线下相关资源，打通“思政小课堂”与“社会大课堂”之间的界限，推动“大思政课”建设。思政课教师要充分挖掘校园典型案例与校园所在地的历史文化资源，开辟实践教学的广阔场域，一方面可以带领学生走进纪念馆、博物馆等，学习前辈们在面对问题时如何将理论与实际情况相结合，并加以运用；另一方面也可以为学生创造调研、宣讲、辩论等机会，推动学生自主运用理论，做理论的传播者。

综上所述，在改进思政课质量、提升学生获得感的实践中，教师的主体力量、内容的多维呈现和形式的精心设计是密不可分的，如果内容仅仅是课本逐字逐句的呈现，课堂形式即使多变，学生也无法从中体会到课堂的快乐；如果课堂形式单调，即使教师奋力讲解也不能达到感染学生的效果；如果教师信仰不坚定、对课堂没有热情，那么学生也不会相信教师所讲授的理论从而激发信仰。思政课堂要抓住教育者、教学内容、教学形式三大环节，满足大学生在思想政治理论课中因其自身经历而产生的主观需要，契合大学生成长规律与心理期待，增强思政课的感染力、说服力和吸引力从而实现大学生思政课获得感的提升，进一步增强新时代高校思想政治工作的实效性。

（杨瑞婷，北京交通大学马克思主义学院硕士生；唐鑫，北京交通大学马克思主义学院讲师）

高校思政课教学具身化转型的优势、限度与策略

夏春秋

思想政治理论课是高校落实立德树人根本任务的关键课程。习近平总书记在2019年学校思想政治理论课教师座谈会上指出，“推动思想政治理论课改革创新，不断增强思政课的思想性、理论性和亲和力、针对性”①。这为推进新时代高校思想政治理论课改革创新指明了发展方向。具身认知理论克服了经典认知科学对身体和环境等因素的忽视，强调身体在人的认知过程中的重要作用，对实现学生身心和谐统一、发挥主观能动性具有重要意义。但随着具身教学改革进程的不断推进，以具身认知理论为指导的高校思政课教学在教学理念、教学方法方面仍存在一定的论证探索空间。因而，廓清具身认知理论的价值意蕴，梳理高校思政课教学具身化转型的优势，管窥高校思政课教学具身化转型的内在限度，进而提出相应的实践进路，以期为当前高校思政课教学的具身化研究提供有益的思考。

一、高校思政课教学具身化转型的优势呈现

具身认知具有具身性、情境性和生成性的特点，与高校思想政治理论课的实

① 习近平：《思政课是落实立德树人根本任务的关键课程》，人民出版社2020年版，第17页。

践性、亲和力要求具有内在的耦合机理，在提升高校思想政治教育教学质量方面具有独特优势。

（一）身心贯通：身心交融的知识构建

受西方传统哲学的影响，身心分离一直是人们认同的主流观点，柏拉图的“我灵魂故我在”，笛卡儿的“我思故我在”，以及康德的“理性为自然立法”，都认为身体受制于“灵魂”“意识”，理性是评判一切的标准和准绳。直至西方近代哲学不断发展，被长期贬低的身体得到了真正的关注，西方哲学才出现身体转向。尼采以身体来“重估一切价值”，提出“我身体故我在”的命题；梅洛-庞蒂认为认知是一种生物现象；瓦雷拉提出“知识是一个正在发生的解释的结果，这种解释来自我们的理解能力。这些能力根源于我们的生物具身性结构”①。借助具身认知理论，高校思想政治理论课可以实现具身化转向，促使学生身心贯通，主要表现在身体增进认知、身心和谐发展。

身体增进认知。结合具身认知理论的观点，人的认识并非从大脑中自然生发出来的，而是在心智、身体和环境的交互之中生成的，同时身体在知识生成的过程中发挥着至关重要的作用。这一理论认为身体对心智具有塑造作用，正因为人类身体结构的特殊性，才有了人类独有的思维方式，人类在通过身体作用于环境时会产生各种身体体验或经验。② 这意味着，认知并非与身体相分离，它本质上是一种身体经验，主体的知识建构并非意识完成，而是被具身的行动塑造出来的。③ 具体到高校思想政治理论课，即调动教师与学生的身体主动性，强调身体在知识学习过程中的关键作用，实现思政课教师运用身体优势助力课程教学，大学生通过身体体验领悟思想理论，从而不断塑造正确的思想观念、理想信念和价值理念。

① ［智］瓦雷拉等：《具身心智：认知科学和人类经验》，李恒威等译，浙江大学出版社2010年版，第120页。

② 叶浩生：《具身心智与具身的教育》，《教育研究》2023年第3期。

③ 叶浩生：《身体的教育价值：现象学的视角》，《教育研究》2019年第10期。

身心和谐发展。传统的高校思想政治理论课往往以知识灌输为主，政治性、理论性较强，教师主要的教学方式是讲授法，但在这样的传统模式下，身体与经验常常是被遗忘的，忽视身体的意义，过分强调心智的作用，致使思政课教学呈现身心二元对立、相互分离的景象。高校思政课要借助具身认知理论，将沉浸式、体验式教学方法融入课程教学，加强大学生对思政课课程学习的身体感知，使他们不再单纯被动地对教育信息进行处理，而是积极能动地参与课程学习，在一定程度上实现身心的和谐发展。

（二）情感联通：共情联结的情感交互

高校思政课教师与学生之间的情感沟通是影响教育教学质量的重要因素。交互是主体间进行共同规定的耦合结果，他者能够为主体提供超越主体自身经验的新的视角，① 个体无法“设身处地”“感同身受”去理解他者的行动和思维，即思想政治理论课知识的灌输和同化，难以使大学生充分理解认同思政课传导的知识和价值。因而需要借助教师与学生主体间多形式的情感交互。这种具身实践交往是学生个体在教育情境中生存发展，建构与他者关系的重要过程，也是建构理论思维模式、培养情感能力的关键环节。

构筑融洽的师生关系。高校思政课教学具身化转向有助于建立融洽的师生关系。传统的高校思政课教师与大学生之间的关系常常仅存在于课堂教学中，这种教与学的关系也可能只会延续一个学期或者一个学年，大学生往往难以有更多的机会与思政课教师沟通交流，更无须说建立更密切深入的联系，而且部分思政课教师也缺乏与学生进行情感沟通的意识。实现高校思政课教学的具身化转向有助于改善这种现状，为建立和谐融洽的师生关系搭建桥梁。从教师与学生共同参与课堂的“身”来看，高校思政课教师与学生的地位是平等的，他们是在差异碰撞的教学交往活动中不断生成转化的。② 高校思政课教师只有与学生加强情感互

① 何静：《具身社会认知》，上海人民出版社2020年版，第191页。

② 张广君、黄洁：《当代“教学身体观”的危机与重建》，《当代教育科学》2023年第3期。

动，强化情感表达和支持，才能在相互交往中增进彼此之间的理解和信任，建立起良好的情感沟通渠道。

培育学生的情感能力。情感与情绪具有紧密的内在联系，情感不仅是被激发出来的，更是在具体情境和他者的交互过程中建构出来的。抽空思政课教师与大学生的身体，实施理性的教育教学活动，会使对学生的情感培养、促进学生的全面发展沦为空话。① 真正的教育要通过教师自己的身体语言和情感，通过身体与身体、身体与知识、情感的互动实践中，生发教学意义的获得与提升。高校思政课教学以具身认知理论为基础，有益于思政课教师置换传统教学模式，依托身体语言融入教师真诚的情感因素，以理服人，以情感人，实现对学生情感世界的感染和感化。

（三）身境融通：体认知觉的行动践履

具身认知理论认为，身体并不是一个生理躯体而是一个身心合一的生命整体，强调大脑、身体与环境的互动融通，而中国哲学一直以来也具有丰富的具身心智思想。无论是先秦儒家的修身养性，还是宋明理学“格物致知”“知行合一”的思想都蕴涵了丰富的具身心智的思想资源。中国哲学独具特色的“体知”概念就是指用身体来进行认知，是“以活的身体为核心要素，强调身心在具体环境中的整体统一”②。将蕴含丰富具身认知思想的“体知”概念运用到高校思政课教学之中，就是要注重教师与学生的“身境融通”，通过体知于身、以身体知、身体力行等方式，加强对大学生的政治引导、价值观塑造，教育引导学生树立远大的人生志向，并落实到脚踏实地的实际行动中。

具体而言，将具身认知思想运用到高校思政课教学，有益于形塑学生的实践技能。王阳明“知者行之始，行者知之成”，陶行知“行是知之始，知是行之成”，

① 伍雪辉、张艳辉：《基于现代身体哲学意义的教师形象分析》，《重庆师范大学学报（哲学社会科学版）》2016年第5期。

② 胡万年：《身体和体知：具身心智范式哲学基础研究》，北京师范大学出版社2020年版，第25页。

杜威“从做中学”，无一例外都强调身体力行对认知的重要性。高校思政课的教学内容要通过教师和学生的身体来展现，身体的运动及灵活程度会在一定程度上影响教育效果，而在这一过程中环境也会影响教育的效果。高校思政课具身教学并不意味着“直观教学”“经验教学”，也不代表单纯多媒体的信息输入过程，相反它强调了身体感知以及与环境的互动，在这种教学模式下更易提高学生对外界环境的感知，以及对具体情境问题的关切，有利于引导大学生积极探求解决问题的方法，培养学生实践探索的兴趣，使他们将知觉和动作紧密联系起来，借助“意向图式”和“概念隐喻”，通过学生独特的身体经验不断发展他们的实践能力。

二、高校思政课教学具身化转型的限度审思

具身认知是认知科学领域中的一个新的研究取向，它强调认知与身体、环境之间的互动，但若未能充分理解具身认知范式与高校思政课教学之间的耦合机理，盲目将其推广至高校思政课教育教学实践中，会导致学生思维发展迟滞、育人效果欠佳、师生主体性遮蔽等问题，这些矛盾问题构成了制约高校思政课具身化转型的阻碍。

(一)“过度具身”引发的思维发展迟滞

政治引导是高校思想政治理论课的基本功能，这要求思政课教师要“以透彻的学理分析回应学生，以彻底的思想理论说服学生，用真理的强大力量引导学生”①，要在学理分析、理论说服、价值引导的过程中不断塑造学生的批判性思维、创新性思维，培养大学生成为堪当民族复兴重任的时代新人。但就目前的高校思政课教学实践来看，高校思政课教师在实现教学具身化转向时，容易忽视学生批判性思维和创新性思维的培养，以至于学生逐渐失去学习思政课的内在

① 习近平：《思政课是落实立德树人根本任务的关键课程》，人民出版社2020年版，第18页。

动力。

批判性思维发展相对不足。高校思政课教师的具身转向往往需要借助数字技术的精准匹配和场景搭建，学生在长期的沉浸式体验学习、个性化精准推送中逐渐依赖信息技术提供的便利，对此产生了路径依赖，“海量信息供给与直观呈现方式易遏制学生深层抽象的思考，让其道德认知及道德情感浮于表象”①，这必然影响他们发展批判性思维。此外，虚拟的、仿真的模拟场景无法代替真实、可触的现实场景，只有在真正的社会实践活动中，才能极大地促使大学生不断获得更高程度的理性认知，不断增强反思批判意识，提高分析和评估问题的能力，从而以更加积极主动的姿态参与思政课教学活动。

创新性思维发展较为贫乏。创新性思维要求打破固有的思维模式，以新的视角去思考同样的问题，以新的方法去解决不同的问题。高校思政课教师的教学目标也应当包含对学生创新性思维方式的培养，但现实教学中存在着数据思维之下的功利色彩，“信息茧房”之中的盲目从众心理，这些妨碍了学生创新性思维的产生和发展。数据思维介入高校思政课教学，可能会让高校思政课教师过度依赖数字技术提供的数据结果，根据输出结果片面地将学生分为三六九等，这可能会形成教育的功利化。高密度的数据信息容易形成“信息茧房”，在思政课教学中大学生会被自己的兴趣习惯性地引导，从而将自己的认知思维桎梏于邻近的思维领域，不利于创新性思维的形成。

（二）“虚假认同”造成的育人效果欠佳

高校思想政治理论课虽然不具备明显的身体属性，但是却包含着丰富的社会认知性内容，大学生需要通过一定的身体感知的社会实践活动去探索自我价值、了解内在需要，并适应社会发展。当前的高校思政课具身教学存在一定程度的“虚假认同”，忽视了深度的育人价值，相对缺少对学生的人文关怀，大学生对

① 张冉妮：《高校思政课教学的具身化策略：理论缘起、虚拟仿真实践与未来进路》，《黑龙江高教研究》2023 年第 8 期。

思政课无法产生真正的情感共鸣，即使有表面上的认同，但并没有产生精神上的获得感、满足感。

育人价值缺少深度。在高校思政课的具身教学中，教师往往占据着情境的主导地位，他们依照自己的想法设计出教学情境，但这种情境从某种程度上是对学生主体性的压制，主要目的在于对学生身体的控制和规训。高校大学生在思政课学习中，接受的更多的是来自数字技术提供的知识信息，在知识信息基础上进行的理论阐释、理论升华较少，对外部社会环境的切身体验方面较少，容易忽略教书育人的其他维度，此时的大学生始终无法与思政课教师产生心灵的碰撞、思想的激荡，也就无法深化对大学生的教育效果。

人文关怀相对匮乏。高校思政课教学要求必须坚持以人为本，着眼于大学生的全面发展，既要注重对学生的思想教育，又要重视对学生的人文关怀和心理疏导。但若夸大具身范式转向的作用，过分关注具身教学的工具性价值，没有及时关注学生的心理需求，高校思政课具身教学就有可能会引发人文关怀的相对贫乏，从而无法与学生进行深层次、多方面的情感互动，更无法产生真正的情感共鸣，这阻碍了对学生价值观的塑造。

此外，具身认知在高校思政课教学上的应用，还需要符合教学内容的性质和教学对象的特点，在抽象的思想理论教育中，难以将其用数据化的形式体现出来，也无法让学生发挥身体的效用，反而容易导致学生注意力分散、学习低效。①

（三）“技术具身”带来的主体性遮蔽

技术的进步为高校思政课教学提供了丰富的教学资源，拓展了教学的方式方法，将数字技术应用于高校思政课教学，为思政课教学搭建适配的教学场景，在虚拟的、仿真的、增强的具体场景中，嵌入思政课教学内容，突出思政核心元

① 李莉莉、焦江丽：《具身认知理念下教育教学改革的可能与限度》，《当代教育科学》2022年第8期。

素，以沉浸式、体验式、议题式教学模式，引导大学生借助其自身的具身体验，加深对社会生活的认识，增强学生的参与感和获得感。但数字技术是一把“双刃剑”，在发挥其为教学带来积极作用的同时，也应当合理规避“技术具身”对人的主体性遮蔽。

学生主体身体意识的物化。具身化的思政课教学端依赖于海量的直观信息呈现，在注重身体经验的同时，还需要调动学生的“感官刺激”“感知—运动系统”。物质技术将我们导向一种习惯性的被动存在，要求主体适应外在的技术形式，从而在物质化的技术情境中，主体产生对数字技术的依赖甚至迷恋，主体的身体意识逐渐被物化①，在力求用技术追求“完美身体”的时候，“身体的消失”却逐步显现。在追逐“身”的过程中，教学迷恋“感官刺激”，使得“身”重蹈“心”的覆辙，成为一个有限的、工具性的实体，缺乏人应当具备的主观能动性。这意味着高校思政课教学改革既需要利用好数字技术的显著优势，也要警惕以数字化、人工智能为代表的技术带来的潜在风险。

教师主体权威角色的消解。随着教学技术化的不断深入，教师教学对数字技术的依赖程度逐步提高，思政课教师可以运用交互性强、反馈及时的沉浸式、体验式教学模式，增强教学过程的吸引力、感染力。虽然教学环境的深刻变化塑造了教师、学生对自我的建构，但是人由于自身能力的局限而无力抗拒外在压力，最终也容易失去自我。一方面，数字技术带来的优势给思政课课堂提供了丰富多元的思政课教学信息、教学资源，会使高校思政课教师传统的话语权威受到一定的挑战；另一方面，数字技术的长期使用可能会让学生对此产生依赖心理，习惯通过感性直观的呈现方式获取知识信息，这也会让学生对思政课教师的信任程度相对降低，不再主动与思政课教师进行教学互动。

此外，信息技术为高校思政课教学提供了“数字化增强”“记忆移植”等有利条件，但也容易使高校思政课教师和学生丧失个人的精神隐私，师生的内心世界

① 周午鹏：《技术与身体：对“技术具身”的现象学反思》，《浙江社会科学》2019年第8期。

对于操作者来说是全部公开的，这也就容易出现数字化伤害，进而面临种种伦理风险，思政课教师与学生的尊严在此时也会存在一定程度的“贬值”。

三、高校思政课教学具身化转型的实践策略

具身认知理论的应用在高校思政课教学中呈现出思维发展、育人效果、主体性发展的限度，对思政课教师的教学工作提出了新的挑战。为此，需要立足思政课教学具身化转型存在的限度，从实践智慧、人文精神和价值追求等维度提出可供参考的应对策略。

(一) 以适切的具身体验为导向，达致身心和谐的实践智慧

高校思政课具身教学常常借助数字技术建构真实的、仿真的、增强的教学情境，调动学生的身体参与，从而检验学生对知识的深层理解。但若过度依赖数字技术搭建的教学情境，或不加区分地进行具身教学，可能会使学生的思维发展受到局限，不利于学生的健康成长，这与教育事业的实践智慧导向存在背离。实践智慧是实践哲学的基础性概念，在亚里士多德那里，实践智慧与思辨的理性相关，实践的知识要通过实践而获得，也要通过实践而实现。① 实践智慧是人类活动的自觉追求，它超越了主客二元对立、功利化思维，其特点在于追求教学的本真价值，更为注重人的现实生活和日常世界的实践。

一是求真。教育家苏霍姆林斯基曾言：“道德准则，只有当被学生自己追求、获得和亲身体验过的时候，只有当它们变成学生独立的个人信念的时候，才能真正成为学生的精神财富。”高校思政课教学的具身化转向需要具备真实的教学情

① 李义天：《作为实践理性的实践智慧——基于亚里士多德主义的梳理与阐述》，《马克思主义与现实》2017 年第 2 期。

境，真实的情境指的是程序性真实、社会性真实、实践性真实。① 例如要求大学生积极参与真实场景的实习项目，或者根据教学内容的要求，将真实的实习场景元素有区分地虚拟化，使学生化身为特定的社会角色进入真实的情境，同时依据学生完成任务的情况给予评价，通过切身参与实习实训，弥补纯粹虚拟模式下不准确的认知偏差，从而加深对思政课理论知识的理解。

二是向善。具身教学的实践智慧要求高校思政课教师明智理解与理性把握社会现象和人生境遇，用自身的实践经验教育大学生修炼德行，锤炼品格。这里的实践智慧并不具有功利思维倾向，而是带有终极性的。一方面，需要高校思政课教师将面向现实生活的问题情境融入教学实践，培养大学生对待生活要明辨是非、追求幸福的能力。另一方面，高校思政课教师自身要提升道德修养，在培育和践行教育家精神的过程中，坚持终身学习、以身示范，在“育人”“育己”中完成高校立德树人根本任务。

三是践行。践行本身蕴含在实践智慧之中，要求高校思政课教师以一定的教学方式方法，激发学生自觉主动参与教学实践，在具体的实践活动中获得对外部世界的客观认识，用批判性思维、创新性思维方式分析和解决现实问题。正如杜威所提出的，教师不应当将自己已知的观念直接告知给学生，而是要有一个真实的情境、真实的问题刺激学生思维的发生，从而有条不紊地想出解决问题的办法。

（二）以深挚的人文精神为取向，孕育深度交互的情感浸润

数字技术的应用是高校思政课教学具身化转向的表现形式，拓展了教学模式与教学资源，但也增加了更多的复杂性和不确定性，需要平衡技术与人、人文之间的关系。按照具身认知理论的观点，“教学应该被理解为师生生命意义的生长”②，教

---

① 刘登珲、卞冰冰：《回归与超越：具身认知视域下的教学情境设计》，《当代教育科学》2021年第8期。

② 焦彩珍：《具身认知理论的教学论意义》，《西北师大学报（社会科学版）》2020年第4期。

师与学生的生命主体相互联系，高校思政课教师与学生在教学过程中相互学习、共同学习，体现作为主体的生命的意义。

一是在教师教育中提升人文素养。高校思政课教学的具身化意味着对教师和学生“身体”的重视，强调师生身体的嵌入，容易忽视学生人文素养的提高。因而要以教师人文素养为重点，鼓励高校思政课教师自觉提升人文素养，用自身深厚的人文素养底蕴滋养学生的精神世界，帮助他们丰富自我、完善自我，从而实现教师与学生的共同发展。一方面，各个高校要构建完善的教师教育机制，为高校思政课教师提供多元化、多层级的教师教育培训平台，着重提升高校思政课教师的人文素养，同时组织策划更多的实地参观、实地考察活动，以身心融合的方式领略祖国各地的风土人情、文化底蕴，从而持续丰富高校思政课教师的人文知识，提升他们的人文素养。另一方面，要把激发教师自主学习人文知识、提升人文素养的兴趣动力放在首位，营造风清气正、和谐向上的校园文化氛围，鼓励高校思政课教师自觉学习中华优秀传统文化，从传统文化中积淀人文历史底蕴，不断塑造自我人文特质。

二是在平等对话中加强人文关怀。教师与学生只有通过真诚的交流才能实现生命的意义，教师不能代替学生思考，也不能把自己的思想强加给学生，而是要鼓励学生自己思考，以及师生之间的互动交流。高校思政课的具身化转向，需要加强对学生的人文关怀以摆脱目前思政课教学面临的困境。一方面要关注学生的生命，“实质是关注个人的生命经历、经验、感受与体验”①，高校思政课教师要帮助学生适切地解决真实生活中面临的问题，培养他们解决自我思想困惑的能力。另一方面，高校思政课教师在教学具身化的过程中要加强与学生的平等对话，避免以真理的化身、道德权威的身份对学生进行说教，引起学生的反感情绪。杜威认为：“要想说得有条理，就必须跳出自己的立场，从对方的角度来看这个经验，找出能和对方的生活衔接的地方，以便使对方能够理解经验的价

① 朱小蔓：《关注心灵成长的教育》，北京师范大学出版社 2012 年版，第 101 页。

值。”①高校思政课教师要站在学生的立场，用生动鲜活的故事叙事对学生进行思想引导，以真诚的情感浸润感化学生的心灵。

(三)以全面的数字素养为方向，彰显师生主体性双向建构

数字技术对人的主体性的僭越，容易使人陷入主体性困境之中，要以全面的数字素养为发展方向，提升高校思政课教师与大学生的数字教育能力、数字道德规范意识、数字安全防护能力，从而规避数字技术带来的人的异化，实现师生主体性双向建构。中央网信办等四部门印发的《2022 年提升全民数字素养与技能工作要点》明确指出“坚持目标导向、问题导向、结果导向，多措并举提升全民数字素养与技能”。

提升高校思政课教师的数字育人能力。要针对不同高校的思政课教师开展数字知识与技能的培训和服务，依托学校数字技术人才、数字资源、数字平台等，加大对高校思政课教师数字育人能力的培训，全方位提升高校思政课教师学网、懂网、用网能力。要鼓励高校思政课教师自主提升数字育人能力，以促进人的全面发展为价值目标，规避数字技术依赖，“启发和激励人们认识自我与世界的本相，进而在反抗现实秩序、克服自我局限中发展自我”②。

强化高校师生的数字道德规范意识。数字技术融入高校思政课教学，以实现思政课教学具身化转向，会面临一系列的数字伦理问题，因而要增强高校思政课教师和大学生的数字道德规范意识，通过理论教授、实践训练、技能培养等方式构建政府、社会、高校、家庭协同育人机制，将现实生活中的道德规范与虚拟技术中的伦理规范有机结合起来，发挥高校思政课教师对大学生的示范引领作用，持续强化教师和学生的数字道德素养，同时不断提高高校思政课教师的影响力。

增强高校师生的数字安全防护意识。思想是行动的前提，数据安全防护意识

① ［美］杜威：《民主主义与教育》，魏莉译，长江文艺出版社 2018 年版，第 5 页。
② 魏波：《现代社会人如何失去自我——现代性批判的中心线索》，《世界哲学》2023 年第 6 期。

是实现高校思政课具身化转向的前提，维护好高校思政课教学中的信息数据安全，有益于更好地开展教书育人工作。高校思政课具身教学“需要明确人工智能在教学中所发挥的作用及其发挥作用的边界”①，为此要通过岗位培训、宣传教育等方式，着力增强高校师生的数字安全防护意识，加强高校思政课教师、大学生的个人隐私保护，避免思政课教师和学生个人隐私的泄露。

（夏春秋，华中师范大学马克思主义学院博士研究生）

① 李佳宁、刘鹂：《融通与生长：具身教学的逻辑旨归》，《教育理论与实践》2023年第25期。

新时代高校民族预科思政课建设的价值意蕴、现状分析与路径优化

张若云　王　瑞

自1950年、1951年政务院分别颁布《筹办中央民族学院实行方案》和《关于改革学制的决定》至今，我国实行民族预科学制已逾70年，间或经历停滞和恢复。长久以来，思想政治教育都是民族预科学段教育培养的主要任务之一，高校民族预科马克思主义理论思想政治教育课程（以下简称“高校民族预科思政课”）更是预科学段发挥思想政治教育功能的主渠道和主阵地。根据教育部关于印发《普通高等学校少数民族预科班、民族班管理办法（试行）》的指示，预科班的课程设置应遵循“突出重点、加强基础、兼顾专业”的原则，开设汉语文、数学、外语、计算机和马克思主义理论思想政治教育课程。① 但在实际组织培养管理方面，相比其他几门基础课建设，思政课的开发和建设还有待进一步完善。因此，基于高校民族预科思政课建设的价值意蕴，对其建设现状进行深入分析并提出路径优化方案是亟待解决的一项重要议程。

一、高校民族预科思政课建设的价值意蕴

高等院校实施民族预科教育学制的根本目的在于通过少数民族人才培养弥补

① 中华人民共和国教育部：《教育部关于印发〈普通高等学校少数民族预科班高层次骨干人才硕士研究生基础强化班管理办法〉的通知》，http://www.moe.gov.cn/srcsite/A09/moe_751/201007/t20100712_108628.html，访问日期：2024年7月16日。

因教育资源不均衡造成的地区发展差异，改善少数民族地区社会经济教育等发展相对落后造成人才匮乏的不良循环困局。作为新时代高校思想政治教育的主体之一，少数民族预科生的成长成才关系着未来民族地区社会经济文化的发展方向，也是实现我国社会更均衡更充分发展的现实力量。因此，高校民族预科思政课建设要从宏观层面助推铸牢中华民族共同体意识教育“提质增效”①，以加强少数民族预科生的文化认同与文化融合；从中观层面坚持“三全育人”教育理念，尤其是贯彻落实全过程全方位立德树人的根本目标；从微观层面关注少数民族学生成长成才，培育其良好的思想政治素养，真正发挥预科学段过渡性、导向性和适应性功能。

（一）铸牢中华民族共同体意识

2019 年 10 月，中共中央办公厅、国务院办公厅印发《关于全面深入持久开展民族团结进步创建工作铸牢中华民族共同体意识的意见》（以下简称《意见》）。《意见》指出，中华民族共同体意识是国家统一之基、民族团结之本、精神力量之魂；强调新时代民族团结进步创建工作要坚持以铸牢中华民族共同体意识为根本方向，坚持以加强各民族交往交流交融为根本途径，坚持以“中华民族一家亲，同心共筑中国梦”为总目标，深化民族团结进步宣传教育。中华民族共同体意识不仅作为一种想象的共同体深刻影响民族团结、经济发展和社会稳定，更深嵌在中华民族共同体形成的漫长时空中。费孝通先生曾在阐述中华民族多元一体格局理论时指出，中华民族不是各民族简单加总，而是具有共同体意蕴的民族实体。在多元一体格局中，一体包含多元，多元组成一体，一体是主线和方向，多元是要素和动力。因此，积极培育中华民族共同体意识，涉及如何从少数民族预科学生的认知、情感、意志和践行四个方面提升认同感。

文化认同是在长久的文化熏陶和教育引导下形成的一种社会自觉和社会选

① 王秀民、冯瑛：《“三全育人”视域下铸牢民族高校大学生中华民族共同体意识》，《民族学刊》2023 年第 6 期。

择。作为具有民族代表性和鲜明地域文化特征的精英群体，少数民族预科学生是我国民族地区社会经济发展的人才力量。面对全球化背景下国际形势复杂多变、多元文化冲击、信息迭代频繁、意识形态多元分化的现状，悠久深沉的少数民族文化体系可能被分解成碎片化与零散化的文化符号，多民族视角下“继承性中国”则可能遭受断裂的危机，以至于少数民族学生难以形成清晰理性的文化认知思维和积极的应对心态。这意味着高校思想政治教育亟需从文化认同、民族认同和制度认同三方面进行系统建构，科学总结和合理分析造成“认同危机”的原因，在高校民族预科思政课建设过程中有针对性地培育和铸牢中华民族共同体意识，加强价值引领与共识凝聚，以提高民族学生与政权制度之间的“双向认同”。

按照美国心理学家阿德勒(Adler)从文化差异视角提出的文化心理适应五阶段说，少数民族大学生从母体文化到以汉族文化为主流文化的心理适应过程，必然要经过“接触—不统一—否认—自律—独立”①的过程。课程建设要帮助少数民族学生建立跨文化认知力—认同力—胜任力的渐进性适应体系。因此，铸牢中华民族共同体意识作为新时代民族工作的“纲”，是中国主动应对中华民族伟大复兴战略全局和世界百年未有之大变局的重大战略部署，是民族高校开展思想政治教育的重要内容。② 高校民族预科思政课建设旨在从“大思政”格局出发，通过思政课建设加强中华民族共同体教育，引导少数民族预科学生不断增强对伟大祖国的认同、对中华民族的认同、对中华文化的认同、对中国共产党的认同、对中国特色社会主义的认同(以下简称“五个认同”)，最终是为了超越人才培养的工具理性，强化被更多个体理解与接受的文化—认知属性，搭建起少数民族学生个体对国家政权、制度体系高度认同的桥梁，保障多元一体格局长久稳定发展。

(二)贯彻落实全过程立德树人根本任务

2500多年前孔子提出“仁以为己任，不亦重乎”(《论语·泰伯》)时，就已经

① 徐兴光:《跨文化适应的留学生活》，上海辞书出版社2000年版。

② 杨敏、陈雪龄:《民族高校铸牢中华民族共同体意识教育满意度的实证研究》，《民族学刊》2022年第12期。

将人看作社会性的文化存在。随着时间的沉淀，这个大写的“德”作为主体追求生命意义的严肃自觉担当，超越了有限生命；作为中华文明的终极关怀和社会结构的运行逻辑，构成了中国教育的根本取向和核心价值。① 2019 年 3 月，习近平总书记在学校思想政治理论课教师座谈会上指出，要用新时代中国特色社会主义思想铸魂育人，贯彻党的教育方针，落实立德树人根本任务。“立德树人”既是思想政治教育合法性地位的价值体现，又是思想政治教育统一社会发展规律性和人们自觉行动目的性的价值导向。党的二十大报告则进一步强调“育人的根本在于立德”。这一极富中国传统意蕴的表达充分体现了中国人从古至今厚植“德育”的精神文化特质，从人之为人的存在方式、中华民族的精神禀赋乃至以德治国的深层根源等角度，将道德基因与现代教育有机融合。

民族预科学段思政课是全学段贯彻落实立德树人根本任务的重要一环，是民族预科阶段开展思想政治教育工作的主阵地和主渠道。尽管该学段时间短、过渡性强，但其主体仍是“现实的人”。少数民族预科学生对本民族文化有天然的亲近感，对经多民族融合而形成的“继承性中国”和中华民族的认同度普遍较高。又由于自然地理环境、宗教信仰、风俗习惯、语言文字等适应性差异，他们对以政权为核心的国家认同感或因更广泛的多元一体式中华民族认同较为疏淡。因此，民族预科思政课建设远比普通本科教育阶段更具体、更现实、更有针对性。

据此，针对民族预科教育“如何立德”的命题，从“大思政课”到小思政课堂，包含社会、政府、学校、家庭等多位一体共同作用。要将“立德树人”作为检验民族预科思政课育人效应的根本标准，使之贯穿少数民族大学生思想政治教育过程始终。思想政治理论课更要坚守学科本质属性，发挥文化育人、思想育人、道德育人的功能，课程建设的落脚点与国家经济社会发展的整体趋势相适应，在凝聚共识的基础上涵养民族学生传统道德品质，增强使命担当。“努力做到每一堂课不仅传播知识而且传授美德，每一次活动不仅健康身心而且陶冶性情。让同学

① 杨晓慧、弓昭民：《“育人的根本在于立德”的学理阐释》，《思想教育研究》2023 年第 4 期。

们都得到倾心关爱和真诚帮助”。① 要凝聚和整合少数民族预科学生群体，思政课课程建设和开发必须顺应科学技术迅猛发展之时代巨变，注重“两个结合”，强化传统思想文化铸魂育人，引导少数民族预科生增强“四个自信”，厚植爱国主义情怀，铸牢中华民族共同体意识，以社会主义核心价值观引领多元思想，凝聚价值共识，以适应国家对于少数民族预科生德育工作的具体要求。

针对“立什么德”的问题，习近平总书记多次强调，“核心价值观，其实就是一种德，既是个人的德，也是一种大德，就是国家的德、社会的德”。②《礼记·大学》曰：“古之欲明明德于天下者，先治其国；欲治其国者，先齐其家；欲齐其家者，先修其身；欲修其身者，先正其心；欲正其心者，先诚其意；欲诚其意者，先致其知，致知在格物。物格而后知至，知至而后意诚，意诚而后心正，心正而后身修，身修而后家齐，家齐而后国治，国治而后天下平。”从小我通向大我，由“立己”至“达人”，形成了贯穿中华文明社会核心价值体系始终的个体、社会、国家三位一体的价值共同体。因此，民族预科思政课建设的“小逻辑”必然要与民族复兴、社会经济发展的“大逻辑”相契合。

（三）提升新时代少数民族预科生思想政治素质

少数民族大学生群体呈现出民族性、地域性、多元化的基本文化特征。③ 尽管现代化的服饰和较为同质化的受教育背景从表面上模糊了他们诸多外在的民族差异，但基于血缘—族群的身份识别仍然是他们最主要的身份认同来源，通过原生民族语言、习俗、宗教信仰、审美旨趣、饮食等方面，少数民族预科生能够清楚识别我族与他族，甚至一些微小的区别他们也能觉察，来自同一地区的学生之间的认同识别也更强烈。此外，“00后”少数民族预科生群体作为伴随信息技术飞

---

① 习近平：《从小积极培育和践行社会主义核心价值观——在北京市海淀区民族小学主持召开座谈会时的讲话》，《人民日报》2014年5月31日。

② 习近平：《在文艺工作座谈会上的讲话》，《人民日报》2015年10月15日。

③ 李永政、庄勤早、甘祖兵：《西部地区少数民族大学生的文化融合意识与国家认同》，《民族学刊》2018年第3期。

速发展的一代，成长于多元文化共存共融的背景下，或主动或被动地具有跨文化交往的主体经验，这种多元化使其形成了开放、包容、发展、回归的文化心态。

随着贸易、科技、文化、教育、人才等交往交流日趋密切，少数民族学生对于通过更多教育机会获得教育资源以提高自身知识水平，破除地区阻隔实现个人发展，进而在国家经济社会发展中发挥重要作用有着普遍强烈的诉求。因此，预科学段思政课建设的目的之一，就是发挥其思想政治教育功能的基本属性，培育和提高少数民族学生思想政治素养。一是通过预科学段思政课加强共识凝聚，树立理想信念。在深刻理解民族心理、接纳多元族群文化的基础上以社会主义核心价值观引领少数民族学生“五个认同”。树立共同理想信念——为将来投身中国特色社会主义事业、建设社会主义现代化强国、实现中华民族伟大复兴打下坚实的思想基础，具备少数民族地区中国式现代化发展建设者和接班人的身份认知。二是通过预科学段思政课完善认知体系，躬身社会实践。一方面，拓宽少数民族预科生文化视野，引导他们学会观察世界大势，把握时代脉搏，兼具历史视野与时代洞察力。另一方面，带领少数民族预科生积极投身社会实践，组织红色之旅，深刻领悟革命精神、长征精神、交通强国精神、科学家精神等，在爱心志愿服务活动中观察社会、阅读他人、了解自我，从而推动民族预科思政课建设内涵式发展，将价值塑造、知识传授和能力培养融为一体，寓价值观引领于理论学习与实践活动之中。三是通过自我认知与人格培养、职业生涯发展规划等方面提升少数民族学生跨文化胜任力。文化适应能力或跨文化能力是影响民族大学生就业的关键①，关爱学生个体，帮助他们更好地探索和认知自我，学会关心他人、融入集体，从思想和情感上尽快适应新的成长环境，怀揣远大理想信念奔赴前路。以此最大限度地凝聚少数民族青年学子的智慧和力量，使他们深刻感受到其个人命运与国家发展、民族复兴息息相关，扩大中华民族共同体外延，以促进国家长治久安和中华民族繁荣发展。

---

① 皮建华、徐明祥、黄明生：《少数民族大学生文化适应能力培育路径研究》，《昭通学院学报》2015 年第 1 期。

二、高校民族预科思政课建设的现状分析

从全国高校民族预科思政课走访调研情况来看，民族院校与非民族院校在思政课建设方面虽然因各校办学类型、办学层次、办学规模、优势专业、生源范围和学生基础等差异而存在个别特征。但不乏存在需要普遍改善的共性问题。第一，民族预科学段作为衔接高中阶段与本科阶段的学段具有过渡性和暂时性的特点，且少数民族预科学生相较于本科年级学生数量较少，鲜少有高校形成了成建制的思政课课程体系。第二，民族预科学段思政课开设的自主性较强，课堂组织呈现灌输式与自主讨论式“双极化”特征，还没有较好地平衡好教师与学生的角色功能。第三，尚未形成包括政策制度、培养管理、硬件设施、师资队伍、教材教辅等全方位的系统保障体系。

(一)预科学段过渡性阻碍成建制的思政课建设

少数民族大学生接受预科教育的时间通常为1年，根据学生语言基础差异还设有2年制预科。相对其他教育学段，预科学段具有过渡性和暂时性的特点。这在很大程度上使成建制地系统建设民族预科思政课体系受到局限。因此，作为少数民族预科人才培养的重要组成部分，民族预科思政课建设必须以现实问题为导向，系统分析课程体系、课程内容以及教学评价体系的现状。

第一，课程体系缺乏针对性和规范性。从诸多开设民族预科思政课的高校情况来看，无论是民族院校还是非民族院校在关于“民族预科阶段需开设一门什么样的思政课”“为什么要开设这门思政课”的问题上都不甚明晰。许多院校尚未按照“两个结合”基本原则，针对如何强化国家认同以铸牢中华民族共同体意识等方向性问题，建有系统完善的民族预科马克思主义理论思想政治教育课程。

预科学段已开设的相关课程包括但不限于民族理论与民族政策、国学与人生、形势与政策、历史、铸牢中华民族共同体意识等。其中，有院校按照文理分科，在本预文科中开设有思政课相关课程，而在本预理科中则未开设。非民族院

校预科培养课程则开设有民族政策与民族理论、中国历史及文化、马克思主义理论与当代中国、中华民族共同体概论、思想道德基础等。其中，“民族政策与民族理论”课程是教育部明确规定的必修基础课程，其在一定程度上发挥了引导少数民族预科生树立正确的马克思主义民族观的作用。而上述其他课程均为不同院校自主开设，总体呈现出课程目标模糊、课程结构零散、学分设置较低、学时安排较少的情况。究其原因主要在于，一方面，缺乏在基本方针的指导下围绕民族预科教育的阶段性特征和少数民族预科生主体特征对课程体系建设进行具体部署。另一方面，尚未组织起一批具有思想政治教育学科基础和预科教学经验的专家教师，协同建设并规范完善马克思主义理论思想政治教育课程大纲、课程教材、教学案例、线上课程以及评价体系。

第二，课程内容缺乏逻辑性和系统性。从当前各类高校民族预科思政课课程内容架构与教学实施过程来看，由于课程体系缺乏针对性、指导性和规范性，加之课时容量有限，教师专业方向存在细微偏差，导致教学内容碎片化，教学组织过程零散随意，课程结构缺乏逻辑性。在理论知识层面，缺乏教学大纲发挥骨架支撑作用，授课内容或停留在高中政治课和历史课层面，或与本科思政课内容高度重合，没有形成能够体现预科学段梯度和适应少数民族学生群体独特性的课程内容。许多老师的课堂活泼有余但缺乏理论深度和学理支撑，学生的注意力不可避免地会投注于手机和电脑，难以长时间集中精力关注课堂内容；在能力培养方面，缺乏充足的实践历练培养学生运用理论知识理解现实和阅读社会的能力。各校少数民族预科生的核心价值观认同状况存在一般性问题——学生在认知层面，总体上普遍认可当前的社会主义核心价值观，但对概念的记忆和理解并不清晰准确，在认同程度上则存在多元化和差异性现象。落实到践行层面，能做到知行统一、内化于心、外化于行的比例更低。①

第三，教学评价体系缺乏多维度和动态发展性。由于涉及升入本科阶段的专

① 李丽：《高校少数民族预科生社会主义核心价值观认同现状分析》，《农村经济与科技》2016 年第 18 期。

业需要扎实的知识基础和出色的学习能力，预科学段各项课程的最终成绩和平均绩点成为竞争焦点。当前，民族预科思政课普遍采取的教学评价方式仍然是以传统教师主导“以考代评”的一次性知识性考察。尽管这种考核方式能够在一定程度上避免教师评价或学生互评的主观性，在操作层面更易于落实预科学段的竞争机制和升降级制度。但鉴于前文所述课程体系与课程内容两方面的具体问题，这种知识性考察往往存在知识点泛滥、重难点弱化，从而导致学生复习方向不明确的问题，更难以避免对学生的评价片面化和扁平化。这无形当中不仅无法减缓他们跨文化适应的压力，反而可能造成学生因考试成绩不理想产生挫败感，在接下来的学习过程中出现学习动力不足、学习兴趣匮乏等问题。而少数民族预科生进入高校后，摆在他们面前首先要克服的困难是跨文化生存。因此，预科学段思政课在强调考查学生系统掌握知识点情况所必要采用的考试形式以外，还应当从关注少数民族学生人格养成、个人潜力的角度结合第二课堂表现进行动态式发展性评估。

（二）教学模式“双极化”造成民族预科思政课教学缺乏针对性

教育的真正目的是意义建构。教育者无法将文字符号、知识观念或价值立场简单复制和灌输给受教育者。这需要受教育者主动将新的信息刺激与前认知结构链接起来，对其进行识别、筛选、转化、融合和吸收。① 目前，针对少数民族预科生的思政课教学模式在传统模式的惯性影响下阻碍了这一意义建构进程，更无法针对预科学段的过渡性、适应性、特殊性以及少数民族大学生地域性、民族性和多元性的基本文化特征创新课程模式。学生很可能因此无法适应预科阶段新的文化环境和学习模式，从而出现畏难情绪或抵触情绪，白白浪费预科阶段的学习时间和在自我探索中的转型机遇。②

① 徐喜春：《少数民族大学生文化适应障碍的建构主义分析及消解》，《陕西青年职业学院学报》2018年第1期。

② 大学预科教育分为一年制和两年制，其中两年制预科是新疆协作计划。两年制预科生普遍相较于一年制预科生的汉语水平更低、更缺乏英语基础、学习主动性更弱、情感沟通较困难、家庭较贫困，这些都给对学生进行教育管理带来挑战。参考邓晓琳、邓涵、道利刚：《两年制民族预科学生综合素质的现状及其成因调研》，《西南民族大学学报（人文社科版）》2009年第12期。

高校民族预科思政课教学模式呈现两个明显特征：一方面是以信息加工教学模式为主，着眼于知识获得和智力发展，学习理论基础和获得概念。主要是通过注入式、灌输式传授知识，不利于调动学生主观能动性，也缺乏个性化引导。教师会将主要精力放在讲授知识内容，从而忽视对学生自主学习研究能力的培养，学生在学习过程中很难形成问题意识以及获得分析问题、解决问题的能力。最重要的是，这可能会造成对个人潜力和人格发展的忽视，也无法体现学生之间在学识、认知、能力、特长、爱好等方面的个体差异，不利于有针对性地挖掘学生潜力。由于受传统教学模式惯性驱动的影响，师生之间、学生之间缺乏相互影响和充分互动，无益于少数民族大学生适应高等教育阶段自主—合作式探究型学习。另一方面，则是以专题形式进行自主探讨教学。虽然教学实施过程自由度高、自主性强，但缺乏方向感和规范性，教学组织过程往往陷入漫无目的的讨论，而缺乏真正意义上的互动引导和自主探索。价值引导也仅仅停留在对爱国主义、民族共同体认同以及理想信念的泛泛而谈。教师只能在遵循传统教学方式的基础上根据少数民族学生素质基础与既有知识结构来组织教学，这就难免造成在放羊式的教学组织过程中学生主体性缺失和课程模式守旧。

（三）缺乏支撑民族预科思政课可持续建设的保障体系

民族预科教育作为马克思主义民族理论在中国式现代化发展中的具体实践，需遵循人才培养与发展规律从政策制度、学校管理、硬件设施配套、教师队伍建设、教材资源开发等方面为这一特殊学段教育工作提供支持。当前，承担民族预科培养任务的高校在思政课建设方面尚未形成能够有力支撑相关课程可持续建设发展的保障体系。在国家宏观政策制度方面，民族预科思政课建设在培养目标、教学规划、参考教材、教师专业等方面尚未形成系统的指导性政策。这与已开设并实施多年的语文、英语、数学、计算机、民族理论与民族政策概论等基础课程的情况差异巨大。

在政策保障方面，目前，各个高校民族预科思政课建设可依据的政策制度十分有限。主要参考《民族区域自治法》《高等教育法》等法律规定细则，以及教育部于2008年4月印发的《普通高等学校少数民族预科班、民族班招生工作管理规定》、2010年9月印发的《普通高等学校少数民族预科班高层次骨干人才硕士研究生基础强化班管理办法》《关于编制2016年全国普通高等学校招收少数民族预科班、民族班、非西藏生源定向西藏就业、内地西藏班和新疆高中班毕业生招生计划通知》，结合2018年4月最新出台的《关于切实做好高校少数民族预科学生自主培养工作的通知》进行自主安排。

在校院培养管理层级方面，由于缺乏具体的政策指导细则因而存在较大差异。对民族预科学生的管理培养归属问题各校也做法不同。其中，民族院校的优势在于均设有独立的预科学院，历经多年形成了较为系统的预科学段培养管理经验，但限于所处地区经济发展水平和教育资源相对落后，学生知识基础较薄弱，很多学生在进入本科阶段以后可能出现学习困难。而非民族院校较为缺乏管培经验且所在地主要集中于中心城市，民族学生对社会文化环境相对陌生。但非民族院校直接培养少数民族预科生的优势也十分明显，这些高校能够结合各自优势学科为学生配备更好的教育教学资源，以便他们适应本科阶段高强度的学习节奏。

在教学资源方面，由于各校尚未形成统一的预科学段思政课教学体系，教师队伍和教材建设方面也相对缺乏针对性。非民族院校的预科思政课主讲教师均由马克思主义学院思想政治教育专业课教师承担，民族院校预科学院的思政课教师则由预科学院思政专项教师担任。但也存在一些问题，例如有学校曾聘请高中历史课教师授课，或在很长一段时间未开设相关课程，也有学校因为师资不稳定而不断变化课程安排。另外，根据教授相关课程的一线教师反映，目前还没有针对预科学段思政课的权威教材出版，教师只能自主选用教辅资料或理论专著用于教学。其他基础科目使用的是2007年起的教育部统编教材，也存在编写体例不够科学、篇目繁多、内容松散等问题，加之，无教学大纲、无配套教辅材料，给教学工作带来一定的困难。①

① 吉克跃林、马锦卫、邓晓琳等：《民族预科教育研究——西南民族大学预科教育理论与实践》，《西南民族大学学报（人文社科版）》2009年第3期。

三、高校民族预科思政课建设的路径优化

少数民族预科生课堂活跃度高，思想大胆，观点新奇，而当前缺乏系统完善的思想政治教育课程体系、丰富生动的课程内容和新颖灵活的教学模式以应对日益增长的民族预科思想政治教育诉求。因此，一是要强化该学段思政课的衔接性和过渡性，将培育少数民族预科生科学“五观”作为高校少数民族人才培养的题中之义；二是建设突出预科学段思政课主体性与民族性的课程教学矩阵，丰富教学手段，开发数字课程资源，创新教学模式；三是整合学校特色和地方历史文化资源打造教学研师生共同体。

(一)强化民族预科学段思政课与本科阶段思政课内容的衔接性

高校民族预科思政课作为大中小学思政课一体化建设的一环，要遵循高等教育预科阶段思政课功能特点和学段梯度特定培养要求，以“精准思政”的课程化、教学化、实践化为中心理念，做好预科教育阶段与本科阶段思政课程的有效衔接，使少数民族预科思政课与本科阶段的思政课保持价值体系上的连贯性，又在具体内容层面有别于后者。因此，针对少数民族预科生的跨文化胜任力情况，按照能力培养循序渐进的教育规律，搭建全方位、立体式课程体系，实现学科课程与实践课程协同育人。在课程内容的精细设计、课程教学的精心实施、课程效果的精确评估中培养少数民族学生基础思维与认知，发展其核心能力，提升其政治素养。

在思想教育层面须树立正确的世界观、人生观、价值观。思政课教师的使命担当不仅局限于系统知识的传授，更重在根植社会主义核心价值观，厚植爱国主义情怀。坚持爱国、爱党和爱社会主义相统一，使少数民族学生深刻理解中国特色社会主义是历史的选择、人民的选择。但这一切的基础都基于健康的个体成长经历和文化认知心理。首先，要将学生主体置于亲和友好的社会环境中，在全新的文化环境所带来的新鲜感和兴奋感逐渐减弱的过程中，引导学生

正视和接纳文化差异所带来的负面心理影响，使之深刻感受到“你中有我，我中有你”的文化融合态势。这是少数民族大学生形成文化认同和文化融合意识的逻辑起点。① 其次，通过公共基础课程发挥课程思政与思政课程协同育人功能，在系统教授少数民族学生现代科学技术和文化知识的同时，培养他们形成有利于国家统一、民族团结、经济发展、社会进步的思想品德和文明风尚。最后，针对少数民族大学生文化认同心理基础开设思想政治理论专项课程，围绕以爱国主义为核心的民族精神和以改革创新为核心的时代精神开展专题教育。甄选并打磨民族交往、文化交流融合等经典案例，设计多民族之间关于物质文化的课堂互动环节，接通少数民族学生母体文化与主流文化之间的价值共鸣点，消解跨文化交往中产生的不适感，真正起到引领社会主义核心价值观认同和培育三观的作用。

在政治教育层面树立正确的国家观、历史观、民族观、法制观、文化观。“民族政策与民族理论”课程能在一定程度上帮助少数民族预科生建立正确的马克思主义民族观，但要具备“继承性中国”的大历史观，处理好“多元”与“一体”的关系是课程设计的关键。一是可以适当参考钱穆、吕思勉、翦伯赞(维吾尔族)、余英时、黄仁宇、吴晗等经典历史学家的通史研究，以宏观视角设计国史专题。尝试将区域民族历史融入中国通史，树立多元的民族文化观，强化少数民族学生对多元一体中华民族的认同感。二是还须根据思政课改革创新意见，新增习近平新时代中国特色社会主义思想内容，紧扣时代热点，适当安排“四史”以及法律等课程模块。因此，选择历史重要节点并展开叙述以更好地呈现时代的横截面，以避免与本科阶段相关内容重叠，更好地应对跨社会文化背景对个体文化认同带来的挑战。

在道德教育层面坚持“以人为本”的基本理念，建立学理、情感、践行三位一体的道德教育内容体系。相较于父辈，“00后”在道德倾向和选择上较多倾向

① 李永政、庄勤早、甘祖兵：《西部地区少数民族大学生的文化融合意识与国家认同》，《民族学刊》2018年第3期。

于个人主义和相对主义。① 据此，既要借鉴西方道德教育实践方法和训练养成体系②，又要结合中国传统道德教育精髓。民族预科思政课可以遴选传统优秀文化典籍、西方古典政治哲学、现代伦理纲常著作，由教师引导学生阅读理解，奠定道德教育的知识性基础和理性原则，以应对新时代条件下传统社会道德伦理的局限。在此基础上，兼顾好学理性与生动性。敢于正视道德建设中的重大议题和现实热点，结合所在地区和所在学校的历史和现实，充分挖掘革命史、地方史、校史资源，将爱国主义文化、革命光荣传统、中国共产党人精神谱系以及英雄模范等引入课堂。③ 梳理出富有教育意义的道德案例，特别是身边的先进人物事迹等引入课堂，以“课堂讲座”“道德模范人物作报告”等形式，讲好“成就故事”“战‘疫’故事”“民族融合”等中国故事，激发学生内在道德情感共鸣。影响个体生活方式、行为方式的关键是个体如何看待和解读其所经历的生命事件，因此，以“以人为本”理念观照道德实践，就是要尊重人在道德实践中的生命自由本性的彰显，即尊重人在道德实践中的可选择性。④ 所以，培育和践行现代道德规范的最好路径是将课堂教学延伸至课外实践，通过个体生命体验将道德情感转化为外在道德体验，即“德行”，并在长久向内“自观”“自省”的过程中形成系统稳定的符合时代发展要求的道德观。

(二)突出民族预科学段思政课建设的主体性和民族性

推动高校民族预科思政课建设应立足预科学段的特殊性，从“学生需要什么”“如何让学生获得需要”出发，使信息时代的教学设计理论模型、学习发生机制、在线教学设计原则等与具体的教学实践相结合，构建以学生为中心的教学模

① 马好、马和民、李强：《00后青少年群体的道德判断及其理由倾向——基于道德两难问卷的数据分析》，《江苏大学学报(社会科学版)》2024年第1期。

② 王秀娟、李忠祥、刘婷婷：《黑格尔教育实践中的道德教育思想研究》，《河北工业大学学报(社会科学版)》2023年第4期。

③ 刘武根、李奕欣：《论新时代大学生道德教育的实践向度与价值》，《教育理论与实践》2023年第36期。

④ 王景：《以人为本：道德教育实践改进重要突破口》，《学术探索》2023年第12期。

式。要解决高校建设受传统面授课程惯性阻碍模式创新的问题，尤其是针对民族预科阶段的思政课线上线下课程资源匮乏、教学方式单一守旧的问题，需要全面建设线上线下混合式教学研课程矩阵。

第一，针对少数民族学生思想政治素质发展需要，依据预科学段课程标准编制系统反映思想政治教育学科内容的教学用书。教材建设是目前高校民族预科思政课建设的一项重要紧急任务。“巧妇难为无米之炊。”作为一个课程的核心教学材料和重要工具，民族预科思政课教材既要发挥思想政治教育的一般性功能，富有科学性和逻辑性，也要适应少数民族预科学生的文化和宗教背景、知识和思想基础、成长发展需求和期待，富有针对性和特色性。作为全学段育人的重要组成部分，又要对前后学段思政课起到承上启下的作用，并在具体内容方面有所区分，这就对教材编写工作提出了挑战。

第二，基于学段梯度和主体特征建设线上课程。深度挖掘“慕课(MOOC)专属在线课程(SPOC)或其他在线课程”等数字媒体相关教学资源，合理应用数据资源、数字工具，结合各校特色对校内线上线下相关课程进行开发、优化和完善，营造多维立体的线上线下教学环境。“00后”大学生作为当前高等教育的主体对象，是伴随互联网信息技术飞速发展而成长起来的一代新人，他们获得教育信息和课程资源的渠道丰富多元，也因此能快速适应线上线下混合式教学模式。同时，由于信息技术提供了更自由的思想空间和几乎所有领域的海量知识信息，人们在追踪和关注信息时会习惯性地被兴趣所牵引，从而将自己的生活和注意力局限于“茧房”中，而置身于“信息茧房”中的主体可能缺乏脱逃的自觉意识和自主能力，注意力不可避免地被短平快的数字信息所剥夺。因此，有必要按照互联网开源、共享、互惠精神，对校内外开放数字媒体教学资源和自主开发的课程资源，逐步实现课上课下、线上线下全过程全阶段思维方法的提升，从而冲破课程容量的限制。

第三，全方位挖掘数字媒体相关课程资源以贴近学生日常学习方式，包括录制相关视频课程、整合电子教材教辅资料、搭建数字媒体视频库以增强课程生动性。相较于单一的传统线下面授课程，线上教学具有资源丰富、时效性强、可视化信息效益显著、互动反馈及时等优势。这意味着教师不再占据知识垄断地位，师生关系乃至教学话语权更趋平等。因此，必须围绕思政“课”本身，结合各校特色由师生共创共建课程资源，在线上线下课程混合式教学实施过程中实现师生角色交互。通过哔哩哔哩、知乎、豆瓣等学生获取信息的多媒体渠道，挖掘学生感兴趣且极具时代价值的话题、社会热点、动漫作品乃至二次创作内容等。甄选经典案例库、习题真题库等以实现教学效果反馈及时有效。

（三）整合学校特色与地方历史文化资源打造教学研师生共同体

“教之主体在于学”，学之主体在于人。民族预科教育的教学质量体现在以培养合格的一年级新生为中心开展教学及相关的科研和社会服务。① 从建构主义学习的理论视角来看，少数民族学生作为认知的主体是知识意义的真正建构者，民族预科思政课建设应当是一个师生共创的系统工程。教师从“施教者”转向扮演引导者、帮助者和促进者的角色，要灵活运用“指导—接受”“自学—辅导”“探索—发现”“兴趣—陶冶”“示范—模仿”等方式来与学生形成互动合作的教育关系，在过程中充分尊重学生的个性化需求与人格特质，尤其是注重个人潜力发掘。要注意的是，这种多元融合式课程教学可能导致师生主体角色的动态变化而存在不稳定性，因此需要通过构建组织、宣传、帮扶“三位一体”的精准调适体系，实现教育方式的多样化、灵活化、系统化，② 才能有效推动少数民族预科生作为自主学习主体的身份转换。据此，须在深刻准确把握教材内容的基础上，按课程框架将知识内容转化为教学专题，围绕专题展开讲授，以解决课时少、内容多的矛盾；“以问导学”，课前精心设计问题、课中敏锐洞察问题、课后分析解决问题，以问题推动引导学生消化吸收知识内容，主动探索求知，以解决“教”与“学”的矛盾；师生知识结构互动叠加，形成课题式教学研体系，学术前沿和社会热点进入教学视野并嵌入课程内容安排，以平衡学理性与现实性的关系。

---

① 乌丽亚、刘志鹏：《少数民族预科教育教学评估方法探析》，《西南民族大学学报（人文社科版）》2008 年第 11 期。

② 王红霞：《普通高校少数民族大学生身份认同过程探析》，《前沿》2017 年第 5 期。

由于课堂教学学时仅限于传递知识，很难将理论与学生既往经验相结合并向实践体验转化，更难以结合学校特色、地方特色将思政课的空间场域延展至校园、社区、所在城市等。学生的跨文化适应性需要跳出大同小异的课堂，通过融入社会大环境、校园环境甚至宿舍场景来实现，更需要借地方历史文化和校园历史文化促进双向认同，这是当前民族预科思政课建设值得大胆探索的方向。建议各个高校发挥其办学特色与学科优势，加强学生对学校的认同感与归属感。民族院校则更要结合办校宗旨和培养经验，贴近少数民族学生心理，激发他们学习兴趣，培养其自主研究能力并做好成长发展规划。此外，高校所在区域或城市也有诸多文化资源可供借鉴。学生可以领略物质与非物质文化遗产的魅力，更要通过文化学习，透过物质载体看到文化交融的性征和佐证，将研究性学习扩展至课堂以外。通过实践体验潜移默化地培育和引导学生运用理论解读社会热点，反思和批判社会现实，逐渐形成师生“同学、同问、同思、同辨、同行”的教学研共同体，并转化为成果产能，产出跨学科融合研究成果，助力实现培养泛信息化时代创新引领性科技人才的目标。

（张若云，电子科技大学马克思主义学院副教授；王瑞，电子科技大学马克思主义学院副教授）

后　　记

在习近平总书记主持召开学校思想政治理论课教师座谈会五周年之际，为深入学习研究习近平文化思想和习近平总书记关于思政课建设的重要论述精神，不断推进新时代思政课建设生动实践，2024 年 3 月 16 日，武汉大学举办了以"习近平文化思想引领思政课改革创新"为主题的第四届"全国思想政治理论课教学论坛"。本届论坛由教育部社会科学司指导，教育部高等学校思想政治理论课教学指导委员会与武汉大学共同主办，武汉大学马克思主义学院、马克思主义理论与中国实践湖北省协同创新中心、全国高校思政课"手拉手"集体备课中心(武汉大学—西藏)共同承办。为总结此次论坛成果，便于学界交流，我们对会议论文进行了整理，最后结集成了这部论文集。

本书由武汉大学马克思主义学院团队整理汇编。其中，简繁、万军杰负责全书整体统筹；各篇章统稿的具体分工为：第一部分万军杰，第二、四部分赵天鹭，第三部分周迪，第五、六部分王荣；硕士研究生杜月华、曾滟茹、赵旭堃、叶海伦、宋丽雯、刘彤参与了专家发言录音的整理完善以及部分文稿的校对工作。

本书出版得到了与会专家学者的关心、指导与赐稿，武汉大学马克思主义学院、马克思主义理论与中国实践湖北省协同创新中心、武汉大学出版社给予了大力支持。本书仍存在不足之处，敬请广大读者批评指正。

编者

2024 年 11 月 8 日于武昌珞珈山